Buch

Jürgen Hesse und Hans Christian Schrader, beide Diplompsychologen, sind in Sachen Testbeurteilung und Testtraining die unangefochtenen Experten; so gut wie alle neuentwickelten Tests gehen durch ihre Hände.
Ihre Testratgeber sind in Millionenhöhe verbreitet. Die Autoren unterhalten ein eigenes Büro, das Zehntausende von (dankbaren) Zuschriften permanent auswertet. Dieses neue Testtrainingsprogramm ist das absolut aktuelle Ergebenis ihrer umfangreichen Recherchen.

Autoren

Jürgen Hesse, Jahrgang 1951, Diplom-Psychologe, ist Geschäftsführer der Telefonseelsorge in Berlin.
Hans Christian Schrader, Jahrgang 1952, ist Diplom-Psychologe am Krankenhaus Am Urban in Berlin.
Beide Autoren verfügen über mehrjährige Erfahrungen als Seminarleiter bei Test- und Bewerbungstrainings.

Im Goldmann Verlag liegen
von Hesse/Schrader bereits vor:

1001 Bewerbung (13585)
Das neue Test-Programm (13586)
Testaufgaben – Das Übungsprogramm (13684)

HESSE / SCHRADER

DAS NEUE TEST TRAININGS PROGRAMM

Einstellungs- und Eignungstests erfolgreich bestehen.
Die wichtigsten Testaufgaben – und wie man sie löst.

GOLDMANN VERLAG

»Vielleicht sollten die Tests und Untersuchungen einmal bei denen durchgeführt werden, die sie veranlassen.«

Ein Getesteter

»Wenn wir vor der Aufgabe stehen, über einen Mitmenschen ein psychologisches oder charakterologisches Gutachten auszuarbeiten, übernehmen wir eine riesige Verantwortung. Denn angenommen, wir beurteilen diesen Menschen falsch, dann tun wir ihm ebenso unrecht, als wenn wir ein Attentat auf ihn ausführten.«

Hans Zulliger
(Schweizer Psychologe und Pädagoge)

Umwelthinweis:
Alle bedruckten Materialien dieses Taschenbuchs sind chlorfrei und umweltschonend.

Der Goldmann Verlag
ist ein Unternehmen der Verlagsgruppe Bertelsmann

Genehmigte Taschenbuchausgabe 1994

Umschlaggestaltung: Design Team München
Druck: Presse-Druck, Augsburg
Verlagsnummer: 13685
Ba · Herstellung: Ludwig Weidenbeck
Made in Germany
ISBN 3-442-13685-7

10 9 8 7 6 5 4 3 2 1

INHALTSVERZEICHNIS

Zu diesem Buch – kurz aber wichtig:

- Dieses Buch ist als Orientierungshilfe besonders für die geschrieben, die eine Bewerbungs-, Test- und somit Prüfungssituation vor sich haben.
- Es ist kein Buch, das man von vorne bis hinten lesen muß.
- Das Inhaltsverzeichnis soll als Anregung zum Lesen ausgewählter, speziell für Sie zutreffender Themen dienen.
- Wir empfehlen besonders die Kapitel Intelligenz-, Konzentrations-, Rechen/Mathe-, Rechtschreib- und Allgemeinwissens- und Persönlichkeits-Tests.
- Wir wollen mit der Materialfülle keine Angst machen. Wir haben diese Inhalte nicht erfunden und nicht zu verantworten, sondern denken, daß Information, Aufklärung und Vorbereitungsmöglichkeit eher angstreduzierend wirken.

Trotz allem: Wir wünschen Ihnen auch etwas Spaß mit dem *neuen Test-ament*!

Wir danken allen, die uns von der täglichen Testpraxis berichteten und damit dieses Buch ermöglichten. Unser Dank gilt besonders denen, die uns bei der Realisation dieses Projekts unterstützten.

Über Leserzuschriften zu diesem Buch und dem großen Test-Thema freuen wir uns; die Anschrift finden Sie vorn im Buch.

REPORT UND RATGEBER: DAS NEUE TEST-TRAININGS-PROGRAMM —

für den eiligen Leser

Egal ob Ein- oder Aufsteiger: Bewerber werden auf Teufel komm raus getestet. Intelligenz, Persönlichkeit, Eignung – dieses Buch verschafft Ihnen Einblick in die Testverfahren und bietet Ihnen ein Selbsthilfe- und Trainingsprogramm für alle Arten von Tests und namhafte Anwender-Firmen und Institutionen wie z. B.: *Deutsche Bank, Daimler-Benz, Auswärtiges Amt, Öffentlicher Dienst (Niedersachsen, Hessen, NRW), BND, Hamburg-Mannheimer, Henkel, Lufthansa, Siemens, Westdeutsche Landesbank, Kienbaum Personalberatung* und viele andere.

Ob bei Kirchen, als Psychiater, Polizist, Pilot, Journalist, Bank- oder Versicherungskaufmann, Stewardess oder Sozialarbeiter – dieses Buch hilft Ihnen weiter.

★

Mit den Wochentagen kennen Sie sich aus, aber wie steht es mit Testaufgaben wie diesen?

Welcher Tag war vorgestern, wenn der Tag nach übermorgen zwei Tage vor Samstag liegt? (S. 155)

Wissen Sie, wer Ignatius von Loyola war und was das Gemeinsame von Nashorn und Gänseblümchen ist? (S. 22)

Und wie steht es bei Ihnen mit logischem Denken und Abstraktionsvermögen? Die Realität ist außer Kraft gesetzt:

Alle Bleistifte sind Würmer. Würmer können fliegen. Also ...

Alle Bleistifte können fliegen. Richtig oder falsch?

Alle Würmer können schreiben. Richtig oder falsch?

Verzweifeln Sie nicht, auch das Lösen dieser Testaufgaben werden Sie in kürzester Zeit gelernt haben (S. 77)

Angenommen, Sie bewerben sich als Betriebswirt(in): Wie würden Sie auf folgende Frage antworten:

Welcher Beruf würde Sie mehr interessieren:

a) Bischof
b) Oberst
c) etwas dazwischen

Mit solchen und ähnlichen Fragen versucht man, die Bewerberpersönlichkeit zu durchleuchten. Dieses Buch macht die gängigsten Persönlichkeits-Testverfahren transparent (S. 97)

Aber auch beim Vorstellungsgespräch wird getestet. Der folgende Fall beschäftigte sogar die Frauenbeauftragte des Berliner Senats:

„Sind Sie Jungfrau?“ fragte der Personalchef eines mittelgroßen Berliner Unternehmens die hübsche 16jährige Bewerberin um einen Ausbildungsplatz und lehnt sich genüßlich in seinen Sessel zurück. Die glaubt, ihren Ohren nicht trauen zu können, und wird schamrot. Dann aber besinnt sie sich auf ihre Schlagfertigkeit und antwortet: „Nein, mein Sternzeichen ist Löwe.“

Aber selbst Führungskräfte müssen bei Bewerbungen einiges ertragen:

Zum Hors d'œuvre serviert der Kellner in einem Nobelrestaurant Froschschenkel in Weinsoße. Der Personalchef lehnt sich entspannt zurück, lockert die Krawatte, hebt sein Glas Pinot blanc und wünscht guten Appetit. Der ihm gegenübersitzende Bewerber um den Managerposten in einem Münchner Großbetrieb glaubt, alle Einstellungshürden genommen zu haben.

Zwei Tage lang hatte er geduldig jede Frage zu seinem Privatleben beantwortet, ausführlich über sein Betriebswirtschaftsstudium referiert, die Vorgaben in einem „Biographischen Fragebogen" angekreuzt, die Aufgaben des „Intelligenz-Struktur-Tests" gelöst, aus 48 Fotos von Geisteskranken und abnormen Persönlichkeiten die ihm sympathischsten ausgewählt (Szondi-Test) und sich in Gruppendiskussionen mit anderen Bewerbern behauptet. Zu guter Letzt wurde er zum Essen eingeladen.

Der Personalchef nippt noch einmal an seinem Weinglas, räuspert sich und fragt, für jedermann im Lokal gut vernehmbar: „Sagen Sie, onanieren Sie eigentlich noch?" Der Bewerber ist verlegen, weiß nicht, was er antworten soll und überlegt, was die Frage mit seinem zukünftigen Job zu tun hat. Er ahnt nicht, daß es von seiner Reaktion, seiner jetzt gezeigten Nervenstärke abhängt, ob er künftig ins Büro oder ins Arbeitsamt geht.

In München ereignete sich ein weiterer Bewerbungsskandal:

Der junge Bewerber – Diplom-Kaufmann und Software-Entwickler, geboren in Nürnberg, Studium in München – gefällt dem Personalchef: „Am nächsten Ersten können Sie anfangen! Da wäre nur eine Kleinigkeit ... Ihr türkischer Name... Das kommt bei den Kunden gar nicht gut an. Ändern Sie Ihren Namen und Sie kriegen den Job."

Der junge Mann heißt Hassan Erganoğlu, seine Mutter ist Deutsche, sein Vater lebt seit 46 Jahren in Nürnberg, praktiziert als Arzt und besitzt die deutsche Staatsangehörigkeit. Als der junge Computerfachmann nicht einwilligt, bekommt er eine schriftliche Absage mit eben dieser Begründung. Der peinliche Vorfall kommt in die Zeitung.

Weitere Berichte von teilweise haarsträubenden Vorkommnissen im Umgang mit Bewerbern finden Sie ab S. 143:

- Da sollen Bewerber bei der *Commerzbank* Kühlschränke an Eskimos verkaufen und eine Mitgliedschaft im Single-Club an Verheiratete (S. 144);
- der Pillengigant *Ciba-Geigy* erkundigt sich bei jungen Frauen nach Problemen in der Pubertät (S. 222);
- bei einem Assessment-Center der *Westdeutschen Landesbank* muß ein alkoholabhängiger Mitarbeiter überführt und diszipliniert (notfalls entlassen!) werden (S. 168);
- ein Psychiater wird bei einer Bewerbung in einer Suchtklinik unverblümt gefragt, ob er Alkoholiker ist oder Erfahrungen mit Drogen bzw. Medikamenten hat („Sie können doch aber ordentlich zupacken, wenn's drauf ankommt, oder ...?") (S. 192);
- einer arbeitslosen Sozialarbeiterin wird bei Bewerbungen immer wieder empfohlen, sich doch ehrenamtlich zu engagieren (S. 197);
- die *Deutsche Gesellschaft für Personalwesen* (ein nicht gemeinnütziger, aber nach eigener Darstellung ungemein nützlicher Verein) testet u.a. Bewerber für das Auswärtige Amt. Überraschendste Fragen: Wo steht das Männeken Piß? – und: Warum hat das Ausland Angst vor Hans-Dietrich Genscher? (S. 209);
- ein betrogener Ehemann schüttet seiner Ehefrau Säure ins Gesicht; ein schuldlos verschuldeter Mann überfällt eine Rentnerin – *Henkel* will von Bewerbern

wissen, was schlimmer ist, und ob man sich auch bei *BAYER* beworben hat (S. 242);

- vom *Lufthansa*-Psychiater Dr. F. lernt der Bewerber, daß ein schwieriger Fluggast eine größere emotionale Herausforderung ist als ein Patient im Krankenhaus (S. 252).

★

Wie reagieren die Personalabteilungen von 50 bundesdeutschen Großunternehmen und Institutionen, wenn sie direkt auf die Problematik der testgesteuerten Bewerberauswahl angesprochen werden? Eine interessante Fragebogenuntersuchung, die erstmalig in dieser Form durchgeführt wurde, finden Sie ab S. 261.

Wie 30 Prominente reagierten, als sie gebeten wurden, einen Bewerbertest zu machen, können Sie ab S. 277 lesen. Jutta Ditfurth wurde grün (vor Ärger) und schrieb mit rotem Stift zurück. „Mach ich nicht!“

Von Harald Juhnke bis Helmut Kohl, von Rita Süßmuth bis Inge Meysel, von ZDF-Bresser bis Bum-Bum-Boris, von Monika Wulf-Mathies bis Alice Schwarzer, von Willy Brandt bis Enkel Momper – ein schöner Test, ein schöner Reinfall ...

★

Zu guter Letzt: die Möglichkeit, mitzubestimmen, wer den Eisernen Testhammer des Jahres bekommt (zweckdienliche Hinweise an die Autoren nimmt jeder Briefkasten entgegen; Adresse s. S. 281).

ACHTUNG, FERTIG, LOS
In medias res — oder: Der Einstiegstest

Hand auf's Herz: Wären Sie in der Lage, die folgenden Testfragen auf Anhieb zu lösen? Als Bewerber(in) müßten Sie das heutzutage können, und zwar in weniger als 10 Minuten:

1. Wie groß ist im Durchschnitt ein 10jähriges Kind? ....cm
2. Gibt es in der Antarktis Eisbären? ja ☐ nein ☐
3. Kann man in Afrika einen Jaguar erlegen? ja ☐ nein ☐
4. Hat man Geld, hat man immer ...
   a) Freude b) Freunde c) Sicherheit d) Macht e) Besitz
   (allein zutreffende Lösung bitte ankreuzen)
5. Wenn man arbeitet, braucht man ...
   a) Ehrgeiz b) Verstand c) Werkzeuge d) Chefs e) Aufgaben
6. Wassertürme haben die Funktion, das Wasser ...
   a) zu reinigen b) zu kontrollieren c) zu sammeln d) unter Druck in die Wasserleitungen zu bringen
7. Wer war Roxane? ....
8. Wer war Adolph Woermann?
   a) Gegenpart zu Jakob Fugger
   b) Initiator der Hanse
   c) Mitbegründer der Deutschen Ost-Afrika-Linie
9. Wer war Emil Wiechert?
   a) Minister in der Weimarer Zeit
   b) Begründer der Erdbeben-Kunde
   c) Bedeutender deutscher Dichter
10. Bitte kreuzen Sie die einzig richtige Schreibweise an:
    a) Rododendron
    b) Rhododendron
    c) Rhododhendron
    d) Rododhendron
11. a) in Folge dessen
    b) in folge dessen
    c) infolgedessen
    d) in Folgedessen
12. a) mir ist Angst und bange und er hat auch Angst
    b) mir ist angst und bange und er hat auch Angst
    c) mir ist angst und bange und er hat auch angst
    d) mir ist Angst und Bange und er hat auch Angst
13. Mit den Wochentagen kennen Sie sich aus: Welcher Tag war vorgestern, wenn der Tag nach übermorgen zwei Tage vor Samstag liegt?
14. Logisches Denken und Abstraktionsvermögen – die Realität ist außer Kraft gesetzt:
    Behauptung: Alle Bleistifte sind Würmer. Würmer können fliegen.
    Also: a) Alle Bleistifte können fliegen. (Richtig oder falsch?)
    b) Alle Würmer können schreiben. (Richtig oder falsch?)
15. Nur schlechte Menschen betrügen oder stehlen. Elfriede ist gut.
    Also: a) Elfriede betrügt. (Richtig oder falsch?)
    b) Elfriede stiehlt nicht. (Richtig oder falsch?)
    c) Elfriede betrügt und stiehlt nicht. (Richtig oder falsch?)

Jetzt geht es nicht mehr um richtig oder falsch, sondern nur noch um Ihre persönliche Meinung/Präferenz etc. (Zutreffendes bitte ankreuzen):

16. Wenn ich mit einer schweren Erkältung im Bett liege, erlebe ich dies
    a) als eine Art von Urlaub
    b) macht mich das besorgt, weil ich nicht arbeiten kann
    c) teils-teils
17. Ich kenne bei mir ein starkes Verlangen nach aufregenden und spannenden Erlebnissen
    a) stimmt b) teils-teils c) stimmt nicht
18. Bei gleichem Gehalt wäre ich lieber ...
    a) Bischof
    b) Oberst
    c) etwas dazwischen
19. Ich würde mein Leben, wenn ich es noch einmal zu leben hätte ...
    a) mir genauso wünschen
    b) weiß nicht
    c) ganz anders planen
20. Ein Anrufer hat sich um drei Uhr morgens verwählt und einen wildfremden Menschen aus dem Bett geklingelt. Er sagt: „Ich bitte um Entschuldigung, die Fernsprechauskunft hat mir die falsche Telefonnummer gegeben." Welche Antwortmöglichkeit ist Ihrer Meinung nach die angemessenste für den aus dem Schlaf Geklingelten?
    a) „Sind Sie wahnsinnig, Mann!!??"
    b) „Das ist unverschämt, mich um diese Zeit zu wecken!"
    c) „Ist nicht so schlimm, ich habe noch nicht so fest geschlafen."
    d) „Was für ein Pech, aber das kann ja jedem mal passieren."

Nicht aufgeben – Sie haben's gleich geschafft!

21. Bitte ergänzen Sie spontan und kurz die folgenden Sätze:
    Karl ist immer ....
    Marion mag es, wenn ....
    Gisela fürchtet sich besonders ....
    Wenn ich einen Fehler mache ....
    Mein größter Wunsch ....

Wir versichern Ihnen: Das sind Original-Testfragen zur Bewerberauswahl bei namhaften Arbeitgebern und Unternehmen. Es ging uns hier nicht darum, Ihre Eignung, Intelligenz oder Persönlichkeit zu erkunden, geschweige denn in Frage zu stellen. Wir wollen Ihnen mit diesen Beispielen aus der täglichen Testpraxis, der sich Bewerber stellen müssen, lediglich einen Einblick vermitteln.

Lösungen: 1 ca. 130cm/2 nein/3 nein/4e/5e/6d/7 Gattin von Alexander d.Gr./8c/9b/10b/11c/12b/13 Samstag/14a ri, b.fal./15a fal., b.fal., c.fal. (Erklärung: Elfriede ist nicht als „Mensch" definiert, sie könnte z.B. eine „Testsau" sein. Aufgaben 14 und 15 übrigens aus dem Öffentlichen Dienst, z.B. Hannover, Frankfurt, Düsseldorf.)

Die „richtigen Lösungen" (nach Meinung der Testautoren – und das sind nicht wir, wir sind Testkritiker!) haben Sie eben gelesen. Bei den Persönlichkeits-Testfragen gibt es keine richtige oder falsche Antwort. Hier kommt es lediglich auf Ihre persönliche Wertung und Vorliebe an. Die Bewertung nimmt der Personalchef vor.

Wer (Aufgabe 16) mit einer schweren Erkältung im Bett liegt und das als eine Art Urlaub betrachtet, gibt kein beispielhaftes Bild von sich. Neurotiker würden (Aufgabe

19) ihr Leben übrigens – wenn sie es denn ... – ganz anders planen, meint der Autor dieses Persönlichkeitstests. Und falls Sie den Satz „Karl ist immer...“ mit dem Wörtchen „traurig“ ergänzt haben, spricht das nicht gerade für das erwünschte sonnige Bewerbergemüt. Mehr darüber lesen Sie im Kapitel „Persönlichkeits-Testverfahren“.

DAS LEBEN — EIN TEST

Tests begleiten, ja beherrschen unser Leben. Das beginnt schon mit der möglicherweise bangen Frage nach dem Ergebnis des Schwangerschaftstests und geht nach absolvierter Geburt noch im Kreißsaal weiter mit dem Apgar-Index-Test (ein Medizintest zur Bestimmung von Herzfrequenz, Atmung, Hautfarbe usw. bei Neugeborenen). Ergebnis bei 8–10 Punkten: *Lebensfrisch* oder bei 1–4 Punkten *schwerst asphyktisch* (= pulslos, der Erstickung nahe).

Das aber sind nur die ersten Testsituationen, die von uns zu überstehen sind. Spätestens der Schulreifetest stellt die nächste Hürde dar (*Wie viele Räder hat ein Dreirad?*). Mit Fragen nach der Art *Wie lange dauerte der 30jährige Krieg?* geht es dann im Schulunterricht munter weiter, z.B. in Geschichtstests, früher sagte man Klassenarbeiten.

So an Tests gewöhnt und nicht wissend, für welchen Beruf man sich entscheiden soll, wendet man sich vielleicht mehr oder weniger vertrauens- und erwartungsvoll an das Arbeitsamt, Abteilung Berufsberatung, das einem dann einen psychologischen Berufsberatungstest anbietet. Spätestens hier kann es bei der vermeintlichen Weichenstellung zu schweren Entgleisungen kommen.

Sollte man sich jetzt als junger Mensch auf Lehrstellensuche begeben oder die Idee haben, ein Hochschulstudium zu beginnen, steht man vor der nächsten massiven Testbarriere. Für 90% der *Azubis* gilt: Ohne Eignungstest kein Ausbildungsplatz, denn beim Öffentlichen Dienst (Verwaltung, Post, Polizei), bei Banken, Versicherungen, Industrie, Handel und auch Handwerk entscheiden fragwürdige Tests und Auswahlgespräche über die Vergabe der zu wenigen Ausbildungsplätze. Aber auch angehende Human-, Zahn- und Veterinärmediziner kommen am Hochschulzulassungstest für medizinische Fächer nicht mehr vorbei. Durchaus denkbar, daß Virchow und Sauerbruch ihren Studienplatz heute nicht bekommen hätten.

Nach absolviertem Hochschulstudium steht wahrscheinlich der nächste Test beim Personalchef an. Fast alle Bewerber werden heute beim Berufseintritt nach allen Regeln der Kunst durchleuchtet. Auch wer weiterkommen will, z.B. als Kriminalbeamter in den gehobenen Dienst, muß sich einer tagelangen Testtortur unterziehen. Die *Deutsche Gesellschaft für Personalwesen* (DGP) bietet dafür ihre Dienste an.

In der Industrie sieht es für Aufstiegswillige nicht anders aus. Wer Karrierewünsche hat, kommt an der erfolgreichen Bewältigung von in rechtswidriger Weise in die Intimsphäre eingreifenden Persönlichkeitstests kaum vorbei.

Aber Tests bestimmen mittlerweile auch das alltägliche Leben: Vom Abgas-Test, den unser geliebtes Auto zu überstehen hat, über den Pepsi-Test (*Welches ist nun die richtige Coca-Cola?*) bis hin zum großen Dash-Test (*Ich wollte Dich mal fragen, womit Du waschen tust?*) ist man sogar auch schon daran gewöhnt, den Lebenspartner über ein computergesteuertes Partner-Testverfahren auswählen zu lassen (aber erst nachdem man sich mit *klinisch getesteter* Zahncreme die Zähne geputzt hat).

Angeblich zur Unterhaltung dienen die diversen Illustriertentests (*Bin ich aufgeschlossen?*). Weniger unterhaltsam sind Alkoholtests am Rande der Landstraße mit dem lustigen Ins-Röhrchen-pusten (*Was, Sie wollen nicht pusten?* sagt der Polizist – *dann puste ich eben, und dann wird es teuer!*). Sollte man dabei zu häufig aufgefallen sein, kann es noch beim TÜV in einem besonderen Test um die *Pappe* gehen, im Volksmund allgemein als *Idiotentest* bekannt.

Furcht und Schrecken verbreitet der Aids-Test. Ist das Test-ament rechtzeitig gemacht, verbleiben last but not least immer noch diverse medizinische Tests, die unter Umständen auf einer Intensivstation zu ertragen sind, bevor man vielleicht ganz zum Schluß vor seinen Richter, den großen Boss treten muß, um die allerletzte Prüfung (sprich Test) zu absolvieren. Himmel oder Hölle – Tests sind modern. Ein Leben ohne Tests – unvorstellbar! Oder hat da nicht jemand gesagt, das Leben sei ein Test...

ZUM (UN-)SINN DER TESTEREI
Pro und Kontra

Thema dieses Buches sind berufliche Eignungs- und Einstellungstestverfahren. Es geht also nicht um Illustrierten-Tests, die der Unterhaltung dienen („Sind Sie eifersüchtig?") oder um klinische Testverfahren, die in einer Beratungs- oder Therapiesituation zwischen Klient/Patient und Psychotherapeut (Psychologe/Psychiater) sinnvoll eingesetzt werden können.

Im Bereich beruflicher Eignungs- und Einstellungstests dokumentieren und kritisieren wir Auswahltestverfahren, die von Firmen/Institutionen (also Arbeitgebern) eingesetzt werden. Bisweilen wird die Auswahlprozedur delegiert, z.B. an eine spezielle Testgesellschaft wie die *Deutsche Gesellschaft für Personalwesen*, (s.S. 226) oder an eine Personalberatungsfirma wie *Kienbaum* (s.S. 244).

Warum werden Testverfahren eingesetzt?

Testbefürworter argumentieren etwa so:

- Die auf Tests basierenden Personalentscheidungen sind gerechter, rationaler und transparenter als solche, die auf Zeugnisse, Gesprächseindrücke oder gar Graphologie zurückgreifen.
- Ein Vorzug von Tests besteht in der direkten Vergleichbarkeit der gezeigten Leistungen. Alle Bewerber haben die gleichen Chancen, jeder bekommt die gleichen Testaufgaben, alle haben die gleiche Testbearbeitungszeit und das Testergebnis wird nach dem gleichen Schema ausgewertet. Damit sind Tests objektiver.
- Einstellungstests werden regelmäßig auf ihre Vorhersagequalität (Gültigkeit/Validität) untersucht. Deshalb sind Eignungstests besonders fair.
- Man kann Schulnoten, Zeugnissen usw. nicht trauen. Sie ermöglichen auch keine Aussage über zukünftige Leistungen. Da kann nur ein Test helfen.
- Tests dienen dazu, dem Arbeitgeber teure Fehlentscheidungen bei der Bewerberauswahl zu ersparen. Sie helfen aber auch dem Bewerber, indem sie ihm ein Feedback darüber geben, ob er für eine bestimmte berufliche Aufgabe geeignet ist oder nicht.

Solche und ähnliche Argumente kann man immer wieder hören, wenn Testbefürworter sich bemühen, den Einsatz von Testverfahren bei der Personalauslese zu rechtfertigen.

Tests sind doch prima – oder kommen Ihnen gefühlsmäßig vielleicht doch ein paar Zweifel? Wenn Tests so gut wären, wie von einigen behauptet wird, dann müßten eigentlich doch auch wichtige Führungs- und Spitzenpositionen in Wirtschaft, Politik, Wissenschaft und Kultur per Eignungs- und Einstellungstest besetzt werden.

Haben Sie schon mal etwas davon gehört, daß Positionen wie die eines Topmanagers, Professors oder gar die des Bundeskanzlers mittels eines Tests besetzt worden sind? Getestet werden in der Regel nur *die Kleinen*, die sich gegen ein Getestetwerden nicht wehren können. Ein Kultusminister (studierter Germanist), der sich freiwillig einem Rechtschreibtest unterzogen hatte, machte so viele Fehler, daß er nirgendwo eine Chance auf einen Ausbildungsplatz hätte.

Nur allzu verständlich und auch menschlich, daß Arbeitgeber bei der Auswahl ihrer Mitarbeiter den Wunsch haben, in die Zukunft zu schauen. Leider können aber auch Tests diesen uralten Menschheitstraum nicht verwirklichen.

Unsere wichtigsten Kritikpunkte beziehen sich auf:

A. Die Instrumente (Tests)
   a. die fragwürdigen theoretischen Grundlagen der Verfahren (wie *Intelligenz, Berufseignung* und *Persönlichkeit* genau definiert oder gar *gemessen* werden kann, ist in der Psychologie höchst umstritten)
   b. die fragwürdigen Test-Inhalte
      (meist völlig fehlender Bezug zum angestrebten Beruf)
   c. die fragwürdigen Aussagen/Vorhersagen aufgrund von Tests
      (von wissenschaftlicher Seite wird der Ableitung und Vorhersagbarkeit von Testerfolg auf Berufserfolg entschieden widersprochen, trotzdem werden Entscheidungen von oft *lebenslänglicher* Bedeutung von Tests abgeleitet)

B. Die Test-Situation
   (erniedrigende Art des Umgangs mit dem Bewerber: die Bewerber werden in der Regel in einer Herr-Knecht-Situation durch Undurchschaubarkeit der Situation, sinnlose Fragen und Aufgaben, enormen Zeitdruck etc. systematisch geängstigt; *gemessen* wird in diesen häufig sadistisch gefärbten Ritualen lediglich die Angsttoleranz)

C. Juristische Aspekte
   (die juristischen Zulässigkeitsvoraussetzungen werden meist nicht erfüllt: meist keine fachlich kompetente Leitung der Tests: Laien statt Fachpsychologen; keine Beschränkung auf arbeitsplatzbezogene Merkmale; rechtswidriger Einsatz selbstgestrickter/wissenschaftlich nicht ausreichend abgesicherter Verfahren; rechtswidriger Einsatz von Persönlichkeitstests u. a.)

Noch eine Anmerkung:

Einstellungstests, wie in diesem Buch beschrieben, halten wir über alle Maßen für zweifelhaft und unseriös. Die von uns kritisierten Intelligenz-, Konzentrations-, Leistungs- und Eignungstests sind nicht im entferntesten in der Lage, das zu halten, was sie versprechen.

Durchaus anders verhält es sich bei Persönlichkeits-Tests. Angewandt im klinisch-psychologischen Bereich, d.h. in einer Beratungs- bzw. Therapiesituation zwischen Psychotherapeut und Patient, können sie einen wertvollen Beitrag leisten, Hier, unter ganz anderen Voraussetzungen als in der Berufswelt, haben ausgewählte Persönlichkeits-Tests eine wirkliche Existenzberechtigung und können für beide (Testanwender und Getesteten) hilfreich sein.

Im beruflichen Feld eingesetzt, stellen sie eine existentielle Bedrohung des Arbeitnehmers dar und sind in jeder Hinsicht – psychologisch, moralisch und juristisch – verwerflich.

ZUM SINN VON TEST- UND BEWERBUNGSTRAINING

Was ist das Gemeinsame von Elefant und Veilchen?

Vor dem Erscheinen unseres ersten Buches zu dieser Thematik (*Testtraining für Ausbildungsplatzsucher*, 1985) wurden junge Menschen in einer für sie sehr bedeutsamen Lebensphase, dem Eintritt ins Berufsleben, völlig unvorbereitet mit Einstellungstests und Fragen wie in der obigen Überschrift konfrontiert (Lösung: Lebewesen/beides lebt). Oftmals handelte es sich um fragwürdige, zum Teil sogar quälerische Testprozeduren, denen die jungen Bewerber hilflos und ohnmächtig ausgesetzt wurden.

Wer einen Ausbildungsplatz haben wollte, mußte durch die Testmühlen hindurch. Als besonders unangenehm wurde erlebt, daß Schule und bisherige Erfahrungswelt keinerlei vorbereitende Hilfe und Unterstützung für eine derartig wichtige und gleichzeitig extrem unangenehme Prüfungssituation anbieten konnten.

Angeregt durch kritische Nachfragen junger Menschen aus dem persönlichen Bekanntenkreis begannen wir 1983, gründlich zu dieser Problematik zu recherchieren. Wir selbst standen gerade am Beginn unserer Berufstätigkeit als Psychologen und hatten unsere eigenen Bewerbungsgespräche noch gut im Gedächtnis.

Als wir selbst einmal einen Einstellungstest in die Hand bekamen, mit dem junge Bewerber für einen Ausbildungsplatz ausgewählt werden sollten, waren wir, gelinde gesagt, höchst erstaunt. Wir mußten uns fragen, ob wir – rund 15 Jahre älter und mit abgeschlossenem Psychologiestudium (Note: „sehr gut") – eine Chance gehabt hätten, diesen Einstellungstest zu bestehen, d.h. z.B. einen Ausbildungsplatz als Sozialversicherungsfachangestellter (Voraussetzung Realschulabschluß) zu bekommen.

Die Tatsache, daß Bewerbern wegen der falschen Beantwortung von Fragen wie: „Was ist das Gemeinsame von Gasometer und Aktentasche?" und „Wie lang ist ein 10-DM-Schein?" ein Ausbildungsplatz (z.B. bei der *Bundesversicherungsanstalt für Angestellte* in Berlin) vorenthalten wurde, regte uns gleichermaßen an wie auf. Das Ergebnis war unser erstes Buch, das inzwischen weit mehr als zwei Millionen Leser gefunden hat.

Unser Ziel war es, durch die erstmalige Veröffentlichung dieser fragwürdigen Testverfahren eine konkrete Vorbereitung und damit Hilfestellung für die betroffenen Bewerber zu ermöglichen. Außerdem sollte das Buch eine kritische Diskussion in Gang bringen und die gängige Test- und Wissenschaftsgläubigkeit erschüttern. Dies erscheint uns weitestgehend gelungen. Überrascht waren wir nicht nur von den vielen Briefen junger Bewerber (meist angehende Azubis), sondern auch von den Berichten älterer, berufserfahrener Bewerber (z.B. mit Weiterbildungs- und Aufstiegswünschen), die Opfer höchst fragwürdiger Testverfahren geworden waren.

Wenn man weiß, worauf es bei Tests ankommt und was auf einen zukommen kann, ist man in der Lage, sich konkret vorzubereiten. Der häufig Hilflosigkeit, Überraschung und Angst auslösende Effekt von Einstellungstests wird so zum größten Teil reduziert.

Wenn man sich verdeutlicht, daß diese Art von Tests – ob mit sogenanntem guten oder schlechten Ergebnis – keine wirkliche Vorhersage für die berufliche Zukunft zulassen, relativieren sich Angst und Streß für den (leid-) geprüften Bewerber.

Nicht wenige Firmen sahen aufgrund der in Gang gekommenen Diskussion ein, daß ihre – zum Teil selbstgestrickten – Verfahren vollkommen untauglich waren, die angeblich intelligenten und damit „geeigneten“ Bewerber auszulesen. Die sogenannten Intelligenztests erlebten ihren Niedergang – wenngleich es noch immer zu viele ignorante Anwender gibt, die dem wissenschaftlich verbrämten Aberglauben an völlig veraltete Intelligenztests aufsitzen.

Festzustellen ist: Der Trend geht heute eindeutig zu Persönlichkeitstests, gegen die man sich aber ebenso schützen muß und kann.

Noch einmal kurz zusammengefaßt: Eine Vorbereitung auf Bewerbung, Tests und Vorstellungsgespräch ist ebenso sinnvoll wie notwendig. Übung macht den Meister! In einer beruflich und damit auch lebensgeschichtlich wichtigen Situation kommt es für den Bewerber darauf an, seine Interessen und Chancen wahrzunehmen.

Das in der Bewerbungssituation typischerweise auftretende Machtgefälle Arbeitgeber – Bewerber (Prüfer – Prüfling, Herr – Knecht) ist durch eine qualifizierte Prüfungsvorbereitung spürbar zugunsten des Bewerbers zu reduzieren. Unsere Bücher tragen wesentlich dazu bei.

Jeder Schauspieler muß seine Rolle gut einstudieren, bevor er sich mit Aussicht auf Erfolg auf die Bühne wagen kann. Auch das Leben enthält immer wieder „Bühnenauftritte“, bei denen es darauf ankommt, eine Rolle vorzubereiten und gut zu spielen. Hat man erst mal begriffen, daß das Gemeinsame von Elefant und Veilchen Lebewesen ist, kommt man viel leichter auf die abstruse Gemeinsamkeit von Kleeblatt und Nashorn. Der Mensch ist eben lernfähig – sollte man jedenfalls hoffen.

INTELLIGENZ-TESTVERFAHREN

Intelligenz – ein magisches Wort, bei dem jeder gleich zu wissen glaubt, wovon die Rede ist. Dabei denkt jeder an etwas anderes, und jeder hält sich für mehr oder weniger intelligent. Falls Sie noch an den Intelligenz-Quotienten (kurz: IQ) glauben, gehören Sie dann zu den Letzteren...?

Wir stellen Ihnen vor, wie Testanwender der Intelligenz auf die Spur kommen wollen. Zunächst ein kleiner Allgemeinwissens-Test (Quiz). Dann machen wir Sie mit den drei Intelligenztest-Gartenzwergen bekannt: Ist, Mit und Wit (nicht zu verwechseln mit Tick, Trick und Track). Weiter geht es mit sogenannter Logik und den sogenannten Kulturtechniken wie Rechnen, Mathe und Rechtschreibung, nicht zu vergessen Zeichensetzung und Aufsätze. Na dann viel Spaß ...

Allgemeinwissens-Test

Die Deutschen lieben Quizshows. Ganz ähnlich geht es bei vielen Allgemeinwissens-Tests zu. Was unter dem sogenannten Allgemeinwissen zu verstehen ist, bestimmen die Arbeitsplatzvergeber. Aber auch Psychologen neigen dazu, in ihren Testfragensammlungen willkürlich festzulegen, was man ihrer Meinung nach wissen sollte.

Meistens geht es um folgende Sachgebiete: Staat, Politik, Geschichte, Geographie, Wirtschaft, berühmte Persönlichkeiten, Schöngeistiges (Kunst/Literatur/Musik), manchmal auch Sport und Technik, weniger Biologie, Physik und Chemie.

Von Minisammlungen (etwa 10 Fragen) am Anfang einer Testbatterie bis zu 200 Fragen (10 Gebiete à 20 Fragen) reicht die Palette. Oftmals werden die Fragensammlungen durch berufsspezifische Wissensfragen erweitert. Zur Einstimmung 20 sogenannte Allgemeinwissensfragen, die Sie in weniger als 5 Minuten bearbeiten sollten:

- Wie viele Tage hat das Jahr?
- Und wie viele Wochen?
- Wie heißt der amtierende Bundespräsident?
- Und wie der erste der Bundesrepublik?
- Was geschah am 13.8.1961?
- Und was am 17.6.1953?
- In welchem Jahr wurde die Bundesrepublik gegründet?
- Wie heißen die Bundesländer?
- Und welches hat die meisten Einwohner?
- Welches ist flächenmäßig am größten?
- Was ist eine Aktie?
- Was ist der Diskontsatz?
- Und wer legt ihn fest?
- Was sind juristische Personen?
- Nennen Sie fünf Städte an der Donau.
- Wie heißt die Hauptstadt von Kolumbien?
- Wer komponierte die Oper »Die Zauberflöte«?
- Nennen Sie fünf lebende Schriftsteller.
- Und nun fünf klassische.
- In welchem Jahrhundert lebte Cäsar? (Lösungen siehe S. 289)

Man kann sich viele Allgemeinwissensfragen ausdenken – unsere Beispiele jedoch stammen aus Originaltests der täglichen Testpraxis, geordnet nach Sachgebieten, unter Berücksichtigung von Wichtigkeit und Häufigkeit:

1. Gemeinschaftskunde
2. Bedeutende Persönlichkeiten
3. Politik
4. Geschichte
5. Geographie
6. Literatur
7. Kunst
8. Musik
9. Sport
10. Technik
11. Wirtschaft
12. Biologie
13. Physik
14. Chemie

Auch wenn die Inhalte dieser Beispielaufgaben (3 pro Wissensgebiet) abenteuerlich anmuten und sich die Frage aufdrängt, was das mit der Qualifikation für bestimmte Berufe zu tun hat (wir wissen es auch nicht), ist es doch lohnend, sich mit diesem „Bildungsgut" auseinanderzusetzen.

Aus Platzgründen beschränken wir uns hier auf eine Auswahl von 42 Aufgaben, die Sie in 15 Minuten bearbeitet haben sollten. Über 400 Allgemeinwissensaufgaben aus gängigen Testverfahren finden Sie in dem Spezialbuch *Testaufgaben*.

1. Gemeinschaftskunde

1. Wer hat bei weltpolitischen Konflikten den größten Einfluß?
   a) NATO
   b) UN-Sicherheitsrat
   c) UNESCO
   d) KSZE

2. Welches Ressort hat seit Jahren den größten Haushaltsetat?
   a) Verteidigung
   b) Arbeit und Soziales
   c) Verkehr
   d) Bildung

3. Wann wurde die Deutsche Mark (DM) geboren?
   a) 1945
   b) 1946
   c) 1947
   d) 1948

2. Bedeutende Persönlichkeiten

1. Wer war Ignatius von Loyola?
   a) spanischer Freiheitskämpfer
   b) Gründer des deutschen Ritterordens
   c) Gründer des Jesuitenordens
   d) Verfasser der Loyalitätstheorie

2. Wer war Carl Orff?
   a) ein bekannter Ostfriese
   b) ein bekannter Jazzmusiker
   c) ein bekannter Eishockeyspieler
   d) ein bekannter Komponist

3. Wer war Marie Curie?
   a) eine berühmte Köchin
   b) eine bahnbrechende Physikerin
   c) eine talentierte Malerin
   d) eine sensible Poetin

3. Politik

1. Wer sagte, Politik sei die Kunst des Möglichen?
   a) Bismarck
   b) Truman
   c) Reagan
   d) Churchill

2. Die Verbindung mehrerer Gesetzesvorlagen, die im Parlament gemeinsam behandelt werden, bezeichnet man als
   a) Courtage
   b) Fusion
   c) Kollusion
   d) Junktim

3. Aufgabe der Bundesversammlung ist es
   a) den Bundeskanzler zu wählen
   b) die zu wählenden Bundesrichter vorzuschlagen
   c) den Bundespräsidenten zu wählen
   d) die Entscheidungen des Bundesrates zu kontrollieren

4. Geschichte

1. Die Entente Cordiale wurde geschlossen zwischen
   a) England und Rußland
   b) England und Frankreich
   c) Frankreich und Rußland
   d) Frankreich und Spanien

2. Deutschland wurde in den Völkerbund aufgenommen
   a) 1924
   b) 1926
   c) 1928
   d) 1930

3. Die Unabhängigkeitserklärung der USA war
   a) 1769
   b) 1776
   c) 1793
   d) 1798

5. Geographie

1. Wie viele Einwohner hat Deutschland?
   a) ca. 60 Mio
   b) ca. 70 Mio
   c) ca. 75 Mio
   d) ca. 85 Mio

2. Wo finden wir die Apenninische Halbinsel?
   a) Griechenland
   b) Spanien
   c) Italien
   d) Portugal

3. Die Insel Korsika gehört politisch zu
   a) Spanien
   b) Frankreich
   c) Italien
   d) ist selbständig

6. Literatur

1. Aus welchem Werk stammt das Zitat »Die Geister, die ich rief…«
   a) Zauberberg
   b) Zauberlehrling
   c) Der Zauberer und die Hexe
   d) Frankenstein

2. Hauptmanns soziales Drama »Die Weber« stammt aus der Epoche des
   a) Symbolismus
   b) Naturalismus
   c) Realismus
   d) Expressionismus

3. Wer schrieb »Jenseits von Eden«?
   a) Steinbeck
   b) Williams
   c) Miller
   d) Updike

7. Kunst

1. Renoir gehört zu den Malern des
   a) Expressionismus
   b) Surrealismus
   c) Impressionismus
   d) Existentialismus

2. In welchem Stil ist der Kölner Dom gebaut?
   a) Renaissance
   b) Romanik
   c) Gotik
   d) Klassizismus

3. Wie heißt die deutsche Graphikerin und Bildhauerin, die vor allem soziale Themen beeindrukkend darstellte?
   a) Waldorf
   b) Zille
   c) Kollwitz
   d) Kruse

8. Musik

1. Welcher Notendreiklang ergibt einen C-Dur-Akkord?
   a) C-D-E
   b) C-D-G
   c) C-E-G
   d) C-G-H

2. Wieviele Saiten hat eine normale Gitarre?
   a) 4
   b) 5
   c) 6
   d) 7

3. Wer komponierte die Dreigroschenoper?
   a) Schilling
   b) Brecht
   c) Weill
   d) Mahler

9. Sport

1. Wieviele Spieler zählen zu einer Rugby-Mannschaft?
   a) 11
   b) 15
   c) 19
   d) 20

2. In welcher Sportart gibt es eine spanische Eröffnung?
   a) Krickett
   b) Schach
   c) Golf
   d) Mühle

3. Welche Schneeart ist Skianfängern am liebsten?
   a) Pappschnee
   b) Eierschnee
   c) Pulverschnee
   d) Neuschnee

10. Technik

1. Von der Sonne bis zur Erde braucht Licht...
   a) 8 Min 13 Sec
   b) 12 Min 10 Sec
   c) 45 Min 03 Sec
   d) 54 Min 14 Sec

2. Welche Strahlen zeigt der Geigerzähler an?
   a) Röntgenstrahlen
   b) radioaktive Strahlen
   c) Sonnenstrahlen
   d) Erdwärmestrahlen

3. Was ist ein Zyklotron?
   a) Elementarteilchenbeschleuniger
   b) freiwerdendes Teilchen bei der Kernspaltung
   c) Gezeitenmesser
   d) Wirbelsturm

11. Wirtschaft

1. Aus welcher Steuer ergibt sich das meiste Steueraufkommen?
   a) Vergnügungssteuer
   b) Vermögenssteuer
   c) Umsatzsteuer
   d) Lohnsteuer

2. Was kann auf eine Hochkonjunktur folgen?
   a) Baisse
   b) Depression
   c) Hausse
   d) Inflation

3. Wie nennt man eine Zwangsverwaltung?
   a) Präjustiz
   b) Plebeszit
   c) Sequestration
   d) Insolvenz

12. Biologie

1. Was enthält Düngemittel für einen wichtigen Stoff?
   a) Wasserstoff
   b) Kohlenstoff
   c) Sauerstoff
   d) Stickstoff

2. Wieviele Chromosomen hat die menschliche Zelle?
   a) 38
   b) 49
   c) 48
   d) 50

3. Welcher Stoff sorgt dafür, daß ein Rasen grün ist?
   a) Chloroform
   b) Chlorophyll
   c) Chloäthylen
   d) Chlorwasserstoff

13. Physik

1. Wie hoch ist die Temperatur des Drahtes in einer Glühlampe?
   a) 3000 Grad Celsius
   b) 2000
   c) 1000
   d) 100

2. Was ist ein Ion?
   a) chemisches Element
   b) elektrisch geladenes Atom
   c) physikalische Maßeinheit für Elektrizität
   d) Maßeinheit für Widerstand

3. Wer ist der bessere Wärmeleiter?
   a) Glas
   b) Kunststoff
   c) Metall
   d) Silber

14. Chemie

1. Was ist Quecksilber?
   a) ein Edelmetall
   b) ein Element
   c) ein Metall
   d) eine Flüssigkeit

2. Was sind Moleküle?
   a) eine Gruppe von Atomen
   b) eine Gruppe von Elementen
   c) eine Gruppe von Kühlstoffen
   d) eine Gruppe von Wasserstoffkernen

3. Was ist eine Emulsion?
   a) ein scharfes Reinigungsmittel
   b) eine fein verteilte Lösung eines Stoffes in einer Flüssigkeit
   c) eine hochexplosive Mixtur
   d) nichts von alledem

LESE- UND ARBEITSHINWEISE

400 Übungsaufgaben in: *Testaufgaben*

Viele Leute sind sich im klaren darüber, daß unsere gegenwärtigen Vorstellungen von Intelligenz unzureichend sind, aber bis wir eine neue und bessere Theorie entwickelt haben, werden wir uns weiterhin das Gerede über ,die Intelligenz' und über IQ-Tests anhören müssen, schreibt der amerikanische Psychologie-Professor und Intelligenzforscher Howard Gardner.

Der Professor untertreibt. Wir müssen uns nicht nur das Gerede anhören, sondern für mehrere hunderttausend Menschen werden jedes Jahr fragwürdige und völlig veraltete sogenannte Intelligenztests zu Fallstricken für ihre berufliche Entwicklung und Zukunft.

Insbesondere drei verbreitete Intelligenz-Tests sind es, mit denen Arbeitgeber ihre *Testopfer* immer wieder drangsalieren. Intelligenz-Tests zur Personalrekrutierung einzusetzen entspricht unserer Meinung nach etwa dem gleichen Niveau, wie seinen Garten mit Gartenzwergen auszustaffieren: kleingeistig, hübsch häßlich, total verspießert.

Wir führen Ihnen hier drei *Intelligenztest-Gartenzwerge* vor (typisch deutsch wie diese ganze Testmisere): der kleine Ist mit einer Laterne, der kleine Mit mit Spaten und den Schubkarre schiebenden kleinen Wit.

Kenner werden wissen, wovon wir sprechen, und vielleicht erkennen auch Sie den einen oder anderen *Gartenzwerg* wieder. Diese drei *Giftzwerge*, kleine hinterhältige Biester, kennenlernen und studieren zu können, bedeutet, in der gegebenen Situation mit ihren Attacken besser fertig zu werden.

Der Ist-Wissens-Test

wurde in den frühen 50er Jahren entwickelt. Schnell völlig veraltet, hat man in den 60er Jahren versucht, ihn wiederzubeleben. Dieser mißlungene Versuch verhinderte nicht, daß dieser Test millionenfach eingesetzt wurde und immer noch wird. Was hier unter der Etikettierung *Intelligenztest* an gebündeltem Schwachsinn auf einen einströmt, ist für Außenstehende nahezu unvorstellbar. Oder können Sie (oder einer der vielen Arbeitgeber) einmal erklären, warum ein Werkschutzmann bei *VW* (Wolfsburg) wissen muß, was man zum Erzeugen tiefer Töne benötigt? Aber auch Fragen nach der Länge eines 10-DM-Scheines oder nach der Größe eines sechsjährigen Kindes disqualifizieren den Test und die Testanwender.

Theoretisch haben wir uns zur Problematik von Testverfahren ausführlich in unseren Büchern *Testtraining …* und *Erlebnisse aus 1001 Bewerbung* geäußert, so daß wir nun hier direkt in die Praxis einsteigen wollen.

1. Satzergänzung

Am meisten Ähnlichkeiten haben Kaninchen mit...

a) Hasen
b) Katzen
c) Eichhörnchen
d) Füchsen
e) Igeln

Lösung: a) Hasen

Für die folgenden 17 Satzergänzungsaufgaben haben Sie 4 Minuten Zeit.

1. Beim Autofahren benötigt man besonders...
   a) Vorsicht
   b) Ausdauer
   c) Geschick
   d) Kraft
   e) Aufmerksamkeit
   f) Rücksicht

2. Am wichtigsten am Fernseher ist...
   a) die Antenne
   b) der Abstellknopf
   c) die Transistoren
   d) die Bildröhre
   e) der Kontrastregler
   f) der Lautstärkeregler

3. ...gehört nicht zum Wetter.
   a) der Nebel
   b) das Gewitter
   c) der Hagel
   d) das Erdbeben
   e) der Orkan
   f) der Sturm

4. Als Verkehrsmittel ist das Flugzeug das...
   a) unsicherste
   b) leichteste
   c) teuerste
   d) größte
   e) vernünftigste
   f) schnellste

5. Letztlich werden Entscheidungen...
   a) diskutiert
   b) überlegt
   c) getroffen
   d) geplant
   e) befolgt
   f) vermieden

6. Am ehesten zu Lebzeiten muß der Ruf eines ... begründet sein
   a) Komponisten
   b) Malers
   c) Bildhauers
   d) Schauspielers
   e) Dichters
   f) Schriftstellers

7. Am wenigsten kann man über längere Zeit verzichten auf das...
   a) Fernsehen
   b) Schlafen
   c) Sprechen
   d) Trinken
   e) Essen
   f) Gehen

8. Quecksilber ist...
   a) eine Legierung
   b) ein Metall
   c) ein Mineral
   d) eine Lösung
   e) ein Gemisch
   f) eine Mixtur

9. In der Regel sind Väter ... erfahrener als ihre Söhne.
   a) nie
   b) immer
   c) gewöhnlich
   d) grundsätzlich
   e) selten
   f) manchmal

10. ...gehört/gehören immer zu einer Prüfung
    a) Fragen
    b) Antworten
    c) Wissen
    d) Fähigkeiten
    e) ein Programm
    f) ein Prüfender

11. Hat man Geld, hat man immer...
    a) Freude
    b) Freunde
    c) Sicherheit
    d) Macht
    e) Besitz
    f) Konten

12. Am besten löst man ein Problem durch...
    a) Einfühlung
    b) Verstand
    c) Ausprobieren
    d) Konzentration
    e) Nachdenken
    f) Aufgeben

13. Etwa ...% beträgt der Anteil der BRD an der Festlandoberfläche der Erde.
    a) 0,2%
    b) 0,5%
    c) 1,5%
    d) 2,3%
    e) 2,8%
    f) 3,2%

14. Man braucht ..., wenn man arbeitet.
    a) Verstand
    b) Intelligenz
    c) Werkzeuge
    d) Chefs
    e) Aufgaben
    f) Ehrgeiz

15. ...ist die häufigste Ursache eines Hochwassers.
    a) Unglück
    b) Katastrophe
    c) Unwetter
    d) Dammbruch
    e) Regen
    f) Eisschmelze

16. Mit Menschen sollte man ... im Umgang sein.
    a) abwartend
    b) vergnügt
    c) aufgeschlossen
    d) zurückhaltend
    e) vorsichtig
    f) gewandt

17. Man benötigt viel ..., um tiefe Töne zu erzeugen.
    a) Verstand
    b) Gefühl
    c) Übung
    d) Kraft
    e) Schwung
    f) Konzentration

2. Wortauswahl

Von fünf Wörtern sind vier in einer gewissen Weise einander ähnlich. Finden Sie das fünfte Wort heraus, das nicht in diese Reihe paßt. Dazu ein Beispiel:

a) Tisch
b) Sessel
c) Schrank
d) Bett
e) Taube

Lösung: e, denn a, b, c und d sind Möbelstücke

Für die nächsten 19 Aufgaben haben Sie 5 Minuten Zeit.

1. a) Betrug
   b) Unterschlagung
   c) Schwindel
   d) Fälschung
   e) Trugschluß

2. a) Kochen
   b) Schneidern
   c) Brauen
   d) Schmieden
   e) Lernen

3. a) sofort
   b) bald
   c) demnächst
   d) in Kürze
   e) übermorgen

4. a) Patient
   b) Klient
   c) Mandant
   d) Kunde
   e) Freund

5. a) Mikroskop
   b) Fenster
   c) Glas
   d) Fernglas
   e) Sonnenbrille

6. a) identisch
   b) kongruent
   c) gleich
   d) ähnlich
   e) symmetrisch

7. a) gefettet
   b) gepflegt
   c) gebohnert
   d) geschmirgelt
   e) gewaschen

8. a) Ansprache
   b) Abstimmung
   c) Monolog
   d) Rede
   e) Diskussion

9. a) verängstigt
   b) verunsichert
   c) beunruhigt
   d) bedroht
   e) verstimmt

10. a) Entwicklungsprozeß
    b) Steigerung
    c) Fortschritt
    d) Reifungsprozeß
    e) Wachstum

11. a) beispielhaft
    b) ausgezeichnet
    c) hervortretend
    d) mustergültig
    e) vorbildlich

12. a) Herberge
    b) Hotel
    c) Pension
    d) Restaurant
    e) Gasthof

13. a) überreichen
    b) übergeben
    c) übereignen
    d) überlassen
    e) aushändigen

14. a) Flugzeug
    b) Lift
    c) Treppe
    d) Fallschirm
    e) Leiter

15. a) Eheverbindung
    b) Gemeinschaft
    c) Brücke
    d) Grenze
    e) Steg

16. a) windig
    b) regnerisch
    c) kalt
    d) bewölkt
    e) neblig

17. a) entscheiden
    b) quittieren
    c) planen
    d) beurteilen
    e) werten

18. a) gebohrt
    b) gehobelt
    c) geschliffen
    d) poliert
    e) gewalzt

19. a) Türschloß
    b) Wasserhahn
    c) Reißverschluß
    d) Schraubenzieher
    e) Korkenzieher

3. Analogien

Drei Worte sind vorgegeben, von denen zwischen dem ersten und dem zweiten ein gewisse Beziehung besteht. Aufgabe ist es, zwischen dem dritten und den vorgegebenen Wahlwörtern eine ähnliche Beziehung zu schaffen.

Beispiel: Wald zu Bäumen wie Wiese zu?

a) Gräser
b) Blumen
c) Grün
d) Weide
e) Heu

Lösung: a

Für die folgenden 11 Aufgaben haben Sie 3 Minuten Zeit.

1. klein zu groß wie kurz zu?
   a) schmal
   b) breit
   c) ausgedehnt
   d) eng
   e) weit
   f) lang

2. teuer zu selten wie billig zu?
   a) erschwinglich
   b) preiswert
   c) haltbar
   d) einfach
   e) gewöhnlich
   f) häufig

3. Sportler zu Erfolg wie Manager zu?
   a) Geld
   b) Macht
   c) Gewinn
   d) Luxus
   e) Umsatz
   f) Ansehen

4. Reiben zu Klopfen wie Laufen zu?
   a) Hüpfen
   b) Tauchen
   c) Schwimmen
   d) Werfen
   e) Fallen
   f) Wandern

5. Platin zu Aluminium wie Diamant zu?
   a) Härte
   b) Schliff
   c) Brillant
   d) Schmuck
   e) Glas
   f) Edelstein

6. Sirup zu Zucker wie Petroleum zu?
   a) Auto
   b) Motoröl
   c) Benzin
   d) Verbrennungsprozeß
   e) Autogas
   f) Rohstoff

7. Mensch zu Gehirn wie Stadt zu?
   a) Bürgermeister
   b) Verwaltung
   c) Rathaus
   d) City
   e) Marktplatz
   f) Polizeirevier

8. Pflanze zu Maschine wie Eiche zu?
   a) Auto
   b) Haus
   c) Möbel
   d) Geld
   e) Vergnügen
   f) Einrichtung

9. Nerv zu Leitung wie Pupille zu?
   a) Blau
   b) Blende
   c) Licht
   d) Strahlung
   e) Auge
   f) Sehen

10. Eisen zu Eis wie Metall zu?
    a) Regen
    b) Wasser
    c) Flüssigkeit
    d) Leitung
    e) trinken
    f) rosten

11. Wasser zu Delta wie Wind zu ?
    a) Strand
    b) Meer
    c) Salz
    d) Wind
    e) Dünen
    f) Wolken

LESE- UND ARBEITSHINWEIS

▷ Der Mit-Wissens-Test, in diesem Kapitel

4. Gemeinsamkeiten

Sieben Wörter sind vorgegeben. Finden Sie die beiden Wörter heraus, die einen gemeinsamen Oberbegriff haben.

Beispiel:
a) Butter
b) Brot
c) Zeitung
d) Messer
e) Zigarette
f) Uhr
g) Baum

Lösung: Butter und Brot haben den Oberbegriff Nahrungsmittel.

Für 15 Aufgaben haben Sie 6 Minuten Zeit.

1. a) Luft
b) Teppich
c) Tür
d) Haus
e) Tisch
f) Stuhl
g) Gardine

2. a) Auto
b) Quartier
c) Café
d) Straße
e) Büro
f) Behausung
g) Garten

3. a) Armut
b) Elend
c) Gefahr
d) Durst
e) Hunger
f) Angst
g) Krankheit

4. a) Gras
b) Wurzel
c) Tulpe
d) Eiche
e) Laub
f) Rose
g) Wald

5. a) Meer
b) Strand
c) Wal
d) Seetang
e) Schutt
f) Qualle
g) Delphin

6. a) Brille
b) Sonne
c) Blick
d) Duft
e) Auge
f) Reiz
g) Nase

7. a) Reiten
b) Rudern
c) Schwimmen
d) Fußball
e) Tennis
f) Speerwerfen
g) Ringen

8. a) Sparbuch
b) Briefmarke
c) Zahlkarte
d) Quittung
e) Aktie
f) Pfandbrief
g) Wechsel

9. a) Epoche
b) Warnung
c) Burg
d) Frieden
e) Zeitung
f) Schule
g) Termin

10. a) Mütze
b) Eis
c) Kälte
d) Auto
e) Taschenuhr
f) Strumpf
g) Winter

11. a) Kleiderschrank
b) Reißverschluß
c) Bank
d) Türriegel
e) Kleidungsstück
f) Fensterscheibe
g) Schlüsselbund

12. a) Dose
b) Rad
c) Kreis
d) Knopfloch
e) Knoten
f) Stöpsel
g) Deckel

13. a) Kunstwerk
b) Zelt
c) Lied
d) Ruine
e) Stein
f) Rüstung
g) Torso

14. a) Kinderlähmung
b) Diabetes
c) Skorbut
d) Tod
e) Fieber
f) Krebs
g) Rachitis

15. a) Schiff
b) Rad
c) Silo
d) Bank
e) Haus
f) Tresor
g) Werkstatt

5. Figuren erkennen

Fünf Musterfiguren (a–e) werden vorgegeben. Darunter stehen Beispielaufgaben (1–5), in denen jeweils eine dieser Musterfiguren a–e in einzelne Teile zerschnitten wurde. Finden Sie bei jeder Aufgabe heraus, welche der Musterfiguren a, b, c, d oder e aus den einzelnen Teilstücken zusammengesetzt werden kann, ohne daß Ecken überstehen oder Platz zwischen den Stücken bleibt.

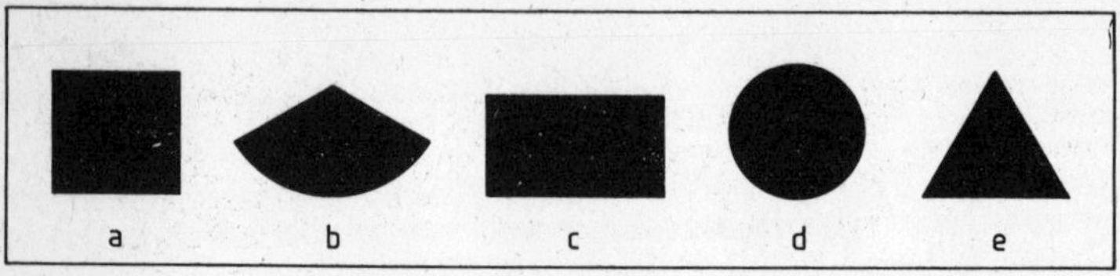

Lösung: 1e/2c/3a/4b/5d

Für die nun folgenden 20 Aufgaben haben Sie 6 Minuten Zeit.

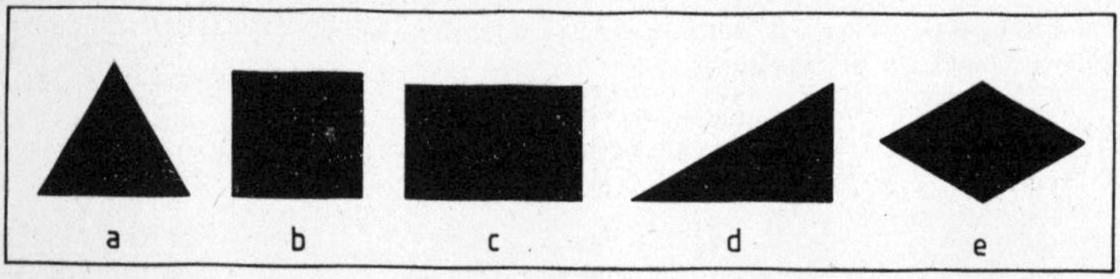

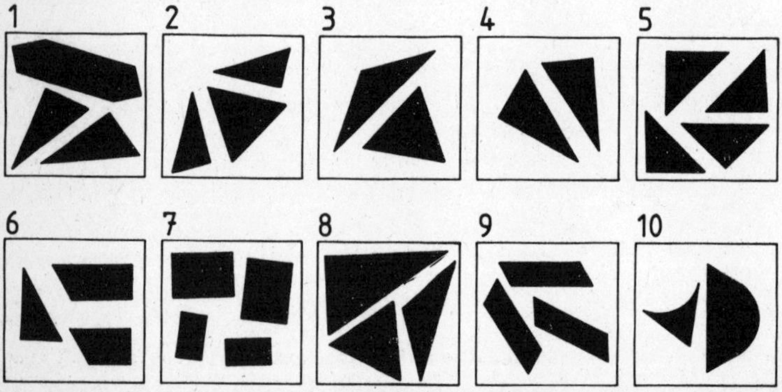

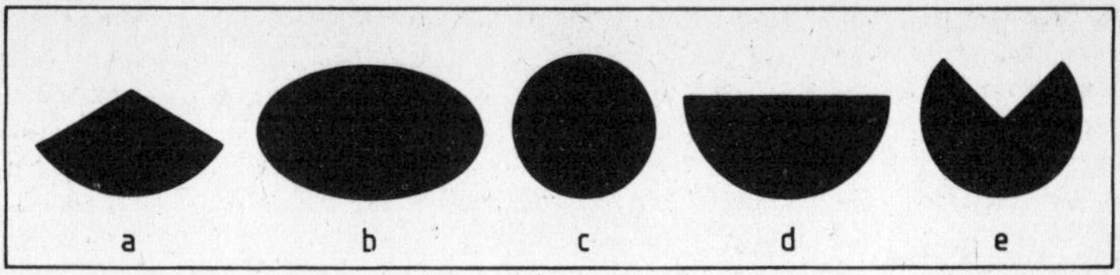

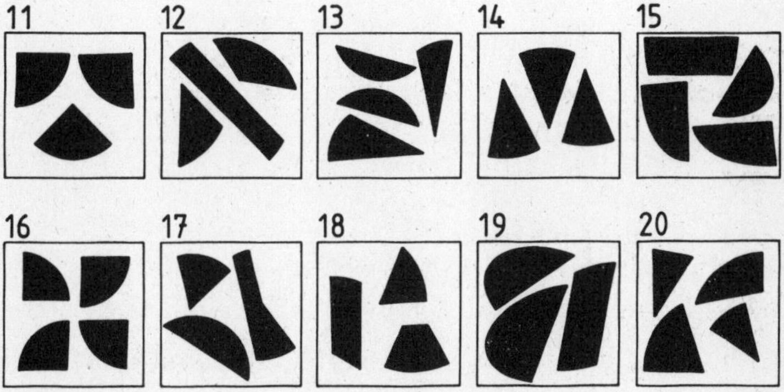

6. Würfel erkennen

Ihnen werden 5 Musterwürfel vorgegeben (a,b,c,d und e). Auf jedem sind sechs verschiedene Zeichen, drei davon können Sie sehen. Finden Sie heraus, welcher Musterwürfel (a–e) sich in den Aufgaben-Würfeln versteckt. Hierzu Beispiele:

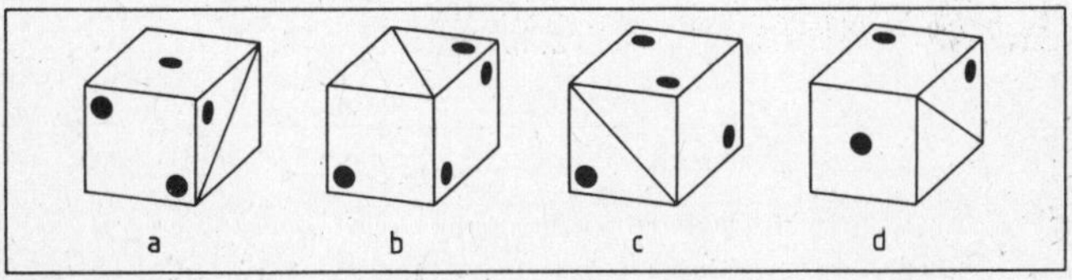

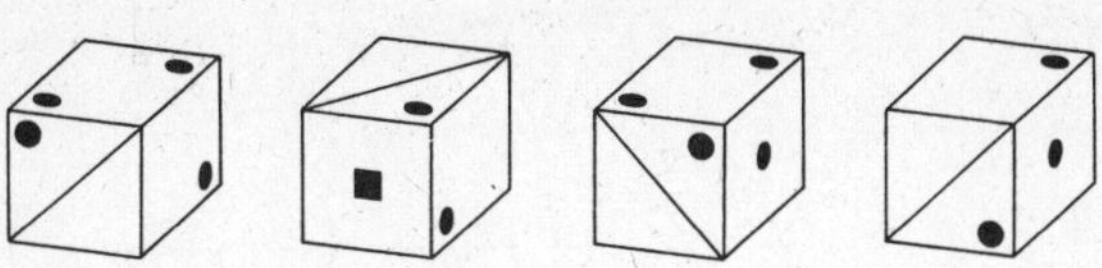

Lösungen (von links nach rechts): b,d,a,c.

Der erste Würfel (links) ist der Musterwürfel b, weil dieser nach vorne gekippt und dann nach links gedreht wurde.

Bitte beachten Sie, daß der Würfel gedreht *oder* gekippt, aber auch gedreht *und* gekippt sein kann. Dabei kann auch maximal ein neues Zeichen (eine neue Seite) bei den Musterwürfeln sichtbar werden. Beachten Sie, daß es sich in jedem Fall um sechs verschiedene Würfel handelt, auch wenn die Musterwürfel zum Teil gleiche Zeichen/Symbole tragen.

Für die nun folgenden 16 Würfel haben Sie 6 Minuten Bearbeitungszeit.

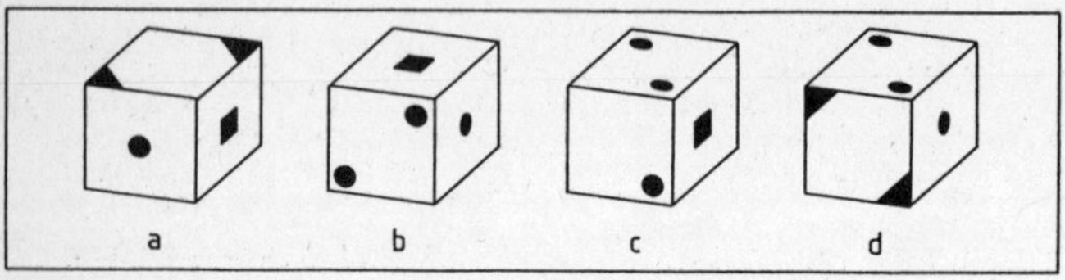

1

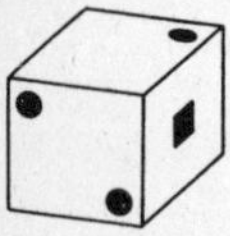

2

3

4

5

6

7

8

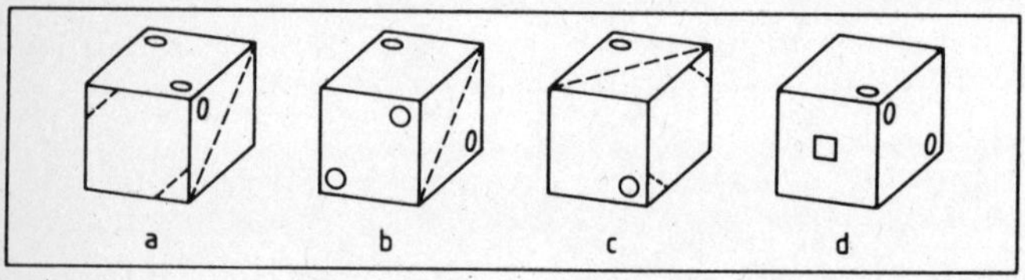

9

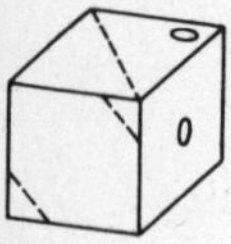

10

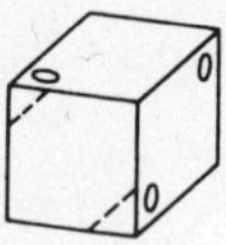

11

12

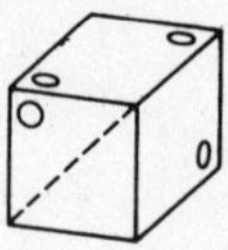

13

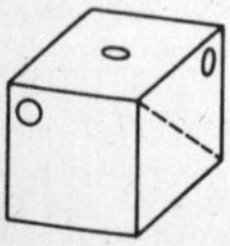

14

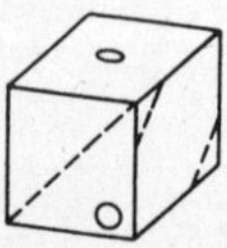

15

16

LESE- UND ARBEITSHINWEIS

▷ Ausführliche Lösungsstrategien in: *Testtraining...*, S. 273ff.

7. Merkaufgaben

Folgende Worte sollen Sie in drei Minuten auswendig lernen:

Berufe: Eismann – Imker – Nachtwächter – Pfarrer – Uhrmacher
Städte: Aachen – Cuxhaven – Oldenburg – Quellbach – York
Bauwerke: Funkturm – Jagdhaus – Liederhalle – Scheune – Viadukt
Lebensmittel: Butter – Kartoffeln – Reis – Teigwaren – Wurst
Sport: Hockey – Golf – Marathonlauf – Degenfechten – Zehnkampf

ACHTUNG! BITTE NICHT UMBLÄTTERN, BEVOR DIE AUSWENDIGLERNZEIT BEENDET IST!

In welche Gruppe gehörte das Wort mit dem Anfangsbuchstaben V?
a) in die Berufsgruppe
b) in die Städtegruppe
c) in die Bauwerkegruppe
d) in die Lebensmittelgruppe
e) in die Sportgruppe

Lösung: c (Viadukt – Bauwerke)

Für die nun folgenden Fragen haben Sie 5 Minuten Bearbeitungszeit.

1. In welche Gruppe gehörte das Wort mit dem Anfangsbuchstaben A?
   a) in die Berufsgruppe
   b) in die Städtegruppe
   c) in die Bauwerkegruppe
   d) in die Lebensmittelgruppe
   e) in die Sportgruppe

2. In welche Gruppe gehörte das Wort mit dem Anfangsbuchstaben B?
   a) in die Berufsgruppe
   b) in die Städtegruppe
   c) in die Bauwerkegruppe
   d) in die Lebensmittelgruppe
   e) in die Sportgruppe

3. In welche Gruppe gehörte das Wort mit dem Anfangsbuchstaben C?
   a) in die Berufsgruppe
   b) in die Städtegruppe
   c) in die Bauwerkegruppe
   d) in die Lebensmittelgruppe
   e) in die Sportgruppe

4. ... das Wort mit dem Anfangsbuchstaben D?
   a) in die Berufsgruppe
   b) in die Städtegruppe
   c) in die Bauwerkegruppe
   d) in die Lebensmittelgruppe
   e) in die Sportgruppe

5. ... das Wort mit dem Anfangsbuchstaben E?
   a) in die Berufsgruppe
   b) in die Städtegruppe
   c) in die Bauwerkegruppe
   d) in die Lebensmittelgruppe
   e) in die Sportgruppe

So geht es das ganze Alphabet durch bis auf X:

6. F in a b c d e
7. G in a b c d e
8. H in a b c d e
9. I in a b c d e
10. J in a b c d e
11. K in a b c d e
12. L in a b c d e
13. M in a b c d e
14. N in a b c d e
15. O in a b c d e
16. P in a b c d e
17. Q in a b c d e
18. R in a b c d e
19. S in a b c d e
20. T in a b c d e
21. U in a b c d e
22. V in a b c d e
23. W in a b c d e
24. Y in a b c d e
25. Z in a b c d e

LESE- UND ARBEITSHINWEIS

▷ Rechen- und Mathe-Test

Der Mit-Wissens-Test

Der zweite Intelligenz-Gartenzwerg, den wir Ihnen hier vorstellen, erfreut sich bei Arbeitgebern einer zunehmenden Beliebtheit, die nur schwer nachvollziehbar, geschweige denn zu teilen ist. Der Test stammt aus den späten 60er Jahren und seine geistigen Väter scheinen verkappte Hobby-Jäger zu sein, denn sie möchten wissen, ob man in Afrika Jaguare und in der Antarktis Eisbären antreffen kann. Beide Fragen sind z.B. für Mitarbeiter im Öffentlichen Dienst – wo der Test besonders gern eingesetzt wird – von großer arbeitsplatzrelevanter Bedeutung.

1. Figurenreihen

Mit welcher Auswahlfigur rechts (a,b,c oder d) kann man die Figurenreihe (links) richtig fortsetzen?

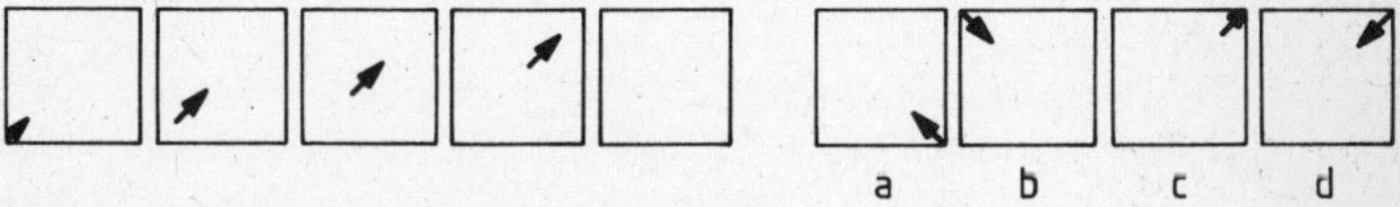

Lösung: c. Der Pfeil geht von links nach rechts oben.

Für die nächsten 4 nicht ganz leichten Aufgaben haben Sie 4 Minuten Zeit.

1
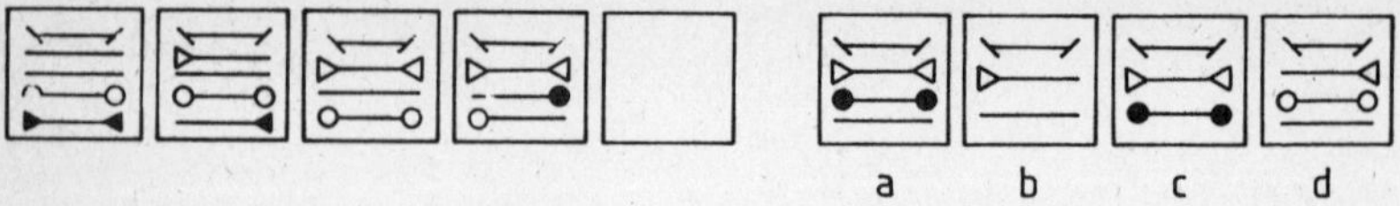

2
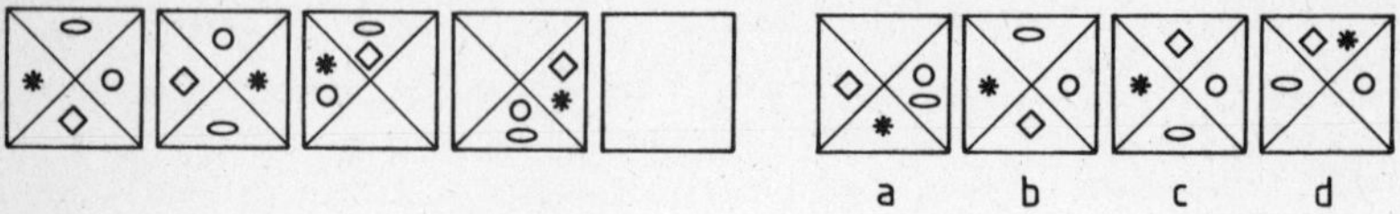

3
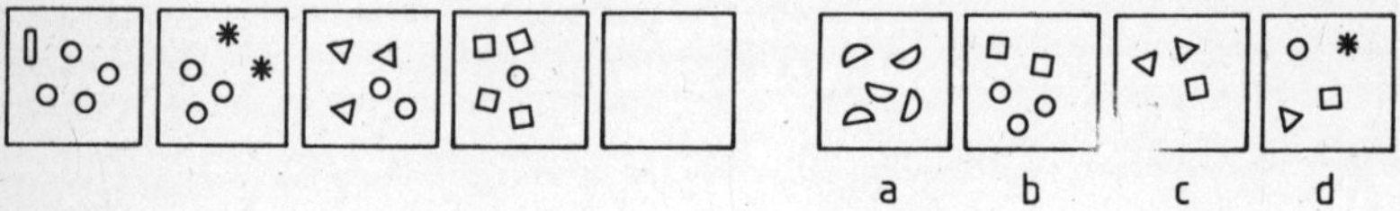

4
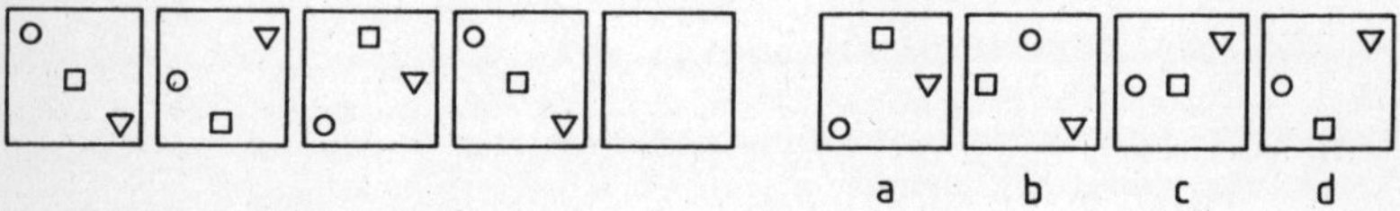

LESE- UND ARBEITSHINWEIS

▷ Logik-Wissens-Test

2. Wortbedeutungen

Hier geht es darum, Wörter zu finden, die sich in der Bedeutung ähneln.

Beispiel: Regen

a) Furcht
b) Gemälde
c) Niederschlag
d) Gewalt
e) Körper
f) Wetter

Lösung: c

Für die Bearbeitung der nächsten 10 Aufgaben haben Sie 2 Minuten Zeit.

1. perfekt
   a) richtig
   b) vollkommen
   c) begrenzt
   d) regelmäßig
   e) gescheit
   f) treulos

2. Delikt
   a) Delikatesse
   b) Vergehen
   c) Beschlagnahmung
   d) Überbleibsel
   e) Gartengerät
   f) Gerichtsverhandlung

3. Motto
   a) Glücksspiel
   b) Werbung
   c) Leitspruch
   d) Zauberer
   e) Schmetterling
   f) Übernachtungsstätte

4. Trophäe
   a) Werkzeug
   b) exotische Pflanze
   c) Tierjagd
   d) Stammeszeichen
   e) Gewinn
   f) Siegeszeichen

5. pedantisch
   a) kleinlich
   b) kränklich
   c) streng
   d) soldatisch
   e) mißvergnügt
   f) zu Fuß

6. irden
   a) vergänglich
   b) aus Ton
   c) zur Erde gehörig
   d) täuschend
   e) zu Ende
   f) menschlich

7. Traktat
   a) Quälerei
   b) Abhandlung
   c) landwirtschaftliche Maschine
   d) Vorschrift
   e) Kochkunst
   f) Vortrag

8. Gesinde
   a) Mädchenname
   b) Lumpenpack
   c) Teil einer Schraube
   d) Blumenstrauß
   e) Helfer
   f) Hausangestellte

9. Fuge
   a) Flucht
   b) Furche
   c) Schnaps
   d) landwirtschaftliches Gerät
   e) Graben
   f) Musikstück

10. Konvoi
   a) Südfrucht
   b) Verbindung
   c) Vertrauen
   d) Überzeugung
   e) Gastmahl
   f) Geleitzug

3. Buchstabengruppen

Welche Buchstabengruppe (a,b,c,d,e) ist nicht nach einer bestimmten Regel wie die vier anderen Gruppen zusammengesetzt?

Beispiel:	b	c	d	e
AAAB	BBBC	CCCD	DDEE	EEEF

Lösung: Gruppe d

Für die Bearbeitung der folgenden 6 Aufgaben haben Sie 3 Minuten Zeit.

	a	b	c	d	e
1.	AABA	AAAB	AAAC	AAAT	AAAU
2.	MOPQ	ACDE	UWXY	DFGH	SRQP
3.	DABC	HEFG	NKLM	SPQR	WXYZ
4.	YXVW	TSQR	NOLM	HGEF	EDBC
5.	KCBL	MEDN	OGFP	QIHR	SKOT
6.	MPSV	ADGJ	ORUX	ADGJ	NQTV

4. Wortverhältnisse

In den folgenden Sätzen fehlt jeweils das Anfangs- und das Endwort. Die Sätze sind so zu ergänzen, daß sie einen Sinn erhalten.

Beispiel: ...... verhält sich zu groß wie Maus zu ......

1. Fernsehen	A. häßlich
2. Elefant	B. klein
3. Zeitung	C. voll
4. Tasche	D. langsam

Nur die Wörter *Elefant* und *klein* ergänzen den Satz so, daß er einen Sinn bekommt (meinen jedenfalls die Testautoren, und wir wollen ja hier nicht streiten...).

Die richtige Lösung heißt also 2B.

Für die nächsten 6 Aufgaben haben Sie 3 Minuten Bearbeitungszeit.

1. ......verhält sich zu Bestrafung wie Alkohol zu ......

1. Beute	A. Hund
2. Verbrecher	B. Säufer
3. Geld	C. Entziehungskur
4. Recht	D. Erkrankung

2. ......verhält sich zu Neujahr wie Nacht zu ......

1. Weihnachtsfest	A. Zeit
2. Silvester	B. Sterne
3. Jahresende	C. Morgen
4. Anfang	D. Tag

3. ......verhält sich zu Geldschrank wie Hammer zu ......

1. Schlüssel	A. Geld
2. Schweißbrenner	B. Sparschwein
3. Wächter	C. Nagel
4. Polizei	D. Zerstörung

4. ......verhält sich zu Knie wie Hände zu ......

1. Menschen	A. Ellenbogen
2. Gelenke	B. Daumen
3. Füße	C. Schultern
4. Körper	D. Seele

5. ......verhält sich zu Krieg wie Atheist zu ......

1. Kämpfer	A. Kirche
2. Pazifist	B. Religion
3. Soldat	C. Staat
4. furchtbar	D. sündig

6. ......verhält sich zur Verfassung wie Prolog zu ......

1. Grundgesetz	A. Drama
2. Präambel	B. Epilog
3. Freiheit	C. Vortragung
4. Rechtsstaat	D. Erlaß

5. Sprichwörter

Hier geht es darum, Sprichwörter mit ähnlicher Bedeutung zu erkennen.

Beispiel: Wie man sich bettet, so liegt man.

a) Nach dem Essen soll man ruhen oder tausend Schritte tun.
b) Wer rastet, der rostet.
c) In den Eimer geht nicht mehr, als er fassen kann.
d) Alte Liebe rostet nicht.
e) Wie in den Wald hineingerufen wird, so schallt es heraus.

Richtige Lösung: e

Für die folgenden 5 Aufgaben haben Sie 3 Minuten Zeit.

1. Ein Unglück kommt selten allein.
   a) Wenn ein Unglück Dir geschadet hat, denke nicht, es sei jetzt satt.
   b) Wer den Schaden hat, braucht für den Spott nicht zu sorgen.
   c) Glück und Glas, wie leicht bricht das.
   d) Des einen Glück, des anderen Unglück.

2. Keiner kann aus seiner Haut.
   a) Wer im Glashaus sitzt, sollte nicht mit Steinen werfen.
   b) Vorsicht ist besser als Nachsicht.
   c) Niemand kann über seinen eigenen Schatten springen.
   d) Jeder Baum wirft seinen Schatten.

3. Was Jupiter darf, darf der Ochse noch lange nicht.
   a) Die Partei hat immer recht.
   b) Tut, was Euch beliebt zu tun.
   c) Der Meister darf die Form zerbrechen.
   d) Gesagt, getan, frisch an's Werk.

4. Hast Du nicht Pfeile im Köcher, so mische Dich nicht unter die Schützen.
   a) Wie man in den Wald hineinruft, so schallt es heraus.
   b) Mancher schießt ins Blaue und trifft ins Schwarze.
   c) Auge um Auge, Zahn um Zahn
   d) Wer einen kleinen Mund hat, erstickt sehr leicht an großen Bissen.

5. Geteiltes Leid ist halbes Leid.
   a) Ein Unglück kommt selten allein.
   b) Schaden macht klug.
   c) Wer nicht hören will, muß fühlen.
   d) Wer im Schaden schwimmt, hat gern, daß andere mit ihm baden.

6. Unmöglichkeiten

Vier Behauptungen werden aufgestellt. Drei davon sind richtig und eine falsch oder drei davon sind falsch und eine ist richtig. Aufgabe ist es, die eine richtige oder die eine falsche Behauptung herauszufinden.

Beispiel: Es ist wirklich unmöglich, daß ein Zebra...
- a) kleiner ist als ein Pferd
- b) kariert gestreift ist
- c) in einem Stall lebt
- d) als Reittier dient

Welche Behauptung ist entweder als einzige richtig oder falsch? Als einzige richtig ist b, alle anderen Aussagen sind falsch. Lösung also b.

Für die folgenden 5 Aufgaben haben Sie 2 Minuten Zeit.

1. Es ist wirklich unmöglich, in der Antarktis anzutreffen ...
   a) amerikanische Forscher
   b) russische Forscher
   c) Robben
   d) Eisbären

2. Es ist wirklich unmöglich, in Afrika ...
   a) einen Jaguar zu jagen
   b) Schlitten zu fahren
   c) Orangen zu pflücken
   d) im längsten Fluß der Erde zu baden

3. Es ist wirklich unmöglich, eine Flüssigkeit ...
   a) in einem Sieb zu tragen
   b) verdampfen zu lassen
   c) zu färben
   d) kristallisieren zu lassen

4. Es ist völlig unmöglich, daß ein Fisch auf dem Land lebt, weil er ...
   a) zu sehr das Wasser liebt
   b) Flossen hat
   c) keine Nahrung findet
   d) eine Kiemenatmung hat

5. Es ist völlig unmöglich, in einem Kühlschrank mit kleinem einfachen Eisfach ...
   a) Eßwaren aufzubewahren
   b) Eiswürfel herzustellen
   c) Eis zu schmelzen
   d) hochprozentigen Rum gefrieren zu lassen

7. Dominoaufgaben

Welcher Dominostein aus der rechten Lösungsgruppe paßt in die linke Dominogruppe? Gesucht wird der Stein, der durch seine Punktzahl oben und unten die linke Dominogruppe logisch sinnvoll ergänzt. Dazu 2 Beispiele:

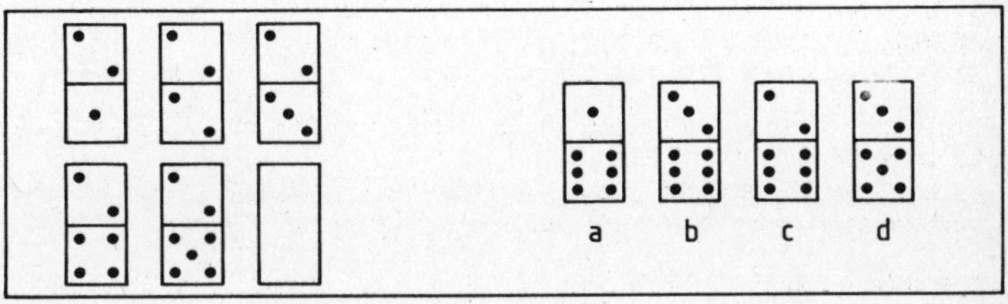

Lösung: c, weil das obere Feld eine 2 haben muß und das untere Feld (immer +1) 6 Punkte zeigen muß.

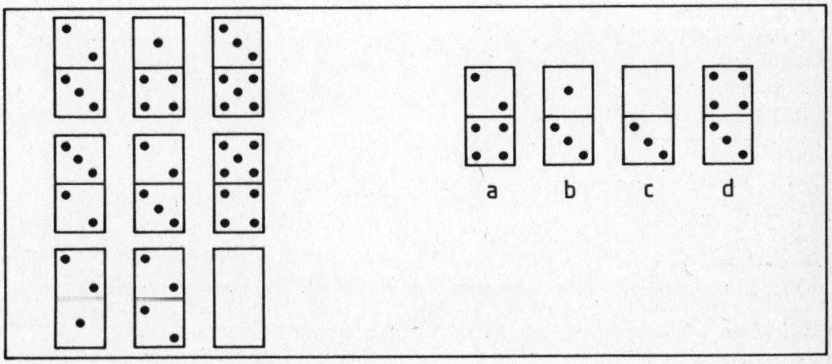

Lösung: d, weil das obere dritte Feld die Addition der ersten beiden Felder ist, das untere Feld nach dem Prinzip +1 aufgebaut ist.

Für die folgenden 4 Aufgaben haben Sie 3 Minuten Bearbeitungszeit.

1

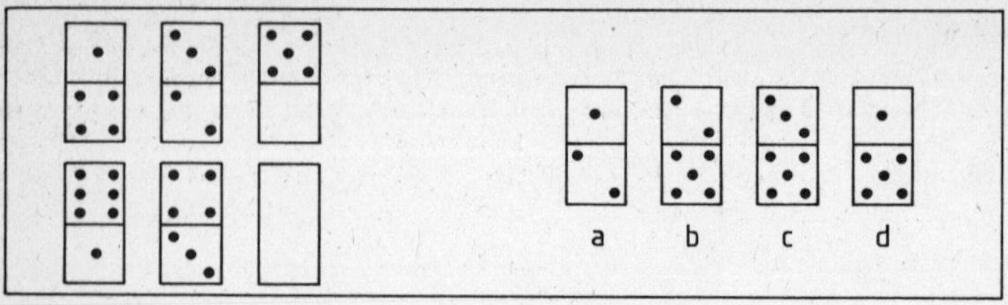

2

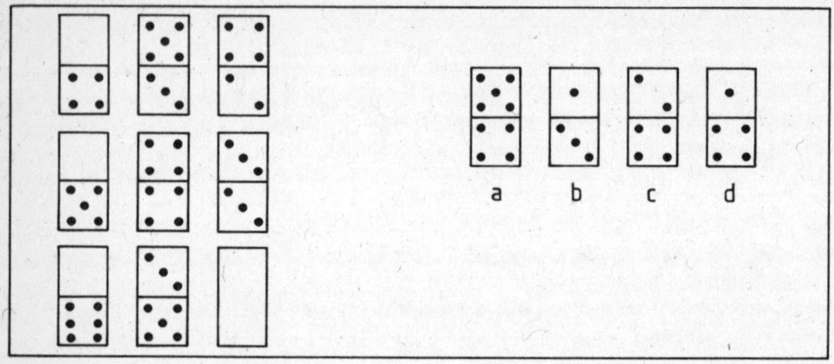

3

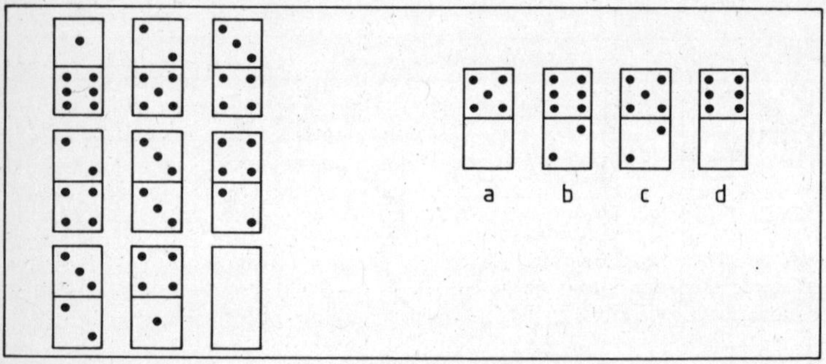

4

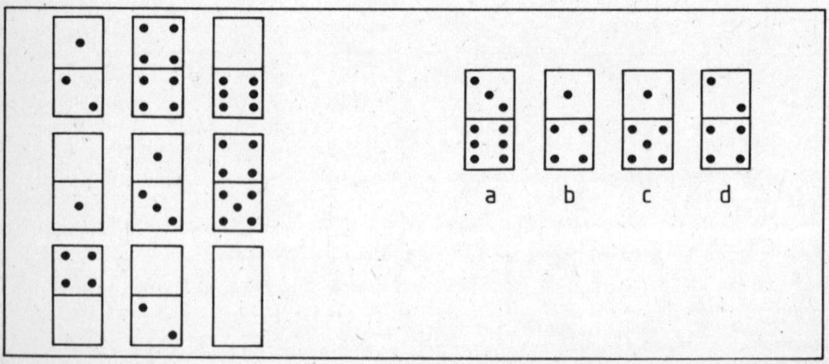

8. Zahlensymbole

Hier werden Zahlen durch bestimmte Symbole ersetzt. Einzelne Symbole entsprechen einer einstelligen Zahl (0–9), zwei nebeneinanderstehende Symbole entsprechen einer zweistelligen Zahl (10–99). Die Aufgabe besteht darin, herauszufinden, welche Zahl für ein bestimmtes Symbol eingesetzt werden muß, damit die Aufgabe richtig gelöst werden kann.

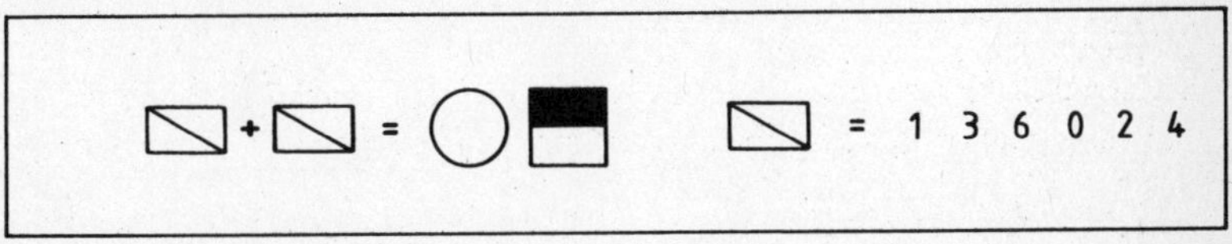

Lösung: 6, nur wenn diese Zahl für das Rechteck eingesetzt wird, kann das Ergebnis zweistellig werden.

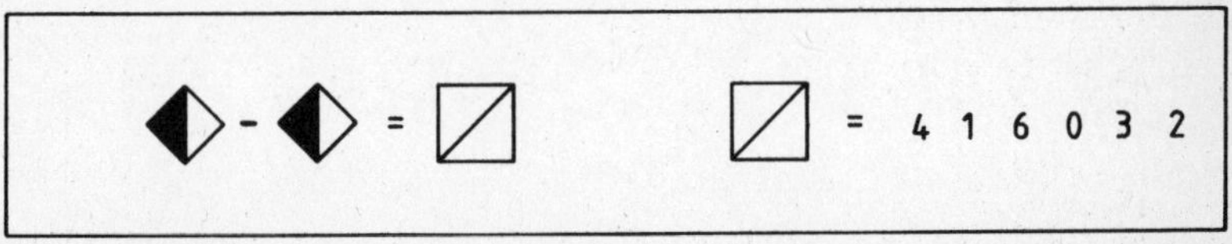

Lösung: 0, denn wenn man zwei gleiche Zahlen voneinander abzieht, kann das Ergebnis nur 0 sein.

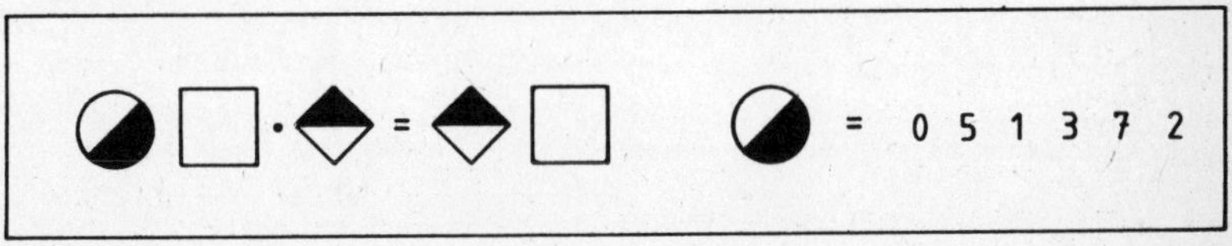

Lösung: 1, nur wenn für das Symbol schwarz-weißer Kreis die 1 eingesetzt wird, kann aus den Symbolen eine korrekte Rechenaufgabe entstehen. Der Multiplikator muß mit der Zehnerstelle der Lösung identisch sein, ebenso wie die Einerstellen des Multiplikanden und der Lösung gleich sein müssen. Das bedeutet: $10 \times 5 = 50$

Für die folgenden 11 Aufgaben (A–L) haben Sie 4 Minuten Zeit.

A

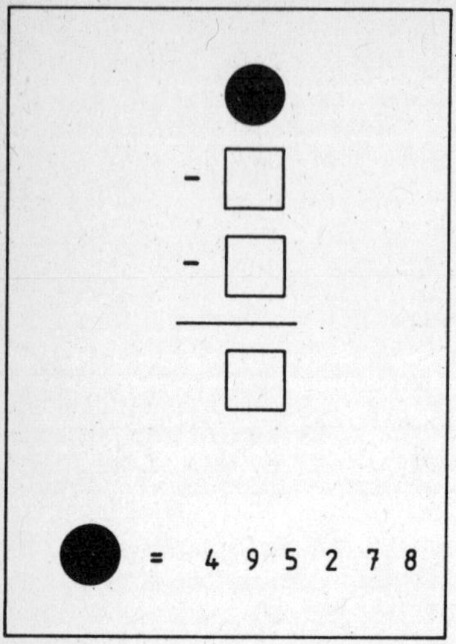

B

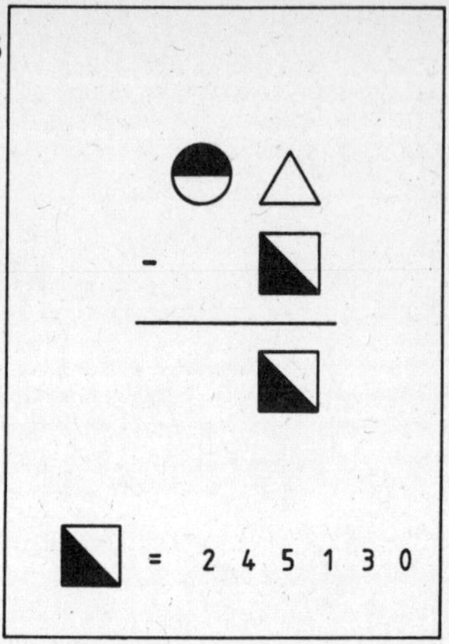

C

D

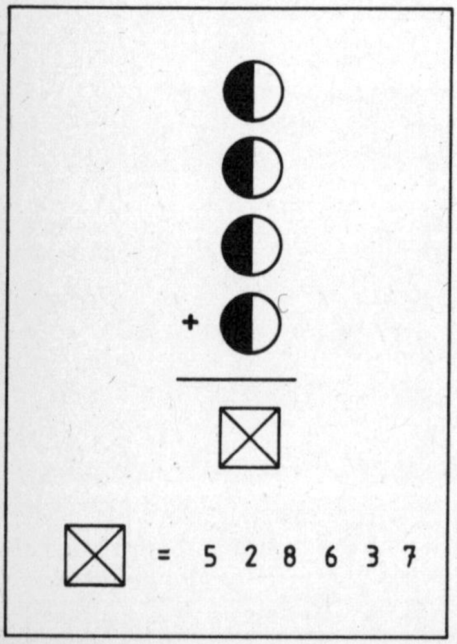

E

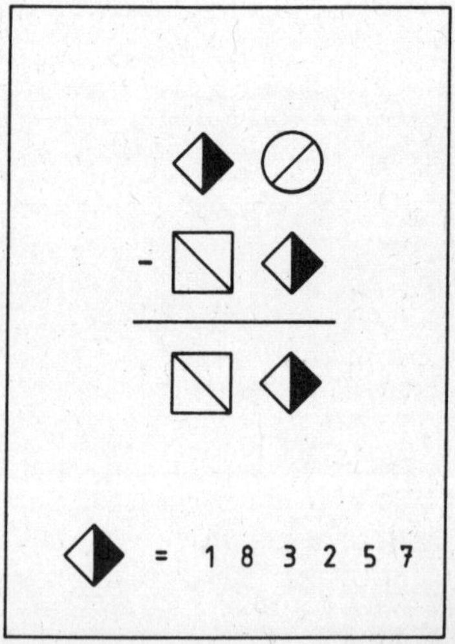

F

G

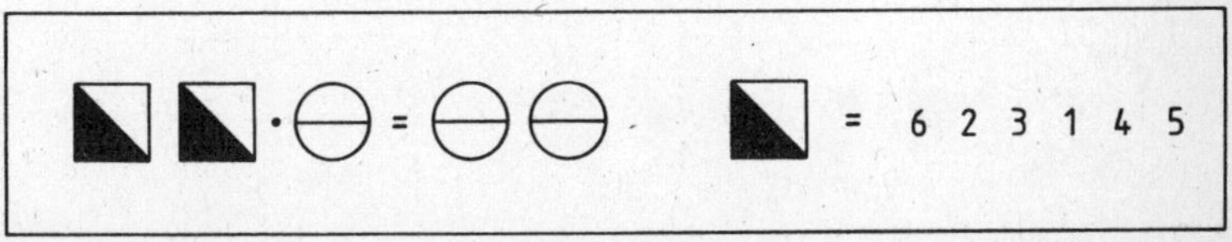

H

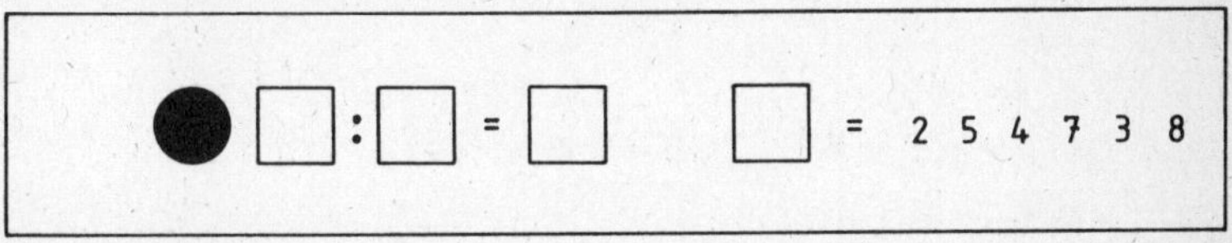

J

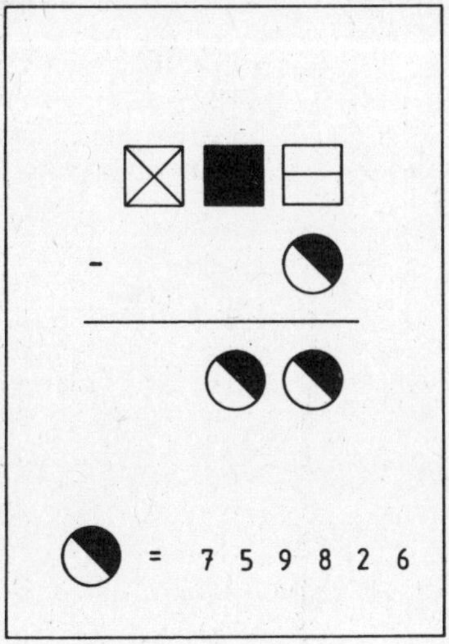

K

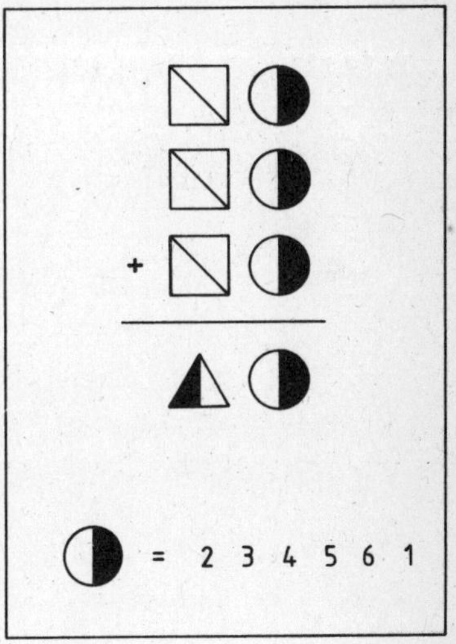

L

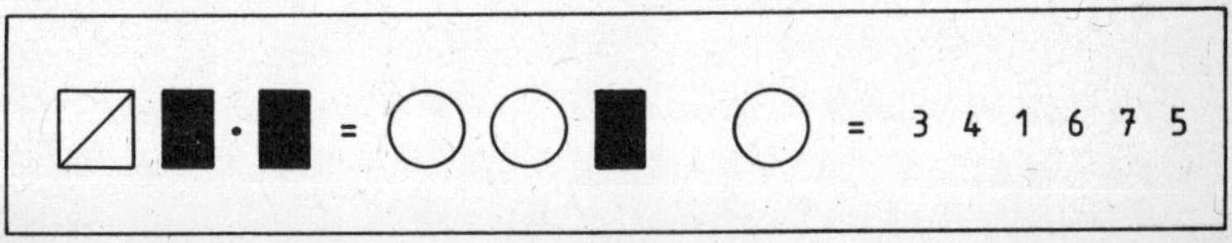

9. Mosaiken

Bei dieser Aufgabe sollen Sie zwei Quadrate, den Plan rechts für ein Mosaik und das fertige Mosaik links miteinander vergleichen und gegebenenfalls Fehler feststellen. Im Plan sind die Nummern der Mosaikbausteine eingetragen. Möglicherweise ist eine Nummer falsch, es kann aber auch sein, daß Plan und Mosaik genau übereinstimmen. Ihre Aufgabe ist es, das Feld A,B,C,D oder E zu benennen, in dem der falsche Mosaikbaustein ggf. sitzt.

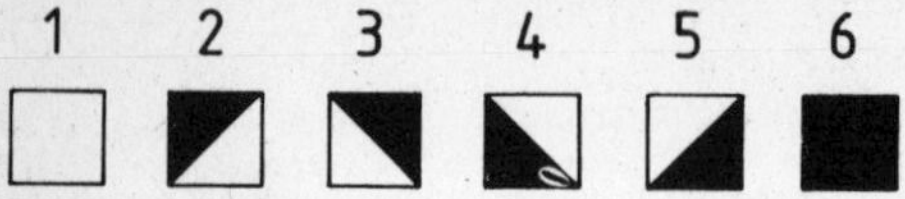

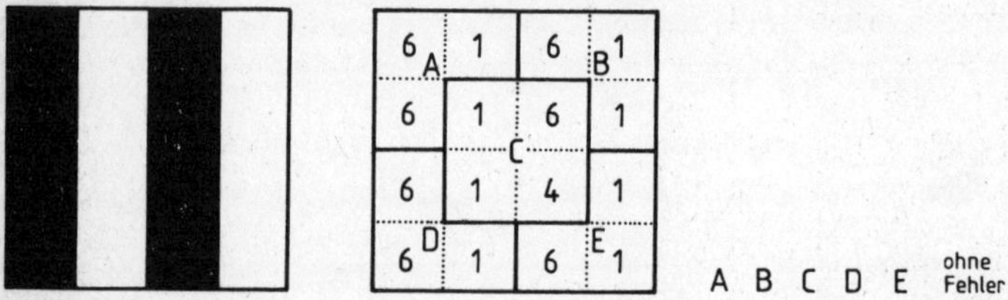

Lösung: C. Im Feld C ist ein Mosaikbaustein falsch (die 4).

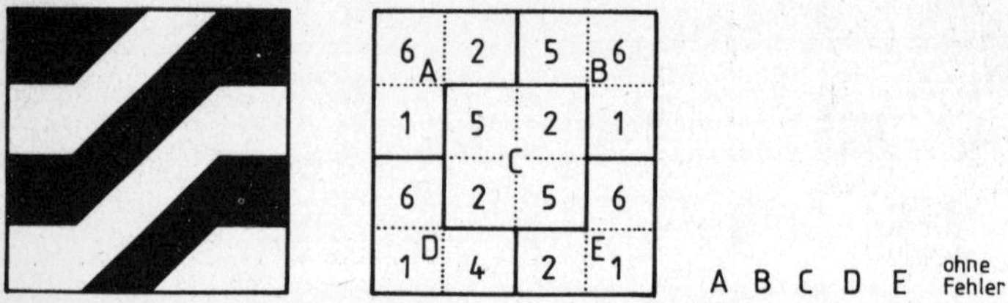

Lösung: D. Hier ist der Mosaikbaustein 4 im Feld D links unten falsch.

Für die folgenden 10 Aufgaben haben Sie 4 Minuten Bearbeitungszeit.

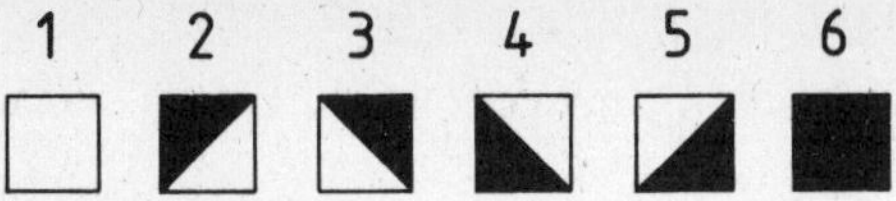

1

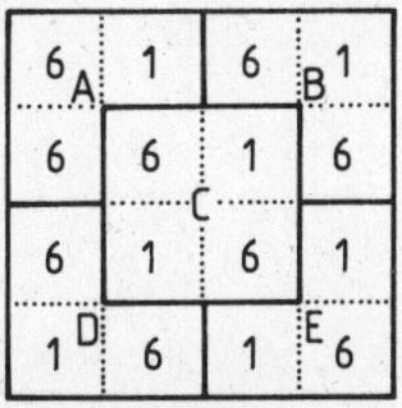

A B C D E ohne Fehler

2

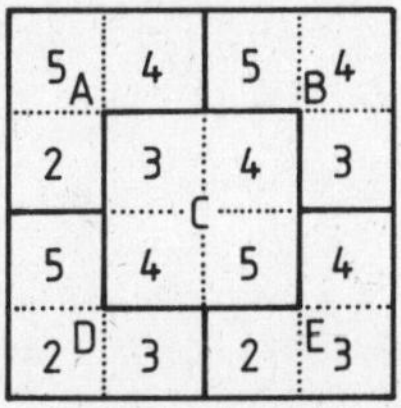

A B C D E ohne Fehler

3

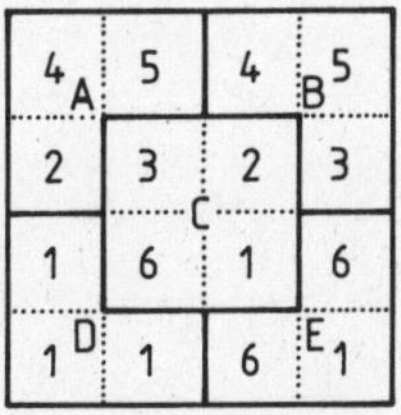

A B C D E ohne Fehler

4

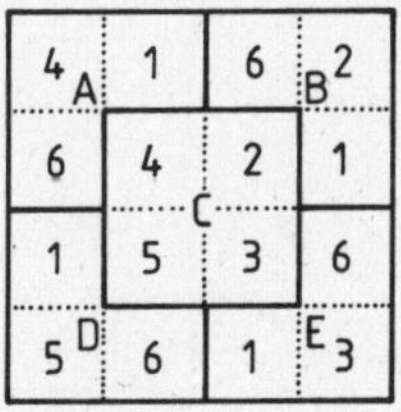

A B C D E ohne Fehler

5

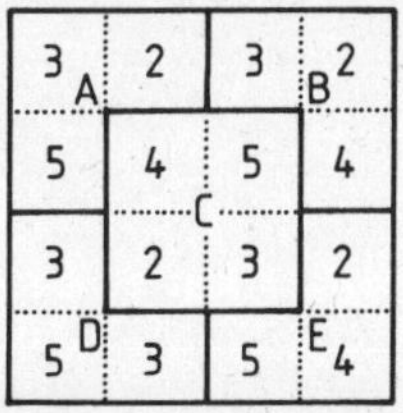

A B C D E ohne Fehler

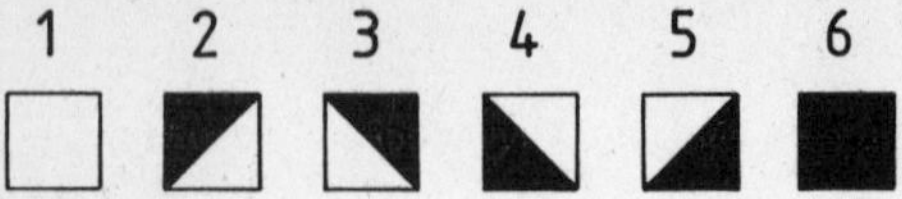

6

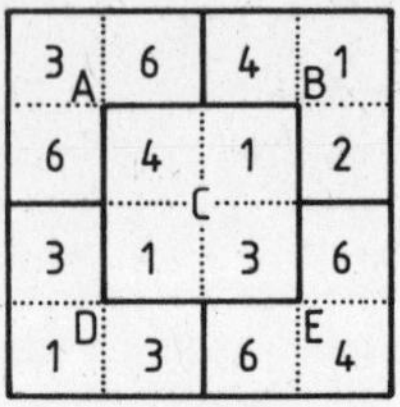

A B C D E ohne Fehler

7

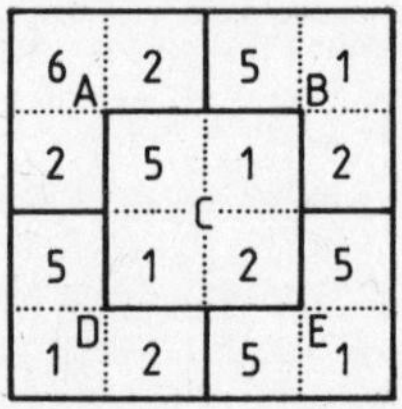

A B C D E ohne Fehler

8

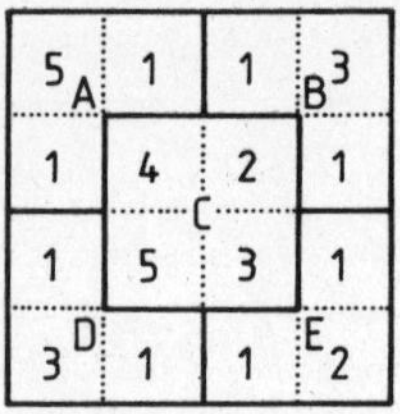

A B C D E ohne Fehler

9

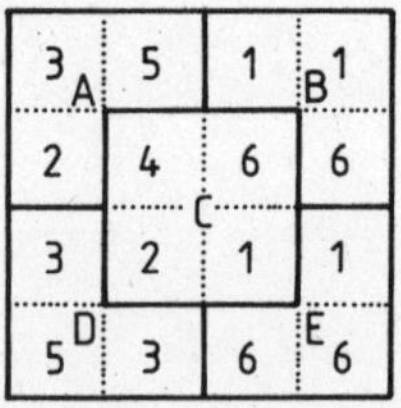

A B C D E ohne Fehler

10

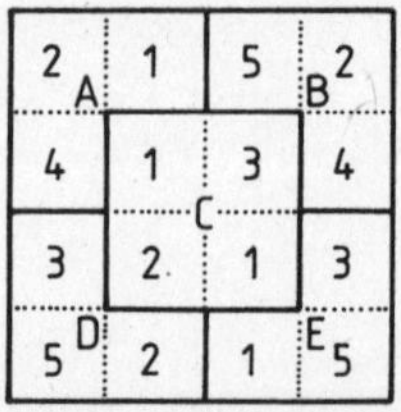

A B C D E ohne Fehler

Der Wit-Wissens-Test

Das ist der größenwahnsinnigste unter den Intelligenz-Gartenzwergen. Während die beiden ersten (Ist und Mit) Sie lediglich eine Stunde plagen, bringt es der kleine Wit mühelos auf vier Stunden und in einer gekürzten Version immerhin noch auf gut die Hälfte. Er ist der jüngste und zugleich der älteste, denn seine Schöpfung begann in den 50er Jahren; geboren wurde er letztendlich in den 80ern. Was lange währt, muß nicht unbedingt gut sein. Überzeugen Sie sich selbst.

1. Satzergänzung

Vervollständigen Sie die Sätze mit dem richtigen Ergänzungswort. Sie haben dafür 2 Minuten Zeit.

1. Vor allem aus Mangel an ... sind Hochhäuser entstanden.
   a) Sauerstoff
   b) ästhetischem Empfinden
   c) Bauholz
   d) Baugrund

2. Eine Erzählung, die in der Tierwelt spielt und eine Lehre enthält, nennt man auch ...
   a) Moritat
   b) Gleichnis
   c) Fabel
   d) Sage

3. Mit dem Wort Unruhe bezeichnet man einen Teil aus ...
   a) einem Kompaß
   b) einem Motor
   c) einer Uhr
   d) einem Seismographen

4. Werbung ist eine besondere Art ...
   a) der Kunst
   b) der Meinungsforschung
   c) der Propaganda
   d) der Wissensvermittlung

5. Generell gilt: Wasser ist immer ... als Fett.
   a) weicher
   b) schwerer
   c) härter
   d) leichter

6. Generell gilt: Eis ist immer ... als Wasser.
   a) flexibler
   b) leichter
   c) reiner
   d) schwerer

7. Ein Gradierwerk wird eingesetzt zur ...
   a) Landvermessung
   b) Stromgewinnung
   c) Wasserverdunstung
   d) Flußregulierung

8. Wassertürme haben die Funktion, das Wasser ...
   a) zu reinigen
   b) zu kontrollieren
   c) zu sammeln
   d) unter Druck in die Wasserleitung zu bringen.

Bemerkung: Diese kleine Satzergänzungsaufgabe wird punktemäßig nicht gewertet, sondern dient lediglich zur Vorbereitung (im Fachjargon *Aufwärmung*). Selbstverständlich erfahren Sie dies als Testteilnehmer nie!

2. Gleiche Wortbedeutungen

Zu dem vorgegebenen Wort ist ein zweites zu finden, das die gleiche Bedeutung hat.

Beispiel: Kopf
- a) Körper
- b) Kugel
- c) Haupt
- d) Haar
- e) Mensch
- f) rund

Lösung: c

Für 10 Aufgaben haben Sie 2 Minuten Bearbeitungszeit.

1. kräftigen
   a) füttern
   b) mästen
   c) fördern
   d) stärken
   e) steigern
   f) sorgen

2. mindern
   a) verengen
   b) einengen
   c) verringern
   d) einschätzen
   e) vertiefen
   f) abziehen

3. Argwohn
   a) Ahnung
   b) Mißtrauen
   c) Hinterlist
   d) Neid
   e) Falschheit
   f) Charakterschwäche

4. echt
   a) aufrichtig
   b) unverfälscht
   c) ehrlich
   d) anständig
   e) wirklich
   f) kostbar

5. unversehens
   a) zufällig
   b) achtlos
   c) plötzlich
   d) schnell
   e) blindlings
   f) konsequent

6. hämisch
   a) verschlagen
   b) verstohlen
   c) neidisch
   d) bitter
   e) schadenfroh
   f) spöttisch

7. willfährig
   a) gefällig
   b) nachgiebig
   c) gefügig
   d) bereitwillig
   e) gutwillig
   f) schwach

8. Quote
   a) Gewinn
   b) Zuweisung
   c) Zahlung
   d) Beitrag
   e) Leistung
   f) Anteil

9. schmähen
   a) demütigen
   b) verurteilen
   c) verachten
   d) bemäkeln
   e) beschimpfen
   f) beschuldigen

10. unterwürfig
    a) schmeichlerisch
    b) unwürdig
    c) bescheiden
    d) kriecherisch
    e) willenlos
    f) gefühllos

3. Analogien

Bestens bekannt, Wortgleichung oder Analogie genannt.

Noch ein Beispiel:

Schaf / Wolle gleich Vogel /......
a) Flügel
b) Körner
c) Nest
d) Taube
e) Federn
f) Tier

Lösung: e

Für 14 Wortgleichungen haben Sie 4 Minuten Bearbeitungszeit.

1. Fleiß / Faulheit gleich Tapferkeit /......
   a) Schwäche
   b) Mutlosigkeit
   c) Treue
   d) Kühnheit
   e) Feigheit
   f) Willensschwäche

2. Dach / Keller gleich Zimmerdecke /......
   a) Fenster
   b) Wand
   c) Lampe
   d) Fußboden
   e) Teppich
   f) Tür

3. Wissen / vermuten gleich messen /......
   a) vergleichen
   b) abprüfen
   c) bestimmen
   d) verschätzen
   e) wiegen
   f) schätzen

4. Bitten / betteln gleich klagen /......
   a) leiden
   b) heulen
   c) jammern
   d) trauern
   e) bedauern
   f) weinen

5. Erwerben / besitzen gleich üben / ......
   a) verstehen
   b) trainieren
   c) wiederholen
   d) aneignen
   e) vollbringen
   f) beherrschen

6. Alkohol / Arznei gleich berauschend /......
   a) beruhigend
   b) vergiftend
   c) heilend
   d) überzeugend
   e) bitter
   f) verordnet

7. Unordnung / Regel gleich Willkür /......
   a) Ordnung
   b) Macht
   c) Willen
   d) Diktatur
   e) Unentschlossenheit
   f) Gesetz

8. Leder / Eisen gleich zäh /......
   a) haltbar
   b) weich
   c) schwer
   d) rostig
   e) biegsam
   f) hart

9. Melodie / Ton gleich Gemälde /......
   a) Kunstwerk
   b) Helligheit
   c) Skala
   d) Farbe
   e) Form
   f) Pinsel

10. Pfeffer / Zitrone gleich scharf /......
    a) bitter
    b) sauer
    c) würzig
    d) beißend
    e) aromatisch
    f) prickelnd

11. Buchstabe / Ziffer gleich Wort /......
    a) Wert
    b) Summe
    c) Zahl
    d) Satz
    e) Rechnung
    f) Aufgabe

12. Ton / Wort gleich Musik /......
    a) Klang
    b) Buchstaben
    c) Sprache
    d) Stimme
    e) Satz
    f) Gedicht

13. Dämmerung / Finsternis gleich zweifeln /......
    a) aufgeben
    b) verwerfen
    c) begreifen
    d) zögern
    e) beenden
    f) abschaffen

14. Klopfen / trommeln gleich sprechen/......
    a) hämmern
    b) summen
    c) singen
    d) diskutieren
    e) reden
    f) atmen

4. Sprichwörter

Welcher Sinn ist in dem folgenden Sprichwort bzw. Zitat enthalten:
Gesundheit ist der allergrößte Reichtum?

Zwei der folgenden 6 Sprichwörter bzw. Zitate haben einen ähnlichen Sinn wie das eben genannte:

a) Jedermann ist seines Glückes Schmied
b) Wenn der eine stirbt, erbt der andere
c) Mann soll das Eisen schmieden, solange es heiß ist
d) Nichts ist so wertvoll wie die Gesundheit
e) Gesunder Geist in gesundem Körper
f) Gesundheit ist mehr wert als Gold

Lösung: d und f ähneln dem vorgegebenen Sprichwort am meisten.

Für die folgenden 10 Aufgaben haben Sie 4 Minuten Zeit.

1. Es ist nicht alles Gold, was glänzt
   a) Des einen Glück, des andern Last
   b) Nicht jeder dich Anlachende ist gleich Dein Freund
   c) Dummheit schützt vor Schaden nicht
   d) Der eine weint, der andere lacht
   e) Der Schein kann trügen
   f) Ein Bein wärmt sich, der Stiefel kommt zu Schaden

2. Ende gut, alles gut
   a) Die Mode kommt und geht
   b) Jeder möchte alt werden, aber nicht alt sein
   c) Ein Werk wird durch das Ende gekrönt
   d) Wer zuletzt lacht, lacht am besten
   e) Wer den Schaden hat, braucht für den Spott nicht zu sorgen
   f) Hochmut kommt vor dem Fall

3. Wenn man es am wenigsten denkt, ist der Fisch an der Angel
   a) Unverhofft kommt oft
   b) Wie gewonnen, so zerronnen
   c) Was vom Teufel kommt, geht auch zum Teufel zurück
   d) Was sich im Augenblick kann begeben, hat man nie gedacht im Leben
   e) Leicht gekommen, leicht genommen
   f) Alles hat einmal ein Ende

4. Der größte Reichtum heißt Zufriedenheit
   a) Besser alt und gesund als jung und krank
   b) Gesundheit ist mehr als Reichtum
   c) Wirklich reich, wer wenig begehrt
   d) Besser, wenig zu besitzen, als viel zu verlieren
   e) Genug hat derjenige, der sich begnügt
   f) Besser arm und gesund als reich und krank

5. Die Fliege fliegt solange zum Honig, bis sie ihren Kopf darin läßt
   a) Die Mücken fliegen um's Licht, bis sie darin versengen
   b) Wer zuletzt lacht, lacht am besten
   c) Wer sich in Gefahr begibt, kommt darin um
   d) Jeder Fuchs verliert einmal seinen Schwanz
   e) Die Gans wandert so oft in die Küche, bis sie am Spieß steckenbleibt
   f) Wer die Gefahr zu sehr fürchtet, lasse sich besser auf keine Abenteuer ein

6. Dem Hungrigen schmeckt alles gut
   a) Hunger ist schlimmer als Heimweh
   b) Hunger ist der beste Koch
   c) Ist der Hunger groß ist klein die Liebe
   d) Durst kann aus Wasser Wein machen
   e) Die hungrigen Mücken stechen schärfer
   f) Hunger und Harren macht viele zu Narren

7. Wer früh lacht, weint am Abend
   a) Eine fette Küche macht ein mageres Testament
   b) Lachen ist die beste Medizin
   c) Nach dem Lachen kommt Trauern
   d) Jung geschlemmt, alt gebettelt
   e) Heute Freund, morgen Feind
   f) Ein fetter Braten macht einen müden Magen

8. Wer einmal A sagt, muß auch B sagen
   a) Was sich zankt, das liebt sich
   b) Wer gerne zankt, findet leicht einen Grund
   c) Man kann den Teufel nicht fressen ohne seine Hörner
   d) Ist der Teufel im Schiff, will er gefahren werden
   e) Nimmt man das Fleisch, muß man auch den Knochen nehmen
   f) Wer den Schaden hat, braucht für den Spott nicht zu sorgen

9. Ein Esel, der viele Bücher trägt, ist deshalb nicht gescheiter
   a) Ein Esel bleibt ein Esel
   b) Der Esel hat das Stroh lieber als das Gold
   c) Gleich und gleich gesellt sich gern
   d) Man kann den Hund waschen, man kann den Hund kämmen, er bleibt doch nur ein Hund
   e) Ein junger Hahn kräht, wie er das von den Alten gehört hat
   f) Ein Esel kommt selten allein

10. Ein schüchterner Hund wird nicht fett
    a) Dem Mutigen gehört die Welt
    b) Viele Hunde sind des Hasen Tod
    c) Selbst das Glück wendet dem Feigen den Rücken
    d) Hunde, die bellen, beißen nicht
    e) Jeder Hund hat auch einen Floh
    f) Wenn der Hund mit der Wurst über'n Rinnstein springt...

5. Buchstabenreihen

Eine nach einer bestimmten Regel aufgebaute Buchstabenreihe soll, um zwei weitere Buchstaben ergänzt, sinnvoll fortgesetzt werden.

Beispiel: a h b h c h ??

Lösungsmöglichkeiten: 1. a h
2. x h
3. d h
4. e h

Richtige Lösung: 3. (d h)

Für 7 Aufgaben haben Sie 4 Minuten Bearbeitungszeit.

1. a x b x c x ??

Lösungsmöglichkeiten: 1. x x
2. x b
3. x c
4. d x

2. a x b c x d e x f ??

Lösungsmöglichkeiten: 1. g x
2. x y
3. x g
4. g h

3. h g f e d c ??

Lösungsmöglichkeiten: 1. a b
2. c a
3. b c
4. b a

4. a b c b c d c d e d ??

Lösungsmöglichkeiten: 1. g h
2. d e
3. e f
4. h i

5. a r b s c t d u e v ??

Lösungsmöglichkeiten: 1. f g
2. f w
3. x w
4. w f

6. a b x c d y e f z ??

Lösungsmöglichkeiten: 1. w t
2. s t
3. a b
4. g h

7. b a y z c b w x d c u ??

Lösungsmöglichkeiten: 1. e d
2. v e
3. u v
4. w v

Lesen Sie sich jetzt bitte diese beiden herzergreifenden Lebensschicksale durch, und versuchen Sie sich alles so gut wie möglich zu merken. Für jede Geschichte haben Sie 3 Minuten *Lernzeit.*

Lebensgeschichte A

Emil Koll
geboren am 11.3.1929 in Sääs
Wohnort: Labonn
Telefon: 3216400

Emil Koll war der Älteste von fünf Geschwistern und mußte schon früh seinen Eltern in der Gaststätte helfen. In seiner Freizeit bewies er ein beachtliches Zeichentalent. Mit 19 Jahren heiratete er eine junge, vorwärtsstrebende aber leichtsinnige Reisende für Spirituosen, Frau Wepp. Schon nach zweieinhalb Jahren mußte er einsehen, daß seine Ehe verfehlt war. Nach der Scheidung ging er zunächst zu seinen Eltern zurück und bildete sich durch den täglichen Besuch von Kursen in der Nachbarstadt Bulo als Modezeichner fort. Bald hatte er viel Erfolg in dieser Tätigkeit. Als er seine zweite Frau, Vera Puschmann, eine Kinderärztin, kennenlernte, gab er seine Tätigkeit auf.

Emil Koll

Vater von Emil Koll

Frau Wepp

Mutter von Adele Notzell

Frl. Luna

2. Mann von Adele Notzell

Tochter Notzell

Lebensgeschichte B

Adele Notzell
geboren am 8.12.1926 in Cann
Wohnort: Rantrum
Telefon: 7234500

Adele Notzell wollte wie ihr Vater den Lehrerberuf ergreifen. Von Jugend an interessierte sie sich für Technik. Nach einem vierjährigen Studium war sie Ingenieur. Zunächst beschäftigte sie sich mit der Entwicklung neuzeitlicher Kühlmaschinen. Mit ihrer Kollegin, Fräulein Luna, erfand sie eine verbesserte Eiszubereitungsmaschine. Sie entwarf außerdem einen neuartigen und sehr preisgünstigen Seifenspender, der sehr sparsam im Stromverbrauch war. Später wechselte sie ihre Arbeitsstelle und kam in einen Großbetrieb für Motorräder in Dagblitz. Sie wurde Chefkonstrukteurin und arbeitete mit ihrem Mitarbeiterstab an Plänen für einen neuartigen Lärmschutz für Auspuffanlagen. Auf einer längeren Geschäftsreise lernte sie in Venedig ihren Mann kennen. Sie haben zwei Mädchen und zwei Jungen und sind glücklich verheiratet. (Vgl. Fotos S. 59)

6. Spiegelbilder

Die folgenden Figuren lassen sich durch einfaches Verschieben zur Deckung bringen – bis auf eine, die muß man erst umklappen, bis auch sie durch Verschieben zur Deckung mit den anderen Figuren gebracht werden kann. Welche Figur das ist, sollen Sie herausfinden. Bei unserer Beispielaufgabe ist es die Figur D.

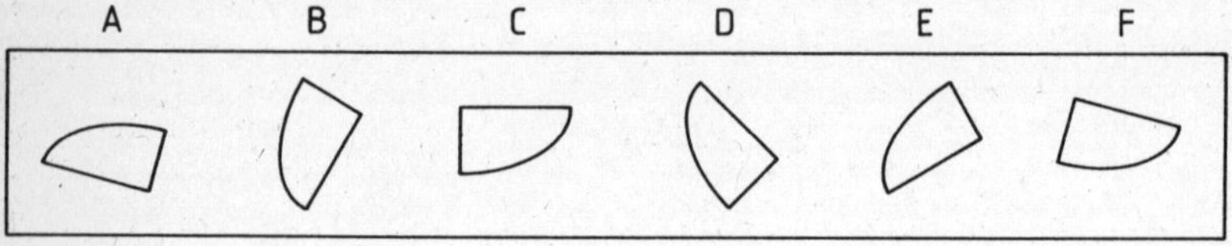

Für die folgenden 10 Aufgaben haben Sie 2 Minuten Zeit.

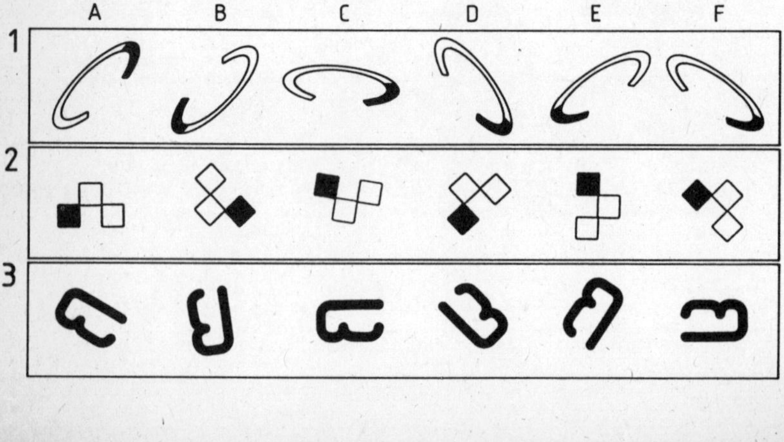

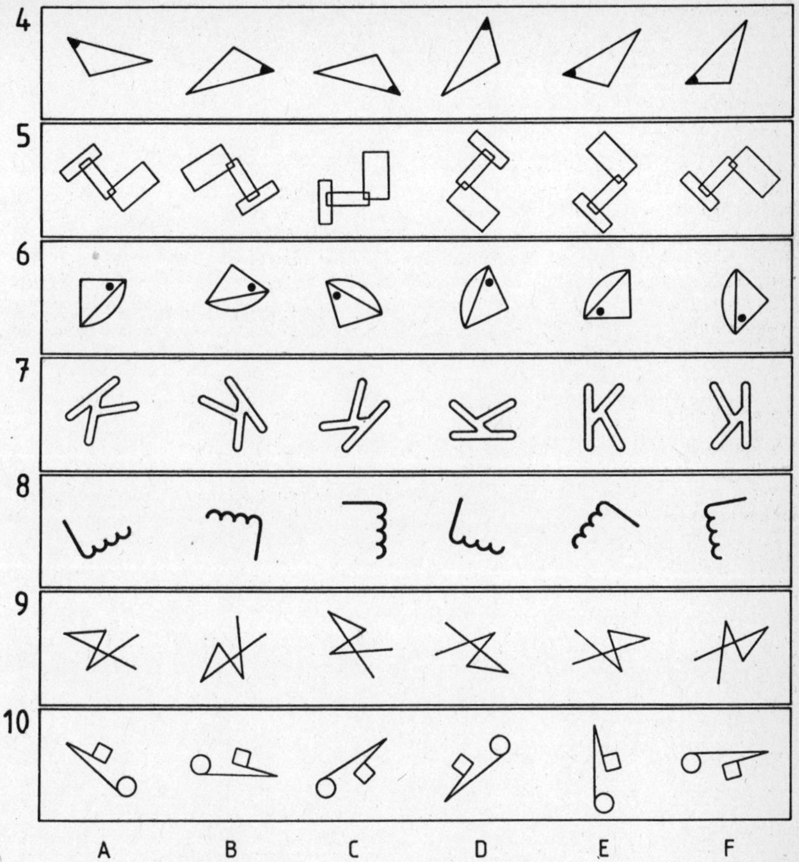
4
5
6
7
8
9
10
A
B
C
D
E
F

7. Abwickeln

Welcher der vier Körper links kann aus der Faltvorlage rechts gebildet werden? Die Faltvorlage stellt immer die Außenseite des Körpers dar.

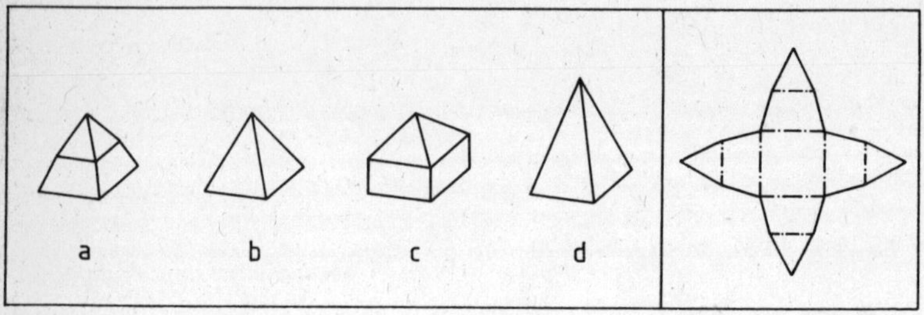

Lösung: a

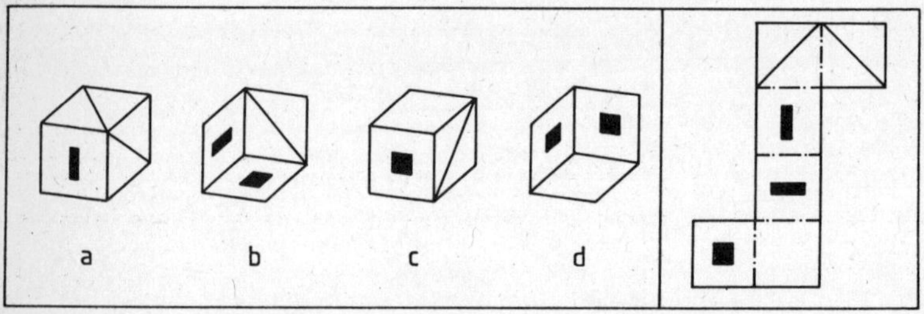

Lösung: c

Für die folgenden 10 Aufgaben haben Sie 5 Minuten Zeit.

1

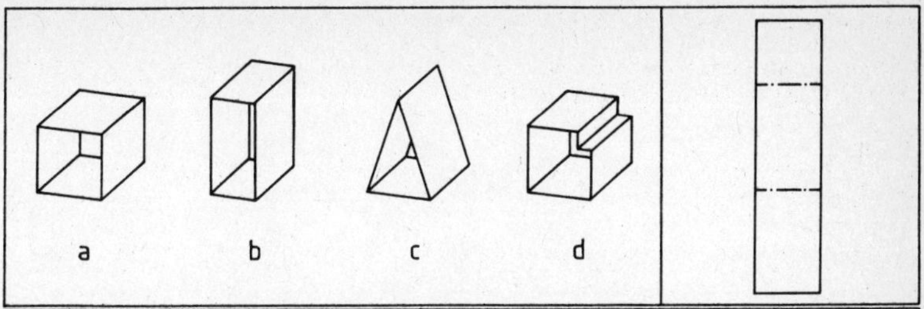

2

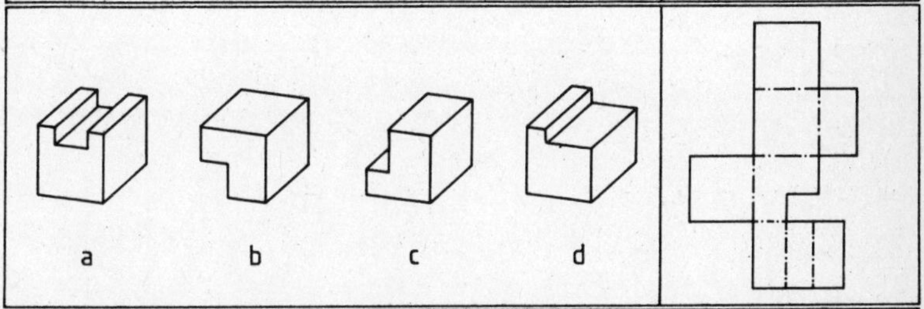

3

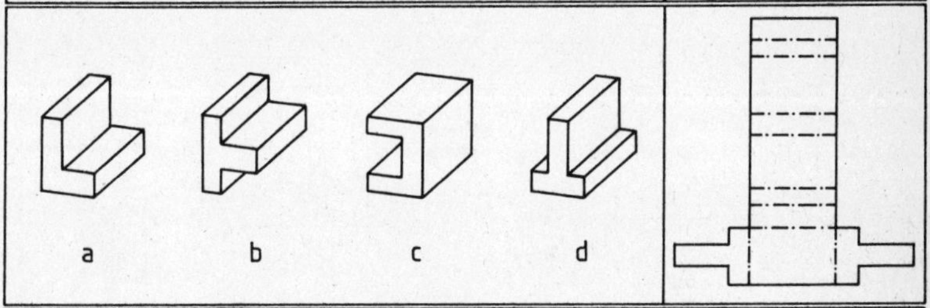

4

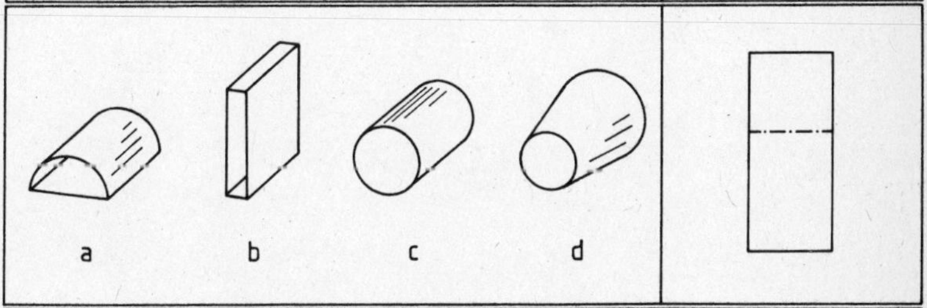

5

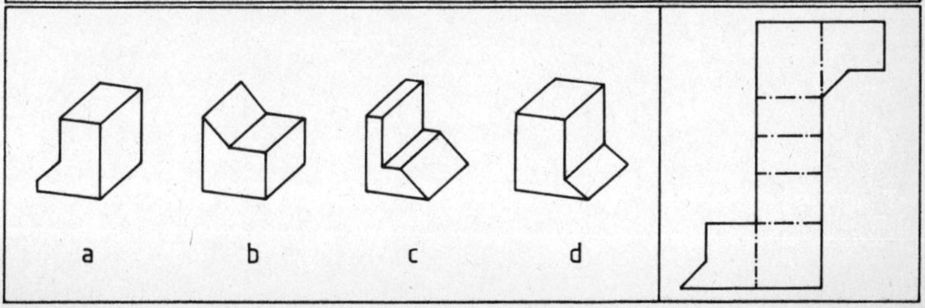

6

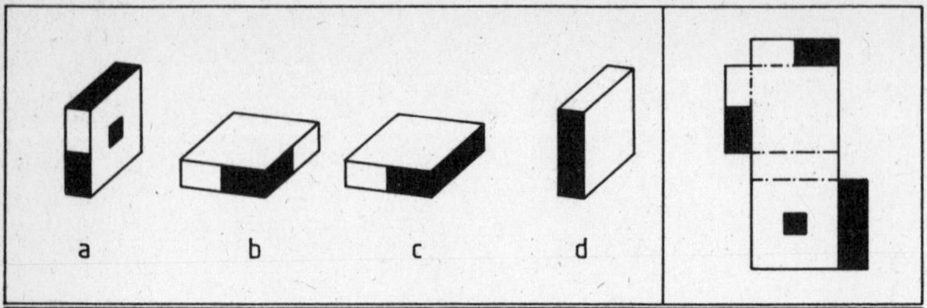

7

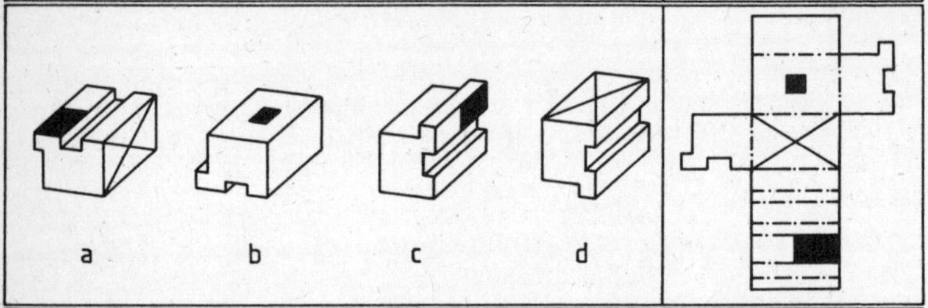

8

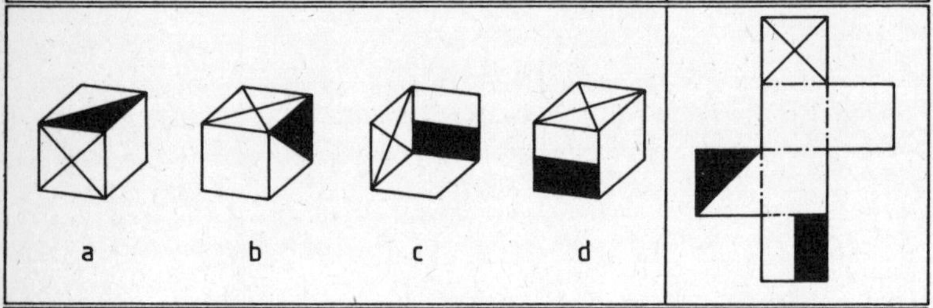

9

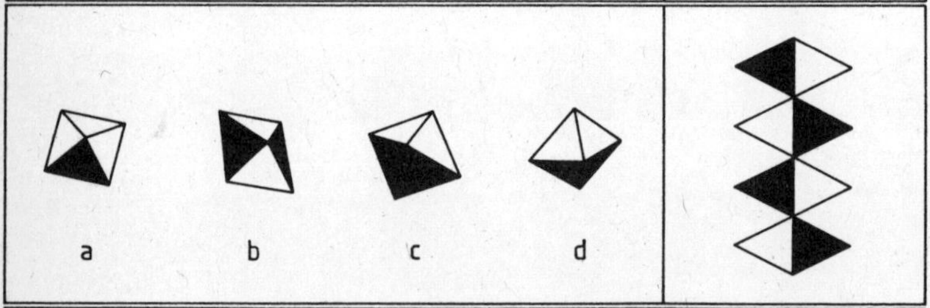

10

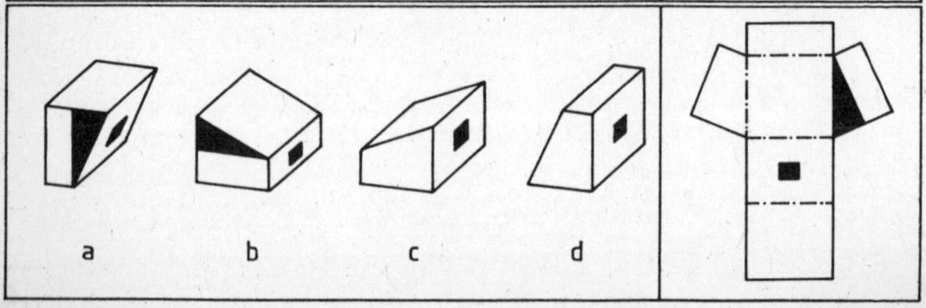

8. Beobachten

Schauen Sie sich doch mal diese drei Gesichter genauer an. Zwei sind gleich, das dritte unterscheidet sich von den beiden anderen deutlich.

a b c

Lösung: b (der Mund)

a b c

Lösung: c (ohne zweites Ohr)

Beachten Sie, daß das gesuchte Gesicht sich von den anderen deutlich unterscheidet, weil etwas verändert, hinzugefügt oder weggelassen wurde. Minimale Unterschiede in der Zeichnung, wie Strichlänge oder Form, haben keine Bedeutung.

Für die folgenden 32 Aufgaben haben Sie 4 Minuten Zeit.

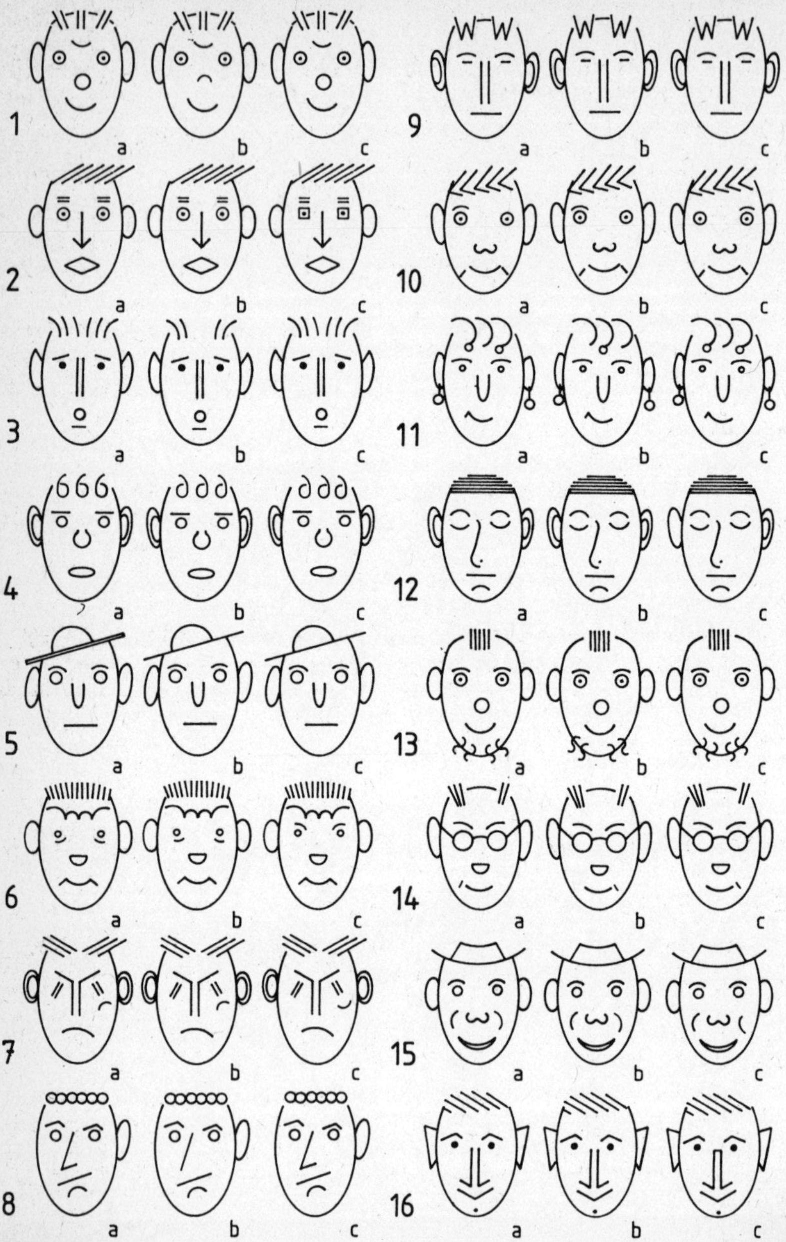

1 a b c
2 a b c
3 a b c
4 a b c
5 a b c
6 a b c
7 a b c
8 a b c
9 a b c
10 a b c
11 a b c
12 a b c
13 a b c
14 a b c
15 a b c
16 a b c

17

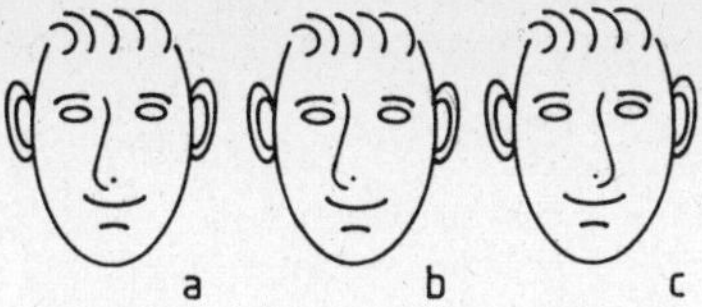

18

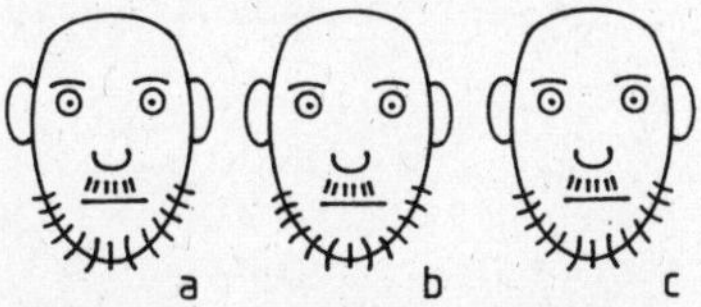

19

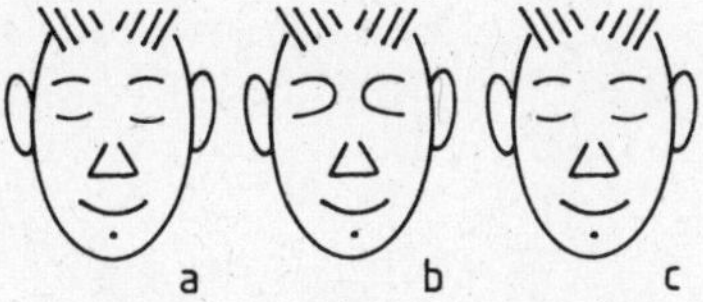

20

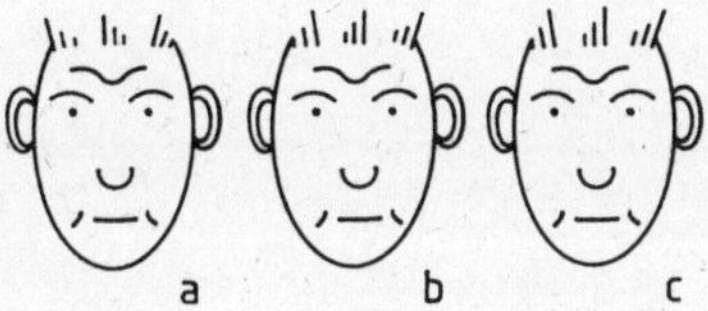

21

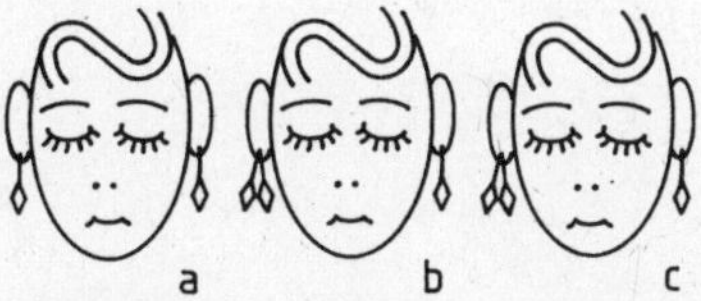

22

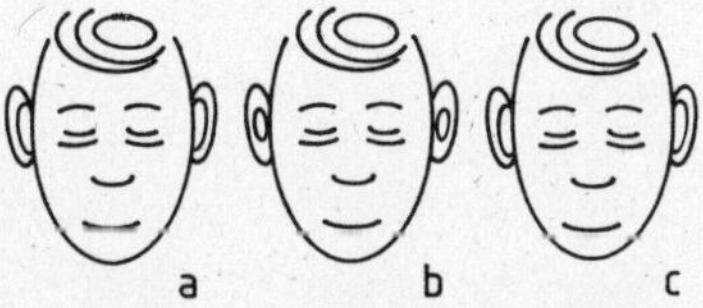

23

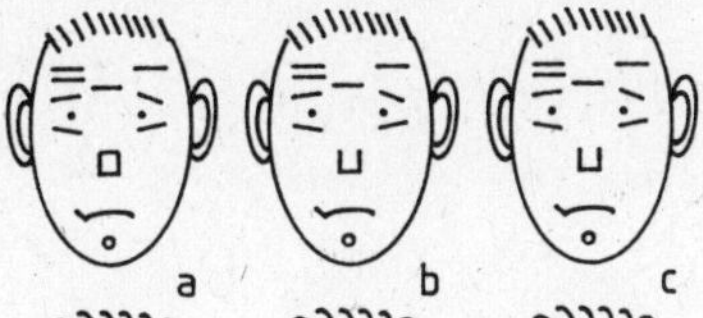

24

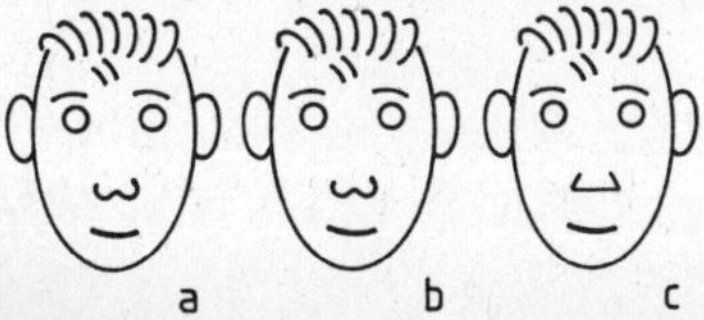

25

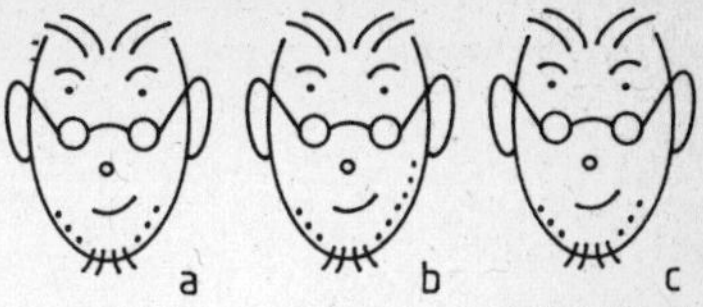

26

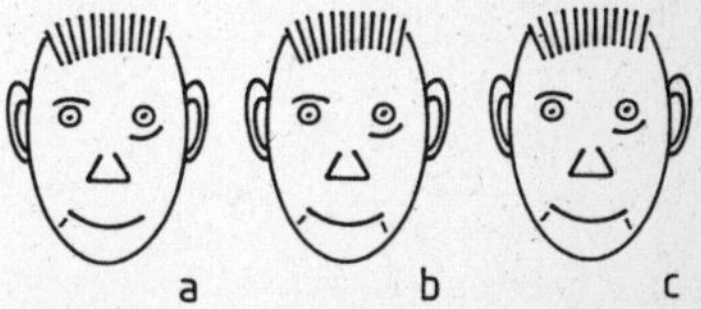

27

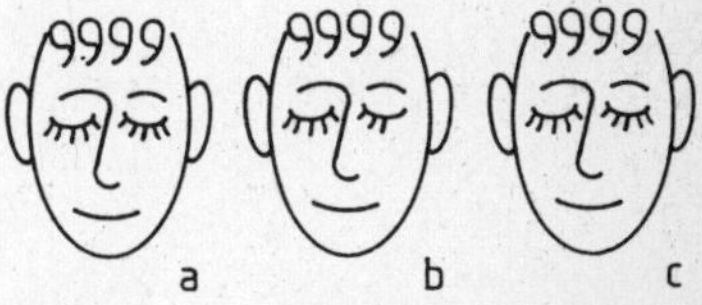

28

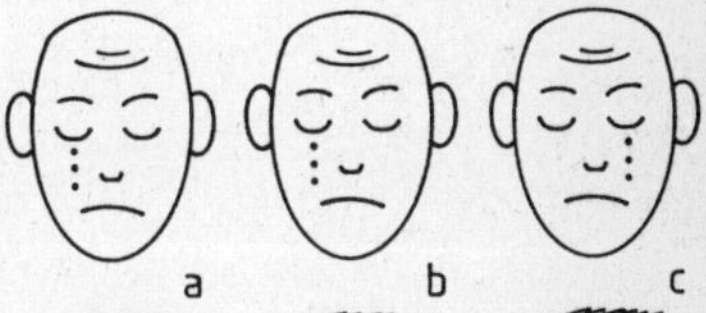

29

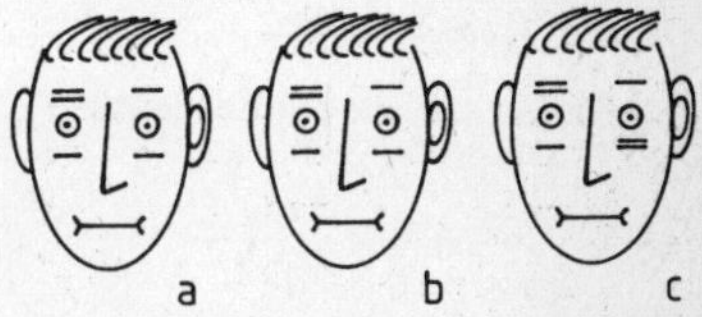

30

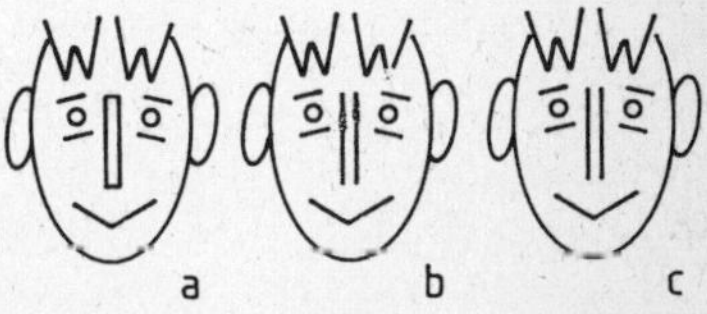

31

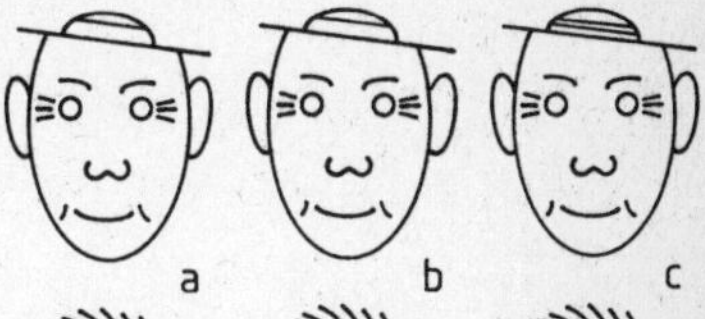

32

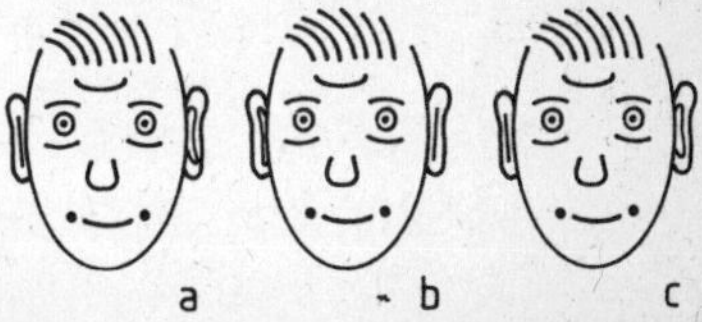

9. Zahlen merken

Kleine Abwechslung! Für die nächste Aufgabe benötigen Sie einen Mitspieler, der Ihnen bei der Durchführung eines Zahlengedächtnis-Tests hilft. Bitten Sie ihn, Ihnen die folgenden 10 Zahlenreihen vorzulesen. Ihre Aufgabe besteht darin, nach dem einmaligen deutlichen und lauten Vorlesen (ohne Versprecher) einer Zahlenreihe diese auswendig hinzuschreiben. Wir beginnen:

A 64542
B 346790
C 542136
D 7412467
E 89034678
F 974234970
G 1379073103
H 23769014890
I 78764322897
J 28423671846

10. Worteinfall

Denken Sie sich Worte mit dem Anfangsbuchstaben S und dem Endbuchstaben N aus (z. B. sagen, schreiben, Süden etc.)

Alle Wortklassen (Haupt-, Tätigkeits-, Eigenschaftswörter etc.) und ihre Abwandlungen sind zugelassen (Plural, Vergangenheit etc.), auch Eigen- und Städtenamen gelten. Alle Wörter, wie sie in Zeitungen und Büchern Verwendung finden, gelten als richtige Lösung. Falsch sind Wörter aus einer fremden Sprache oder aus einem deutschen Dialekt und natürlich sinnlose Wörter und willkürliche Neubildungen.

Für jede Aufgabe haben Sie eine Minute Zeit.

1. Anfangsbuchstaben B
Endbuchstabe E (z. B. Blase)
2. Anfangsbuchstabe S
Endbuchstabe E (z. B. Sage)
3. Anfangsbuchstabe M
Endbuchstabe N (z. B. Mann)
4. Anfangsbuchstabe A
Endbuchstabe N
5. Anfangsbuchstabe T
Endbuchstabe N
6. Anfangsbuchstabe K
Endbuchstabe R
7. Anfangsbuchstabe S
Endbuchstabe R
8. Anfangsbuchstabe G
Endbuchstabe T
9. Anfangsbuchstabe M
Endbuchstabe E
10. Anfangsbuchstabe S
Endbuchstabe D

11. Erinnern

Erinnern Sie sich noch an Emil Koll und Adele Notzell? Nun sollen Sie feststellen, welche Details in der folgenden nacherzählten Lebensgeschichte unserer beiden Helden falsch wiedergegeben oder neu hinzugefügt worden sind. Beispiel:

Seit seiner Jugend interessierte sich Emil Koll für die Gaststätte seiner Eltern.
a b c d

Lösung: Detail b ist falsch, denn Emil Koll interessierte sich nicht für die Gaststätte, sondern mußte da helfen.

1. Bitte notieren Sie, welche Details in dem folgenden Text falsch sind, und arbeiten Sie dann weiter (insgesamt zu dieser Thematik 10 Minuten):

Emil Knoll mußte nach drei Jahren erkennen, daß seine Ehe gescheitert war und ging deshalb
a b c

nach der Scheidung zurück zu seinen fünf Geschwistern.
d e

Er bildete sich zum Modezeichner fort und hatte in dieser Tätigkeit viel Erfolg, als er seine Frau,
f g

eine Tierärztin, kennenlernte.
h

Vera Notzell entwickelte mit ihrer Kollegin, Frau Luna, einen neuen verbesserten Seifenspender
i j k

und lernte in Venedig ihre zwei Kinder kennen ...
l m

(Man möge uns verzeihen, aber dieser Schwachsinn ist einfach nicht zu ertragen. Uns ging es darum, Ihnen das System zu erklären.)

Weitere Fragen:

2. Wieviele Kinder hatten die Eltern von Emil Koll?
3. Welchen Beruf hat die zweite Frau von Emil Koll?
4. Welchen Beruf erlernte Emil Koll?
5. In welchem Alter heiratete Emil Koll zum ersten Mal?
6. Wie heißt Emil Kolls Frau aus erster Ehe?
7. Was besaßen die Eltern von Emil Koll?
8. In welchem Beruf arbeitete der Vater von Adele Notzell?
9. Wie lange studierte Adele Notzell Ingenieurswissenschaft?
10. Wieviele Kinder hat sie zusammen mit ihrem Ehemann?

Noch nicht genug: Welche der folgenden Einzelheiten kommt in einer der beiden Geschichten vor?

11.	a) Sass	b) Saß	c) Säs	d) Sääs
12.	a) Labonn	b) Bonn	c) Laboe	d) Labohn
13.	a) Nizza	b) Cann	c) Kahn	d) Kannes
14.	a) Rantrum	b) Rantram	c) Rant	d) Radebold

15. a) 3216401 b) 3216400 c) 3220064 d) 3281289
16. a) 7234500 b) 7143500 c) 6767676 d) 7772700
17. a) 8.12.21 b) 12.8.26 c) 8.12.26 d) 9.12.33
18. a) 3.11.29 b) 29.3.11 c) 11.3.21 d) 11.3.29

Erinnern Sie sich noch an die Fotos, können Sie noch die richtigen Namen zuordnen? Ordnen Sie bitte der folgenden Namensliste die richtige Foto-Nummer zu.

1. Emil Koll
2. Bruder von Emil Koll
3. Frau Wepp
4. Wera Puschmann
5. Adele Notzell
6. Vater von Adele Notzell
7. Kollegin Luna
8. Herr Notzell
9. Tochter Notzell
10. Eduard Zimmermann

1

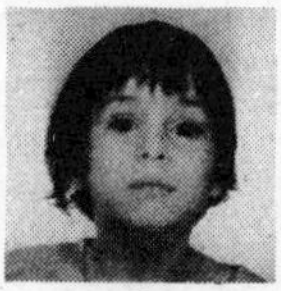
2

3

4

5

6

7

8

9

10

11

12

13

14

15

16

17

18

19

20

Der Logik-Wissens-Test

Logisches Denken und Abstraktionsfähigkeit sind die *Highlights* in jedem Intelligenztest – aus der Sicht der Testautoren versteht sich. In unterschiedlicher Form versucht man, sich an Logik- und Abstraktionsfähigkeiten der Getesteten heranzupirschen. Grob kann man graphische, sprachliche (z.B. Analogien) und Zahlenaufgaben (-reihen) unterscheiden.

1. Sinnvoll ergänzen

Wir präsentieren Ihnen hier zunächst die Crème unter den graphischen Logiktests. Sie sehen ein Rechteck mit 9 Figuren. Welcher der vorgegebenen Lösungsvorschläge paßt als einziger in das freie Feld? Hier ein Beispiel:

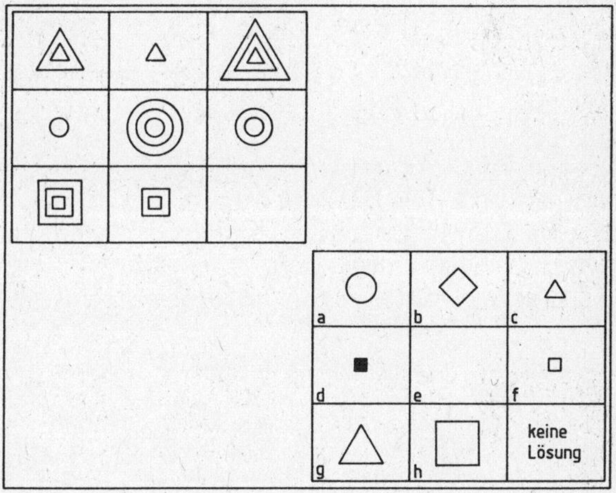

Lösung: f.

Für die folgenden 8 Aufgaben haben Sie 12 Minuten Zeit.

1

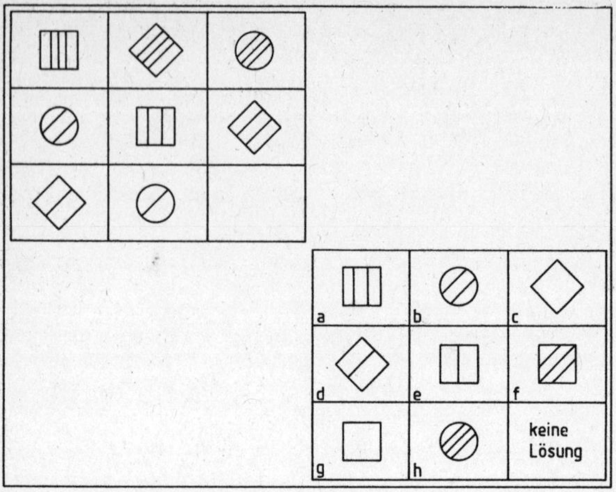

2

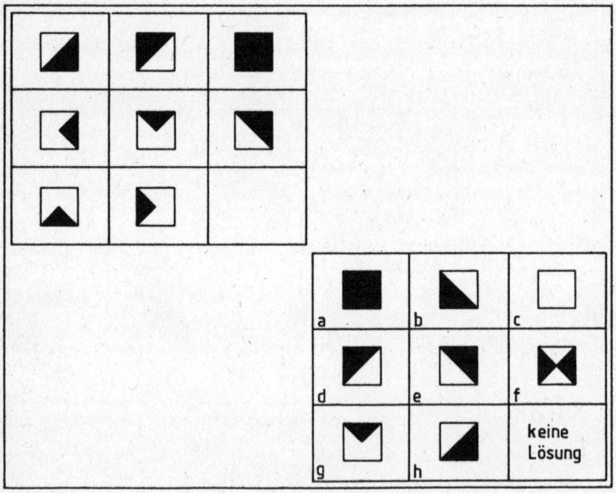

3

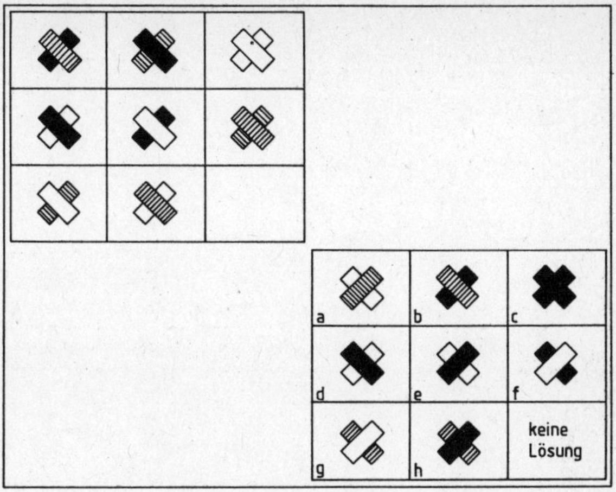

4

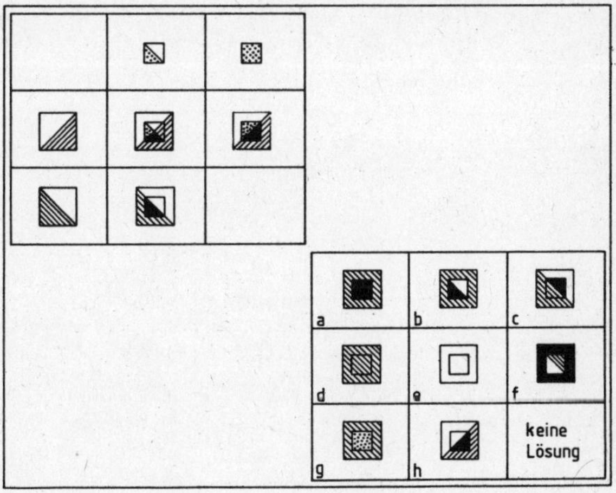

5

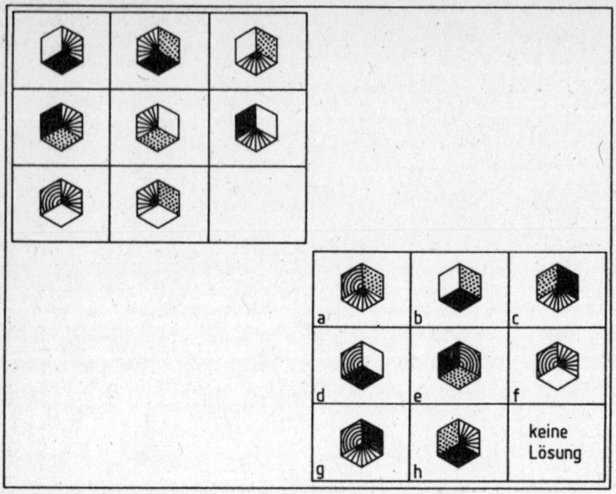

6

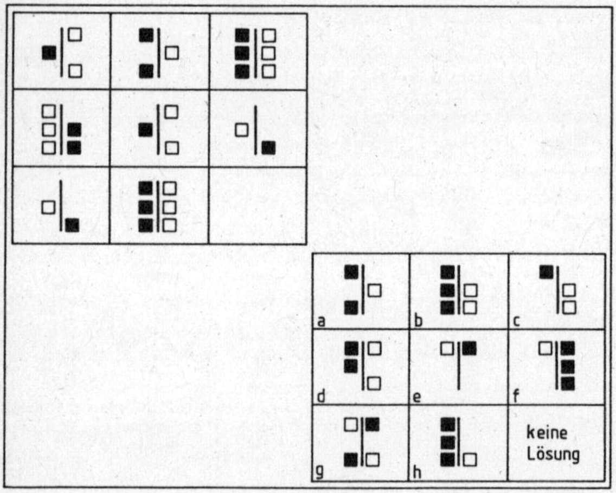

7

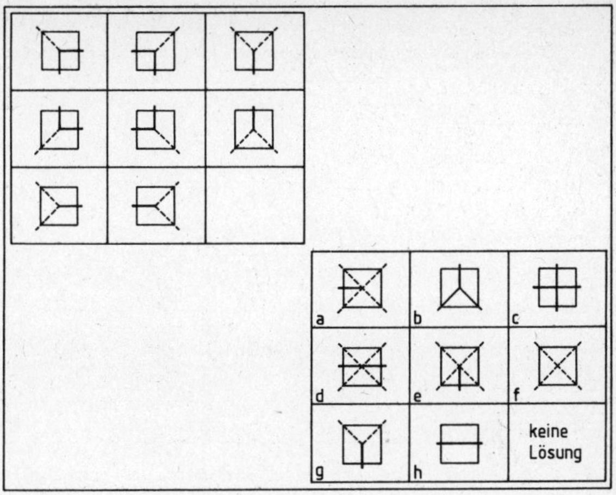

8

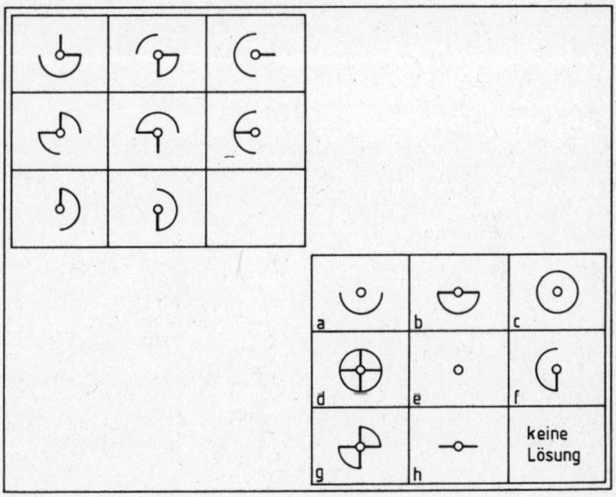

2. Zahlenmatrizen

Die folgenden Aufgaben sind ganz ähnlich, funktionieren aber mit Zahlen. Ein Beispiel:

1	2	3
4	?	6
7	8	9

Lösung: 5

Für die folgenden 9 Aufgaben haben Sie 10 Minuten Zeit.

a)

6	8	13
9	11	16
12	?	19

b)

6	12	4
5	?	2
4	8	0

c)

6	10	15
9	21	?
18	30	45

d)

4	7	9
12	16	11
64	?	4

e)

7	16	9
5	21	16
9	?	4

f)

7	10	30	27
10	13	39	36
30	33	?	96
27	30	90	87

g)

1	0	?
2	1	0
3	8	343

h)

5	4	1
6	?	36
7	16	169

i)

18	30	50
?	45	75
36	60	100

3. Schlußfolgerungen

Beantworten Sie die folgenden Fragen unter Berücksichtigung der Informationen, die Sie bekommen. Beispiel:

Welche Lampe ist die hellste?
Lampe A ist dunkler als Lampe B
B ist heller als C
C ist gleich hell wie D
D ist heller als D
D ist heller als A

Lösung: B

Es kann auch vorkommen, daß keine eindeutige Aussage möglich ist. Für 5 Aufgaben 3 Min. Zeit.

1. Wer ist der Größte?
   C ist größer als A
   A ist kleiner als B
   C ist kleiner als B

2. Wer ist der Stärkste?
   J ist stärker als C
   F ist schwächer als R
   R ist schwächer als C

3. Was ist die hellste Farbe?
   Weiß ist heller als Gelb
   Schwarz ist heller als Gelb
   Blau ist dunkler als Schwarz
   Weiß ist heller als Blau
   Grau ist dunkler als Blau

4. Wer ist der Klügste?
   D ist klüger als A
   C ist dümmer als B
   F ist klüger als E
   G ist dümmer als B
   D ist genauso klug wie B

5. Welches Auto ist am langsamsten?
   Das Auto C ist schneller als das Auto A
   B ist langsamer als K
   A ist langsamer als C
   C ist genauso schnell wie B

4. Absurde Schlußfolgerungen

Jetzt geht es darum, zu überprüfen, ob Schlußfolgerungen, die aufgrund bestimmter Behauptungen gezogen werden, formal richtig oder falsch sind. Die *Realität* spielt dabei überhaupt keine Rolle, was die Sache erschwert und – wie so oft in Tests – Verwirrung stiftet. Zwei Beispiele:

Behauptungen: Alle Häuser sind Fische. Alle Fische sind Katzen.
Schlußfolgerung: Deshalb sind alle Häuser Katzen.
a) stimmt b) stimmt nicht

Lösung: a

Alle Häuser sind Fische. Alle Fische sind Katzen.
Deshalb sind alle Katzen Häuser.
a) stimmt b) stimmt nicht

Lösung: b

Für die folgenden 12 Aufgaben haben Sie 8 Minuten Zeit.

1. Einige Schnecken sind Berge. Alle Berge lieben Katzen.
   Also lieben alle Schnecken Katzen.
   a) stimmt b) stimmt nicht

2. Alle Krokodile können fliegen. Alle Riesen sind Krokodile.
   Also können alle Riesen fliegen.
   a) stimmt b) stimmt nicht

3. Einige Kohlköpfe sind Lokomotiven. Einige Lokomotiven spielen Klavier.
   Also spielen einige Kohlköpfe Klavier.
   a) stimmt b) stimmt nicht

4. Keine zwei Baumarten sehen gleich aus. Tannen und Eichen sehen genau gleich aus. Also sind Tannen und Eichen nicht zwei Baumarten.
   a) stimmt b) stimmt nicht

5. Niemand mit roter Nase kann Präsident sein. Alle Menschen haben rote Nasen. Also kann kein Mensch Präsident sein.
   a) stimmt b) stimmt nicht

6. Alle Geier sind Kunstsammler. Manche Kunstsammler sitzen in Käfigen. Also sitzen manche Geier in Käfigen.
   a) stimmt b) stimmt nicht

Welche der jeweils angegebenen Folgerungen a–e ist richtig? Es können auch mehrere Lösungen richtig sein oder auch gar keine.

7. Nur schlechte Menschen betrügen oder stehlen.
   Elfriede ist gut.
   a) Elfriede betrügt
   b) Elfriede stiehlt
   c) Elfriede stiehlt nicht
   d) Elfriede betrügt und stiehlt
   e) Elfriede betrügt nicht

8. Alle Spatzen können nicht fliegen.
   Alle Spatzen haben Beine.
   a) Spatzen ohne Beine können fliegen
   b) Manche Spatzen haben keine Beine
   c) Alle Spatzen, die Beine haben, können nicht fliegen
   d) Spatzen können nicht fliegen, weil sie Beine haben
   e) Spatzen haben Beine und können nicht fliegen

9. Manche Menschen sind Europäer.
   Europäer haben drei Beine.
   a) Manche Menschen haben drei Beine
   b) Europäer, die Menschen sind, haben manchemal drei Beine
   c) Menschen mit zwei Beinen sind keine Europäer
   d) Europäer sind Menschen mit drei Beinen
   e) Europäer mit zwei Beinen sind manchmal Menschen

10. Blumen sind grüne Tiere.
    Blumen trinken Schnaps.
    a) Alle grünen Tiere trinken Schnaps
    b) Alle grünen Tiere sind Blumen
    c) Manche grünen Tiere trinken Schnaps
    d) Blumen, die Schnaps trinken, sind grüne Tiere
    e) Grüne Tiere sind keine Blumen

11. Jedes Quadrat ist rund.
    Alle Quadrate sind rot.
    Manche Ecken sind rund.
    a) Es gibt Quadrate mit roten Ecken
    b) Es gibt Quadrate mit runden Ecken
    c) Es gibt runde rote Ecken
    d) Ecken in Quadraten sind rund und rot
    e) Rote Quadrate haben runde Ecken

12. Gute Pfarrer fallen vom Himmel herunter.
Schlechte Pfarrer können singen.
Gute Pfarrer können nicht fliegen.
a) Schlechte Pfarrer fliegen vom Himmel herunter
b) Gute Pfarrer, die fliegen können, können singen
c) Manche schlechten Pfarrer können nicht singen
d) Manche gute Pfarrer sind schlecht, weil sie singen können
e) Schlechte Pfarrer fallen nicht vom Himmel herunter

5. Meinung oder Tatsache

Zurück zur Realität. Jetzt geht es darum, Meinungen von Tatsachen zu unterscheiden. Tatsachen sind so charakterisiert, daß sie sofort bzw. in relativ kurzer Zeit beweisbar wären, Meinungen dagegen müssen erst ausdiskutiert werden. Beispiel:

Rauchen ist ungesund.
a) Tatsache b) Meinung
Lösung: a

Die Sterne lügen nicht.
a) Tatsache b) Meinung
Lösung: b

Für die folgenden 10 Aufgaben haben Sie 2 Minuten Zeit.

1. Der Weltraum ist unendlich.
a) Tatsache b) Meinung
2. Geld verdirbt den Charakter.
a) Tatsache b) Meinung
3. Menschen sind Sozialwesen.
a) Tatsache b) Meinung
4. Soziales Engagement hat einen christlichen Ursprung.
a) Tatsache b) Meinung
5. Politik ist ein schmutziges Geschäft.
a) Tatsache b) Meinung
6. Fernsehen bildet.
a) Tatsache b) Meinung
7. Es gibt Menschen, die glauben an ihr Horoskop.
a) Tatsache b) Meinung
8. Die Umweltzerstörung hat in den letzten Jahren zugenommen.
a) Tatsache b) Meinung
9. Man sagt, daß Treibgas die Ozonschicht zerstört.
a) Tatsache b) Meinung
10. Manche Zeitungen lügen.
a) Tatsache b) Meinung

LESE- UND ARBEITSHINWEISE

▷ Intelligenz-Testverfahren
▷ Zahlenreihen im Kapitel Rechen- und Mathe-Test

KULTURTECHNIKEN
Rechen- und Mathe-Test

Haben Sie nicht schon längst Rechen- und Mathe-Testaufgaben vermißt? Unsere Intelligenz-Gartenzwerge (siehe Kapitel Intelligenz-Tests) haben auch da einiges zu bieten. Textaufgaben und Zahlenreihen sind von unschätzbarem Wert (ebenso wie die anderen Beispiele) und werden Ihnen helfen, mit diesem Testkapitel demnächst besser klarzukommen.

1. Grundrechnen

Bei den folgenden Aufgaben sollen Sie Ihre Rechenfähigkeit unter Beweis stellen.

1) 33,24 + 1.725,11 + 845,23 + 2.936,12

a) 5.529,70
b) 5.539,71
c) 5.439,70
d) 5.539,70
e) 4.539,70

2) 12.176,11 − 2.181,32

a) 9.994,79
b) 10.994,79
c) 9.894,79
d) 9.994,69
e) 9.993,79

3) 11×13,125

a) 144,365
b) 143,375
c) 134,375
d) 144,375
e) 14,375

4) 102,5 : 1,25

a) 83
b) 8,2
c) 81
d) 82
e) 72

5) Welche Zahl ist um 1000 kleiner als 177.909.483?

a) 177.809.483
b) 177.919.483
c) 177.908.483
d) 177.909.383
e) 177.819.483

6) 14×8 = 7× ?

a) 14
b) 16
c) 15
d) 18
e) 22

2. Schätzaufgaben

Die folgenden Rechenaufgaben sollen Sie mehr schätzen als ausrechnen. Deshalb haben Sie für 14 Aufgaben nur 5 Minuten Zeit.

1) 8365 + 5545 + 1140 =

a) 16025
b) 15045
c) 15050
d) 15150
e) 15550
f) 14995

2) 7320 + 2675 + 7533 =

a) 21155
b) 20150
c) 19995
d) 20005
e) 19555
f) 17528

3) $19002 \times 45890 =$

a) 800.750
b) 8.001.780
c) 872.001.780
d) 87.001.770
e) 950.002.535
f) 9.003.535

4) $55455 + {}^{55}/_{17} + 544\,{}^{10}/_{17} + 4001\,{}^{105}/_{17} =$

a) $59.005\,{}^{15}/_{17}$
b) 60.010
c) 59.500
d) $65.435\,{}^{25}/_{17}$
e) 64.001
f) $64.101\,{}^{15}/_{17}$

5) $48825412 - 41950437 =$

a) 555.555
b) 6.874.975
c) 38.749.750
d) 4.950.753
e) 4.125.655
f) 4.002.354

6) $49 \times 49 =$

a) 24.500
b) 24.501
c) 2.401
d) 2.501
e) 2.105
f) 1.111

7) $311 \times 811 + 45501 =$

a) 25.223
b) 101.222
c) 220.571
d) 297.722
e) 350.455
f) 400.503

8) $2{,}2 \times 5{,}9 =$

a) 11,05
b) 11,90
c) 12,98
d) 13,98
e) 13,99
f) 14,55

9) $199^2 =$

a) 3.960
b) 29.507
c) 39.601
d) 49.602
e) 41.104
f) 40.201

10) $\sqrt{12321} =$

a) 11
b) 51
c) 111
d) 225
e) 550
f) 735

11) $17{,}25 + 13 + 0{,}75 + 0{,}005 =$

a) 31,005
b) 310,05
c) 31,00
d) 20,00
e) 130,005
f) 30,80

12) $25{,}33 - 0{,}05 + 2 =$

a) 27,38
b) 25,28
c) 25,38
d) 23,28
e) 23,38
f) 27,28

13) $7{,}5 - 0{,}025 + 11{,}425 =$

a) – 18,9
b) – 3,95
c) 18,95
d) 18,9
e) 18,5
f) 19,425

14) $1297 + ? = 9.289$

a) 7.892
b) 7.998
c) 8.992
d) 7.992
e) 7.991
f) 8.121

3. Dezimal- und Bruchrechnung

1) 0,04 × 0,02 =

a) 0,08
b) 0,0008
c) 0,008
d) 0,006
e) 0,6

2) 0,021 : 0,3 =

a) 0,063
b) 0,07
c) 0,7
d) 0,007
e) 0,63

3) $^{9}/_{4}$: 0,025 =

a) 90
b) 9000
c) 0,9
d) 0,09
e) 9

4) Wie oft ist 0,6 in 48 enthalten?

a) 800 mal
b) 40 mal
c) 400 mal
d) 8 mal
e) 80 mal

5) $1^{3}/_{4} \times 2\,^{1}/_{4}$ =

a) $3^{15}/_{16}$
b) $1^{1}/_{16}$
c) 4
d) $2^{3}/_{16}$
e) $2^{1}/_{2}$

6) Verwandle $3^{2}/_{3}$ in Dezimalzahlen.

a) 3,67
b) 2,67
c) 3,13
d) 2,13
e) 2,25

7) $4^{5}/_{8} - 1^{3}/_{4}$ =

a) $3^{1}/_{4}$
b) $3^{2}/_{4}$
c) $2^{7}/_{8}$
d) $3^{2}/_{32}$
e) $3^{7}/_{8}$

8) $^{3}/_{4}$: $^{1}/_{5}$ =

a) $2\,^{1}/_{2}$
b) $^{4}/_{9}$
c) $^{3}/_{20}$
d) $3^{3}/_{4}$
e) $3^{1}/_{4}$

9) $^{2}/_{3} + ^{1}/_{2}$ =

a) $^{7}/_{6}$
b) $^{3}/_{6}$
c) $^{3}/_{5}$
d) $1^{1}/_{3}$
e) $^{3}/_{4}$

10) $1^{3}/_{4} + 4^{1}/_{8}$ =

a) $5^{1}/_{3}$
b) $5^{7}/_{8}$
c) $5^{1}/_{2}$
d) $5^{3}/_{4}$
e) $5^{1}/_{8}$

11) $^{4}/_{4} \times ^{1}/_{3}$ =

a) $^{4}/_{12}$
b) $^{5}/_{8}$
c) $2^{2}/_{5}$
d) $^{5}/_{3}$
e) 1

12) $^{5}/_{8} - ^{1}/_{3}$ =

a) $^{1}/_{2}$
b) $^{6}/_{24}$
c) $^{4}/_{8}$
d) $^{4}/_{5}$
e) $^{7}/_{24}$

4. Maße und Gewichte

1. 4 Pfund und 30 Gramm sind wieviel Gramm?
   a) 430
   b) 4030
   c) 203
   d) 20,3
   e) 2030

2. Ein Hohlraum hat die Maße:
   Länge 4 m
   Breite 0,20 m
   Höhe 0,15 m
   Wieviele Kubikdezimeter hat der Hohlraum?
   a) 1200
   b) 120
   c) 12
   d) 0,12
   e) 1,2

3. Schreiben Sie 90 Zentner als Tonne.
   a) 9
   b) 4,5
   c) 45
   d) 0,45
   e) 0,9

4. Ein Pflasterer benötigt für eine Fläche von 50 qm Platten, deren Größe 10 × 20 cm beträgt. Wieviele Platten benötigt der Pflasterer?
   a) 500
   b) 2500
   c) 50
   d) 250
   e) 5000

5. Wieviele Stunden und Minuten sind 18600 Sekunden?
   a) 5 Std. 10 Min
   b) 3 Std. 10 Min
   c) 31 Std.
   d) 5 Std.
   e) 3 Std.

6. Schreiben Sie 0,55 a als qm.
   a) 550
   b) 55
   c) 5.500
   d) 1.100
   e) 5,5

5. Textaufgaben

Die Form des Denk- und Rechenproblems ist Ihnen sicherlich nicht unbekannt. Wir verzichten auf eine Beispielaufgabe und weitere Erklärungen und geben Ihnen für die Bearbeitung dieser 16 Aufgaben 5 Minuten Bearbeitungszeit.

1. Ein Kaufmann kauft für DM 1.200 Tee. Diesen verkauft er für DM 1.500. An jedem Sack Tee beträgt sein Verdienst DM 50. Wieviele Säcke hatte er?

2. Zum Beladen eines Bananenschiffes werden 300 Träger gebraucht. Diese können die Arbeit in 16 Stunden bewältigen. Wieviele Träger braucht man, wenn man zum Beladen dieses Schiffes 48 Stunden Zeit zur Verfügung hat?

3. Schüler wollen bei einem Sportfest Soft-Eis verkaufen. Aus einem Softeis-Behälter lassen sich 170 normale Portionen abfüllen. Wieviele Behälter müssen gekauft und auf Vorrat gelegt werden, wenn man mindestens 4000 Portionen Soft-Eis verkaufen will?

4. Ein Trinkvorrat reicht für 16 Personen 24 Tage aus. Wieviele Tage würde der Vorrat für 8 Personen ausreichen?

5. Zwei Brüder, die sich in ihrem Alter um lediglich sieben Jahre unterscheiden, sind zusammen 39 Jahre alt. Wie alt ist der jüngere Bruder?

6. Zwei Radfahrer begegnen sich um 11 Uhr. Wieviele Kilometer sind sie um 12.20 Uhr voneinander entfernt, wenn der eine 7,5 km und der andere 12 km in der Stunde fährt?

7. Eine Beute von 576 Talern soll im Verhältnis von 4:5 auf zwei Raubritter verteilt werden. Wieviele Taler bekommt der Ritter, der die kleinere Beute erhält?

8. 87 kg Äpfel sind in zwei Kisten verpackt. In der einen Kiste sind 11 kg Äpfel mehr als in der anderen. Wieviele Kilo Äpfel sind in der kleineren?

9. Ein Kind hat DM 1,20 in 5 Pf- und 10 Pf-Stücken bei sich. Dieser Betrag setzt sich aus insgesamt 17 Geldstücken zusammen. Wieviele 10 Pf-Stücke sind darunter?

10. Es sollen 52 Goldtaler so aufgeteilt werden, daß der eine Teil dreimal so groß ist wie der andere. Aus wieviel Goldtalern besteht der kleinere Teil?

11. Man kann 3% Butter aus Milch gewinnen. Wieviel Kilogramm Milch werden benötigt, um 1,5 kg Butter zu gewinnen?

12. Wieviel muß zu 12 hinzugezählt werden, damit die Summe im gleichen Verhältnis zu 15 steht wie 30:25?

13. Mit einer Stundengeschwindigkeit von 80 km fährt ein Zug seinem Ziel entgegen. Nach drei Stunden soll der Zug an seinem Ziel sein. Wieviele Kilometer ist er noch von seinem Zielbahnhof entfernt, wenn nach 2 Stunden und 12 Minuten ein Rotsignal die Weiterfahrt stoppt?

14. Wieviele Flaschen benötigt man von einem Fassungsvermögen von 3/4 l, um 28 l einer Flüssigkeit einzufüllen, ohne daß etwas übrig bleibt?

15. In einer Verkaufsorganisation erreichen 10 % der männlichen Vertreter und 15 % der weiblichen Vertreter gute Verkaufsergebnisse. Wieviel Prozent erreichen insgesamt gute Verkaufsergebnisse, wenn in der Gruppe 60 % männliche Vertreter sind?

16. Ein Würfel hat eine Kantenlänge von 2 cm. Er wiegt 48 g. Wieviel Gramm würde ein Würfel aus gleichem Material wiegen, der nur eine Kantenlänge von 1 cm hat?

6. Zahlenreihen

Die folgenden Zahlenreihen sind nach einer bestimmten Regel aufgebaut. Ihre Aufgabe ist es, das nächste Glied (bei den Aufgaben x, y, z die zwei nachfolgenden) in einer Reihe herauszufinden.

Beispiel: 2 4 6 8 10 12 14 ?

Die richtige Lösung ist 16. Die nächstfolgende Zahl wächst immer um 2.

Für die folgenden 26 Zahlenreihen haben Sie 20 Minuten Zeit.

a)	3	4	6	9	13	18	24	?		
b)	4	5	6	8	10	13	16	20	24	?
c)	6	7	5	8	4	9	3	10	2	?
d)	3	9	10	5	15	16	8	24	25	?
e)	8	8	15	13	13	19	16	16	21	?
f)	1	2	3	5	8	13	21	?		
g)	9	12	16	20	25	30	36	42	?	
h)	114	57	60	30	34	17	22	11	?	
i)	2	3	6	11	18	27	?			
j)	8	7	7	5	10	7	21	17	?	
k)	15	19	22	11	15	18	9	?		
l)	8	15	24	35	48	63	?			
m)	4	5	7	4	8	13	?			
n)	27	9	6	18	21	7	4	?		
o)	39	13	6	30	10	3	?			
p)	84	21	63	65	64	16	48	50	?	
q)	200	100	105	35	40	10	?			
r)	3	6	10	30	35	140	146	730	?	
s)	75	80	40	45	15	20	5	10	?	
t)	17	14	7	21	18	9	?			
u)	199	150	108	73	45	24	?			
v)	3	5	2	8	13	7	?			
w)	34	33	66	22	18	90	15	8	?	
x)	12	19	17	17	23	20	20	25	?	?
y)	24	26	11	15	3	9	0	8	?	?
z)	11	13	17	25	32	37	47	58	?	?

LESE- UND ARBEITSHINWEISE

▷ Intelligenz-Testverfahren, der Mit-Wissens-Test 7 u. 8
▷ Öffentlicher Dienst-Test
Kapitel Rechenfähigkeit/Mathematisches Denken, in: *Testtraining*, S. 225ff.
Zahlenreihen, in: *Testtraining*, S. 140ff.

Rechtschreib-Test

Kein Bewerbertest für Berufsanfänger ohne Überprüfung der Rechtschreibung.

1. Der Mannheimer Drehorgelmann

Die Worte in der folgenden kleinen Geschichte sind möglicherweise falsch geschrieben. Am besten schreiben Sie die richtige Schreibweise hintereinander auf ein extra Stück Papier und vergleichen später hinten im Lösungsteil. Eine Möglichkeit wäre auch, sich den Text diktieren zu lassen.

Der Mannheimer Drehorgelmann, von hause aus mit der Rechtschreibung auf Kriegsfuß, machte seine Spühlmaschiene zu, schloss die Dezimalwaage ein und fülte den unwiderstehlichen Drang,

Karussell zu fahren oder auf die Galloppreennbahn zu gehen. Wohl wissend nahm er ein Brotleib als Laibspeise mit und mußte sich trübseelig daran erinnern, wie sie im Krieg im Bunker saßen, die grimmschen Märchen lesend und fortwährent die Geräusche der niederfallenden Bomben hörten. Sein Vater war Pazifiszt.

Kruzzifix, dachte er, bevor er entgültig losgehen wollte, aber schon klingelte schlag zwölf Uhr sein Telefon. Die Sekretärin vom Arbeitsamt fragte ährgerlich nach, wielange er noch arbeitslos zu sein Denke. Sein Antrag auf Arbeitslohsengeld sei Null und Nichtig. Sie habe an seinem Dilemmna keine Schuld, er könne ja im dunkel der nacht in der Gemähldegallerie aufpassen und sich so ein paar Allmosen zusammenverdienen. Er wollte nicht wieder aggresiv werden und antwortete: *Sie können gut Maschiene schreiben, aber verstehen nichts von meinem Arbeitsmiliö, und über Kurz oder Lang werde ich mich mit einer Pettition an den Bundespresidenten wenden. Ich muß jetzt meine Salzbrezel essen und heute gibt es außerdem Schweizer Käse und Bayrisches Bier. Es tut mir von Herzen Leid, ich habe mir nichts zu Schulden kommen lassen, aber heutzutage und Hierzulande ist das wohl schon zu wenig.*

Er legt auf, mußte seine ganze Witalität zusammennehmen und ging schwerfellig und dickfellig aus seiner Wohnung, denn er hatte nur noch ein einzelnes paar Schuhe. Sie ist keine zartbeseitete Mait, dachte er, und das Leben ist ein Labührint, kam ihm schaudernt in den Sinn.

2. Rechtschreib-Verunsicherung

Bei den folgenden Aufgaben ist die mehrfch dargebotene falsche Schreibweise ein zusätzlicher Verwirrungsfaktor. Welche Schreibweise ist allein richtig (a, b, c, d oder e)?

1. a) Hahrschehre
   b) Haarschäre
   c) Haarschere
   d) Harschere
   e) Haarschehre

2. a) Uhrahne
   b) Uranne
   c) Urahnne
   d) Urahne
   e) Uhrane

3. a) in den greßlichen Zeiten des dreißigjährigen Krieges
   b) in den gräßlichen Zeiten des Dreizigjährigen Krieges
   c) in den gräßlichen Zeiten des dreißigjährigen Krieges
   d) in den gräßlichen Zeiten des Dreißigjährigen Krieges
   e) in den gräslichen Zeiten des Dreißigjährigen Krieges

4. a) von der Empörung unbeeinflußt und unbehelligt
   b) von der Empöhrung unbeeinflußt und unbehelligt
   c) von der Empörung unbeeinflusst und unbehelligt
   d) von der Empörung unbeeinflußt und unbehälligt
   e) von der Empöhrung unbeeinflusst und unbeheligt

5. a) Indosament
   b) Indossament
   c) Indossamend
   d) Indossamendt
   e) Intossament

6. a) in Folgedessen
   b) infolgedessen
   c) in Folge dessen
   d) infolge dessen
   c) in folge dessen

7. a) Marockaner essen Makkaroni
   b) Marockaner essen Mackaroni
   c) Marokkaner essen Mackaroni
   d) Marrokkaner essen Makkaroni
   e) Marokkaner essen Makkaroni

8. a) Kanallotsen froren ganze Nächte lang vor kälte
   b) Kanalllotsen froren ganze Nächte lang vor Kälte
   c) Kanallotsen froren ganze Nächte lang vor Kälte
   d) Kanallotsen froren ganze nächte lang vor Kälte
   e) Kanallotsen froren ganze nächtelang vor Kälte

9. a) das für und wider der Brennesselbehandlung
   b) das Für und Wider der Brennesselbehandlung
   c) das Für und Wieder der Brennesselbehandlung
   d) das Für und Wider der Brennnesselbehandlung
   e) das für und Wieder der Brennesselbehandlung

10. a) achselzuckend ein- bis zweimal den Rhythmus zu halten
    b) achselzuckend ein bis zweimal den Rhythmus zu halten
    c) achselzuckend ein- bis zweimal den Rhytmus zu halten
    d) achselzuckent ein- bis zweimal den Rhythmus zu halten
    e) achselzuckend ein- bis zwei Mal den Rhythmus zu halten

LESE- UND ARBEITSHINWEIS

▷ Büro-Test

Zeichensetzungs-Test

Zum Abschluß hat das berühmt-berüchtigte Komma seinen ganz großen Auftritt (es ist schon ganz ungeduldig und zappelt – Ich komme ruft es und ist kaum noch zu bremsen). In einem herzerfrischenden kommerziellen Text Komma der übrigens nicht von den vereinigten Sparkassen ausgeheckt wurde Komma und der auf eine unerträgliche Weise pädagogisiert Komma ist nur auf den Punkt Verlaß Punkt

Setzen Sie bitte in diesem kurzen Text Ihre Kommata.

Die einmalige Kunst liegt in dem Vermögen seine Wünsche zu begrenzen was ja nun wirklich nicht jedem ganz leichtfällt und es sich weitestgehend zu versagen unnötige Dinge zu kaufen sondern vielmehr das Geld für wirklich nötige und nützliche Sachen wir denken da zum Beispiel an ein Testbuch zu verwenden woraus man einen übergroßen Nutzen ziehen kann und noch lange Freude hat. Nun kann man das ist oftmals noch viel nützlicher von vornherein eine gewisse Summe Geldes auf die Bank bringen und sparen um sich damit später einmal einen besonders ausgefallenen großen Wunsch zum Beispiel Ferien auf Kreta einen Flug nach New York ein eigenes schnelles

Motorrad vielleicht sogar ein kleines Häuschen mit Garten und dergleichen mehr erfüllen zu können. Wer dieses kann wer also in der Lage ist Geld anzusparen und schon zwischen aktuellen und zukünftigen Vorhaben zu unterscheiden gelernt hat der ist schon ein ganzes Stück auf dem nicht einfachen und enttäuschungsreichen Weg des richtigen Haushaltens und Wirtschaftens weiter.

Dieser literaturpreisverdächtige Text ist ein nachempfundener Auszug aus einem längeren Machwerk und wird angehenden Kaufleuten vorgelegt.

LESE- UND ARBEITSHINWEIS
▷ Büro-Test
Zeichensetzung, in: *Testaufgaben*

Aufsätze

Nicht selten verlangen Tester die Bearbeitung eines Aufsatzthemas. Angefangen vom Hausaufsatz (*Gedanken zu meiner Berufswahl*), über einen 10-Minuten-Kurzaufsatz in der Bewerbungssituation selbst (*Das Fenster*) bis hin zur 45minütigen Bearbeitung des Themas *Produzieren die deutschen Universitäten Arbeitslose?* reicht das Spektrum Aufsatz.

So berichtet eine Bewerberin über folgendes Aufsatzthema bei einer Bank:

Zunächst bekamen wir eine drei DIN-A4-Seiten lange Geschichte, die wir durchlesen mußten:

Darin wird geschildert, wie ein Jugendlicher aus dem Urlaub zurückkehrt und sein Elternhaus aufgrund eines Notfalls in der Familie verlassen vorfindet. Er hat nur eine bestimmte Geldsumme zur Verfügung und sieht sich, daheim angekommen, recht chaotischen Zuständen gegenüber, z.B.: sein Bett ist nicht bezogen; der volle Mülleimer stinkt; die Spülmaschine ist mit schmutzigem Geschirr gefüllt; eine Lampe ist kaputt; ein Wasserhahn tropft; eine Rechnung muß unbedingt bezahlt werden; vor dem Kellereingang steht eine Kiste mit Getränken, aber im Kühlschrank sind keine Eßwaren.

Da der Jugendliche erst am Abend nach Hause gekommen ist, kann er jetzt auch nichts mehr einkaufen. In einer Stunde beginnt im Fernsehen ein Film, den er unbedingt sehen möchte. Aus den Radionachrichten erfährt er, daß seine mitgebrachte restliche Urlaubsbarschaft (ausländische Währung) abgewertet werden soll.

Ihm kommen Gedanken, den nicht unerheblichen ausländischen Restbetrag noch sofort umzutauschen. Für die Eltern hat er einen geräucherten Aal mitgebracht, der eigentlich in den Kühlschrank gehört, und die Hauskatze scheint noch kein Futter bekommen zu haben. Da ruft ein Freund an und lädt sich selber zum späteren Abend ein. Er verspricht, eine Pizza mitzubringen.

Zu dieser Situation sollten wir einen Aufsatz in Ich-Form schreiben, in dem wir uns in die Lage des Jungen hineinversetzen und schildern mußten, was wir wann und wie (Reihenfolge) erledigen würden. Es käme – so sagte man uns – auch auf Stil, Orthographie, Grammatik und Sauberkeit der schriftlichen Ausführung an. Natürlich sollte man auch sein Organisationstalent mit diesem Aufsatz unter Beweis stellen.

Unsere Bearbeitungszeit inklusive des Durchlesens der drei Seiten langen Geschichte betrug nur 40 Minuten. Man mußte also ganz schön schnell arbeiten.

Diese Mischung aus Aufsatz, Assessment-Center-Test (Organisationsfähigkeit), Überprüfung von Rechtschreibung, Ordnung und Sauberkeit wird gern bei Banken und Versicherungen eingesetzt.

Dreistündige Aufsatzthemen wie z.B. *Stellen Sie die trotz wechselnder Regierungen außenpolitischen Konstanten der Bundesrepublik Deutschland unter Berücksichtigung aktueller Abrüstungsfragen dar* sind gottseidank relativ selten – wie war das nochmal bitte?: *Stellen Sie die trotz wechselnder Regierungen außenpolitischen Konstanten der Bundesrepublik Deutschland unter Berücksichtigung aktueller Abrüstungsfragen dar.*

Aufsätze haben neben der Funktion, Ihren sprachlichen Ausdruck zu überprüfen, natürlich auch eine inhaltliche Aufgabe. Die Themen sind nicht immer so zufällig, wie es scheinen mag. Oftmals gehen sie in den persönlich-privaten, ja sogar in den Intimbereich hinein und scheinen somit für Personalchefs das geeignete Mittel zu sein, Ihre Meinung, Haltung und Erlebniswelt auszukundschaften. Damit stellen sie einen maskierten Persönlichkeits-Test dar und überschreiten weit die Grenzen der Zulässigkeit. Der Bezug zum angestrebten Ausbildungs- und Arbeitsplatz ist fast nie gegeben. Völlig dubios sind die Beurteilungsmaßstäbe, die die Nicht-Germanisten und Möchtegern-Freizeitlehrer an die Aufsätze anlegen. Da dilettiert man munter vor sich hin und rächt sich für das, was einem in der eigenen Schulzeit widerfahren ist.

Themen zu Politik, Umwelt, Zeitgeschehen einerseits und Fragen nach der Vorstellung von der eigenen Zukunft, dem Beruf, der Familie, dem Freizeitverhalten andererseits erstaunen in ihrer Bandbreite, bisweilen Banalität, aber auch Phantasiefreudigkeit bis hin zur Unverfrorenheit, mit der man versucht, Ihnen mit Hilfe von Papier und Bleistift etwas zu entlocken. Die Themenpalette ist groß, die Gefahr nicht gering, und so können die hier präsentierten Beispiele realer Themen (teilweise mit Auftraggebernennung) lediglich eine kleine Auswahl dessen sein, was alles möglich ist:

Aufsätze
(etwa 30–60 Minuten Bearbeitungszeit)

- Arbeitslosigkeit (ÖD)
- Ist Arbeitslosigkeit selbst verschuldet? (Arbeitsamt Berlin)
- Bereitet die Schule aufs Berufsleben vor? (Sparkasse Düsseldorf)
- Je schwerer wir unsere eigene Unfähigkeit erkennen, desto leichter sehen wir die der anderen (ÖD)
- Warum ist ein moderner demokratischer Staat ohne politische Parteien nicht denkbar? (ÖD)
- Wenn Du klug bist, so mische eins mit dem anderen, hoffe nicht ohne Zweifel und zweifle nicht ohne Hoffnung. Interpretieren Sie die Aussage Senecas (ÖD)
- Stimmrecht bei Wahlen für Ausländer? (ÖD Berlin)
- Tempolimit auf der Autobahn? (ÖD Berlin)
- Bundesrepublik Deutschland, ein Einwanderungsland? (Post)
- Technischer Fortschritt um jeden Preis? (Post)
- Wie sehen die politischen Chancen für ein vereintes Europa aus? (Post)
- Eingriff in die Erbmasse im Widerstreit der Meinungen (Post)
- In der BRD wächst der Anteil der alten Menschen, was für Probleme ergeben sich daraus? (Post)
- Deutschland und Israel – Beziehungen besonderer Art (ÖD Recklinghausen)
- BILD und SPIEGEL, Exponate des deutschen Pressewesens (dto.)
- Geburtenkontrolle in der Dritten Welt (dto.)
- Ich bin, weil ich denke (dto.)

- Wie lebt ein sparsamer Bürger? (Versicherung)
- Wer Recht will, muß sich rechtens verhalten (ÖD Bonn)
- Man sagt, die Welt wird immer kleiner (dto.)
- Wird die Jugend Ihrer Meinung nach in Ihrer Stadt/Gemeinde genug gefördert? (ÖD)
- Wirtschaftssanktionen – ein sinnvolles Mittel der Außenpolitik? (ÖD)
- Gesetze und Verfassung – Fesseln oder Freiheitsgarantie? (ÖD)
- Grenzen Sie die Begriffe Ziel und Ende gegeneinander ab (Bundeswehr)
- Soll die Regierung in das freie Spiel der Kräfte bei der Wirtschaft eingreifen? (dto.)
- Mehr Fernsehprogramme – Fluch oder Segen? (Arbeitsamt Berlin)
- Ist Umweltschutz wirklich so wichtig? (Sparkasse)

Bei den folgenden Themen wird besonders deutlich, wie Arbeitsplatzvergeber vor allem im Öffentlichen Dienst (ÖD) bei den Auswahltest in die Privat- und Intimsphäre der Bewerber einzubrechen versuchen:

- Was mir mißfällt… (ÖD)
- Freizeit sinnvoll gestalten (Sparkasse Düsseldorf)
- Schreiben Sie einen Brief auf eine Kontaktanzeige (Einzelhandelskauffrau)
- Welche Umstände beeinflussen unsere Arbeit und Leistungsfähigkeit? (ÖD)
- Mein Lebenslauf als … (ein beliebiges Tier ist einzusetzen) (ÖD Nordrhein-Westfalen)
- Schreiben Sie einen Lebenslauf aus der Sicht eines wilden Tieres (ÖD Leverkusen)
- Ehe Pro und Contra (ÖD Berlin)
- Mein wichtigstes Erlebnis 19.. (Versicherung)
- Die Angst (Arbeitsamt Frankfurt)
- Beschreiben Sie die Atmosphäre dieses Testtages (Bank)
- Ist Konkurrenzdenken positiv oder negativ zu bewerten? (ÖD Hamburg)
- Ein einschneidendes Thema in meinem Leben
- Was hat Sie in Ihrer bisherigen Schulzeit am meisten geärgert?
- Was hätten Sie lieber: mehr Lohn oder eine kürzere Arbeitszeit? (ÖD)
- Vor- und Nachteile des Lebens als Single (ÖD Berlin)
- Sind Einstellungstests sinnvoll? (ÖD)
- Wie würden Sie als Ausbildungsplatzvergeber die Bewerberauswahl gestalten? (Bank)
- Schreiben Sie einen Aufsatz über sich selbst (Freizeit, Hobbys etc.) (ÖD Offenbach)
- Beschreiben Sie, wie Sie den heutigen Tag angefangen haben (Bank)

Aufsätze
(zwei und mehr Stunden Bearbeitungszeit)

- Nehmen Sie Stellung zur Frühpensionierung von Offizieren aus der Bundeswehr. Diskutieren Sie die Übertragbarkeit dieser Praxis auf den gesamten Öffentlichen Bereich. (BND)
- Vergleichen Sie Plan- und Marktwirtschaft sowie deren historischen Hintergrund und Entstehung. (dto.)
- Unter welchen Bedingungen würden Sie den Friedensnobelpreis vergeben?
- Wie werden nach Ihrer Meinung unsere Städte im nächsten Jahrhundert aussehen? (3 Stunden)
- Junge Männer werden mit 18 Jahren gemustert, um später eingezogen zu werden. Erläutern Sie in diesem Zusammenhang den Begriff Wehrgerechtigkeit. Ist Ihrer Meinung nach Wehrgerechtigkeit für alle jungen Leute erreichbar? Machen Sie Vorschläge. (LVA Württemberg)
- Wohin führt uns der technische Fortschritt? (ÖD)

Kurzaufsätze
(etwa 5-10 Minuten Bearbeitungszeit)

- Was würde passieren, wenn es ab morgen kein Papiergeld mehr gäbe, sondern nur noch Münzen? (Bank)
- Was würde passieren, wenn alle Menschen 150 Jahre alt werden würden? (Bank)
- Das Fenster (Siemens)
- Das Schweigen (dto.)
- Das Wort (dto.)
- Der Verkehr (dto.)
- Die Straße (dto.)
- Das Telefon (dto.)
- Das Bild (dto.)

Hausaufsätze

- Die wirtschaftliche Bedeutung Ihrer Heimatstadt (Siemens)
- Die Umwelt und ich (dto.)
- Das Auto (dto.)
- Planen Sie eine Klassenreise (was müssen Sie alles berücksichtigen?) (dto.)
- Wie stellen Sie sich den 132. Ausbildungstag in unserem Betrieb vor? (Reisebüro)
- Schildern Sie die wesentlichen Aspekte Ihrer Jugendentwicklung (Erziehungsziele, Persönlichkeiten, Ergebnisse). Schildern Sie besondere Ereignisse, Erfolge, Anerkennung, aber auch Enttäuschungen, Probleme und Mißerfolge in Ihrer persönlichen Entwicklung. (Pilot/Lufthansa)
- Schreiben Sie uns etwas über Ihre persönlichen Eigenschaften auf, die Ihnen Vorteile und Nachteile eingebracht haben. (dto.)

Nach dieser Themenübersicht eine Arbeitsanweisung für die Bearbeitung von Aufsatzthemen in einer Verwaltung einer Kleinstadt in Nordrhein-Westfalen (wir zitieren wörtlich!):

1. Thema:
Die heutige Gesellschaft wird vielfach als eine Wegwerfgesellschaft bezeichnet. Stimmen Sie einer derartigen Charakterisierung zu? Begründen Sie Ihre Ansicht!
2. Thema:
Es gibt in unserer Zeit Menschen, die den Genuß zu ihrem Daseinsideal erheben. Nehmen Sie kritisch Stellung und begründen Sie Ihre Meinung!
3. Thema:
Ist nach Ihrer Ansicht Toleranz ein Zeichen geistiger Überlegenheit oder geistiger Trägheit?
4. Thema:
Nehmen Sie kritisch Stellung zu der Frage, ob die rückläufige Geburtenentwicklung Anlaß zur Sorge bietet oder nur ein Zeichnen gewandelter Lebensauffassung der Bürger darstellt!

Bei der Bearbeitung der Themen, die Ihnen zur Auswahl vorliegen, kommt auf Sie jeweils eine Entscheidungsfrage zu.
Diese muß von Ihnen durch eigene Denkleistung beantwortet werden.
Sie müssen ehrlich Partei ergreifen. Sie müssen bejahen und verneinen können, damit Ihr Standpunkt klar begründet erscheint.
Dabei ist es sehr wohl möglich, daß Ihre Arbeit und jede andere grundsätzlich eine andere Antwort erhält.

Sehr oft betreffen die Entscheidungen auch unser persönliches Leben und unser Verhältnis zur Umwelt; hier müssen Gefühl und Wille mitsprechen.
Wenn man dann auf persönliche Erfahrungen zurückgreift, soll das Ganze nicht nur als klar durchdacht erscheinen, sondern auch als wahr empfunden werden.

Wie soll eine Erörterung angefertigt werden?
1. Die Gedanken sind geordnet, knapp und treffend vorzubringen!
2. Sie sind immer zu begründen und zu folgern!
3. Die Erörterung mündet in eine eigene Stellungnahme oder gibt einen persönlichen Eindruck wieder.
4. Sie muß übersichtlich sein. Deshalb weist man jedem Argument mit dem evtl. dazugehörigen Beispiel einen neuen Absatz zu.
5. Eine gewisse Gliederung der Gedanken ist erforderlich.
6. Unerläßlich ist das Schema: Einleitung – Hauptteil – Schluß.

Die Einleitung
muß auf das Thema hinführen und soll nicht zu umfangreich sein, darf nicht die Antwort auf die Themenfrage vorwegnehmen, soll nicht zu weit ausholen.

Der Hauptteil
muß in seinem Umfang der weitaus größte Teil der Erörterung sein.

Der Schluß
kann eine Zusammenfassung, einen Ausblick oder auch eine Aufforderung enthalten.

Hinweise zur Aufgabe
1. Wählen Sie bitte nur ein Thema!
2. Halten Sie sich bitte an die Arbeitsanweisung.
3. Die Reinschrift soll oben links den Namen und Vornamen, oben rechts Ort und Datum erhalten.
4. Denken Sie an den Korrekturrand (ca. 5 cm)!
5. Auf die äußere Form der Bearbeitung wird Wert gelegt.
6. Dieses Aufgabenblatt ist dem Reinschriftblatt beizufügen!
7. Bearbeitungszeit: 60 Minuten.

Zitat Ende.

Wir würden uns freuen, wenn Sie uns über Ihre Erfahrungen mit Aufsätzen bei Bewerbungen berichten würden (Adresse vorne im Buch)!

LESE- UND ARBEITSHINWEIS
Schriftliche Ausdrucksfähigkeit, in: *Testtraining*..., S. 208

LEISTUNGS-KONZENTRATIONS-TESTVERFAHREN

Sehr häufig werden Tests eingesetzt, von denen sich die Anwender versprechen, etwas über Ihr allgemeines Konzentrations- und Leistungsvermögen zu erfahren. Ob das in der Streßsituation eines Einstellungstests überhaupt möglich ist, kann bezweifelt werden. Das Überprüfen von abgeschriebenen Adressen auf Richtigkeit und das Summenüberprüfen (▷ Büro-Test) gehören ebenso zu den klassischen Konzentrationstestverfahren wie das 30- und mehrminütige Addieren von endlosen Zahlenreihen.

Nun stellen wir Ihnen hier noch einige weitere wichtige und häufig eingesetzte Verfahren vor.

De-Zwei-Test

In den Buchstabenreihen müssen alle d's, die zwei Striche haben, durchgestrichen werden. Dabei geht es um folgende d's:

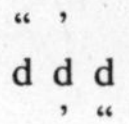

d's, die mehr oder weniger als zwei Striche haben (oben/unten), dürfen nicht durchgestrichen werden, ebensowenig wie alle b's und q's.

Ein kleiner Ausschnitt – 3 Minuten Zeit:

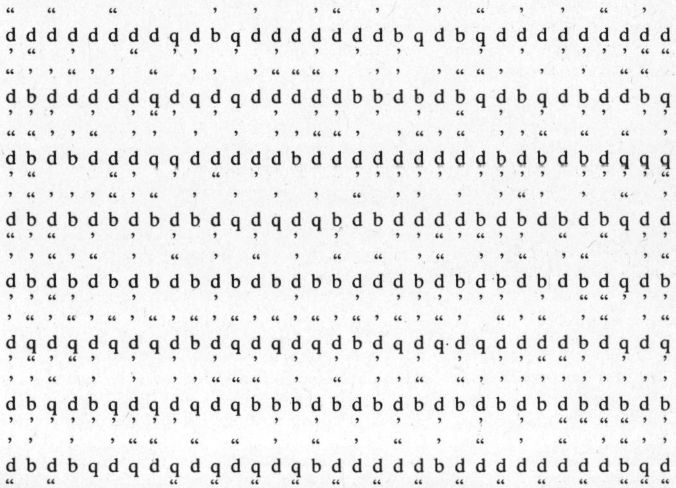

Konzentrations- und Leistungs-Test

Diese Aufgaben sind nach folgendem Muster zu lösen: Die obere Zeile wird zuerst ausgerechnet. Das Ergebnis darf nicht aufgeschrieben werden und muß *im Kopf behalten* werden. Nun ist die untere Zeile auszurechnen und auch dieses Ergebnis ist zu merken. Jetzt gilt folgende Regel: Stets ist die kleiner Zahl von der größeren abzuziehen, und nur dieses Ergebnis ist aufzuschreiben. Es dürfen keine Nebenrechnungen aufgeschrieben oder sonst irgendwelche Notizen gemacht werden. Beispiel:

2 + 8 − 7
4 + 5 − 2 Ergebnis: 4

Obere Zeile: Ergebnis 3
Untere Zeile: Ergebnis 7

7 − 3 = 4 Nur die 4 darf als Lösung hingeschrieben werden.

Für die folgende 10 Aufgaben haben Sie 2 Minuten Zeit. In der Testrealität erwarten Sie weit über 200 Aufgaben, und Sie müssen 30–45 Minuten daran arbeiten.

A 4 + 5 + 2
8 − 6 + 9

B 8 − 3 + 7
9 − 5 + 3

C 2 + 6 + 7
5 − 3 + 7

D 8 + 4 − 9
3 + 8 − 5

E 2 + 8 − 7
6 − 5 + 9

F 8 − 6 + 5
4 + 9 − 7

G 4 + 8 + 6
7 − 9 + 8

H 9 − 5 + 7
4 + 3 + 6

I 4 − 3 + 6
5 + 7 − 3

J 5 − 2 + 9
4 + 8 + 6

Nach dieser Rechenoperation fangen Sie mit folgender Variante von vorne an: Ist das Ergebnis der oberen Zeile größer als das Ergebnis der unteren Zeile, müssen Sie jetzt die untere Zeile von der oberen abziehen (wie gehabt). Ist das Ergebnis der oberen Zeile kleiner als das Ergebnis der unteren Zeile, müssen Sie es dazuzählen.

Zahlen-Verbindungs-Test

Sie mögen es kaum für möglich halten, aber dieser Test ist angeblich so allumfassend in der Aussage, was Ihr Intelligenz-, Leistungs- und Konzentrationsvermögen anbetrifft, daß es sich lohnt, ihn ein bißchen zu üben. Machen Sie sich über dieses Buch hinaus am besten weitere Vorlagen (auch per Fotokopierer), und üben Sie diese in den darauffolgenden Tagen. Sie werden schnell eine Leistungssteigerung feststellen.

Wir präsentieren Ihnen hier ein *kleines Modell* mit 50 Zahlen und 3 Minuten Bearbeitungszeit. Sie sollten über 100 Zahlen aufschreiben und sich 8 Min. Zeit geben.

Aufgabe: Nehmen Sie einen Stift und versuchen Sie in 3 Min., so viele Zahlen wie möglich in der richtigen Reihenfolge zu verbinden.

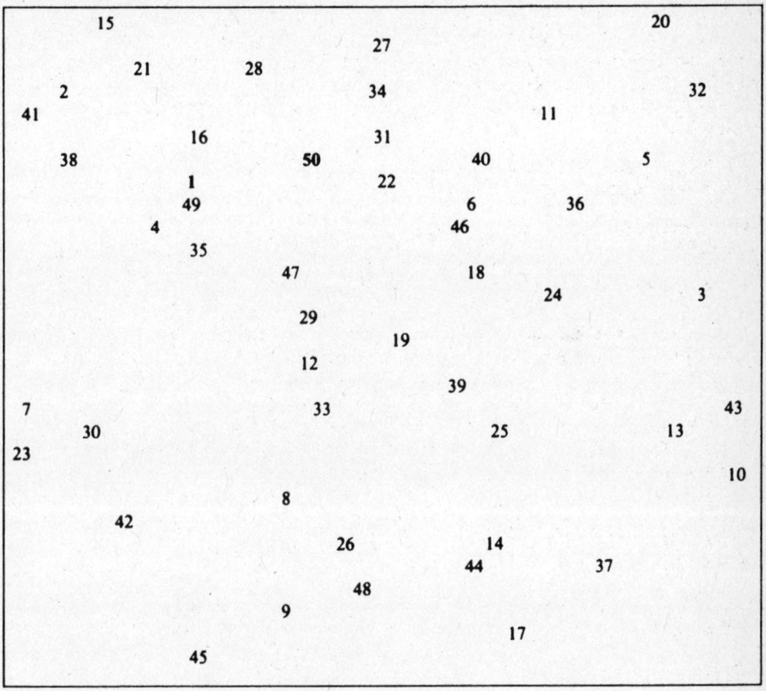

Buchstaben-Zahlen-Test

A. Buchstaben-Zahlen-Tabelle

Hier geht es um die Koordinierung von Zahlen und Buchstaben. Möglicherweise werden die Aufgaben sogar nur in zügigem Tempo hintereinander angesagt. Zum stillen Üben hier einige Beispiele, mit dem Vorschlag, sich doch selbst weitere Aufgaben gleichen Stils auszudenken.

	AJKL	VWXB	ZCHM
1	5554	2324	7890
2	4454	1234	8890
3	4763	4783	1795
4	0945	4316	0278
5	7453	7541	4570
6	0321	6792	6490
7	1235	8659	1234
8	6643	9836	2179
9	0934	3543	6378

Aufgabe: Welche Zahl ist für 1A einzusetzen? (Lösung:5). Für die nächsten 18 Aufgaben haben Sie 3 Min. Zeit.

1K = 5	1H =	5X =	C5 =	A7 =
1V = 2	3K =	9Z =	X9 =	W8 =
2M = ?	4L =	4V =	B5 =	H4 =
2Z = ?	9H =	5L =	J7 =	C1 =

B. Buchstaben-Zahlen

Ganz ähnlich ist auch die folgende Aufgabe: Vorgegeben sind eine Reihe von Buchstaben- und Zahlenkombinationen:

L	O	G	J	F	T	Z	C	B	K	P	Q	alle anderen Buchstaben
6	4	2	9	0	3	2	8	1	8	9	5	X

Bitte schreiben Sie unter die folgende Buchstabenreihe die entsprechenden Zahlen. Für das Aufgabenbeispiel haben Sie 1 Minute Zeit (Tip: eigene Übungsbeispiele basteln).

A	U	G	K	L	T	Z	C	F	J	B	E	P	T	B	V	X	Y	M	T	R	B	C
X	X	2																				

C. Buchstaben einkreisen

Hier besteht die Aufgabe darin, in einem Buchstabensalat alle Buchstaben einzukreisen, die im Alphabet unmittelbar aufeinander folgen, z.B. so: gj(gh)km(ab)drzu(c(d)e)kp.

1 Min. Zeit.

hijgdrtucfcdetnklpqdrdtdudbdecmkl
abknxyhjfabclbvcxghlnlflmxaxerzst

LESE-UND ARBEITSHINWEISE

▷ Büro-Test
▷ Öffentlicher-Dienst-Test
Konzentrations-Testaufgaben, in: *Testaufgaben*

PERSÖNLICHKEITS-TESTVERFAHREN
Röntgengeräte für die Seele

Wer möchte nicht wissen, mit wem er es zu tun hat. Angefangen bei sich selbst (wer bin ich?) bis hin zum Gegenüber, dem Lebenspartner, dem Freund, der Freundin, dem Arbeitskollegen und natürlich insbesondere, wenn es um das Arbeitgeber-/Arbeitnehmer-Verhältnis geht, stellt sich die Frage:

Mit was für einem Menschen habe ich es hier – aus der Perspektive des Arbeitgebers – zu tun? Ergründet werden sollen die Charaktereigenschaften, die Wesenszüge, die Persönlichkeit des Bewerbers. Forschungsgegenstand sind also nicht die Eignung oder Intelligenz, nicht primär die Fähigkeit, eine bestimmte Tätigkeit auszuüben, sondern die Persönlichkeitsmerkmale, die den Bewerber auszeichnen.

Persönlichkeits-Testverfahren erfreuen sich zunehmender Beliebtheit und werden immer häufiger eingesetzt bei der Auswahl von Bewerbern. Diese positive Wertschätzung trifft naturgemäß nur für die Seite der Arbeit(ver)geber zu. Aus Arbeitnehmer- bzw. Bewerbersicht sind diese Testverfahren nicht nur fragwürdig, sondern in höchstem Maße moralisch verwerflich, ja geradezu kriminell. Aus juristischer Sicht sind sie sogar unzulässig. Dennoch: Wo kein Kläger ist, ist auch kein Beklagter, und so kann in der juristischen Grauzone und aufgrund der aktuellen Arbeitsmarktsituation zu Lasten der vielen Bewerber einiges an unsauberen Auswahlmethoden veranstaltet werden, ohne daß juristische Konsequenzen für die Testanwender (Arbeitgeber) zu befürchten sind.

Nachdem es sich in etwas aufgeklärteren (gewiefteren) Personalbüro-Etagen herumgesprochen hat, daß die „Intelligenz" alleine bzw. die Eignung für eine bestimmte Tätigkeit des Bewerbers noch lange nicht der Garant dafür ist, daß der Arbeitgeber mit der zukünftigen Arbeitsleistung zufrieden sein wird, verfällt man zunehmend auf ein neues Auswahlkriterium.

Nunmehr steht die Persönlichkeit des Bewerbers im Vordergrund. Sie spielt bei der Auswahl nahezu die entscheidende Rolle. Intelligenz und Eignung werden fast schon vorausgesetzt bzw. als zweitrangige Entscheidungskriterien bewertet. Das jetzt in den Mittelpunkt gerückte Hauptkriterium gipfelt in der Frage: Paßt dieser Bewerber zu uns, fügt er sich möglichst reibungslos in das vorhandene Arbeitsteam ein, ist er ein einsatzbereiter, leicht zu „handhabender", gut funktionierender potentieller Mitarbeiter?

Dabei geht es dem Arbeitgeber keinesfalls darum, lediglich Querulanten, nicht teamfähige und eigenbrötlerische Bewerber relativ schnell auszusortieren – wofür ja möglicherweise der eine oder andere Leser vielleicht gerade noch Verständnis haben könnte –, sondern es geht darum, als Arbeitgeber einen maximalen Einblick in die Psyche des Bewerbers, in seine allgemeinen Verhaltensweisen, insbesondere aber in seine möglichen Verhaltensweisen bei bestimmten Situationen (z.B. Konflikten) zu bekommen. Der Bewerber soll quasi durchleuchtet werden. Persönlichkeits-Tests werden eingesetzt, als seien sie Röntgengeräte für die Seele.

Dahinter verbirgt sich eine frühkapitalistisch anmutende Käufermentalität, die sich nicht damit begnügt, zu fragen, ob eine neu zu erwerbende Uhr richtig funktioniert, sondern die vorab darauf besteht, Einblick in das Laufwerk zu nehmen. Sklaven und Pferden schaute man ins Maul, Bewerbern versucht man heutzutage in die Seele zu gucken.

Kann man noch verstehen, daß ein Arbeitgeber einen Mitarbeiter einstellen möchte, der z.B. im kaufmännischen Bereich bestimmte Arbeiten, etwa den Umgang mit einem Textverarbeitungssystem, beherrscht bzw. relativ schnell erlernt, geht dann doch der Arbeitgeberwunsch, nun auch die Bewerberpersönlichkeit vollends zu ergründen, entschieden zu weit.

Ob der potentiell neue Mitarbeiter ein gefügiger, anpassungsbereiter und nicht aufmuckender Arbeitnehmer ist, darf nicht Untersuchungsgegenstand eines Personalausleseverfahrens sein.

Damit übrigens keine Mißverständnisse aufkommen: Natürlich werden in manchen Sparten auch aggressive oder zumindestens dynamische, erfolgsorientierte, sprachgewandte, vielleicht sogar schlitzohrige Mitarbeiter gesucht. Keine Versicherung wird Mitarbeiter im Außendienst beschäftigen wollen, deren Ideale und Persönlichkeitsmerkmale sich mit Schlagworten wie Nächstenliebe, Aufopferungsbereitschaft und Bescheidenheit umschreiben lassen.

Kurzum: Arbeitgeber, moderne Personalchefs und deren Helfershelfer, die gerne up to date sein wollen, gucken bei der Bewerberauswahl vor allen Dingen auf die Persönlichkeitsmerkmale bzw. auf das, was sie dafür halten. Das hier gewonnene Ergebnis beeinflußt in entscheidendem Maße den Faktor, der dann später mit Eignung im Sinne von „ist geeignet, in unserem Unternehmen mitzuarbeiten" beschrieben und bewertet wird.

Was ist nun aber eigentlich Persönlichkeit und/oder Charakter? Auch hier ist sich die wissenschaftliche Psychologie, genauso wie beim Intelligenzbegriff, herzlich uneinig. Es existieren x verschiedene Persönlichkeitsmodelle und -theorien, die sich diesem Spezialgebiet widmen.

Vergessen wir nicht, daß wir in unserem Alltagsleben alle wie kleine Persönlichkeitsforscher bzw. Psychologen arbeiten. Bevor wir auf der Straße einen Passanten ansprechen, um ihn zu fragen, wie spät es ist, oder wo wir eine bestimmte Straße finden, schauen wir uns die Person genau an. Gegebenenfalls warten wir noch einen Moment, bis wir einen Passanten entdecken, der uns für unser Anliegen passender erscheint.

Auch bei der Auswahl unserer Freunde, insbesondere aber bei der Entscheidung, wen wir um welchen Gefallen bitten (z.B. einen Kredit, Freundschaftsdienst, eine Hilfeleistung etc.), arbeiten wir ganz unbewußt mit einer Persönlichkeitstheorie, sortieren und entscheiden, an wen wir uns mit welchem Wunsch, mit welcher Bitte oder auch Forderung in einer bestimmten Art und Weise wenden.

Nicht zuletzt bei der Partnerwahl haben wir ganz ähnliche Fragen: Paßt der Partner wirklich zu mir, ist unsere Beziehung tragfähig, werden wir auch in Konflikten miteinander klarkommen, kann ich mich auf meinen Partner bzw. auf meine Partnerin verlassen?

Dieses private Interesse ist sicherlich völlig legitim und wird natürlich auch ganz anders praktiziert, als die mehr oder minder professionellen Testverfahren, die eingesetzt werden, um möglichst schnell den Kern der Persönlichkeit eines Bewerbers freizulegen. Daß hier auf dem sogenannten Persönlichkeitstestsektor von Arbeitgebern bzw. Personalchefs unlautere Verfahren und dubiose Methoden angewandt werden (s.S. 141), liegt auf der Hand und ist in höchstem Maße beklagenswert.

Ohne Zweifel hat der Arbeitgeber Anspruch auf eine korrekte Arbeitsleistung des Arbeitnehmers. Dem Ausforschungsinteresse des Arbeitgebers bei der Bewerberauswahl müssen aber Grenzen gesetzt werden. Denn Arbeits- und Berufsleben sind nicht vergleichbar mit einer Ehe- bzw. Lebenspartnerbeziehung. Unserer Meinung nach stellt der absolute Anspruch des Arbeitgebers, genau zu wissen, um welche Bewerber- bzw. Mitarbeiterpersönlichkeit es sich handelt, eine infame und schamlose Ausnutzung eines Abhängigkeitsverhältnisses dar.

Was kann man als Bewerber, als Arbeitnehmer gegen diese Art der Persönlichkeits(test)-Notzuchtversuche tun? Man kann sich schützen, lautet die einfache Antwort. Aber wie...

Zunächst einmal kommt es darauf an, sog. Persönlichkeits-Testverfahren als solche zu erkennen. Natürlich ist es wichtig zu wissen, wer und vor allem wie man ist, also die eigene Persönlichkeit, die eigenen Charaktermerkmale zu kennen. Und es ist unbedingt notwendig, zu wissen, was die andere Seite (der Arbeitgeber) für Persönlichkeitsmerkmale erwartet bzw. wünscht. Schließlich muß es einem gelingen – und das sagt sich leichter, als es sich tut – die richtigen Mittel und Wege zu finden, das Transfer, also das Übermitteln dieser Merkmale, glaubhaft zu gestalten.

Dabei ist immer zu berücksichtigen, inwieweit man sich gegebenen Situationen und Abhängigkeiten anpassen und unterwerfen will oder auch nicht. „Prostitution" und „A...kriecherei" sind unzumutbar und abzulehnen.

Dazu ein kurzes Beispiel: Ein Personalchef wünscht sich für eine bestimmte Aufgabe einen fleißigen, dynamischen, strebsamen neuen Mitarbeiter. Der Kandidat hat dies intuitiv erkannt, und auf die Aufforderung des Personalchefs: „Erzählen Sie einmal etwas über sich!" sagt der Bewerber: „Ich denke, daß ich eigentlich ein sehr fleißiger, dynamischer und strebsamer junger Mann bin."

Glauben Sie, daß diese Bewerberaussage den gewünschten Erfolg beim Personalchef haben wird? *Nein.* Sie vermuten dies völlig zu Recht. Ebenso, wie es wichtig ist, beim Arzt zwar die Symptome einer Erkrankung angemessen zu beschreiben, aber nicht gleich die vermutete Diagnose mitzuliefern, ist es auch beim Personalchef notwendig, sich in angemessener Art und Weise darzustellen und Rückschlüsse der „kompetenten" Person, dem „klugen" Personalchef, Arbeitgeber etc. zu überlassen. Lippenbekenntnisse wie „Ich bin der Fleißigste, Schnellste, Cleverste" etc. erzielen dabei eher einen gegenteiligen Effekt.

Die hier vorgestellten Persönlichkeits-Testverfahren werden heute nahezu bei jedem Bewerber, der sich um einen Arbeitsplatz bewirbt, eingesetzt. Auch wenn dies auf den ersten Blick nicht immer so erscheint. (Eine Bäckerei-Aushilfsverkäuferin, die bei dem Bäckermeister oder seiner Frau vorspricht und einen Nachmittags-Aushilfsjob für einige Stunden sucht, wird jetzt sicherlich sagen: So etwas ist mir doch noch nie passiert ...)

Wir werden hier schnell den Beweis erbringen können, daß sogenannte Persönlichkeits-Testverfahren eine ganz entscheidende Rolle bei der Bewerberauswahl spielen. Hierzu zählen Personalfragebögen, Rollenspiele, Assessment Center-Tests, Gruppendiskussionen, Aufsätze, das Vorstellungsgespräch und seine abartige Variante, das Streß-Interview.

Solche Verfahren zu durchschauen, überhaupt erst einmal zu wissen, was auf einen zu- und worauf es ankommt, ist das Gebot der Bewerbungsstunde. Diese Kunst ist für jeden mittels dieses Buches erlernbar.

Sie müssen wissen, daß es sich hierbei nicht um ein sogenanntes „Frage- und Antwortspiel" handelt, bei dem es um die richtige bzw. falsche Antwort geht, vergleichbar mit Intelligenztestfragen („Wie lang ist ein 10-DM-Schein?"). Hier gibt es keine generell richtigen oder falschen Antworten. Alles ist von der spezifischen Situation, den besonderen Berufsanforderungen und deren -vertreter abhängig.

Um dies kurz mit einem Beispiel zu verdeutlichen: Eine Sekretärin in einem Pfarramt muß sich und ihre Wesensart anders präsentieren als beispielsweise eine Sekretärin bei einer großen Bank im Vorzimmer des Chefdevisenhändlers.

Aber nun in medias res:

Ausgequetscht – Personalfragebögen als verdeckter Persönlichkeits-Test

Immer häufiger und beliebter und damit auch immer umfangreicher werden die sog. Personalfragebögen. Oftmals verschicken Personalberatungsgesellschaften, aber auch Firmen selbst, die mit Großanzeigen auf ihre Stellenangebote aufmerksam machen, umfangreiche Fragebogenunterlagen.

Dabei handelt es sich um Sammlungen von Hunderten von Fragen oder zu bewertenden Statements, die, ähnlich wie z. B. die Persönlichkeitstests 16PF oder MMPI, darauf abzielen, an Informationen über den Bewerber heranzukommen. Oftmals wird es dem so Ausgefragten gar nicht bewußt, daß es sich hier um einen Persönlichkeits-Test handelt und er mit dem Ausfüllen ein ganz spezifisches Persönlichkeitsbild von sich preisgibt.

Angefangen von relativ harmlosen Fragen über Name, Alter, schulische und berufliche Ausbildung stoßen Sie früher oder später auf eine Anzahl von Fragen, die Sie mit Recht an die Persönlichkeits-Tests erinnern können, wie sie in diesem Kapitel vorgestellt werden. Hier einige Beispiele:

Sehr geehrter Bewerber,
der Fragebogen stellt eine Reihe von unterschiedlichsten Fragen, die Sie entweder mit ja oder mit nein beantworten sollen. Bitte beantworten Sie jede Frage ehrlich und spontan. Sie sollten dafür nicht mehr als fünf Minuten brauchen und zügig und rasch arbeiten. Ihr Ergebnis verbessert sich nicht, wenn Sie zu lange überlegen.

Nun folgen etwa 70 Fragen, von denen hier einige zitiert seien:

- Passiert es Ihnen, daß Sie tagsüber von Dingen träumen, die dann doch nicht verwirklicht werden?
- Fühlen Sie sich oft unzufrieden und schlecht?
- Macht es Ihnen Freude, andere zum Narren zu halten?
- Als Sie Kind waren, haben Sie immer sofort und ohne Murren das getan, was man von Ihnen verlangt hat?
- Legen Sie immer Wert darauf, bei anderen einen guten Eindruck zu machen?
- Fangen Sie oft viel mehr an, als Sie wirklich schaffen können?
- Wandern Ihre Gedanken, wenn Sie versuchen, sich zu konzentrieren, oft umher?
- Würden Sie sich selbst als gesprächig bezeichnen?
- Können Sie sich in einer vergnügten Gesellschaft ungezwungen und unbeschwert bewegen?

Und, und, und, bis hin zu Fragen, ob man ab und zu dickköpfig ist, die Geduld verliert und wütend wird oder *ohne besonderen Grund so etwas wie ein miserables Gefühl hat.*

Ein Personalberater empfiehlt sich mit folgenden Fragen:

- Welche Menschen bewundern Sie am meisten? (Bitte Namen nennen.)
- Nennen Sie einige von Ihnen bevorzugte Bücher!
- Welches sind die größten Mißstände Ihrer Meinung nach:
  a) in der Welt
  b) in Ihrem Land
  c) in Ihrer Stadt, in der Sie wohnen
  d) in dem Unternehmen, in dem Sie derzeit arbeiten?
- Welchen Beruf würden Sie wählen, wenn Sie ohne Rücksicht auf Gehalt und Vorbildung frei wählen könnten?
- Welches Berufsziel haben Sie sich gestellt, und was wollen Sie in 10 Jahren erreicht haben?

Beim Ausfüllen dieser selbstgestrickten Personalfragebögen sollten Sie hemmungslos von Ihrer Vorstellungskraft Gebrauch machen und sich in die Rolle des Arbeitgebers/Personalmenschen versetzen, der Ihre Antworten liest. Es ist schwer, generelle Tips zu geben. Sicherlich hat ein im Außendienst arbeitender Versicherungsvertreter andere Persönlichkeitsmerkmale als ein Mitarbeiter in einer technischen Forschungsabteilung. Beim Ausfüllen eines solchen Persönlichkeits-Test im Gewand eines Personalfragebogens kommt es darauf an, im Sinne der vermutlich vom Auftraggeber erwünschten Antwort anzukreuzen.

Manche Personalberatungsfirmen haben verschiedene Persönlichkeits-Tests leicht umgearbeitet oder neu zusammengestellt und versuchen nun, auf diese Art und Weise eine Vorauswahl von Bewerbern zu treffen. Die folgende Liste soll Ihnen dazu dienen, hier etwas Transparenz zu schaffen.

Im wesentlichen geht es um vier Persönlichkeitsmerkmale, aufgrund derer man glaubt, entscheiden zu können, ob Sie für eine bestimmte Position der richtige Bewerber sind:

Emotionale Stabilität
Kontaktfähigkeit
Leistungsbereitschaft
Geschlechtsidentität

Was unter diesen vier Begriffen zu verstehen ist, entschlüsselt die folgende Übersicht. Noch einmal sei angemerkt, daß wir eine kritische Wertung dieser Materie bereits an vielen Stellen des Buches vorgenommen haben. Unser Anliegen ist es, Ihnen zu vermitteln, was Personalberatungsfirmen, Personalchefs, Taschenpsychologen und dergleichen mehr z.B. unter emotionaler Stabilität verstehen, insbesondere in einem Rahmen, wo es um Ihre berufliche Zukunft geht.

Emotionale Stabilität

Man unterliegt nicht grundlos Stimmungsschwankungen,
wird nicht von grundlosen Ängsten und Sorgen gequält,
kennt keine Schuldgefühle,
neigt nicht zum Perfektionismus,
ist nicht launenhaft,
nur sehr selten krank,
hat keine Schwierigkeit, sich auf seine Arbeit zu konzentrieren,

kennt keine Tagträumereien,
man ist mit seinem Leben zufrieden,
ein neues Leben würde man sich genauso wünschen und vorstellen,
leidet nicht unter Platzangst,
plant seine Arbeit und geht ihr zügig nach,
fühlt sich selten schlecht oder elend,
ist gewöhnlich nicht nervös, sondern ausgeglichen,
nach dem Aufwachen frühmorgens frisch und munter,
leidet nicht unter Durchschlafstörungen und kann auch gut einschlafen,
ist nicht wetterfühlig,
man läßt sich durch Unordnung nicht stören,
leidet nicht unter Kopfschmerzen, Migräne oder Schwindelanfällen,
sorgt sich nur wenig um die eigene Gesundheit,
hat als Kind auch schon mal was gegen den Willen der Eltern getan,
fühlt sich den Anforderungen des Lebens gut gewachsen,
zeigt Toleranz,
hat Selbstvertrauen und kennt keine Minderwertigkeitsgefühle,
handelt nicht impulsiv,
neigt nicht zu Grübeleien,
ist eher offen,
kennt keine ständig wiederkehrenden unnützen Gedanken,
man fühlt sich nicht unverstanden, verkannt oder im Stich gelassen,
leidet nicht unter Appetitlosigkeit usw. usw.

Kontaktfähigkeit

Man ist von der Grundstimmung her Optimist,
fühlt sich zusammen mit vielen Menschen wohl,
man trifft sich gern mit Freunden,
schließt schnell Freundschaften,
verfügt über einen großen Bekannten- und Freundeskreis,
ist aktiv, gesprächig, temperamentvoll, kurzum lebhaft,
geht gerne und oft aus,
glaubt von sich, erfolgreich zu sein,
fühlt sich auch in großen Gruppen unbefangen,
man kann in Gesellschaften aus sich herausgehen,
man sucht die Geselligkeit anderer Leute,
ergreift gewöhnlich bei neuen Bekanntschaften die Initiative,
übernimmt in Gruppen gerne eine Führungsposition,
bevorzugt gesellige Freizeitbeschäftigungen,
man läßt sich leichter auf Risiken ein,
bevorzugt Berufe, die einen Kontakt zu anderen Menschen schaffen bzw. herstellen,
telefoniert lieber als Briefe zu schreiben,
bevorzugt eher eine Party, als ein Buch zu lesen,
man schätzt sich schlagfertig ein und hat immer eine passende Antwort parat,
erzählt auch gerne einen Witz,
behält selbst in kritischen Situationen bei Problemen und Ärger die gute Laune,
man hält es für wichtig, allgemein beliebt zu sein,
empfindet keine Hemmungen beim Sprechen vor größeren Gruppen,
usw. usw.

Leistungsbereitschaft

Erst die Arbeit, dann das Vergnügen ist der Lebensgrundsatz,
man schiebt Arbeiten nicht auf,
läßt begonnene Arbeiten nicht liegen,
man läßt sich bei der Arbeit nur schwer unterbrechen,
arbeitet planvoll, überlegt und organisiert, vorher überlegt man sich genau, was zu tun ist,
man kann sich auf seine Arbeit leicht konzentrieren,
bereitet sich z.B. auf Prüfungen intensiv vor,
man scheut den Wettkampf nicht,
man vergleicht die eigene Leistung und Fähigkeit mit der von anderen,
man zeigt Ehrgeiz,
man verfolgt seine Ziele mit Entschlossenheit,
man läßt sich nicht von der Arbeit abhalten,
man zeigt sich bemüht, begonnene Arbeiten abzuschließen,
man beneidet den Erfolg anderer,
man besitzt genug Kraft, um mit eigenen Problemen fertig zu werden,
gerne möchte man eine wichtige oder berühmte Persönlichkeit sein,
selbst in den Ferien denkt man an die Arbeit,
ständig zeigt man sich bemüht, voranzukommen,
man genießt seine Freizeit erst dann, wenn die Arbeit getan ist,
usw. usw.

Geschlechtsidentität

Dieser Merkmalsbereich ist von seiten der Tester in Personal- und Persönlichkeitsfragebögen eindeutig nach gängigen männlichen Rollenklischees ausgerichtet – auch Bewerberinnen werden an diesem dubiosen Maßstab gemessen.

Man ist optimistisch eingestellt,
kennt keine Angst,
man ist nicht schreckhaft,
auch nicht zu sentimental,
man mag handfeste körperliche Tätigkeiten,
man denkt nicht viel über die Liebe nach,
man ist an Sport interessiert,
hat kein Interesse für Chorgesang,
als Kind hat man gern mit Spielzeugwaffen gespielt,
ab und zu tut man aus Spaß etwas Gefährliches,
beim Anblick von Blut wird einem nicht übel,
man liest lieber wissenschaftliche als belletristische Literatur,
kalte Füße oder Hände kennt man nicht,
Tanzveranstaltungen sind weniger interessant,
das Empfinden gegenüber Schlangen und Insekten ist nicht durch Ekel oder Abneigung gekennzeichnet,
technische Berufe werden musischen vorgezogen,
eine schöne Umwelt ist weniger interessant,
Romantik ist auch eher ein Fremdwort,
bisweilen erzählt man auch mal einen unanständigen Witz,
usw. usw.

Die vier großen Themenbereiche emotionale Stabilität, Kontaktfähigkeit, Leistungsbereitschaft und Geschlechtsidentität sind etwas reduzierte, aber durchaus zutreffende Bereiche, aus denen viele Fragen stammen, die darauf abzielen, Ihre Persönlichkeit zu untersuchen. Mit ein wenig Übung gelingt es Ihnen, alle nur erdenklichen Fragen in diese Grobbereiche einzuordnen. Sie können sich auf diese Art und Weise leichter orientieren, wo der Bewerbungshase langläuft.

Nun ein weiteres konkretes Beispiel für einen Personalfragebogen. Er wurde einem Bewerber um eine Ausbildung als Betriebswirt bei der High-Tech-Firma *Hewlett Packard* vorab zugesandt. Hier eine Auswahl aus den über 150 Fragen auf 17 Seiten:

Bei meiner Bewerbung ist mir wichtig (jeweils Ja/Nein ankreuzen):

- Sicherheit ist mir wichtiger als Arbeitsinhalte (Ja/Nein)
- Karriere ist mir wichtiger als Fachinteresse
- Verdienst ist mir wichtiger als selbst Ideen umsetzen können
- Der Arbeitsinhalt ist mir wichtiger als der Verdienst
- Meine Karriere ist mir wichtiger als ein gutes Arbeitsklima
- Mein Verdienst ist mir wichtiger als die Freude an der Arbeit
- Fachinteresse ist mir wichtiger als das Image der Firma
- Eigene Ideen umsetzen zu können ist mir wichtiger als Karriere
- Das Image des Arbeitgebers ist mir wichtiger als meine fachliche Weiterentwicklung.

Weiter geht es mit Fragen zu Freizeitaktivitäten
(jeweils anzugeben: sehr wichtig / eher wichtig / eher unwichtig / unwichtig):

- Bücher lesen
- Fernsehen
- Alleine sein
- Mit Freunden sein
- Sport treiben
- Anderen helfen
- Mit anderen Wettkämpfe machen
- Spazieren gehen
- Zeitschriften lesen
- Gemeinsame Probleme mit Freunden zu diskutieren
- Probleme zu diskutieren, die die Freunde haben
- Mit Freunden über Probleme zu diskutieren, die man selbst hat

Bei *H&P* scheut man sich nicht, immer persönlicher zu werden. Unter dem Stichwort „Selbstbeschreibung“ wird man gefragt:

- Welche Art des Denkens haben Sie?
  a) ausschließlich eher rational und logisch
  b) meistens eher logisch
  c) teils gefühlsbetont – teils logisch
  d) meistens eher gefühlsbetont
  e) ausschließlich eher gefühlsbetont

- Wenn Sie sich völlig neuen Situationen gegenübersehen: welchen Grad von Unsicherheit verspüren Sie?
  a) sehr starke Unsicherheit
  b) etwas Unsicherheit
  c) teils – teils
  d) eher Sicherheit als Unsicherheit
  e) sehr große Sicherheit

- Wenn ich mir mal was vornehme, dann
  a) gelingt es mir meistens so gut wie anderen Menschen auch
  b) führe ich die Dinge selten so gut zu Ende, wie ich es mir vorgestellt hatte
  c) bemerke ich häufig, daß ich mir einfach zu viel vorgenommen habe und gebe schließlich auf
  d) gelingt mir das meist besser als anderen Menschen

Weiter geht es mit einer Liste von 25 Aussagen zur Person des Bewerbers, die jeweils zu bewerten sind (stimmt / stimmt mit Einschränkungen / stimmt eher nicht / stimmt nicht). Hier einige Beispiele:

- ich bin anpassungsfähig
- ich bin geduldig
- ich würde lieber etwas Neues erfinden, als etwas Bestehendes zu verbessern
- auch wenn Schwierigkeiten auftreten, fällt mir immer wieder etwas ein
- im Umgang mit Autoritäten bin ich vorsichtig
- ohne entsprechende Befugnisse handle ich nicht
- ich bevorzuge es, daß sich Veränderungen langsam vollziehen
- in der Regel arbeite ich ruhig und gleichmäßig
- ich bin beständig
- ich bin gründlich
- ich passe mich bereitwillig an
- oft riskiere ich, eingefahrene Wege zu verlassen
- für Dinge, die unter meiner Kontrolle sind, setze ich mir selbst strenge Regeln
- mein Verhalten ist kalkulierbar

Diese Vorab-Persönlichkeits-Tests in der Verkleidung eines scheinbar harmlosen Fragebogens verstoßen nicht nur gegen die guten Sitten, sondern stellen juristisch gesehen einen unzulässigen Eingriff in die per Grundgesetz geschützte Privatsphäre dar. Bei einem potentiellen Arbeitgeber, der sich Ihnen als Bewerber gleich zu Anfang so nähert, ist allergroßte Vorsicht angezeigt bei dem, was möglicherweise noch alles auf Sie zukommt.

Wenn Sie sich mit diesen Inhalten und den von uns dazu gegebenen Ausführungen intensiv auseinandergesetzt haben, werden Sie die im Anschluß ausführlich dargestellten Persönlichkeits-Testverfahren leichter durchschauen.

16PF – Bischof oder Oberst?
16 Persönlichkeitsmerkmale im Test

Ihr möglicher neuer Arbeitgeber will Sie kennenlernen. Dies gilt sicherlich auch in umgekehrter Richtung. Sie wollen aus der Bewerbungssituation Informationen über Ihren potentiellen „Brötchengeber" mitnehmen. Nur die Methoden, die Mittel, die hier beiden, dem Arbeitgeber wie dem Bewerber, zur Verfügung stehen, sind recht ungleich. Sogenannte Persönlichkeits-Testverfahren erfreuen sich immer größerer Beliebtheit und werden als Selektions- (Auswahl-) Instrument bewußt und gezielt gegen die Bewerber eingesetzt.

Verdeutlichen Sie sich bitte einmal, daß bereits durch die Art, wie Sie die Tür öffnen, um in das Sekretariat, ins Vorzimmer zu kommen, das Testverfahren eröffnet wird. Wie Sie Platz nehmen, ob Sie rauchen, ob Sie Kaffee trinken, wie Sie sprechen, wie Sie sitzen, fließt in das sog. Persönlichkeits-Testverfahren ein. Es soll Firmen geben, die ganz gezielt eine Anzahl von Bewerbern in einem Warteraum bis zu einer Stunde und länger warten lassen, um diese über Videokameras oder auch durch als Bewerber getarnte Mitarbeiter zu beobachten.

Sog. Persönlichkeits-Testverfahren als Auswahlinstrument fangen also bereits in einem ganz frühen Stadium und scheinbar harm- und bedeutungslos an. Daß sie dies nicht sind und daß es wichtig ist, sich mit ihnen bewußt auseinanderzusetzen, beweisen wir Ihnen jetzt. Zu wissen, worauf es ankommt und klar zu entscheiden, was man will, ist Anliegen dieses wichtigen Kapitels. Arbeitgeber, Personalchefs etc. werden ganz besonders vorbereitet und geschult, um diese Formen der Bewerberauswahl gezielt anwenden zu können. Dies bedeutet keinesfalls, daß es sich dabei um sinnvolle, effektive und vor allem legale Auswahlverfahren bzw. -methoden handelt.

Während die Interpretation Ihres Händedrucks, die Einschätzung Ihres Auftretens, der Versuch der Analyse Ihrer Körperhaltung etc. viel mit Intuition, subjektiven Sympathie- oder Antipathieempfindungen zu tun haben und vor allem eher aus der Trickkiste von Taschenpsychologen stammen, sind die jetzt hier vorgestellten klassischen Persönlichkeits-Tests,

- der 16PF,
- der FPI,
- der MMPI

wissenschaftlich entwickelte Test-Verfahren. Diese lassen sehr wohl eine gewichtige Aussage über den Getesteten, in der Regel Probanden oder Patienten, zu – wenn man sie im klinischen Bereich, also z.B. im Krankenhaus, anwendet. Werden sie von Personalchefs im Berufsleben eingesetzt, um bei der Bewerberauswahl die Qual der Wahl aus Arbeitgebersicht zu erleichtern, so ist dies juristisch unzulässig.

Wo aber kein Kläger, ist bekanntlich auch kein Beklagter, und so wird diese inhumane, gefährliche Testwaffe immer häufiger verwendet. Hier gilt es als Bewerber, das psychische Verletzungsrisiko zu erkennen und sich das Rüstzeug zum Entschärfen dieser Tests anzueignen. Ein erfolgreiches Vorgehen ist es, sich mit den hier vorgestellten Verfahren vertraut zu machen. Wer weiß, auf welchen Persönlichkeitskonzepten diese Tests basieren, was also der Hintergrund der Fragen ist und wie diese einzuschätzen sind, der ist diesen Verfahren bei weitem nicht mehr so ohnmächtig und hilflos ausgeliefert.

Bis ins letzte Detail ausgeklügelte Ankreuzempfehlungen kann es bei diesen Verfahren nicht geben. Die Persönlichkeitsmerkmale, die ein Arbeitgeber von einer Stewardess erwartet, sind naturgemäß andere als die, die man von einem Manager auf der mittleren Verantwortungsebene verlangt.

Die hier nun vorgestellten Persönlichkeits-Testverfahren können also an sich, richtig angewandt und eingesetzt, in einer besonderen, durch Vertrauen geprägten Beziehung zwischen Therapeut und Patient sinnvoll und hilfreich sein. Sie gehören jedoch ausschließlich in den klinischen Bereich und haben dort die Aufgabe, dem Therapeuten die Hilfe, die der Klient bzw. Patient von ihm erwartet, noch gezielter und schneller zu ermöglichen. So eingesetzt helfen sie dem Getesteten, der sich ihnen im Vergleich zur Bewerbungssituation nicht zwangsweise, sondern völlig freiwillig unterzieht.

Im Berufsleben werden diese Tests mit der Intention eingesetzt, allein dem Arbeitgeber oder Personalchef bei der Auswahl zu helfen. Die besondere Zwangssituation, in der sich ein Bewerber um einen Arbeitsplatz befindet, läßt eine Testverweigerung nicht zu. Diese hätte in der Regel zur Konsequenz, keine Chance mehr zu haben, den Arbeitsplatz zu bekommen.

Wichtig zu wissen deshalb: Zu den Rechten des Bewerbers gehört, daß er auf unzulässige Fragen eine unzutreffende Antwort geben darf. Das Bundesarbeitsgericht hat in Anerkennung der Notwehrsituation dem Bewerber ein *Recht auf Lüge* zuerkannt. Wenn der Bewerber zur Wahrung seiner Chancen unzulässige Fragen falsch – d.h. entgegen der Tatsachenlage im Sinne des von Interviewer erkennbar erstrebten Ergebnisses – beantwortet, kann der Arbeitgeber bei der Entdeckung daraus rechtlich keine Konsequenzen ziehen (vgl. *Peter Bellgardt, Rechtsprobleme des Bewerbergesprächs, Heidelberg 1984,* S. 39).

Im einzelnen geht es bei den 16 sog. Persönlichkeitsmerkmalen des 16 PF immer um konträre Pole, wie in der folgenden Kurzübersicht dargestellt:

Sachinteresse – Kontaktinteresse
Konkretes Denkvermögen – Abstraktes Denkvermögen
Emotionale Labilität – Emotionale Stabilität
Soziale Anpassung – Dominanzstreben
Besonnenheit – Begeisterungsvermögen
Flexibilität – Pflichtbewußtsein
Zurückhaltung – Selbstsicherheit
Robustheit – Sensibilität
Vertrauen – Mißtrauen
Pragmatismus – Phantasie
Offenheit – Cleverness
Selbstvertrauen – Besorgtheit
Sicherheitsdenken – Veränderungsbereitschaft
Teamfähigkeit – Einzelgängertum
Spontaneität – Selbstkontrolle
Ausgeglichenheit – Angespanntheit

Weiterhin werden noch 5 Zusatzfaktoren ermittelt:

starke Normorientierung – geringe Normorientierung
große Streßtoleranz – geringe Streßtoleranz
große Autonomie – geringe Autonomie
große Entscheidungsfreudigkeit – geringe Entscheidungsfreudigkeit
starker Kontaktwunsch – geringer Kontaktwunsch

Nun etwas ausführlicher:

Faktoren	in den Dimensionen	überprüft durch Fragen wie
1. Sachbezogenheit gegenüber Kontakt-orientierungen	also von eher kühl und reserviert bis aufgeschlossen und warmherzig	Ich wäre lieber: a) Förster b) weiß nicht c) Lehrer
2. Konkretes, eher langsames Denken gegenüber abstraktem und logischem Denkvermögen	also von weniger intelligent bis deutlich intelligent	Wenn der Himmel *unten* ist und der Winter *heiß*, dann ist auch ein Verbrecher a) ein Heiliger b) eine Wolke c) ein Gangster
3. Emotionale Störanfälligkeit gegenüber emotionaler Stabilität	also von sich leicht beunruhigen lassen bis stabil und gelassen bleiben	Wenn ich zu Bett gehe, schlafe ich a) nur schwer ein b) teils-teils c) sehr schnell ein
4. Soziale Anpassung und Unterwürfigkeit gegenüber Selbst-behauptung und Dominanz	also von sich anpassen und sich unterordnen bis selbstbewußt und unnachgiebig auftreten	Wenn ich in einem Kaufhaus von einer Verkäuferin nicht so bedient werde, wie ich es mir wünsche, gehe ich ohne Zögern zum Abteilungsleiter. a) stimmt b) teils-teils c) stimmt nicht
5. Ausdrucksarmut und Besonnenheit gegenüber Begeisterungs-fähigkeit	also von ernsthaft und nachdenklich bis schnell, wach, enthusiastisch, sorglos	Ich kenne bei mir ein starkes Verlangen nach aufregenden und spannenden Erlebnissen. a) stimmt b) teils-teils c) stimmt nicht
6. Flexibilität oder auch Über-Ich-(Gewissens-) Schwäche gegenüber Pflicht-bewußtsein, einem starken, kontrollierenden Gewissen	also von ungezwungen, unordentlich bis ordnungsliebend, gewissenhaft	Wenn ich mit einer schweren Erkältung im Bett liege, erlebe ich dies a) als eine Art von Urlaub b) macht mich das besorgt, weil ich nicht arbeiten kann c) teils-teils

7. Zurückhaltung und soziale Scheu gegenüber Initiative und Selbst-sicherheit	also von gehemmt, zurückhaltend und vorsichtig bis aktiv, ungehemmt, sorglos	Bei gesellschaftlichen Anlässen mich unter die Leute zu mischen, fällt mir a) leicht b) teils-teils c) schwer
8. Grobschlächtigkeit und Robustheit gegenüber Feinfühligkeit, Sensibilität	also von realistisch, rücksichtslos bis intuitiv, sensibel	Die Schönheit eines Gedichtes bewundere ich mehr als die präzise Verarbeitung eines Gewehrs. a) stimmt b) weiß nicht c) stimmt nicht
9. Vertrauens-bereitschaft und Vertrauens-seeligkeit gegenüber Argwohn und skeptische Haltung	also von vertrauensvoll, tolerant, vergebend bis skeptisch, kritische Haltung bewahrend, offen mißtrauisch	Angst vor Strafe hält die meisten Menschen davon ab, sich kriminell zu betätigen. a) stimmt b) teils-teils c) stimmt nicht
10. Nüchternheit, Pragmatismus gegenüber Unbekümmertheit und Unkonventionalität	also von konventionell und bedacht, das Richtige zu tun über Zweckmäßigkeit bis zur Bereitschaft, vom Üblichen abzuweichen, unbekümmert, was andere davon halten	Meine Devise: a) anfangen und probieren, es wird schon schiefgehen b) teils-teils c) erst einmal nachdenken, sich bloß nicht lächerlich machen
11. Unbefangenheit und Offenheit gegenüber Überlegtheit und Scharfsinn	also von natürlich, unkompliziert und direkt bis überlegt, diplomatisch, kultiviert, berechnend, ausgekocht	Die nationale Verteidigungsmacht zu stärken, halte ich für klüger, als sich nur auf die internationale Verständigungs-bereitschaft zu verlassen a) stimmt b) teils-teils c) stimmt nicht

12. Zuversicht und Selbstvertrauen gegenüber Besorgtheit	also von unbekümmert und wenig zu beeindrucken bis sorgenvoll und leicht zu entmutigen	Weil ich mir Gedanken über einen unglücklichen Vorfall mache, schlafe ich schwerer ein. a) selten b) gelegentlich c) oft
13. Konservative Haltung und Sicherheitsinteresse gegenüber Veränderungsbereitschaft bis hin zum Radikalismus	also von Beständigkeit und Risikovermeidung bis hin zur Bereitschaft, zu widersprechen, zu verändern, Risiken einzugehen	über die Möglichkeiten, wie man unsere Welt verändern müßte, damit sie besser funktioniert, denke ich gerne nach. a) stimmt b) teils-teils c) stimmt nicht
14. Gruppenabhängigkeit gegenüber Eigenständigkeit	also von konform und bereit, sich anderen anzuschließen bis hin zum Einzelgängertum, eigenbrötlerisches Verhalten	Mein Bürozimmer möchte ich mit niemandem teilen. a) stimmt b) unsicher c) stimmt nicht
15. Mangel an Willenskontrolle, Spontaneität gegenüber Selbstkontrolle	also von spontan unbeherrscht bis diszipliniert, zielstrebig, zwanghaft	Viele Menschen denken, daß meine Ansichten über Politik und Gesellschaft a) etwas außergewöhnlich b) teils-teils c) sehr vernünftig sind
16. Innere Ruhe und Ausgeglichenheit gegenüber Gespanntheit	also von locker, entspannt bis ehrgeizig, nervös, gefrustet	Bei einem Test oder einer Prüfung bin ich vorher a) angespannt b) teils-teils c) ganz gelassen

Im einzelnen verstehen die 16 PF-Testautoren unter Sachinteresse gegenüber Kontaktinteresse, wenn man
- sich bei gleicher Arbeitszeit und gleichem Lohn eher für den Beruf des Zimmermanns oder Kochs als für den des Kellners entscheiden würde
- lieber Chemiker in der Forschung wäre als Geschäftsführer in einem Hotel
- lieber Mitglied in einem Fotoklubverein wäre als in einer Diskussionsgruppe.

Kontaktinteresse signalisiert, wer mit Leuten redet, damit diese sich wohlfühlen, und wer lieber Versicherungsagent ist als Landwirt.

Abstraktes gegenüber konkretem Denkvermögen beweist, wer begreift, daß sich Hund zu Knochen wie Kuh zu Gras verhält, heiß zu warm wie Berg zu Hügel und Flamme zu Hitze wie Rose zu Duft.

Konkret und eher dümmlich ist, wer den folgenden Vergleich nicht nachvollziehen kann: besser verhält sich zu am schlechtesten wie langsamer zu am schnellsten.

Emotionale Stabilität zeichnet sich gegenüber Labilität dadurch aus, daß man ...
- selbstgesteckte Ziele im Privatleben erreicht
- bei beruflichen und privaten Entscheidungen nie auf mangelndes Verständnis von seiten der Familie stößt
- sich immer den Anforderungen des Lebens gewachsen fühlt
- nie Sachen macht, die schiefgehen

Als emotional labil gilt, wer sich ein Leben wünscht, das geschützter und mit weniger Schwierigkeiten versehen ist, oder wer gar sein Leben, wenn er es noch einmal zu leben hätte, anders planen würde.

Eher Dominanzstreben und Selbstbehauptung als soziale Anpassung bis Unterwürfigkeit zeigt, wer ...
- in einer fremden Stadt hingeht, wohin es ihm beliebt
- glaubt, daß es ihm besser als anderen gelingt, Herausforderungen mutig zu begegnen
- spöttische Bemerkungen macht, wenn andere Leute sie verdient haben.

Sozial angepaßt ist jemand, der sich in einer Stadt verläuft und dann seinem Begleiter ohne zu murren folgt, obwohl er davon überzeugt ist, daß dieser den Weg auch nicht sicher weiß.

Wer öfter als einmal die Woche ausgeht, zeigt Begeisterungsfähigkeit, wer dagegen keinen Spaß dabei empfindet, Gäste einzuladen und sie zu unterhalten, zeigt Besonnenheit, die aber eher negativ interpretiert wird. Begeisterungsfähigkeit beinhaltet, einen Urlaub zu wählen, in dem viel unternommen wird, statt sich zu entspannen.

Wer Pflichtbewußtsein demonstrieren will, fühlt sich von unordentlichen Menschen abgestoßen und ärgert sich über sie. Ein unordentliches Zimmer stört ihn, und er besteht darauf, daß die Moralgesetze befolgt werden. Wer zuhause ist und über Zeit verfügt und nichts Bestimmtes macht, außer sich zu entspannen, zeigt Flexibilität. Wer keine starke Abneigung gegen Unordnung empfindet, ebenso.

Selbstsicher wirkt, wer nicht verlegen reagiert, wenn er plötzlich zum Mittelpunkt der Aufmerksamkeit wird und keine Mühe hat, mit Fremden ins Gespräch zu kommen. Zurückhaltung und Schüchternheit zeichnet denjenigen aus, der mit Fremden in öffentlichen Verkehrsmitteln nicht leicht ins Gespräch kommt oder sich Schwierigkeiten vorstellen könnte, wenn er vor fremdem Publikum eine Rede zu halten hat.

Robustheit gegenüber Sensibilität ist dadurch charakterisiert, daß man im Fernsehen lieber eine nützliche und informative Sendung über neue Erfindungen anschaut als einen bekannten Konzertkünstler. Auch einen Oberst halten die Testerfinder für robust – gegenüber einem Bischof, der für Sensibilität steht. Wer lieber elektrische Geräte repariert als Kinderbücher schreibt, ist also im Sinne des Tests robust, vielleicht sogar grobschlächtig, andernfalls intuitiv bis sensibel.

Wer nicht gut mit eingebildeten Leuten auskommt, vor allem, wenn sie prahlen, zeigt Mißtrauen. Wer die Aufrichtigkeit von Menschen bezweifelt, die freundlicher sind, als man erwarten könnte, ebenso. Wenn jemand das in ihn gesetzte Vertrauen enttäuscht, hat man keinen Grund, böse auf ihn zu sein – es sei denn, man möchte als mißtrauisch eingestuft werden. Vertrauen zeigt, wer glaubt, daß niemand es wirklich gern sehen würde, wenn man in Schwierigkeiten geriete. Wer sich nichts daraus macht, wenn man heimlich schlecht über ihn redet, demonstriert auch sehr viel Vertrauensseligkeit.

Phantasie hat, wer gerne bei einer Zeitung Kritiken über Dramen, Konzerte oder Opern schreiben würde oder sich vorstellen könnte, als Bewährungshelfer mit Haftentlassenen zu arbeiten. Wer aber glaubt, daß es für einen Mann wichtiger sei, ein gutes Familieneinkommen zu sichern, als sich Gedanken über den Sinn des Lebens zu machen, beweist eine Portion Nüchternheit bzw. Pragmatismus. Wer Freunde mag, die tüchtig sind und praktische Interessen haben, statt sich ernsthafte Gedanken über ihre Lebenseinstellung zu machen, bekommt wieder einen Punkt auf der Pragmatismus-Skala. Zeitungsberichte über alltägliche Gefahren und Unfälle fesseln die Aufmerksamkeit eines Pragmatikers.

Offenheit signalisiert, wer lieber mit höflichen Menschen verkehrt als mit ungeschliffenen Personen. Clever ist, wer das Leben eines Tierarztes, der Tiere behandelt und operiert, nicht toll findet. Wer Scherze über den Tod nicht o.k. findet, zählt auch zu den Cleveren, meinen die 16PFler. Wer sich nicht bemüht, über Witze leise zu lachen, gehört zu den Offenen und Unbefangenen, die natürlich, unkompliziert und direkt sind. Wer nicht glaubt, mehr Glück als andere Menschen zu haben, ist clever und zeigt Überlegtheit, besonders dann, wenn er immer Dinge tun kann, die ihm Spaß machen.

Durch Selbstvertrauen zeichnet sich aus, wer sich nicht entmutigt fühlt, auch wenn er von anderen kritisiert wird. Ebenso der, der nicht übergewissenhaft ist und sich keine Gedanken über zurückliegende Handlungen oder Fehler macht. Besorgtheit dagegen wird bei dem Ankreuzer entdeckt, der sich fürchtet, etwas falsch gemacht zu haben, wenn er zu seinem Chef oder Lehrer gerufen wird. Wer meint, daß seine Freunde ihn nicht so sehr brauchen wie er sie, macht auf die Tester ebenfalls einen besorgten Eindruck.

Sicherheitsdenken äußert sich in Statements wie
- die Welt braucht mehr beständige und verläßliche Bürger
- lieber einen Arbeitspaltz mit festem und sicheren Gehalt
- lieber sich auf bewährte Methoden verlassen
- lieber Hausmannskost als ausländische Speisen.

Veränderungsbereitschaft ist gegeben, wenn man …
- auch als Jugendlicher bei seiner Meinung blieb, selbst wenn sie anders war als die der Eltern

– gerne über Möglichkeiten nachdenkt, wie sich die Welt verändern müßte
– oft Menschen und deren Ansichten widerspricht.

Einzelgängertum zeichnet sich dadurch aus, daß man ...
– lieber etwas alleine aufbaut als mit anderen zusammen
– lieber Pläne alleine schmiedet
– lieber und leichter lernt durch das Lesen eines Sachbuches
– Bücher unterhaltsamer findet als Menschen.

Teamfähigkeit äußert sich durch
– Freude an gemeinschaftlichen Unternehmungen
– die Wahl, einen freien Abend gemeinsam mit Freunden bei einem Hobby zu verbringen
– die Entscheidung, eigene Probleme mit anderen zu besprechen.

Selbstkontrolle manifestiert sich darin, daß man alles plant und die Dinge nicht dem Zufall überläßt, beim Ausgehen, Essen und Arbeiten überlegt und systematisch vorgeht. (Verdammt noch mal: Wie ißt man bitteschön „überlegt und systematisch"???) Wer beim Ausgehen, Essen, Arbeiten gern von einer Sache zur anderen wechselt, neigt zu Spontaneität. (Von den Kartoffeln zum Fleisch und zum Gemüse, ein Häppchen hier, ein Häppchen da...) Selbstkontrolliert ist, wer es sich zum Prinzip macht, sich nicht ablenken zu lassen oder Einzelheiten nicht zu vergessen. Das gegenteilige Verhalten spricht dann angeblich für Spontaneität.

Angespannt wirkt, wer sich über verhältnismäßig kleine Rückschläge manchmal mehr als notwendig aufregt oder wer sich oft zu schnell über andere ärgert. Wer vor einem Test oder einer Prüfung gelassen bleiben kann, zeigt Ausgeglichenheit. Auch wer seine Gefühlsäußerung immer genau zu beherrschen weiß und wer sich für weniger reizbar hält als die meisten Menschen, dokumentiert Ausgeglichenheit.

FPI (Freiburger Persönlichkeits-Inventar) – Haben Sie Blähungen?

Dieser Test ist nach den Erläuterungen der Testautoren lediglich für klinische Zwecke – also Beratungs- oder Therapiesituationen – entwickelt worden. Diese Tatsache kann Personalerforscher jedoch nicht davon abhalten, das Testverfahren Bewerbern vorzulegen.

Im Ein- und Anleitungsteil wird der „Ankreuzer" mit folgenden Hinweisen eingestimmt: „Auf den folgenden Seiten finden Sie eine Reihe von Aussagen über bestimmte Interessen, Einstellungen und Verhaltensweisen. Jede einzelne können Sie entweder mit ‚stimmt' oder ‚stimmt nicht' beantworten. Bedenken Sie: Es gibt keine richtigen oder falschen Antworten, weil jeder Mensch das Recht zu eigenen Anschauungen hat. Antworten Sie in dem Sinne, wie es für Sie zutrifft. Dabei überlegen Sie bitte nicht, welche Antwort den besten Eindruck machen könnte..."

Gleich zu Beginn erwartet Sie die clevere Suggestivfrage: *Ich habe die Anleitung zu diesem Test gelesen und bin jetzt bereit, jeden Satz ganz offen zu beantworten* (stimmt/stimmt nicht).

Was soll geprüft werden? Es geht um 12 Persönlichkeitsmerkmale, die in der langen Testversion mit etwa 210 Fragen und in einer kürzeren mit gut der Hälfte abgetestet werden:

- Nervosität
- Aggressivität
- Depressivität
- Erregbarkeit
- Geselligkeit
- Gelassenheit
- Dominanzstreben
- Gehemmtheit
- Offenheit

Zusätzlich überprüfte Eigenschaften sind:

- Extraversion
- emotionale Labilität
- Maskulinität

Zum Persönlichkeitskapitel Nervosität versucht der Test mit mehr als 50 Fragen den Bewerbern nach typischen psychosomatischen Beschwerdemustern auszuhorchen. z.B.:

- Ich leide unter einem empfindlichen Magen
- Manchmal verspüre ich Stiche im Brustbereich
- Ich kenne Schwierigkeiten mit dem Ein- bzw. Durchschlafen
- Bisweilen beginnt mein Herz unregelmäßig zu schlagen
- Manchmal habe ich Ohrensausen oder Augenflimmern
- Häufig sind meine Hände ausgesprochen zittrig

Wer Fragen nach körperlichem Unwohlsein und Krankheitssymptomen nicht konsequent mit „stimmt nicht" ankreuzt, wird in der Testauswertung schnell als „nervöser Charakter mit psychosomatischer Symptombildung" abgestempelt.

Aggressivität: Mit fast 80 Fragen soll das Aggressionspotential erfaßt werden. Ein wenig Aggressivität ist sicherlich erforderlich, um nicht als „Schlappi" dazustehen, zuviel davon läßt einen jedoch schnell als unüberlegt, impulsiv und unreif erscheinen:

- Es ist schon vorgekommen, daß mich Leute so ärgerten, daß es zu einer Schlägerei kam.
- Als Kind habe ich bisweilen andere ganz gerne gequält.
- Ich habe Freude daran, Blumen zu köpfen.

Depressivität:

- Ich fühle mich selten unglücklich und bedrückt.

– Dem Leben und seinen Schwierigkeiten fühle ich mich gut gewachsen.
– Was andere Leute über mich denken könnten, beunruhigt mich.
– Häufig grübele ich, z. B. über mein bisheriges Leben.

Mißgestimmt, grüblerisch, unsicher und unzufrieden ist nicht die gewünschte Charaktermischung für eine erfolgreiche Bewerbung.

Erregbarkeit: Keine Dimension, die es zu sehr auszubauen gilt, wenn man nicht als Choleriker abqualifiziert werden will. Sich als unterkühlt und temperamentlos darzustellen, birgt die Gefahr, als zu stumpf und wenig engagiert eingestuft zu werden:
– Ich fühle mich manchmal wie ein Pulverfaß – kurz vor der Explosion.
– Insgesamt bin ich nicht leicht aufzuregen und eher ruhig.

Geselligkeit ist immer gut, wenn es um publikums- und verkaufsorientierte Berufe geht. Der Kontakt zum Mitmenschen steht bei vielen Firmen hoch im Kurs. Das Gegenteil davon bringt den Bewerber in die Gefahr, als weltfremder Einsiedler eingestuft zu werden:
– Im Freundschaftenschließen bin ich eher langsam.
– Auch in Gesellschaft fühle ich mich oft alleine.
– Die Mitreisenden interessieren mich weniger als die Landschaft, wenn ich verreise.

Gelassenheit:
– Ich finde es unerträglich, wenn andere sich über mich lustig machen.
– Planung ist mir wichtiger als Handeln.
Die Bejahung dieser und ähnlicher Feststellungen läßt Sie als zögerlichen, irritier- und wenig belastbaren Menschen erscheinen. Gut gelaunt und aktiv zu sein, mit Selbstvertrauen ausgestattet und durch nichts aus der Ruhe zu bringen – damit sind Sie ein attraktiver Bewerber in puncto Gelassenheit:
– Durch eine Vielzahl von kleineren Störungen lasse ich mich nicht aus der Ruhe bringen.

Dominanzstreben:
– Wenn ein Hund nicht gehorcht, verdient er Schläge.
– Lieber mal jemandem eins auf die Nase geben als feige sein.
Wieviel Dominanz erforderlich ist, hängt auch vom Führungsstil (kooperativ–autoritär) des jeweiligen Unternehmens ab. Wer sich nicht wehrt, lebt verkehrt, und wer bei der Durchführung von Strafaktionen gemeinsam mit Freunden kneift, gilt als Duckmäuser:
– Ehe ich mich streite, gebe ich lieber nach.

Gehemmtheit:
– Es ist mir nicht unangenehm, wenn mir andere bei der Arbeit zugucken.
– Insgesamt gesehen bin ich wohl eher ein ängstlicher Mensch.
– In bestimmten Situationen fange ich auch mal zu stottern an.
Wer sich als zu gehemmt darstellt, wird als Führungskraft keine Chance bekommen. Gehemmtheit geht häufig einher mit geringem Doninanzstreben und geringer Kontaktfähigkeit.
– Bei schlechter Essensqualität beschwere ich mich im Restaurant beim Kellner oder Geschäftsführer –
wer dies bejahen kann, gilt als nicht gehemmt.

Offenheit (Lügenfalle): Wer immer die Wahrheit sagt und wessen Benehmen zuhause genau so gut ist wie in Gesellschaft, der wird schnell als Lügner überführt. Mit etwa 20 Fragen versucht man, sich der Ehrlichkeit des Ankreuzers zu vergewissern:
- Manchmal schiebe ich etwas auf, was ich besser sofort tun sollte.
- Manchmal bin ich schadenfroh.
- Bisweilen gebe ich ein bißchen an.
- Gelegentlich erzähle ich auch mal eine Lüge.
- Als Kind habe ich manchmal genascht.

Wer hier nicht „stimmt" ankreuzt, verrät sich bei diesen Dann-und-wann-manchmal-bisweilen-Geständnissen als Lügner. Es gibt kleine Sünden, über die man sich nicht als erhaben bezeichnen sollte.

Die oben aufgeführten zusätzlichen Persönlichkeitsdimensionen (Extraversion = gute Kontaktfähigkeit usw.; emotionale Labilität = depressives Verhalten, psychosomatische Symptome; Maskulinität = leidenschaftlicher Jäger sein, sich prügeln können und keine weichen Knie oder Schreckhaftigkeit kennen) setzen sich aus den ausführlich beschriebenen Hauptgebieten zusammen.

Hier noch eine kleine Auswahl von weiteren Testfragen:

- Abends gehe ich gerne aus.
- Freundschaften schließe ich nur sehr langsam.
- Wenn man mich schlägt, schlage ich nur sehr selten zurück.
- Über einen unanständigen Witz kann ich bisweilen auch lachen.
- Über die Dinge, von denen ich manchmal träume, erzähle ich anderen besser nichts.
- Innere Leere und Teilnahmslosigkeit sind Gefühle, die ich bisweilen bei mir schon erlebt haben.
- In einem Raum zu gehen, in dem bereits andere Leute zusammensitzen und sich unterhalten, fällt mir schwer.
- Oft habe ich einen trockenen Mund.
- Nicht immer sage ich die Wahrheit.
- Wenn mich eine Fliege stört, kann ich erst zufrieden sein, wenn ich sie gefangen habe.
- Fremden nie zu vertrauen, lautet mein Motto.
- Ich habe des öfteren Blähungen.
- Bisweilen bin ich unpünktlich.
- Schreit mich jemand an, schreie ich zurück.
- Manchmal habe ich Phantasien, was meinen Widersachern alles zustoßen könnte.
- Für einen guten Zweck würde es mir leicht fallen, andere Menschen um eine Spende zu bitten.
- Manchmal muß ich mich für die Gedanken, die ich habe, schämen.
- Oft spreche ich Drohungen aus, die ich eigentlich gar nicht so ernst meine.

MMPI – Meine Seele verläßt manchmal meinen Körper

Sollte Ihnen als Bewerber der MMPI vorgelegt werden, ein Persönlichkeitstest, der sich besonders durch seinen Umfang von über 560 Fragen, aber auch durch seine Statements, die zu bejahen oder zu verneinen sind, auszeichnet, befinden Sie sich in den Händen skrupelloser Testanwender und sollten daraus Ihre Konsequenzen ziehen.

Fragen wie *Manchmal verläßt meine Seele meinen Körper* und *Wegen meines sexuellen Verhaltens hatte ich niemals Unannehmlichkeiten* oder *Ich habe mir immer gewünscht, ein Mädchen zu sein* bzw., falls Sie eine Frau sind: *Es hat mir nie leid getan, daß ich ein Mädchen bin; Ich habe Angst, den Verstand zu verlieren* gehören zu dem Gruselinventar, mit dem man sich der Persönlichkeit eines Bewerbers nähern möchte. Auch hier empfehlen wir Ihnen eine Strafanzeige gegen die Anwender.

Sollten Sie sich dennoch dazu entschließen, Ihre Persönlichkeit auf

Hypochondrie (Wehleidigkeit),
Depression (Interessenlosigkeit, mangelndes Selbstvertrauen),
Hysterie (u. a. mangelnde Belastbarkeit mit der Neigung, bei psychischen Problemen mit körperlichen Symptomen zu reagieren),
Paranoia (Verfolgungswahn),
Psychasthenie (Konzentrationsschwäche, Entscheidungsschwierigkeiten, Zwangshandlungen),
Schizoidie (Kontaktarmut, bizarre Denkweise),
Psychopathie (soziale Unangepaßtheit),
Hypomanie (Hektik, Unzuverlässigkeit, Sprunghaftigkeit),
soziale Introversion (Unsicherheit, Kontaktscheue),
Maskulinität (Abweichung vom Geschlechtsverhalten)

untersuchen zu lassen, dann überlegen Sie sich gut, wie Sie antworten.

Natürlich kann man keinem empfehlen, sich für einen *verdammten Menschen* oder für einen *Sendboten Gottes* zu halten, beides Fragen aus dem MMPI, die bei entsprechender Ankreuzung Ihren entsprechenden Geisteszustand dokumentieren.

Ein kleiner Auszug: Es fängt mit ganz harmlosen Fragen an wie

- Ich lese gerne technische Zeitschriften (stimmt/stimmt nicht).
- Ich habe einen guten Appetit.
- Des Morgens wache ich meist früh schon ausgeruht auf.

und geht dann mit obskuren Fragen weiter wie:

- Manchmal bin ich von bösen Geistern besessen.
- Alles trifft so ein, wie die Propheten es in der Bibel vorausgesagt haben.
- Ich glaube, man spioniert mir nach.
- Ich glaube, jemand versucht mich zu vergiften.
- Ich glaube, daß meine Sünden nicht vergeben werden können ...

Dieser Fragebogen ist eine Provokation, und wer Ihnen dieses zumutet, gehört öffentlich angeprangert. Es ist noch nicht lange her, da gab es einen Skandal in Niedersachsen, weil angehende Justizvollzugsbeamte und Hunderte von Häftlingen mit diesem Test untersucht wurden. Der niedersächsische Justizminister hat den Testeinsatz untersagt.

Sind auch eine ganze Reihe von Fragen leicht durchschaubar bzw. dermaßen abstrus, daß sich eine weitergehende Besprechung erübrigt, so gibt es einige, die speziell im Hinblick auf die Bewerberauswahl interpretiert werden können:

- Ich wäre ein guter Menschenführer, wenn man mir Gelegenheit dazu gäbe.
- Ich vertrete eine feste politische Meinung.
- Bei Wahlen stimme ich manchmal für Leute, die ich eigentlich zu wenig kenne.
- Ich wäre gern Mitglied in mehreren Vereinen.

Wer hier zustimmt, entwirft angeblich ein Bild über seine Persönlichkeit, das positiv in Richtung Führungsqualität und Dominanzstreben interpretiert wird.

Das Gegenteil erzielt man, wenn man ...
- in der Schule Schwierigkeiten hatte, vor den Klassenkameraden zu sprechen
- glaubt, nicht das richtige Leben geführt zu haben
- in der Gesellschaft oft Mühe hat, den richtigen Gesprächsstoff zu finden
- Konzentrationsschwierigkeiten hat
- meint, zuwenig Selbstvertrauen zu haben
- hinterher oft bereut, was man getan hat
- sich unverstanden fühlt
- als Kind am meisten eine Frau bewunderte (Mama ...)
- niemandem einen Vorwurf machen möchte, der alles im Leben mitnehmen will.

Durchsetzungsfähigkeit und Selbstsicherheit gehören ebenso zu den gesuchten und gewünschten Führungsqualitäten. Wer sich
- wünscht, nicht so schüchtern zu sein
- beklagt, zu wenig Selbstvertrauen zu haben
- eingesteht, oft dagegen anzukämpfen, die Schüchternheit nicht zu zeigen,

bringt sich laut Interpretation der Testdeuter in die Gefahr, als unsicher, labil und gefügig zu gelten.

Kooperationsbereitschaft und eine positive Einstellung zur sozialen Umwelt deutet man an, indem man Aussagen wie diesen nicht zustimmt:

- Ich nehme mich in acht, wenn Leute freundlicher sind, als ich es erwarte.
- Wenn mir jemand etwas Gutes tut, frage ich mich, welche Hintergründe jemand haben könnte.
- Die meisten Leute schließen Freundschaften, damit ihnen diese Freunde nützlich sein können.
- Die meisten Leute sind nur ehrlich, weil sie Angst vor dem Erwischtwerden haben.

Seien Sie auf der Hut bei allen Fragen, die Schuldgefühle ansprechen, Unsicherheiten des eigenen Verhaltens, Schüchternheit oder Selbstkritik. Hier droht ein Punktverlust, verbunden mit übelster Interpretation Ihres Charakters, wenn Sie arglos antworten, was Ihnen in den Sinn kommt.

Die Lügenfallen dieses Tests sind besonders raffiniert. In mehreren Analyse-Verfahren beschäftigt man sich mit der Ehrlichkeit des Beantworters. Beim MMPI sorgen dafür die sog. K- und L-Skalen (Korrektur- und Lügenskala). Mit fast 50 Fragen versucht man, dem „oberschlauen" Beantworter ein Bein zu stellen.

Aufgepaßt bei Formulierungen wie: manchmal, dann und wann, ab und zu, gelegentlich. Wer hier alles abstreitet, macht sich verdächtig. Bei sozial unerwünschten, jedoch häufig anzutreffendem Verhalten oder bei sozial erwünschtem, aber sehr seltenem Verhalten überführt man den lügenden Beantworter. Um ehrlich zu erscheinen, muß man eingestehen,
- manchmal wütend zu sein
- ab und zu schlechte Laune zu haben
- gelegentlich zu fluchen
- nicht jeden Tag alle Leitartikel der Zeitung zu lesen
- gelegentlich Arbeiten auf morgen zu verschieben, die heute getan werden müßten.

Zum Abschluß dieses Horrorkapitels der Testerei noch einige abenteuerliche Fragen:

- Es ist etwas mit meinen Geschlechtsorganen nicht in Ordnung.
- Manche Tiere machen mich nervös.
- Blut in meinem Urin habe ich nie festgestellt.
- Schiller war meiner Meinung nach bedeutender als Goethe.
- Ich habe Lust, in Afrika Löwen zu jagen.

Auch wenn Ihnen diese Fragen aus dem Test nicht gestellt werden, sondern die etwas moderateren, wie:

- Vorträge über ernste Themen höre ich gern.
- Ich nehme nie Medikamente ohne ärztliche Verordnung.
- Polizisten sind meiner Meinung nach gewöhnlich ehrliche Menschen.

– die negative Grundstimmung dieses Tests wird in der Regel gegen Sie verwandt. Diesem Test sollten Sie sich unbedingt verweigern.

Projektionen – defensiv, offensiv oder angemessen

Nun noch ein Persönlichkeitstest, in dem es darum geht, Antworten zu bewerten, die eine Person B in einer bestimmten Situation zu einer Aussage einer Person A hätte sagen können.

Beispiel:
Person B war eingeladen und hat eine wertvolle Vase fallen lassen. Die Vase ist in tausend Scherben zersprungen.
Person A sagt: *Das ist ja ganz furchtbar! Das war die Lieblingsvase meiner Mutter!*

Bringen Sie nun die folgenden 5 Antwortmöglichkeiten in eine Reihenfolge von 1 bis 5 (passend bis unpassend). Jede Antwort muß bewertet werden.

Antwortmöglichkeiten der Person B:
a) So, wirklich...?
b) Das tut mir wirklich leid...
c) Ist das wirklich so schlimm? Kann man ihr nicht eine neue kaufen?
d) Wie kann ich den Schaden wiedergutmachen?
e) Ich bitte vielmals um Verzeihung, wie kann ich für den Schaden aufkommen?

Eine denkbare Abstufung wäre:
Antwort a5 / b2 / c4 / d3 / e1

Bei den folgenden Aufgaben verfahren Sie bitte wie erläutert.

1. Ein Anrufer hat sich um 3 Uhr morgens verwählt und einen wildfremden Menschen aus dem Bett geklingelt. Er sagt: *Ich bitte um Entschuldigung, die Fernsprechauskunft hat mir die falsche Telefonnummer gegeben.*

Antwortmöglichkeiten des aus dem Schlaf Geklingelten:
a) Sind Sie wahnsinnig, Mann!!??
b) Das ist unverschämt, mich um diese Zeit zu wecken!
c) Ist nicht so schlimm, ich habe noch nicht so fest geschlafen.
d) Was für ein Pech, aber das kann ja jedem mal passieren.
e) Gehirnamputierte Sacklaus!

2. Eine Frau beschuldigt eine andere, eine Lügnerin zu sein, und sagt: *Sie sind eine ganz schlimme Lügnerin, und das wissen Sie sehr wohl!*

   Antwortmöglichkeiten der Beschuldigten:
   a) Wie können Sie das behaupten?
   b) Ich verbitte mir diese Unterstellung, nehmen Sie das zurück!
   c) Ja stimmt, Sie haben recht.
   d) Ich glaube, Sie spinnen, Sie dusselige Kuh!
   e) Kann es sein, daß Sie mich verwechseln?

3. Eine Autofahrerin entschuldigt sich bei einem Fußgänger, dessen Kleidung sie beschmutzt hat. Die Autofahrerin sagt: *Ich bitte um Entschuldigung, es war nicht meine Absicht, Ihre Kleidung zu bespritzen, ich habe mich bemüht, um die Pfütze herumzufahren.*

   Antwortmöglichkeiten des Fußgängers:
   a) Sie alte Schlampe!
   b) Ist nicht so schlimm, meine Sachen waren sowieso schon schmutzig.
   c) Nun gut, aber Sie bezahlen mir die Reinigung.
   d) Passen Sie beim nächsten Mal besser auf!
   e) Haben Sie überhaupt einen Führerschein?

4. Ein junger Mann erzählt einem anderen folgende Geschichte: *Du, horch mal, Deine Freundin hat mich für morgen in die Disco eingeladen. Sie meint, Du würdest nicht gehen.*

   Antwortmöglichkeiten des Zuhörenden:
   a) Ich glaub', ich spinne! Das darf ja wohl nicht wahr sein.
   b) Hör auf, Märchen zu erzählen!
   c) So, hat sie das? Na dann viel Spaß!
   d) Ich glaube, ich muß mal mit ihr sprechen.
   e) Und ich gehe übermorgen mit Deiner Freundin ins Kino.

5. Eine Frau stürzt auf der Straße. Ein Passant sieht das und fragt: *Haben Sie sich verletzt?*

   Antwortmöglichkeiten der gestürzten Frau:
   a) Blöde Frage.
   b) Könnten Sie mir bitte helfen?
   c) Was fragen Sie so, helfen Sie mir lieber!
   d) Unkraut vergeht nicht.
   e) Hauen Sie bloß ab, bevor ich Sie noch schadensersatzpflichtig mache!

Dieser Test zielt auf die Aggressionsrichtung ab (mehr nach außen – mehr nach innen oder angemessener *Mittelweg*). In seiner ursprünglichen Version müssen leere Sprechblasen nach dem Vorbild von Comics mit einer freien Antwort versehen werden.

Auch wenn es keine richtigen oder falschen Lösungen (Antworten) gibt, sind doch

Tendenzen zu beachten. Wer unangemessen aggressive Antworten positiv bewertet, fällt ebenso auf wie derjenige, der übertrieben alle Schuld gleich auf sich nimmt.

So wäre für die erste Situation d angemessen, e unpassend. Für die zweite Situation eher a passend, während c und d als unangemessen gelten würden (3. c passend, a, b e unpassend; 4. d pass., b, c, unpass.; 5. b pass.; 6. a, d, e unpass.).

Wie bei allen Persönlichkeitstestverfahren, die im Berufsleben eingesetzt werden, sollte der Getestete sich Gedanken machen, welchen Eindruck er mit seinen Antworten hervorruft (Stichwort *soziale Erwünschtheit*).

In letzter Zeit ist der Test in der einen oder anderen Form häufiger von Banken eingesetzt worden. Diese Form von Persönlichkeitstests ist nach einhelliger juristischer Meinung bei der Bewerberauslese unzulässig.

Motiv: Motivation

Von vielen Teilnehmern bei Einstellungstestverfahren der *Bayerischen Vereinsbank* bekamen wir Berichte über einen merkwürdigen Persönlichkeitstest: Mehrere Dias mit Darstellungen von unterschiedlichen graphischen Figuren werden den Bewerben mit der Entscheidungsaufgabe präsentiert: Welches Bild gefällt Ihnen besser? (vgl. Bankkauffrau/-mann, S. 217).

In einer zweiten Diaserie werden – dargestellt durch ein Strichmännchen – Vorher/ Nachher-Situationen gezeigt: so z.B. ein Männchen, das auf dem einen Bild einen Zaun streicht; auf dem anderen ist zu sehen, wie es den fertig gestrichenen Zaun in stolzer Pose von einem anderen Strichmännchen bewundern läßt.

Oder: Bild A: ein Strichmännchen, am Schreibtisch mit vielen Papieren arbeitend und Bild B: ein zufriedenes Strichmännchen, das sich nach getaner Arbeit ausruht. Auch hier wird die gleiche Entscheidungsfrage gestellt (Welches Bild gefällt Ihnen besser?).

Zugegebenermaßen sind uns die genauen Auswertungskriterien dieser *Vereinsbank* bei dem hier beschriebenen Test unbekannt. Wir können uns aber vorstellen, daß eine Chance, ungeschoren davonzukommen, darin besteht, sich vorsichtig und bedeckt zu verhalten und weder das eine noch das andere Extrem (also vorher = Bild A = z.B. bei der Arbeit/ bzw. nachher = Bild B = Situation der fertiggestellten Arbeit, Erholungs-, Bewunderungssituation) zu häufig anzukreuzen.

Nach unseren Informationen handelt es sich nicht um einen klassischen und wissenschaftlich diskutierten Test. Mit einiger Phantasie kann man sich aber vorstellen, daß es hier um Motivation und Leistungsbereitschaft geht und daß Bewerber, die zu oft im Sinne einer sozial erwünschten Haltung entscheiden (= zu viel arbeitsorientierte Bildchen ankreuzen), sich genauso verdächtig machen, wie Bewerber, die ständig Bildchen ankreuzen, auf denen Bewunderungs- und Entspannungssituationen präsentiert werden.

Auf eine schriftliche Anfrage an die *Bayerische Vereinsbank*, welche wissenschaftlichen Kriterien diesem Test zugrunde liegen und was genau damit getestet werden soll, erhielten wir von der Personalabteilung dieser Bank folgende Antwort: „Um die Exklusivität des Testverfahrens zu bewahren, sind wir grundsätzlich nicht bereit, nähere Informationen an Dritte zu geben.“

Satzergänzung – Ich wollte schon immer ...

Ebenfalls zu den ganz üblen Persönlichkeitstests während einer Bewerbungssituation gehören die sog. Satzergänzungstests. Man präsentiert Ihnen Satzanfänge und bittet Sie, den unvollständigen Satz nach Ihren Vorstellungen zu beenden. z.B.

Ich möchte gerne ...
Ich fürchte ...
Andere Leute sind ...
Ich mag es nicht, wenn ...
Ich wollte schon immer ...

Egal, wie diese Sätze anfangen, ob mit einem Wort *Ich..., Wir..., Es...* oder halbformuliert wie eben aufgeführt bzw. stärker ausformuliert wie:

Vorgesetzte sind immer ...
An meinen Kollegen mißfällt mir in der Regel, daß ...

— es geht darum, Ihnen Gedanken, Statements, Meinungen etc. zu entlocken, die dann entsprechend interpretiert werden sollen. Daß dieses Verfahren unseriös ist und Sie sich eigentlich weigern sollten, so etwas mitzumachen, ist eine Empfehlung – wenn auch in der Zwangssituation Bewerbung oftmals nicht realisierbar.

Auch wenn es scheinbar um andere Personennamen geht, wie z.B.

Karl ist immer ...
Hans fürchtete sich besonders ...
Marion mag es, wenn man ...

— immer wieder handelt es sich dabei um Sie, d.h. die Vervollständigung des Satzes soll Rückschlüsse auf Ihre Persönlichkeitsstruktur ermöglichen.

Wie verhalten Sie sich? Wenn Sie nicht ablehnen können, halten Sie zumindestens Ihre Antworten knapp und sozial erwünscht. Bleiben Sie sachlich, vermitteln Sie den Eindruck, daß Sie sich um aufrichtige Antworten bemüht haben, und bewegen Sie sich im sozial unverfänglichen und konfliktfreien Klischee. Hier ein Beispiel:

Ich fürchte ... nicht den richtigen Erfolg zu haben.
Früher war ich ... ein bißchen schüchterner als meine Freunde.
Es ärgert mich besonders, wenn ... man mir nicht glaubt.

Diesem Beispiel seien andere Ergänzungsmöglichkeiten gegenübergestellt:

Ich fürchte ... mich nicht.
Früher war ich ... ein erfolgreicher Torwart unserer Schulmannschaft.
Es ärgert mich besonders, wenn ... andere Menschen abergläubisch sind.

Diese Gegenüberstellung macht deutlich, daß die Art und Weise der Vervollständigung der Sätze im zweiten Block z.B. für eine Management-Position unverfänglicher ist.

Wie unterläuft man diese Satzergänzungs-Tests? Verdeutlichen Sie sich positive Verhaltensklischees, die man von Ihnen erwarten kann. Machen Sie sich noch einmal klar: Es geht nicht um Wahrheit oder Ihre reale persönliche Meinung.

Hier zwei Beispiele, wie man negativ formulierte Satzanfänge handhaben sollte:

Ich fürchte ...
Antwort: ... in der Regel nichts.

Ich bin besorgt, wenn ...
Antwort: ... jemand in meiner Familie ernsthaft erkrankt ist.

Banal wirkende Sätze sind keine Gefahr, sondern eher ein Indiz dafür, daß Sie kein Neurotiker sind. Diese – so die Meinung der Test-Autoren – erkennt man eher an den ernstzunehmenden, sorgfältig ausgefeilten komplexen Sätzen.

Ich kann nicht ...
Antwort: ... klagen.

Wenn ich einen Fehler mache, dann ...
Antwort: ... bemühe ich mich, ihn zu korrigieren.

Als man mir sagte, das könne ich nicht ...
Antwort: ... bat ich, es doch einmal versuchen zu dürfen.

Wenn alles mißlingt, dann ...
Antwort: ... suche ich nach der Ursache und beseitige sie.

Dies sind gute Beispiele für die banale, aber positive Ergänzung von negativen Satzanfängen, mit dem Resultat einer günstigen Interpretation Ihrer Persönlichkeit.

Baum- und Farbtests

Mit zu den übelsten und antiquiertesten Persönlichkeits-Testverfahren, die Ihnen in Ihrem Bewerbungs- und Arbeitsleben zugemutet werden könnten gehören die sog. Baum- und Farbtests. Sollten Sie jemals mit der Aufgabe konfrontiert werden, einen Baum bzw. Obstbaum zu zeichnen, seien Sie auf der Hut! Wer diese Verfahren ernsthaft einsetzt, dokumentiert eine Rückständigkeit, die Sie in Sorge um Ihr monatliches Salär versetzen sollte.

Die Testinstruktion lautet, einen Baum zu malen. Malen Sie ihn, aber ohne Obst, und wenn, dann nur mit bereits herabgefallenem. Aber Achtung – diese Anmerkung ist ernstzunehmen: Bäume mit *herabgefallenem* Obst wurden laut Testhandbuch vereinzelt von Menschen gemalt, die bald nach der Testdurchführung starben. Vielleicht verzichten Sie also besser auf das Fallobst.

Der Stamm sollte möglichst gerade gezeichnet sein, weder nach links (Hinweis auf Mutterbindung) noch nach rechts (Mißtrauen), die Krone hochstrebend (den Stamm eher kurz), rechts ein wenig breiter ausladend, was angeblich auf Selbstbewußtsein schließen läßt.

Wollen Sie den Eindruck verstärkter Disziplin und technischer Begabung mit diesem Test hervorrufen, empfiehlt sich möglicherweise ein Spalierbaum.

Natürlich werden auch die Zweige interpretiert: Sind sie kräftig und von gleichbleibender Stärke, so deutet das angeblich auf Ehrgeiz und Ausdauer, wollen Sie einen kreativen Eindruck machen, sind Röhrenäste, am Ende offen (also ohne Spitze) zu empfehlen. Bitte nirgendwo Beulen oder Einschnürungen, denn dies könnte auf Affektstauung oder Verkrampfung hinweisen. Kerben, Stümpfe oder Kröpfe sind nur bei Amputationen oder chronischen Leiden des Zeichners gerechtfertigt.

Eine feine Verästelung ist ein sicheres Anzeichen von Feinnervigkeit. Sollten Sie Ihren Tester total verblüffen wollen, ist die Andeutung eines Frontalastes zu empfehlen, der aus der Mitte des Stammes hervorsprießt und die dritte Dimension andeutet. Dieses Merkmal verrät eine ganz außerordentliche Begabung und Originalität, hohen Mut und besonderes Selbstvertrauen und wird – so beklagt das Testhandbuch – nur höchst selten beobachtet.

Vorsicht mit Schattierungen (Depressionsgefahr), und auch Vögel oder Vogelhäuser lassen eher auf spaßigen Übermut deuten, der vielleicht nicht angemessen ist. Eine wellige Bodenlinie, ein paar Grashalme, aber keine ganze Landschaft, ein paar Wurzeln, aber sparsam, denn reiches Wurzelwerk könnte Haltlosigkeit, ja sogar Alkoholismus oder gar Geisteskrankheit verraten.

LESE- UND ARBEITSHINWEISE
▷ Persönlichkeits-Testverfahren
Der Mensch als Baum, in: *Paczensky*, S. 67ff.

Nicht besser, aber dafür umso beliebter sind die sog. Farbtests nach Professor Lüscher. Daß Rot für Liebe steht und Gelb für Neid haben Sie ja vielleicht schon einmal gehört. Ärgern Sie sich nicht grün und blau, wenn Ihnen z.B. dieser bizarre Lüscher-Farbtest vorgelegt wird. Aufgrund einer Ihnen dargebotenen Farbskala werden abenteuerliche Aussagen über Sie und Ihre Persönlichkeit gemacht.

Der Test läuft so ab: Ihnen werden verschiedenfarbige Karten gegeben (rot, gelb, blau, grün, braun, violett, grau und schwarz). Dann werden Sie aufgefordert, diese Farbkarten in eine Rangfolge zu bringen (diese Farbe mag ich am liebsten, die gefällt mir am zweit-, dritt-, ...-besten und die zuletzt genannte eben überhaupt nicht).

Obwohl sogar von der sogenannten Test-Wissenschaft verachtet, wird dieses Verfahren jedoch sehr häufig von Laien eingesetzt, weil es in seiner Handhabung und Auswertung ausgesprochen einfach ist. Auch der aufgeforderte Testkandidat vermutet nicht gleich Böses, wenn er mal seine Lieblingsfarben preisgibt.

Der gute Farbprofessor Lüscher (sein Titel sollte nicht als Qualifikationsnachweis verstanden werden – auch ein Professer macht den Test nicht besser) versteht die menschliche Persönlichkeit durch vier Hauptmerkmale gekennzeichnet:

1. Angriff
2. Verteidigung
3. Flucht
4. Unterwerfung

Und so weist er dann auch der Farbe rot eine autonom-aktive Rolle (Angriff) zu, grün eine autonom-passive (Verteidigung), gelb eine heteronom-aktive (Flucht) und blau eine heteronom-passive (Unterwerfung).

Angriff und Eroberung werden also durch die Farbe Rot repräsentiert, dagegen Selbstbehauptung durch die Farbe Grün. Diese, nach Lüschers Farbkonzept als *autonom* gekennzeichneten Farben, betonen Selbstbestimmung und Initiative und sollten, wenn es sich nicht vermeiden läßt und Sie diesen Test machen müssen, zu Ihren Lieblingsfarben gehören. Hüten Sie sich, die Farben Violett, Braun, Schwarz und Grau zu weit nach vorn, das heißt auf den ersten vier Rangpositionen zu plazieren, denn sonst wird Ihnen möglicherweise ein übler Charakter bescheinigt.

Noch schnell zu den übrigen Farben: Gelb steht für Zukunft, Veränderung, aber auch für die Aufgeschlossenheit etwas Neuem gegenüber. Blau betrifft mehr das Gemüt. Zu warnen ist vor Grau, es sei denn, Sie wollen als völlig empfindungslos dastehen, oder Braun, womit Sie sich als Faulpelz mit starkem Erholungs- und Behaglichkeitsbedürfnis präsentieren. Mit Schwarz bringen Sie einen trotzigen Protest zum Ausdruck und mit Violett vermitteln Sie Homosexualität oder Schwangerschaft.

Sollte Ihnen ein Arbeitgeber diesen Farbtest zumuten, empfehlen wir Ihnen für den Fall einer Absage, eine Anzeige wegen Körperverletzung zu erstatten – unter dem Hinweis, daß Ihnen erst jetzt klar geworden sei, welcher Erniedrigung Sie sich haben unterziehen müssen. Vor Gericht sind die Chancen nicht schlecht, in einem Schadenersatzprozeß Recht (Geld) zugesprochen zu bekommen.

LESE- UND ARBEITSHINWEISE

▷ Persönlichkeits-Testverfahren
▷ Der kunterbunte Charakter, in: *Paczensky*, S. 77ff.

Stichwort: Horoskop

Sollte man Sie nach Ihrem Sternzeichen fragen (was eigentlich nicht nötig ist, denn in der Regel befindet sich ja bei Ihren Bewerbungsunterlagen auch das Geburtsdatum), müssen Sie befürchten, daß auch damit versucht wird, sich ein Bild über Ihre Persönlichkeit zu machen. Weitere Fragen nach Aszendenz, der Geburtsstunde etc. sollten Ihnen nun wirklich Anlaß zu allergrößter Vorsicht und Sorge geben.

Firmen bzw. Arbeitgeber, die nach dem Prinzip „Management by Astrology“ arbeiten, genießen in der Wirtschaft einen höchst zweifelhaften Ruf. Machen Sie sich bei so einer Firma Sorgen um Ihre berufliche Zukunft, oder besser noch: Fangen Sie gar nicht erst dort an.

Andererseits, wenn nahezu 20 Millionen Bundesbürger nahezu täglich ihr Horoskop in „Bild“ bzw. in anderen Zeitungen und Zeitschriften wie dem „Stern“ lesen und Privat-Fernsehsender wie RTL, SAT 1 diesem Zuschauerbedürfnis ausgiebig Platz in ihren Sendungen einräumen, darf einen Bewerber solch ein Verhalten auch nicht allzusehr verwundern. Sie sollten also zumindestens wissen, wenn Sie Fisch, Jungfrau,

Steinbock oder Stier sind, was denn so Ihre gängigen positiven, aber natürlich auch negativen Eigenschaften sind.

Körpersprache und Verkleidung

Ist Ihnen bewußt, daß Ihr Äußeres, also Ihr gesamtes Auftreten in Form von Körpersprache und (Ver-) Kleidung eine Herausforderung für den selbsternannten Persönlichkeits-Personalchef-Psychologen darstellt?

Nun ein kleines Beispiel, um Ihnen zu zeigen, daß auch Sie in Ihrem Alltags-Privatleben als „Persönlichkeitspsychologe" tätig werden: Stellen Sie sich vor, Sie gehen auf einer belebten Straße spazieren. Ihnen kommt ein Mann entgegen, dessen Äußeres sehr heruntergekommen wirkt. Er bittet Sie um drei 10-Pfennig-Stücke, weil er angeblich kein Geld zum Telefonieren hat. Was werden Sie denken? Sehr wahrscheinlich nehmen Sie ihm diese Geschichte und Bitte nicht so einfach ab, sondern vermuten, daß er nur Geld schnorren will (10 Passanten = 3 DM), um sich Alkohol zu kaufen. Sie sind ein Mensch mit Prinzipien („Für Alkohol gebe ich kein Geld") und lehnen ab.

Stellen Sie sich die gleiche Situation mit einem halbwegs zivil gekleideten, ordentlich aussehenden Passanten vor, der Sie freundlich anschaut, direkt anspricht und kurz erklärt, er habe sein Geld verloren und bräuchte unbedingt drei Groschen zum Telefonieren. So angesprochen, wird man Sie viel eher dazu bewegen, diesen kleinen Betrag „herauszurücken".

Übrigens: Beim Griff nach der Brieftasche sind Sie diese auch schon los und sehen gerade noch die Hacken des gutgekleideten Passanten ... So leicht kann man sich als Alltagspsychologe irren. Und so ist das auch mit der Persönlichkeitspsychologie und ihren Theorien ...

Wenden wir uns also zunächst den (Ver-) Kleidungs-Persönlichkeits-Tests zu. Das alte Sprichwort „Kleider machen Leute" ist Ihnen sicherlich geläufig, und wer sich zum Beispiel um einen Arbeitsplatz in einer Bank bewirbt, tritt besser nicht in Sportschuhen und Jeans auf. Dagegen sind gerade diese Bekleidungsutensilien bei einer Bewerbung in einem Sportgeschäft dazu angetan, Pluspunkte zu sammeln, während der seriöse, dunkelblaue, dezent gemusterte Anzug hier einen sehr zweifelhaften Eindruck hinterlassen könnte.

Mit anderen Worten: wer Schlosser werden möchte, muß zwar nicht im Blaumann antreten, sollte aber um Gottes Willen nicht seinen Konfirmationsanzug herausholen, und wer bei einer Notar- und Rechtsanwaltskanzlei im Büro zu arbeiten vorhat, sollte sich vorsichtshalber beim ersten Vorstellungsgespräch auch nicht unbedingt in Sport- und Joggingoutfit vorstellen.

Gibt es Patentrezepte? Das sicherlich nicht. Aber eine generelle Empfehlung: Schauen Sie sich doch einfach mal typische Berufsvertreter in dem von Ihnen angestrebten Beruf an und orientieren Sie sich an deren Kleidung.

Bei einer Versicherung gibt es sehr wohl locker und sportlich-dezent Gekleidete, aber ebenso sehr konservativ-seriöse Verkleidungsformen. Auch bei anderen Verwaltungsberufen ist sicherlich, wie so häufig, im Leben ein ausgewogener Mittelweg nicht von Nachteil.

Verdeutlichen Sie sich, daß Sie mit Ihrem Erscheinungsbild auch schon eine Art Arbeitsprobe und Visitenkarte abgeben. Vermeiden Sie es, besser gekleidet zu sein als Ihr Gegenüber, verzichten Sie auf Extravaganz, grelle, poppige, übertriebene Maskerade (Schminke), – mit vielleicht einer Ausnahme: Sie bewerben sich bei einer Werbeagentur oder in der *Kunstszene*.

Einem Gerücht zufolge hat man bei der Deutschen Bank als Bewerber mit weißen Socken null Chancen, selbst wenn man sein Prädikatsexamen aus dem grauen Nadelstreifenanzug (feinstes Tuch!) ziehen kann.

Körpersprache – Persönlichkeitstests

Nun können Sie sich auch in einem maßgeschneiderten grauen Anzug alle Chancen auf den zur Auswahl stehenden Job vermasseln, wenn Sie auftreten wie ein Hampelmann oder wie ein Betrunkener (im Notfall geht auch beides zusammen). Mit anderen Worten: Nicht nur das Aussehen, sondern auch die Art und Weise, wie Sie Ihren Körper bewegen, prägt das Bild, das man sich von Ihrer Persönlichkeit macht.

Wieviele Sprachen beherrschen Sie? Ihre Muttersprache, Fremdsprachen – sehr schön. Und... Viele Personalchefs und Taschenpychologen glauben, die Körpersprache zu beherrschen, oder besser: zu verstehen. Der Körper lügt angeblich nicht (übrigens: Lügen haben kurze Beine). Erhobener Zeigefinger, hochgezogene Augenbrauen, gerümpfte Nase und eine in Falten gelegte Stirn sprechen eine deutliche Sprache. Wer die Hände im Schoß faltet oder hinter dem Kopf verschränkt, signalisiert seiner Umwelt bewußt oder unbewußt etwas. Nur was, ist die Frage.

Personalfritzen hantieren gerne mit Listen, aus denen sie schnell ablesen können, was eine bestimmte Haltung, Geste, Mimik usw. für eine Bedeutung hat – auf ähnlichem Niveau wie die diversen Traumdeutungsbücher, die einem auf's Stichwort verraten, was der Traum der vergangenen Nacht bedeutet.

Im wesentlichen geht es um
- Blickverhalten
- Mimik
- Gesten
- Körperhaltung
- Sprechweise
- Geruch

Bitte nehmen Sie die folgende Liste nicht zu ernst, aber Sie sollten wissen, wie Ihr Verhalten möglicherweise interpretiert werden könnte.

Körpersignal	Bedeutung
Blickverhalten	
Augen betont weit offen	Aufmerksamkeit, Aufnahmebereitschaft, Sympathie, Weltoffenheit signalisierend, Flirtverhalten
verengte Augenöffnung	Konzentration, Entschlossenheit, Eigensinn, Kleinlichkeit, überkritische Haltung

zugekniffene Augen	Abwehr, Unlust
gerader Blick	Offenheit, Gewissensreinheit, Vertrauen
schräger Blick	abschätzende Zurückhaltung
häufiger Blickkontakt	Sympathie
häufiges Wegsehen	mangelnde Sympathie oder Verlegenheit
auffällig häufiger Lidschlag	Unsicherheit, Befangenheit, u.U. nervöse Störung

Mimik

offenes Lächeln	offene Heiterkeit, uneingeschränkte Mitfreude
gequältes Lächeln	ironisch, schadenfroh, blasiert, ängstlich
überwiegend geöffneter Mund	Mangel an Selbstkontrolle
zusammengepreßter Mund	Zurückhaltung, Reserviertheit, Verkniffenheit, Kontaktarmut
übertrieben kräftiger Händedruck (*Knochenbrecher*)	Rücksichtslosigkeit, Angeberei
kräftiger Händedruck ohne Übertreibung	Aufrichtigkeit, Sicherheit
schlaffer Händedruck (*tote Hasenpfote*)	Unsicherheit, kontaktarm, leicht beeinflußbar
Hand wegziehend	Verschlossenheit
Verschränkte Arme	
– bei Männern	Ablehnung, Verschlossenheit
– bei Frauen	Selbstschutz, Angst
Hand vor den Mund halten	
– während des Sprechens	Unsicherheit
– nach dem Sprechen	will das Gesagte zurücknehmen
Sprecher hält Armlehnen mit beiden Händen fest	Aggressivität, aber etwas unsicher, neigt zur Weitschweifigkeit
Kopf auf Hände stützen	Nachdenklichkeit, Erschöpfung, Langeweile
Spitzdach mit den Händen formen	Arroganz, Abwehr gegen Einwände
Hände reiben	selbstgefällig, selbstzufrieden
spielende Hände	Zeichen von Erregung, Nervosität, Befangenheit, Angst, Verwirrung
mit dem Finger auf den Gesprächspartner zeigen	Angriff, Wut
Hand zur Faust verkrampfen	Wut, verhaltener Zorn
Anfassen der Nase	Nachdenklichkeit, kritische Haltung, Verlegenheit
über den Hinterkopf streichen, Zupfen an den Ohren	Verlegenheit, Unbehagen, Ärger
Streichen des Kinns	Nachdenklichkeit, Zufriedenheit
Finger zum Mund nehmen	verlegen, unsicher
mit den Fingern trommeln	Nervosität, Ungeduld
häufiges Spielen mit dem Ring	Eheprobleme, frustriert vom häuslichen Leben
häufiges Abnehmen der Brille	Ablehnung, Angriff, Nervosität

Körperhaltung

Achselzucken, die Handflächen nach außen	passive Hilflosigkeit

übereinandergeschlagene Beine	
– zum Gesprächspartner hin	Aufbau eines Sympathiefeldes
– vom Gesprächspartner weg	Ablehnung, Unwillen
übergeschlagene Beine, Knie in die Hand gestützt	kritisch, skeptisch
dicht aneinandergestellte Füße beim Sitzen	schuldhafte Ängstlichkeit, Einzelgänger, überkorrekte Grundeinstellung
breit auseinanderklaffende Beine beim Sitzen	sorglose Unbekümmertheit, Rücksichtslosigkeit
friedlich ruhende Sitzhaltung	Selbstsicherheit, aber auch robuste Unbekümmertheit, seelische Erschöpfung
alarmbereite Sitzweise (auf dem Sprung sein)	Mangel an Selbstvertrauen und Sicherheit, auch Mißtrauen, innere Unruhe, Angst
Füße um die Stuhlbeine legen	Unsicherheit, Suche nach Halt
Füße nach hinten nehmen	Ablehnung
mit den Füßen wippen	Arroganz, Ungeduld, Sicherheit, Aggressivität
steife, militärische Körperhaltung, geziert aufrecht	Unterdrückung von Angst
breitbeinig dastehen, Daumen in die Achselhöhlen	Selbstsicherheit
den Oberkörper weit nach vorn lehnen	Interesse, Sympathie, Wunsch zu unterbrechen
den Oberkörper weit zurücklehnen	Desinteresse, Ablehnung

Sprechweise

lautstarke Stimme	Vitalität, Selbstbewußtsein, Kontaktfreude, aber auch Unbeherrschtheit, Geltungsdrang
leise, flüsternde Stimme	Schwäche, mangelndes Selbstbewußtsein, aber auch Sachlichkeit, Bescheidenheit
schnelles Sprechtempo	Impulsivität, Temperament aber auch ungezügelt, nervös
langsames Sprechtempo	antriebsschwach, aber auch Sachlichkeit, Besonnenheit, Ausgeglichenheit
wechselndes Sprechtempo	innere Unausgeglichenheit
ausgeprägte Pausengestaltung	Disziplin, Selbstbewußtsein
starke Akzentuierung	Lebhaftigkeit, Gefühlsstärke
schwache Akzentuierung	Uninteressiertheit, mangelnde geistige Flexibilität

Geruch

parfümiert	werbend
überstark parfümiert	unsicher, vernebelnd
Schweißgeruch	ängstlich, unordentlich

Graphologie

Hier geht es um Ihre Handschrift. Oftmals wird schon im Vorfeld der Bewerbung ein handgeschriebener Lebenslauf oder auch eine Handschriftprobe explizit verlangt. Da wissen Sie dann gleich zu Beginn der Bewerbungssituation, was ansteht. Allzuviele Personalmenschen spielen sich gerne als kompetente Graphologen auf. Nach dem Motto „Schlechte Schrift, schlechter Charakter" lassen sie die Bewerberschriftzüge auf sich wirken und versuchen, das Formniveau zu erfassen.

Dabei geht es um die Verteilung des Geschriebenen auf dem Blatt, den Rhythmus der Schriftzüge, das Auf und Ab, den Pulsschlag der Schreibbewegungen, Schriftzüge und Zwischenräume. Man unterscheidet zwischem hohem, mittlerem und niedrigem Formniveau und glaubt an den Grundsatz: je höher das Formniveau, desto harmonischer der Charakter des Schreibers.

Andere glauben, aus dem Grad der Leserlichkeit das Verhältnis des Schreibers zu seiner sozialen Umwelt herausinterpretieren zu können (jetzt wissen wir, warum Ärzte eine so furchtbare Handschrift haben).

Da gibt es auf der einen Seite Weltoffenheit und -gewandheit, Sinn für die Realtiät des Lebens, Anpassungsbereitschaft und Fähigkeit zur Teamarbeit, auf der anderen Seite besteht die Gefahr des Schematismus, der Schablonenhaftigkeit, der konventionellen Oberflächlichkeit, des Formalismus und der Pedanterie. So hat eben das Schöne und Klare wieder zwei Seiten, und es obliegt der subjektiven Interpretation (dehnbar wie Kaugummi).

Ordentliche Schrift = ordentlicher Charakter und somit Eignung für ordnende Berufe. Und wo etwas anderes und mehr erwartet wird, darf's dann auch etwas origineller bzw. egozentrischer sein (= schwerer lesbar) – so das kleine Einmaleins der Bewerberauslese-Graphologie. Alles ist eben relativ, und dies gilt für die Interpretation der Handschrift um so mehr.

Und noch ein Hinweis der Schriftgelehrten zum Verhältnis von Unterschrift zur Normalschrift: Die Unterschrift, eine Art Schutzmarke unseres Selbst, entwickelt sich mit der übrigen Textschrift und nimmt nach Erreichen der Reife (welche?) ihre Sonderform an. Sie ist gleichsam ein Werbeplakat der eigenen Persönlichkeit und läuft Gefahr, zum Spielball aller Geltungs-, Eitelkeits- und Selbstdarstellungsbedürfnisse zu werden. Klar, daß die Graphologen hieraus Rückschlüsse auf das Selbstwertgefühl ziehen.

Ist also die Unterschrift größer als der Normaltext (Normaltext = Normalschrift als Ausdruck des Normalcharakters), so ist das Selbstwertgefühl stärker, als normalerweise zugegeben wird. Im umgekehrten Falle (kleinere Unterschrift) gibt sich der Schreiber bescheidener, als er möglicherweise ist. Je deutlicher man seinen Namen ausschreibt, desto klarer – glauben die Interpreten – sei Wesen und Ausdruck des Schreibers. So einfach ist das also.

Und weil 10 Graphologen von ein und derselben Handschrift 10 verschiedene Gutachten über dieselbe Person liefern, kann man schon mit Recht an den Schriftdiagnosen und der Aussagekraft der Graphologie verzweifeln.

Nachfolgend eine Übersicht über die Standardinterpretation der Grundformen der Handschrift:

Winkel (eckig): willens- und verstandesausgerichtet
Girlande (kurvig): gefühlsbetont, verbindlich
Arkade (bogenartig): zurückhaltend bis verschlossen, förmlich
Fadenduktus (unbestimmte Schreibform): anpassungs- und wandlungsfähig.

Die eigene Handschrift zu verstellen, ginge nun wirklich zu weit. Aber vielleicht erkundigen Sie sich mal, ob der handschrifttestende Betrieb andere Entscheidungsfindungen vielleicht mittels astrologischer Gutachten herbeiführt.

LESE- UND ARBEITSHINWEIS
▷ Persönlichkeits-Testverfahren
Persönlichkeits-Testaufgaben, in: *Testaufgaben*

MÜNDLICHE TESTVERFAHREN

Neben den Papier- und Bleistift-Tests gehören auch die mündlichen Tests zu den Stolpersteinen einer Bewerbung. Vorstellungsgespräche (Wie verneige ich mich?), die immer mehr um sich greifenden Gruppendiskussionen (Redeangst ist nicht gefragt) und Kurzvorträge (Professor in 5 Minuten) gilt es unbeschadet zu überstehen.

Vorstellungsgespräch

Personalchefs und Ausbildungsleiter wollen im Vorstellungsgespräch persönliche und anforderungsbezogene Eignungsmerkmale der Bewerber feststellen. Dabei geht es darum, die bisherigen Informationen aus Bewerbungsunterlagen und Testergebnissen zu ergänzen und einen persönlichen Eindruck vom Bewerber zu bekommen. Die Ausprägung von Persönlichkeitszügen und Eigenschaften wie Leistungsbereitschaft und -motivation, Anpassungsfähigkeit und Einordnungsbereitschaft wird unter die Lupe genommen, ebenso wie äußere Merkmale, also Aussehen, Auftreten, Manieren und sprachliches Ausdrucksvermögen.

Es gibt Einzel- und Gruppenvorstellungsgespräche. Ihre Dauer ist unterschiedlich, je nach zu bewältigender Bewerberzahl und Gesprächsteilnehmern; bei Einzelgesprächen liegt sie in der Regel zwischen 20 und 30 Minuten.

Das Vorstellungsgespräch ist eine mündliche Test- und Prüfungssituation, auf die man sich genausogut vorbereiten kann wie auf die schriftlichen Tests. Es läuft nach einem bestimmten Schema ab, das auf Ausbildung und Erfahrung des Interviewers beruht und erfordert deshalb, wenn man als Bewerber etwas entgegensetzen will, ebenfalls eine gute Vorbereitung. Hier drängt sich der Vergleich mit einem Schauspieler auf, der sich um ein Engagement bewirbt und eine Rolle vorsprechen und vorspielen muß. Auch er hätte ohne Vorbereitung, Übung und Rollenstudium keine Chance.

Ein Bewerbungsgespräch (hier zunächst am Beispiel eines Ausbildungsplatzsuchenden) umfaßt in der Regel 9 Phasen:

1. Begrüßung und Einleitung des Gesprächs
(hier geht es um den ersten Eindruck, Kontaktaufnahme, Äußeres und das Herstellen einer freundlichen Gesprächsatmosphäre)

2. Bewerbung und Berufswahl
(Ergründen von Motivation, Interesse und Informationsstand zum gewünschten Beruf)
Hier tauchen Fragen auf wie:
- Warum bewerben Sie sich für den Beruf der/des …? (Die wichtigste Frage im ganzen Gespräch!)
- Wie sind Sie darauf gekommen, und seit wann interessieren Sie sich für diesen Beruf?
- Welche Vor- und Nachteile sehen Sie an diesem Beruf?

3. Schule, Ausbildung und bisherige Tätigkeiten
(Interessen/Neigungen – Zusammenhang mit der Berufswahl)
- In welchen Schulfächern haben Sie gute und in welchen schlechte Noten und warum?
- Wie sind Sie mit Lehrern und Mitschülern ausgekommen?
- Bisherige Tätigkeiten

4. Persönlicher, familiärer und sozialer Hintergrund
(Testen des sozialen Umfeldes mit Rückschlüssen auf den Bewerber, etwa nach dem Motto: *Zeige mir Deine Familie und Freunde, und ich sage Dir, wer Du bist!*)
- Fragen nach Beruf und Arbeitgeber der Eltern, Geschwister und sogar der Freunde bis hin zu tiefergehenden Einbrüchen in die Intimsphäre (*Seit wann sind Ihre Eltern geschieden? – Welche Rolle spielt Alkohol in Ihrer Familie?*)
- Welche Tageszeitung lesen Sie?
- Haben Sie einen Freund/eine Freundin? Wollen Sie heiraten?

Achtung: In dieser Fragerubrik werden die meisten aus arbeitsrechtlicher Sicht unzulässigen Fragen gestellt. Das Bundesarbeitsgericht gesteht dem Bewerber hier in Anerkennung einer Notwehrsituation das *Recht auf Lüge* zu.

5. Gesundheit
(evtl. gesundheitliche Einschränkungen der Leistungsfähigkeit und Einsatzmöglichkeit)

6. Spezielle Test- und Prüfungsfragen
(Informiertheit, allgemeines und berufsbezogenes Wissen, eventuell unzulässige Erkundung der politischen Meinung)
- Welches tagespolitische Ereignis beschäftigt Sie?
- Wie könnte man die Arbeitslosigkeit abbauen?
- Wie stehen Sie zum Problem der Atomenergie?
- Fragen zu Problemlösungen aus dem zukünftigen Arbeitsgebiet (z.B. bei der Bewerbung um den Beruf des Bankkaufmanns: *Was machen Sie im einzelnen, wenn ein Kunde ein Konto eröffnen will?*)

7. Informationen für den Bewerber
die der Interviewer über Firma/Institution, Beruf und Ausbildung gibt (Überprüfen von Interesse und Aufmerksamkeit/Imagepflege. Achtung – manchmal auch: als selbstgestrickter Merkfähigkeitstest; die gegebenen Informationen werden zu einem späteren Zeitpunkt des Vorstellungsgesprächs abgefragt).

8. Fragen des Bewerbers
(dient der Überprüfung des aktiven Interesses des Bewerbers)

9. Abschluß des Gesprächs und Verabschiedung
(Versuch eines angenehmen *Abgangs*)

Es gibt insgesamt kaum mehr als 50 Standardfragen, die Personalchefs und Ausbilder in Vorstellungsgesprächen stellen können.

Wie der Ablauf eines solchen Gespräches für Bewerber mit abgeschlossener Berufsausbildung bzw. sogar Berufserfahrung aussieht, zeigt die folgende Übersicht. Das Schema trifft im Prinzip zu für die Bewerbungssituation nach Ausbildungsabschluß, für den Jungakademiker, die Sekretärin, den Sachbearbeiter, den Vertriebsleiter bis hin zum Manager in mittlerer Führungsposition.

1. Begrüßung und Einleitung des Gesprächs
Small talk (Wetter, Anreise, Dank für Interesse) – Rauchen? (Vorsicht – hier beginnt schon die Testphase: wenn Sie Raucher sind, Ihr Gegenüber auch raucht und Aschenbecher etc. vorhanden: ja; wenn das nicht der Fall ist, besser ablehnen) – Kaffee-Angebote (ja) – Alkohol in jedem Fall ablehnen.

2. Bewerbung
- Gründe für die Bewerbung
- Aus welchen Gründen wollen Sie den Arbeitsplatz wechseln?
- Weshalb wollen Sie Ihre jetzige Tätigkeit/Position aufgeben?
- Was reizt Sie an der neuen Aufgabe?
- Was erwarten Sie von der angebotenen Stelle?
- Was hat für Sie Priorität bei Ihrer Arbeit?

3. Bisherige berufliche Tätigkeit/Vorbildung
- Fragen zum Ausbildungsgang (Planung oder Zufall, Auf- oder Abstieg)
- Nennen Sie Essentials Ihrer bisherigen Tätigkeiten/Ausbildungsgänge
- Fragen zu Gründen von möglichen Wechseln (Studium/Ort, Ausbildungsstätte, Arbeitgeber)
- Bewertung der Ausbildung
- Thema der Abschlußarbeit
- Wie würden Sie sich heute entscheiden, wenn Sie nochmals die Möglichkeit hätten, Ihre Ausbildung zu planen? Was würden Sie anders machen?
- Aktuelle Weiterbildungsambitionen?
- Was waren bisher Ihre beruflichen Aufgaben?
- Schildern Sie Ihren typischen Arbeitstag
- Was zeichnet Ihrer Meinung nach einen guten … aus?
- Wie sind Sie zu Ihrer letzten Stelle gekommen?
- Welche Vor-/Nachteile sehen Sie für sich, in unserem Unternehmen zu arbeiten?
- Nennen Sie Ihre Stärken/Schwächen
- Warum sollten wir gerade Sie nehmen?

4. Persönlicher, familiärer und sozialer Hintergrund
- Fragen zu Elternhaus/Geschwistern und deren beruflichen Hintergrund, aber auch zur eigenen Kindheit: *Wie war es bei Ihnen zu Hause…*
- Ähnliche Fragen zu Ehe bzw. Lebenspartner (*wie lange verheiratet/getrennt etc.*) – Kinder (mit näheren Angaben)
- Wie steht Ihr/e Frau/Mann/Familie zu Ihren beruflichen Plänen, zu Ihrem Beruf allgemein, zu Arbeitszeiten, Problematischem wie z.B. Umzug etc.?
- Fragen zu Freizeitverhalten/Hobbys
- außerberufliche Interessen/Aktivitäten/Engagement (Politik, Gewerkschaft, Kirche)
- Finanzielle Verhältnisse (Nebentätigkeiten, Abzahlungsverpflichtungen, Vermögen; *Sind Sie finanziell (un)abhängig?*)
- Möglicherweise: Fragen zu Vorstrafen/Ermittlungsverfahren

5. Gesundheit
- Krankheiten (chronisch/aktuell)
- Gesundheitliche Einschränkungen mit beruflicher Konsequenz
- Krankenhausaufenthalte
- Unfälle
- Schwangerschaft

6. Fachliches (Test-)Gespräch
(Hintergrund: Versuch der Kompetenzüberprüfung bis hin zum direkten *Aushorchen*, wie Branchenprobleme am bisherigen Arbeitsplatz gehandhabt wurden; fließende Übergänge zum Mini-Assessment-Center)

7. Informationen für den Bewerber

8. Bezahlung
- Bisheriges Gehalt
- Gehaltsvorstellungen (Entwicklungen)
- Nebenleistungen

9. Fragen des Bewerbers

10. Abschluß des Gesprächs und Verabschiedung

Für viele stellt ein Vorstellungsgespräch eine besonders große psychische Belastung dar, mit Reaktionen wie Aufregung, feuchten Händen bis hin zum Blackout. Auch Personalchefs kennen die Anfangsunsicherheiten in einem Vorstellungsgespräch, und vielleicht hilft es dem einen oder anderen, die eigene Unsicherheit kurz anzusprechen, was entlastend wirken kann und oftmals Sympathie und zusätzliche Unterstützung für den Bewerber erzeugt.

Kurzvortrag

Neben den schriftlichen Testverfahren wird der Bewerber in der mündlichen Testsituation zusätzlich zur Gruppendiskussion und zum Vorstellungsgespräch immer häufiger mit der Aufgabe konfrontiert, einen Kurzvortrag zu halten. Die Themenliste ist ähnlich wie bei Aufsätzen oder Gruppendiskussionen und sieht zum Beispiel bei der *Post*, laut Bewerberberichten, folgendermaßen aus:

- Vor- und Nachteile des Auszuges Jugendlicher aus dem Elternhaus
- Streß – ein Merkmal unserer Zeit?
- Naturschutzgebiete pro und kontra
- Friedliche Nutzung der Atomkraft
- Ist die Fünf-Prozentklausel reparaturbedürftig?
- Todesstrafe pro und kontra
- Organverpflanzung – wichtige Hilfe oder nur wissenschaftlicher Versuch?
- Rentendasein – erwünschter Lebensabend oder Abstellgleis?
  Ist eine technisch vollkommene Welt heute noch erstrebenswert?
- Leben in der Stadt oder auf dem Land?
- Steht die Familie heute im Widerspruch zum Zeitgeist?

In der Regel werden 10- bis 15minütige Kurzvorträge erwartet, oftmals bekommt man dafür eine Vorbereitungszeit von ähnlicher Länge.

Inhaltlich sind für diese verbalen Testaufgaben die gleichen Kriterien zu beachten wie beim Aufsatz bzw. wie zum Teil auch bei der Argumentation in einer Gruppendiskussion. Hier geht es natürlich weniger um das zwischenmenschliche Verhalten als um Sprachgestaltung, Form, Ausdruck, Klarheit und Sicherheit:

- Können Sie frei sprechen?
- Sind Sie in der Lage, ein Thema kurz zu strukturieren und vorzutragen?
- Leiden Sie unter besonderen Rede-Ängsten?

- Vermitteln Sie einen nervösen Eindruck?
- Fehlen Ihnen plötzlich die Worte?
- Erleben Sie einen Gedankenabriß?
- Wie verhält es sich mit Blickkontakt und Körperhaltung?
- Was für einen Gesamteindruck machen Sie?

Gerade für jugendliche Bewerber empfehlen wir, dieses durchaus häufig eingesetzte Testverfahren in der Schule bzw. zuhause mit Mitschülern und Freunden zu üben.

LESE- UND ARBEITSHINWEISE
▷ Kulturtechniken: Aufsätze
▷ Mündliche Testverfahren: Gruppendiskussion
Aufsätze, in: *Testtraining*..., S. 208ff.

Gruppendiskussion

Mit einer Gruppendiskussion soll vor allem Ihr sprachliches Ausdrucksvermögen, Ihr Sozialverhalten und möglicherweise Ihr Standpunkt zum vorgegebenen bzw. selbstgewählten Thema getestet werden. Ausführlich und zahlreiche Beispiele aus allen Branchen enthält unser Buch *Erlebnisse*...

Eine Themenauswahl:

- Wie kann man die Freizeit sinnvoll gestalten?
- Ist Umweltschutz wirklich so wichtig?
- Könnten Sie sich vorstellen, daß Firmen aus eigenem Engagement etwas für den Umweltschutz tun?
- Bereitet die Schule auf das Berufsleben vor?
- Ist die hohe Bezahlung von Spitzensportlern gerechtfertigt?
- Die politische Meinungsbildung
- Freie Bahn dem Tüchtigen
- Pro und kontra Aids-Meldepflicht
- Ist Führung notwendig?
- Wie beurteilen Sie die Sprichwörter *Arbeit macht das Leben süß* und *Arbeit ist des Lebens Würze*?
- Frauen in Männerberufen
- Sollte man Ausländern das Kommunalwahlrecht zugestehen?
- Rauchverbot am Arbeitsplatz durch Gesetzesbeschluß?

Nahezu alle Themen sind vorstellbar. Starke Überschneidungen bestehen mit Aufsatz- und Kurzvortragsthemen (▷ Aufsätze).

Über den Ablauf einer Gruppendiskussion berichtet ein Teilnehmer:

Wir sollten in einer Gruppe von fünf Personen diskutieren. Wir setzten uns an einen Tisch; der Psychologe nahm etwas abseits Platz und machte sich fortwährend Notizen. Das erste zu diskutierende Thema konnte von der Gruppe selbst bestimmt werden. Dabei gab es zunächst Schwierigkeiten, sich auf ein Thema zu einigen. Nach kurzer Zeit verständigten wir uns auf das Thema *Argumente für und wider die Todesstrafe*. Derjenige, der das Thema vorgeschlagen hatte, sollte zuerst die Diskussionsleitung übernehmen, ein anderer bekam die Aufgabe, am Ende der ca. 15 Minuten dauernden Diskussion das Gesagte zusammenzufassen. Nach Beendigung der ersten Diskussionsrunde schlug dann der Psychologe weitere Themen vor, von denen die Gruppe selbst ein Thema auswählen konnte. Jetzt einigten wir uns auf das Thema *Bürgerinitiativen – Entstehung, Ziele, politische Bedeutung*.

Was während einer Gruppendiskussion ganz konkret beobachtet und notiert wird, zeigt die folgende Checkliste der *Berliner Kriminalpolizei:*

Bitte halten Sie auf diesem Beobachtungsbogen fest, was Ihnen am Vortragenden aufgefallen ist:

Sprache

langsam
schnell
zu schnell
genau
richtig
sicher
unsicher
viele Fremdwörter
Fremdwörter fielen nicht auf
oft überflüssige Fremdwörter
kurze Sätze
lange Sätze
zu lange Sätze
wurde Dialekt verwendet? Ja/Nein
machte der Sprecher Pausen?
sonstiges.......

Gesamtwirkung (Mehrere Nennungen möglich)

konzentriert
nervös
ängstlich
zerfahren
sicher
unsicher
humorvoll
freundlich
ernst
abweisend
ruhig
unruhig
frei
ungezwungen

Gesicht

Ist dem Gesicht irgendeine Gemütsbewegung anzusehen und welche?
Wo blicken die Augen überwiegend hin?
Blick ins Leere
ausweichender Blick
Augenkontakt zu den Zuhörern?
Ja / Nein / wenig

Kopfhaltung

gehoben
gesenkt
geneigt

Bewegungen Hände

still
bewegt
unruhig
frei
beschäftigt
gestikulierend

Beine
ruhig
bewegt
frei
gelöst
gekreuzt
unruhig

Körper
ruhig
unruhig
bewegt
steif

Was sind die generellen Beobachtungs- und Beurteilungskriterien?

Das allgemeine Auftreten

- äußeres Erscheinungsbild
- Umgangsformen

Das Verhalten in der Gruppe

- sprachliches Ausdrucksvermögen
- Vertreten und Begründen der eigenen Meinung
- Sachbezogenheit
- Einfallsreichtum
- Analysefähigkeit
- Auffassungsgabe
- Aufnahmebereitschaft
- Engagement
- Aufgeschlossenheit
- aktives und passives Zuhören
- emotionale Stabilität
- stärkere Dominanz- oder Unterordnungsbereitschaft
- Teamgeist/Kooperationsfähigkeit und -bereitschaft

Hier weitere beachtenswerte Stichworte und ein kleiner Leitfaden, der helfen kann, die Situation als Diskussionsleiter, Zusammenfassender und einfacher Teilnehmer zu meistern:

A. Diskussionsleitung

1. Einleitung

- Hinführung zum Thema; allgemeine Problemskizze entwickeln
- versuchen, auf einen oder zwei Themenaspekte festzulegen (*Darf ich Ihr Einverständnis voraussetzen, wenn wir...?*)
- Delegation der Gesprächskompetenz
  a) Frage als Diskussionsanreiz:
     Wie ist Ihre Erfahrung?
     Was sollte geschehen?
     Welche Möglichkeiten sehen Sie...?
  b) These zur Diskussion stellen, evtl. in Frageform:
     Sind Sie auch der Ansicht, daß...?

2. Verlaufsregelung

- Öfters versuchen, Beiträge in eine prägnante Aussage zu fassen und als These weiterzugeben; evtl. Zielfrage anfügen: *Wollen wir uns auf diesen Punkt konzentrieren? / Ist es nicht wirklich besser, wenn wir...?*
- möglichst keine Parteinahme; sich widersprechende Beiträge als Widersprüche stehenlassen; alle Beiträge und Positionen *sind interessant .../ überlegenswert .../ nachdenkenswert ...* usw.
- ausgeglichene Rollenverteilung herstellen, auch stillere Diskussionsteilnehmer einbeziehen
- sich einschalten, wenn *Schockpausen* eintreten (Differenzierung, Hervorheben des Positiven etc.)
- häufig positive Verstärkung geben (*Ein interessanter Gesichtspunkt / Das scheint mir ein außerordentlich wichtiger Aspekt / Gut, daß Sie darauf eingehen!* etc.)

– deutliches Interesse für die Beiträge zeigen (*Ich habe auch schon überlegt, ob möglicherweise…, / Ich glaube, es lohnt sich ganz gewiß, noch mehr darüber zu wissen / zu sagen / nachzudenken* etc.)

3. Ausklang

– Vorschlag: *Vielen Dank für Ihre Diskussionsbeiträge, die ich persönlich sehr interessant fand. Sie haben uns die Vielschichtigkeit des Themas X deutlich gemacht, auch wenn einige wichtige Aspekte wegen der Kürze der Zeit nicht ausreichend behandelt werden konnten…*

Zusammenfassung
– moderate Form der Teilnahme an der Diskussion
– wenn überhaupt: nur das Nötigste notieren
– gestraffte Skizze der wesentlichsten Aussagen, u.U. in Form einer Polarisierung; Gegensätze und Gemeinsamkeiten scharf zeichnen
– offen gebliebene Problemansätze als Ausblick thematisieren

B. Allgemeines

– den jeweiligen Sprecher anschauen
– deutliche Aufmerksamkeit signalisieren
– stets kontrollierte Reaktionen; keine Nervosität
– gedämpftes (angemessenes) Engagement
– deutlich und ruhig sprechen
– freundliches Interesse zeigen
– sachliche, weitestgehend affektfreie Argumentation; alles vermeiden, was die Gesprächsharmonie unnötig stören könnte
– auf Argumente eingehen und sie konstruktiv weiterentwickeln
– sich nicht in den Vordergrund spielen
– sich nicht zu sehr zurück- und raushalten
– kein Sarkasmus, keine Ironie, keine Herabsetzung

C. Spezielles

– auf ausgeglichene Rollenverteilung achten (z.B. nicht bei allen Themen Kontra-Beiträge – Gefahr des Nörglers/Miesmachers)
– die aufgeworfenen Fragen loben (*wichtig / bemerkenswert* und ähnliche Prädikate)
– Mängel offen zugeben (*Sie sind da auf einen heiklen Punkt gestoßen!*)
– Bedenken Sie: Sie müssen nicht immer alles (besser) wissen und versuchen, Patentrezepte und -lösungen zu verteilen
– auch mal die eigene Meinung zur Diskussion stellen (*Mich würde interessieren, wie Sie darüber denken!* u.ä.)

D. Kritische Situationen

– *Schockpause* nach plötzlichem Angriff gegen Ihre Argumentation, z.B. durch ein gutes Argument, durch Bezweifeln der Richtigkeit Ihrer Aussage oder gar durch Herabsetzung
– Gegenstrategie: Angriff aufgliedern oder differenzieren; achten Sie auf Sachbezogenheit (nur nicht emotional zurückschlagen)
– *Verunsicherung* durch direkte oder indirekte Angriffe gegen Ihre Person, gegen persönliche Eigenschaften oder Meinungen von Ihnen

- Gegenstrategie: Hervorheben der Partnerrolle, Gemeinsamkeit der Situation unterstreichen, auf das sachliche Thema zurückleiten, ruhig bleiben, sich nicht provozieren lassen, bei anderen Unterstützung suchen (*Sind Sie denn alle der Meinung, daß ...*), Gespräch weiterbringen
- Allgemeine Verteidigungsregeln:
  Wird die horizontale Rollenverteilung gestört, z.B. durch Vertikalisierung in der Beziehung Angreifer – Verteidiger (letzterer trägt immer die Last der Rechtfertigung), dann gilt:
  a) Hervorheben der Partnerschaft, Gemeinsamkeiten unterstreichen, möglicherweise Problem umformulieren; auf den Standpunkt des Verstehenden und Mitfühlenden stellen; um einen Lösungsvorschlag bitten; das *Wir* als Ansprechform wählen (aber: Anbiederung vermeiden!)
     Zweck: der Gesprächsgegener wird zum Gesprächspartner
     Merke: nicht anwenden, wenn das *Partnerschaftsangebot* vermutlich abgelehnt wird
  b) Angriff aufgliedern oder differenzieren, z.B. nach Wichtigkeit der Punkte, Leichtigkeit der Klärungsmöglichkeiten, Reihenfolge der Merkmale
     Zweck: Schockpause wird vermieden, Angriffssituation wird im Gesprächsfluß aufgelöst, man kann Ergänzungen vornehmen oder die Argumente in neue Zusammenhänge stellen (Vorbereitung und Erleichterung der eigenen Argumentation)
     Merke: einzusetzen, wenn der Angriff sehr massiv vorgetragen wird oder der Partner sehr erregt ist.

E. Generelle Verhaltenstips

Äußeres
- ausgeruht sein
- gepflegtes Äußeres
- freundlich und höflich, natürlich und ungezwungen geben
- weder innere noch äußere Verkrampfung

Allgemeinverhalten
- freundlich, verständnisvoll, einfühlend, hilfsbereit, rücksichtsvoll
- bereit zu Kompromissen
- andere ernst nehmen
- zuhören
- Sympathie zeigen

Allgemeines Diskussionsverhalten
- sicher auftreten, Meinung vertreten, sich selbstsicher geben (nur bedingt nachgiebig gegenüber Einwänden aber: Aufgeschlossenheit zeigen, keinen Starrsinn)
- Anwesende mit Namen ansprechen
- keine deplazierten Bemerkungen oder Fragen
- keine Monologe, knappe und präzise Beiträge
- oberflächliche oder fehlerhafte Argumentation reflektieren
- auf andere eingehen, eigene Interessen zurückstellen können

Sprachverhalten
- knapp, präzise (keine Ausschweifungen, Nebensächlichkeiten)
- keine Superlative
- möglichst kein Räuspern, keine *Ähs*
- Vermeidung von Füllwörtern (sicherlich, letztlich etc.)
- deutliche Aussprache, mittlere Lautstärke, in die Runde schauen, Gesprächspartner ansehen

Achtung: Primär geht es um Ihre Kommunikationsfähigkeit und Ihr Sozialverhalten, Ihre Kompetenz im Umgang mit anderen – also in Sachen *human relations*, erst in zweiter Linie ist das Thema und Ihre inhaltliche Argumentation interessant.

LESE- UND ARBEITSHINWEISE
▷ Kulturtechniken: Aufsätze
▷ Berufseignungs-Testverfahren: Assessment-Center
Mündl. Testverfahren: Kurzvortrag
Konkrete Berichte, u. a. DGP/Freie Bahn dem Tüchtigen, in: *Erlebnisse...*

Not-Lügen aus Not-Wehr

So, wie der Gesetzgeber den Begriff Notwehr kennt, existiert für das Bundesarbeitsgericht der Sachverhalt der Notlüge. Darunter ist zu verstehen, daß bestimmte Fragen im Vorstellungsgespräch, z.B. nach der Zugehörigkeit zu einer politischen Partei, nicht wahrheitsgemäß beantwortet werden müssen, wenn der Bewerber davon ausgehen muß, daß von einer bestimmten Antwort die Vergabe des Arbeitsplatzes abhängen könnte.

Vorausgeschickt werden muß: Bestimmte Fragen und Themen sind im Vorstellungsgespräch – und damit ja eigentlich auch im gesamten Test- und Bewerbungsverfahren – unzulässig. Dazu gehört die Ausforschung der politischen Meinung ebenso wie die Fragen nach gewerkschaftlichem Engagement oder Privatplänen in puncto Heiraten und Familienplanung. Frühere Krankheiten sollten genauso tabu sein wie die Frage nach den Berufen von Eltern, Geschwistern und manchmal auch noch Freunden. Natürlich gibt es auch hier Ausnahmen: Wenn z.B. jemand für die katholische Kirche arbeiten will, ist die Frage des Arbeitgebers Kirche nach seiner Religionszugehörigkeit durchaus zulässig. Einsichtig ist natürlich auch die Frage nach früheren Krankheiten bei Pilotenbewerbern.

In der Alltagsbewerbungssituation ist es aber eher so, daß nahezu jeder Arbeitgeber unzulässige Fragen an die Bewerber stellt. Durch seinen Eingriff in die per Grundgesetz geschützte Privatsphäre des Arbeitssuchenden löst er bei diesem einen nicht zu unterschätzenden Gewissenskonflikt aus.

BERUFSEIGNUNGS-TESTVERFAHREN

Wenn es nicht um Intelligenz, Persönlichkeit oder die Konzentrationsfähigkeit in einem Test geht, dann haben Sie es vielleicht mit einem sogenannten Berufseignungstest zu tun. Diese scheint es für alle Berufe dieser Welt zu geben. Ob Bank oder Büro, Polizei oder Versicherung, jeder wird von den fleißigen Testkonstrukteuren bedient. Ob man in einer Bank arbeitet oder auf einer Bank liegt, der Test verteilt die Rollen: Deutsche Bank oder Park-Bank!

Bank-Test

Der 16jährigen Anna, Realschülerin, rieten alle ab. *Was, Bank? – Kannste vergessen!* Dennoch bewarb sie sich und hat es geschafft.

Wie sehen Banktests aus? Natürlich sind sie nicht alle gleich. Dennoch, auch hier kann man eine Globalbeschreibung geben: Allgemeinwissen (insbesondere über Wirtschaft und Finanzen), eine gute Portion Mathe, vor allen Dingen Rechentextaufgaben (Dreisatz), Rechtschreibüberprüfung, Kurzaufsatz oder auch ein ca. einstündiger Aufsatz.

Hinzu kommen Aufgaben zum logischen Denken und Abstraktionsvermögen, wie

graphische Reihen sinnvoll ergänzen,
herausfinden, welches Element in eine graphische Reihe nicht hereinpaßt,
Wortgleichungen,
Gemeinsamkeiten,
Zahlenreihen, aber auch
Wort- und Sprachverständnis wie
Wortbedeutungen und Satzergänzungen.

Manche Banken lassen Bildergeschichten interpretieren (▷ Persönlichkeits-Testverfahren, Motiv: Motivation), andere legen umfangreiche Statistiken vor und stellen dazu konkrete Fragen. Neu scheint der Trend zu sein, auch Persönlichkeitstests durchzuführen.

Ausführlich beschrieben sind die Erfahrungen bei Bankbewerbungen in dem Kapitel *Bankkauffrau/mann* unseres Buches *Erlebnisse aus 1001 Bewerbung*. Hier noch einige Beispiele zu typischen Bank-Spezialfragen:

Was versteht man unter dem Begriff *Inflation*?
Wie heißen die Währungen der folgenden Länder: GB, I, USA, UDSSR, YU, NL, E, DK, F?
Wer ist die Hüterin der DM?
(Auflösung s. S. 295)

Schauen Sie sich dazu gut die Aufgaben zum Allgemeinwissen (Wirtschaft, Gemeinschaftskunde, Politik) an, ebenso die sog. Intelligenztestaufgaben (hier finden Sie alle oben beschriebenen Aufgabengebiete). Großen Raum nehmen auch die Konzentrations- und Belastungs-Testaufgaben ein. Auch dieses Kapitel sollte gut durchgearbeitet werden. Unter Umständen bekommen Sie es auch noch mit Büro-Tests zu tun.

Wie es beispielsweise bei der *Landesgirokasse* in Stuttgart ganz konkret zuging, berichtete uns ein Bewerber:

Bei diesem Test mußte unter anderem ein *Aufsatz* geschrieben werden. Zur Auswahl hatte man folgende Themen:

1. Was kann die Gesellschaft gegen die Arbeitslosigkeit tun?
2. Wie kann ich meine Chancen nach der Schule verbessern?

Als Zeitgrenze wurden 20 Minuten vorgegeben.

Dann wurde ein Intelligenztest mit der Bezeichnung WIT verwendet.
Bei den Rechenaufgaben mußten die Ergebnisse wie folgt aufgeschrieben werden:

Aufgabe	*Antwortbogen:*
1013 + 5 – 986 – 7 = ?	1 ~~2~~ 3 4 ~~5~~ 6 7 8 9 0
10% von 1000 DM = ?	~~1~~ 2 3 4 5 6 7 8 9 ~~0~~

Es werden also die Zahlen in der Reihe durchgestrichen, die im Ergebnis vorkommen. Die Reihenfolge spielt dabei keine Rolle. Kommt eine Zahl zweimal vor, so wird sie in der Reihe auch zweimal durchgestrichen (siehe 2. Beispiel). Diese Art, das Ergebnis aufzuschreiben, wird für sämtliche Aufgaben benützt.

Eine weitere Aufgabe des Tests bestand darin, daß Lebensschicksale auswendig gelernt werden mußten. Diese Aufgabe verlangte unter anderem auch, daß man aus einer Vielzahl von Fotos bestimmte wiedererkennen mußte, die vor einer Stunde gemeinsam mit den Lebensschicksalen abgebildet worden waren (dient angeblich dazu, herauszufinden, ob man sich bei einem Überfall die Täter einprägen kann, erzählte man uns!).

Am Ende des Tests wurden dann noch ca. 200 Fragen zu oft sehr persönlichen Dingen gestellt, in der Art, wie man sie in Fernsehzeitschriften findet:

1. Ich hatte bei Diskussionen meistens
   o die Autorität meiner Eltern anerkannt
   o dazwischen
   o meine eigene Meinung behalten

2. Ich kann nachts nur schwer einschlafen, weil mich Probleme beschäftigen
   o oft
   o manchmal
   o nie

3. Wenn ich krank im Bett liege,
   o genieße ich dies als eine Art Erholung
   o dazwischen
   o mache ich mir Sorgen, weil ich nicht zur Arbeit erscheinen kann

Aufpassen mußte man bei diesen Fragen auch, weil manche Fragen öfters gestellt wurden, jedoch nicht in der gleichen Art und Weise.

Dieser Test dauert insgesamt etwas mehr als fünf Stunden!!

LESE- UND ARBEITSHINWEISE

▷ Allgemeinwissens-Test
▷ Rechen- und Mathe-Test
▷ Rechtschreib-Test
▷ Aufsätze
▷ Intelligenz-Testverfahren
▷ Persönlichkeits-Testverfahren
▷ Büro-Test
▷ Bankkauffrau/-mann, in *Erlebnisse...*

Im folgenden können Sie die Bank-Testpraxis anhand von drei Erfahrungsberichten studieren:

Starkes Zucken

Ich habe mich kurz vor dem Abitur bei drei verschiedenen Banken um einen Ausbildungsplatz als Bankkauffrau beworben: bei der *Kreissparkasse*, der *Nassauischen Sparkasse* und der *Volksbank*. Die Tests bei der *Kreissparkasse* und der *Nassauischen Sparkasse* glichen sich völlig und waren genauso wie in den Testtraining-Programmbüchern beschrieben.

Bei der *Volksbank*, meinem zukünftigen Brötchengeber, sah die Sache schon etwas anders aus. Wir saßen beim Test mit 40 Leuten an einem großen Tisch, vorne der Personalchef mit seiner Assistentin und einem Mitglied des Vorstands. Jeder bekam etwas zu trinken, und der Personalchef fing erst mal an, von der Bank zu erzählen – nicht ohne darauf hinzuweisen, wie teuer doch so eine Ausbildung sei usw. Dann mußte sich jeder vorstellen, etwas über seine Hobbys und über seine Karrierewünsche erzählen. Bei den Freizeitaktivitäten galt: je ausgefallener, desto besser. Als ich von meinem Hobby, dem Fechten, etwas erzählte, hätte er fast seine (meine) Unterlagen fallenlassen. Er war ziemlich interessiert und hat mit mir fast doppelt solange geredet wie mit meinen Mitbewerbern.

80% der Teilnehmer waren übrigens Abiturienten. Von knapp 400 Bewerbern durften 120 den Test machen, davon kam dann jeder zehnte zum Vorstellungsgespräch und jeder fünfte wurde genommen – klar, natürlich nur Abiturienten.

Der Test war in drei Teile gegliedert:

1. 40 Fragen Vermischtes (von kleinen Matheaufgaben über Rechtschreibung, Allgemeinwissen, Fremdwörter bis zu gemeinen Zahlenreihen war alles dabei). Zeit: 45 Minuten.
2. Kaufmännisches Wissen (Kassenbestand prüfen, zwei voneinander abhängige Tabellen auf darin enthaltene Fehler überprüfen, 15 Namen alphabetisch ordnen und eine mit Fachworten gespickte Geschichte, die man in 9 Teile zerlegt hatte, wieder zusammenbasteln (Zeit: 30 Min.).
3. Ein allseits beliebter Konzentrationstest mit Buchstabendurchstreichen (eine Din-A4-Seite in 2 Min.) und zwei Din-A4-Seiten mit solchen Aufgaben (15 Min.):

   2 + 6 – 4
   5 – 3 + 7   Ergebnis: 4

Ist das Ergebnis der oberen Zeile größer als das Ergebnis der unteren Zeile, muß das Ergebnis der unteren Zeile vom Ergebnis der oberen Zeile abgezogen werden. Ist aber das Ergebnis der oberen Zeile kleiner als das der unteren, muß addiert werden (s. ausführlicher S. 94).

An einem Mittwoch fand der Test statt; zwei Tage darauf bekam ich die Einladung zum Vorstellungsgespräch, das eine Woche später geplant war. Drei Gruppen à vier Bewerber wurden jeweils eingeladen, ich war in der dritten Gruppe. Zuerst mußten wir eine halbe Stunde warten. In der Sitzecke befand sich ein Tisch, auf dem zwei FAZ und zwei Exemplare unserer Lokalzeitung lagen. Ich kann es nicht beweisen, aber ich glaube schon, daß darauf geachtet wurde, ob jemand Zeitung gelesen hat, und wenn ja, welche.

Als es dann soweit war, saßen wir drei Männern gegenüber: Personalchef, Vorstandsmitglied und Bankdirektor. Die drei hatten kleine gelbe Karten in der Hand, auf denen Fragen standen wie:

- Ihr Lebensmotto
- Arbeiten Sie lieber alleine oder in einer Gruppe?
- Teilen Sie Veränderungsvorschläge immer sofort Ihrem Vorgesetzten mit?
- Wie treffen Sie Entscheidungen?
- Haben Sie Vorbilder? Wenn ja, welche?
- Wie lösen Sie Konflikte?
- Was sind Ihre Stärken in der Schule?
- Sollte man immer sagen, was man denkt, auch wenn es Nachteile mit sich bringt?

Die Antworten meiner Mitbewerber waren teilweise haarsträubend! Einer aus meiner Gruppe hat sich besonders schafsmäßig angestellt. Auf die Frage: „Was sind Ihre Stärken in der Schule?“ antwortete er: „Meine Stärke sehe ich in der Gemeindearbeit in unserer Kirche.“ Reaktion des Vorstandsmitgliedes: Ungläubiger Blick, starkes Zucken der Mundwinkel.

Kühlschränke für Eskimos

Ich habe mich als Bankkauffrau u.a. auch bei der *Commerzbank* in Frankfurt beworben. Neben dem üblichen Testverfahren und Bewerbungsgesprächsablauf hatte man sich noch etwas ganz Besonderes ausgedacht. Es galt, eine „unmögliche Sache“ zu verkaufen. Vier Auswahlmöglichkeiten waren vorgegeben:
Verkaufen Sie:

- eine Mitgliedschaft in einem Single-Club an einen Verheirateten
- einen Kopierer an eine Hausfrau mit drei Kindern
- einen Kühlschrank an einen Eskimo
- ein Auto an einen Führerscheinlosen.

Man mußte die gewählte Verkaufssituation mit einem Beurteiler durchspielen, während sich ein Beobachter dazu Notizen machte. Ort und Zeit des Verkaufsgespräches durfte man sich selbst aussuchen. Die Vorbereitungszeit betrug lediglich 5 Minuten.

Ulknudel

Bei der *Dresdner Bank* wurde nach einer kurzen Einführung durch den Ausbildungsleiter ein Aufsatz mit einem politischen Thema abverlangt. Anschließend folgten Dreisatzaufgaben und Rechtschreib-Überprüfung.

Bevor es ins Gruppengespräch ging, mußte jeder einzeln angeben, ob bestimmte Begriffe, die einem genannt wurden (z.B. Erfolg, Ulknudel) für einen eher eine positive, neutrale oder negative Bedeutung haben. Anschließend wurde ich in einen Raum geführt, wo die restlichen Bewerber und drei Betriebsangehörige saßen. Ich mußte mich vorstellen und etwas über meine Person erzählen. Dieser Vortrag sollte 10 Minuten dauern.

Nächste Aufgabe war die Gruppendiskussion: *Stellen Sie sich vor, die Dresdner Bank läßt Sie ein Wochenende zum Zweck des gegenseitigen Kennenlernens verreisen. Legen Sie das Reiseziel und einen Plan mit verschiedenen Aktivitäten fest.*

Büro-Test

Zwei Verfahren empfehlen sich als *Büro-Eignungstest* und machen glauben, sie könnten vorhersagen, ob jemand erfolgreich in einer Bürotätigkeit sein wird oder nicht. Wer kann da schon auf der Seite des Ausbildungsplatz- bzw. des Arbeitsplatzvergebers widerstehen, und so finden sich wenigstens Auszüge aus diesen beiden Tests sehr häufig in den sogenannten Einstellungs- und Eignungstestbatterien wieder.

Sollte die von Ihnen angestrebte Tätigkeit also auch etwas mit Büroarbeit zu tun haben, empfiehlt es sich, die nun folgenden Aufgaben ein wenig genauer anzuschauen. Es ist schon gut möglich, daß Sie Teile oder ganze Aufgabenblöcke bei einem Einstellungstest wiederfinden. Ein vorheriges Üben kann Ihnen da wesentlich helfen, die Situation gut zu überstehen. Einige der Aufgaben haben fast schon einen angenehmen Rätselcharakter und sind beinahe so etwas wie Denksportaufgaben.

Zusätzlich sollten Sie sich mit den gängigen Verfahren zur Überprüfung Ihrer Rechtschreib- und Rechenkünste vertraut machen. Sehr wahrscheinlich sind auch Testaufgaben aus dem Konzentrations-Leistungs-Bereich.

1. Karteikarten sortieren

Krankenhausverwaltung: In ein imaginäres Karteikartensystem sind, dem Alphabet entsprechend, die Familiennamen von Patienten einzusortieren. Schreiben Sie hinter jeden Namen die Nummer des Karteikastens, in der der Krankenbericht abzulegen wäre.

Beispiel: Prestin – dieser Name gehört in den Karteikasten Nr. 20.

Tragen Sie hinter die nun folgenden 40 Namen jeweils die richtige Nummer des Karteikastens ein. Sie haben 2 Minuten Zeit:

Dronsek	Schmidt	K. Jahn	Ottwin
Hensing	Popelske	Gutjahr	Müller, R.
Großkopf	Semmle	Schmidt	T. Tetzlaff
Durotin	Lietz	Zappa	Trist
Bork	Zungk	Aspan	Durst
Adam	Leber	Isidor	Kotzwinkle
Cichon	Sellner	Willand	Rumold
Franzke	Horn	Fischer	Franke
Ruthe	Lauer	Cross	Nordin
Müller	F. Noelle	Wertmann	K. Rast

1 Aa-Az	2 Ba-Bj	3 Bk-Bz	4 C	5 Da-Dm	6 Dn-Dz	7 Ea-Ez
8 F	9 Ga-Gm	10 Gn-Gz	11 Ha-Hj	12 Hk-Hz	13 I-J	14 Ka-Kz
15 La-Lz	16 Ma-Mf	17 Mg-Mo	18 Mp-Mz	19 N-O	20 P-Q	21 R
22 S	23 Ta-To	24 Tp-Tz	25 U	26 V-W	27 X-Y	28 Z

2. Adressen prüfen

Sie sehen eine Original-Adressenliste und deren Abschrift. Die Abschrift muß mit dem Original verglichen werden, die Fehler sind zu unterstreichen und pro Abschriftzeile insgesamt auszuzählen.

Beispiel:

Original		Telefon	
1. Christa Möller	1 Berlin, Im Strehling 2	83425	
2. Manfred Schwarz	6 München, Mondweg 10	48213	
Abschrift			**Fehler**
1. Christa Müller	1 Berlin, Am Strehling 2	83425	2
2. Manfred Schwerz	5 München, Mondweg 10	48218	3

Sie haben für dieses kurze Testbeispiel 3 Minuten Zeit.

Original		Telefon
1. Jens Schubmann	2211 Herxheim, Schulstr. 1	21255
2. Klara Bott	7547 Königsbach, Hauptstr. 4	7548
3. Martin Jung	5721 Karlsbad, Am Stadttor 2	25629
4. Klara Seglitz	6871 Meistern, Kirschenallee 9	99188
5. Max Höflich	9110 Berchtesgaden, Salzberg 3	689365
6. Ida Modersohn	6740 Wibbesee, Goethestr. 12	890023
7. Horst Schlumpf	4711 Duftheim, Gartenstr. 59	700813
8. Paul Hoffmann	4618 Hersfeld, Kirchstr. 8	814700
9. Natalia Feld	8591 Gröben, Neuwiesenstr. 21	467199
10. Fred Feuerstein	3570 Freudenthal, Wilmastr. 1	466664

Abschrift			Fehler
1. Jens Schupmann	2211 Herxheim, Schulstr. 1	21255	
2. Klara Bott	7548 Königsbach, Hauptstr. 4a	7548	
3. Martin Junk	5721 Karlsbad, An Stadttor 2	25628	
4. Klara Seglitz	6871 Meistern, Kirschenallee 9	99188	
5. Max Höflich	9120 Berchtesgaden, Salzburg 3	689365	
6. Ida Madersohn	6740 Wibbese, Goethestr. 12	890023	
7. Horst Schlumpf	4711 Duftheim, Gartenstr. 59	701813	
8. Paul Hoffmann	3618 Hersfeld, Kirchstr. 8	814700	
9. Natalia Feld	8591 Gröben, Nauwiesenstr. 21	467299	
10. Fred Feuerstein	3470 Freudenhal, Wilmastr. 1	466644	

3. Summen prüfen

Bei dieser Aufgabe ist die Richtigkeit von Additionen zu überprüfen. Sie sollen vier 2-stellige Zahlen jeweils von links nach rechts in der Zeile addieren und das Ergebnis, das am Rand notiert ist, überprüfen sowie von oben nach unten beide Zahlen addieren und das vorliegende Ergebnis überprüfen. Sind alle Zahlen richtig zusammengezählt, können Sie die Aufgabe abhaken. Falsche Ergebnisse sind durchzustreichen.

Beispiele:	12	17	=	29	68	14	=	~~72~~
	15	11	=	26	23	55	=	~~71~~
	27	28			91	~~68~~		

Für diese Testbeispielaufgaben haben Sie 2 Minuten Zeit.
Aufgaben:

1.	67	13	=	80	6.	51	9	=	70
	51	43	=	93		22	47	=	69
	127	56				83	56		
2.	34	61	=	95	7.	92	4	=	96
	18	44	=	61		7	63	=	80
	52	104				98	67		
3.	9	82	=	91	8.	29	11	=	50
	28	29	=	59		30	37	=	67
	47	111				59	49		
4.	33	44	=	67	9.	41	12	=	43
	66	26	=	92		14	21	=	35
	99	70				55	32		
5.	13	33	=	46	10.	22	44	=	66
	25	41	=	66		19	47	=	65
	38	74				43	91		

4. Rechtschreibungskorrekturen

Bei dieser Aufgabe sollen Sie herausfinden, welche Wörter richtig und welche falsch geschrieben sind. Ein r neben dem Wort bedeutet, daß es richtig geschrieben ist. Sollte das Wort falsch geschrieben sein, schreiben Sie das Wort richtig daneben. Sie haben 2 Minuten Zeit.

1. Porzellanfigur
2. viel Böses
3. Fillialleiter
4. Meßaperat
5. nach schlagen
6. Tage lang
7. verpulfern
8. alles liebe
9. Quahl
10. offerieren
11. bößartig
12. des abends
13. Teeke
14. Telegrambote
15. Marokkaner
16. Ilustrierte

17. Notitzblock
18. Risiko
19. Perückenteil
20. zum Essen
21. Eidechsenweibchen
22. Athlet
23. Puplikumserfolg
24. Luksus
25. Ackord
26. Fahradwerkstadt
27. Bibliothekarin
28. Kohlweißlinge
29. Chausseebaum
30. Rubrik

5. Zeichensetzung

Hier müssen Sie sich entscheiden, ob an der vorgegebenen Stelle ein Komma zu setzen ist oder nicht (Zeit: 2 Min.).

Beispiel: Ich glaube ( ) daß der Sommer dieses Jahr ( ) schön werden wird.

Lösung: Ich glaube (,) daß der Sommer dieses Jahr (0) schön werden wird.

Für die folgenden 10 Aufgaben haben Sie 2 Minuten Zeit.

1. Für eine baldige Zusage ( ) wäre ich Ihnen sehr verbunden.
2. Aus diesem Grund sind gerade deshalb Pinguine geeignete Testobjekte für das Studium von Ausmaß ( ) Dauer und Bedingungen der Kältegewöhnung.
3. In der Bundesregierung hält sich leider niemand ( ) nicht einmal der ( ) Bundeskanzler ( ) für kompetent ( ) um eine derartige Prognose zu wagen.
4. Seine einzige Unterstützung bestand in dem Funkgerät ( ) falls dieses überhaupt funktionieren würde.
5. Am Aktienmarkt überwogen die Gewinne ( ) was namentlich für die Autopapiere und Chemiewerte galt.
6. Bei Vertragsabschluß ist es am besten ( ) alle gewünschten Zusätze schriftlich sich bestätigen zu lassen.
7. Die unmittelbare Nähe des Meeres ( ) garantierte immer eine frische Brise ( ) und versprach bei starker Hitze Kühlung.
8. In Zusammenhang mit den steigenden Produktionszahlen ( ) können auch die inländischen Unternehmen ( ) allen voran unsere Firma ( ) größere Aufträge verbuchen.
9. Wir hoffen ( ) mit diesem Buch sehr ( ) ein deutlicheres Bewußtsein für die Lage der Auszubildenden geschaffen zu haben.
10. Wir hoffen sehr ( ) nun allseits ( ) Unterstützung zu finden.

6. Textaufgaben (Rechnen)

Auch hier die obligatorischen Textaufgaben. Drei sollen uns genügen (Zeit: 2 Min.).

1. Die Telefongebühr für 20 Sekunden Sprechzeit mit dem Ausland kostet DM –,50. Wie teuer wird ein Gespräch von 5 Minuten Dauer sein?

2. Wenn in einem Jahr in einem Ort 900 Kinder geboren werden und 495 davon Jungen sind, wieviel Prozent sind das?

3. Der Sohn verdient 15% weniger als der Vater und die Tochter verfügt über ein 10 %-iges Mehreinkommen als der Vater. Wie groß ist das Familien-Gesamteinkommen unter Berücksichtigung, daß der Vater DM 800,– verdient?

7. Dienstplan

Ein Taxibetrieb beschäftigt 25 studentische Taxi-Aushilfsfahrer. Jede/r von ihnen ist nur einmal in der Woche in der Lage, eine Schicht zu leisten. Es gibt zwei Schichten: Tagsüber und nachts. Stellen Sie einen Dienstplan auf, der berücksichtigt, daß zehn Taxifahrer keinen Tagesdienst und acht keinen Nachtdienst machen können. Einige Taxifahrer können Tages- und Nachtdienst machen. Der Tagesdienst soll mit zwei Fahrern besetzt werden, der Nachtdienst mit drei.

Der Wochenplan, den Sie aufstellen sollen (von Montag bis Freitag), muß alle Namen der Taxifahrer einmal berücksichtigen, wobei niemandem zugemutet werden darf, der keinen Tages- bzw. Nachtdienst macht, einen solchen übernehmen zu müssen.

Für diese Aufgabe gibt es keine Beispielanleitung. Nachstehend die Liste der Namen (mit dem Vermerk T = kein Tagesdienst bzw. N = kein Nachtdienst möglich).

Zeit: 5-10 Min.

Anna	T	Karl	N
Andreas	N	Karin	T
Birgit		Katrin	N
Bernd	T	Ludwig	T
Berta		Mailin	
Detlev	N	Nora	N
Doris	N	Palja	
Dagmar		Robert	T
Erik	T	Susanne	N
Else		Sonja	
Fritz	N	Sabine	T
Gabi	T	Renate	T
Heinz	T		

8. Barauszahlung

Fünf Geldbeträge, aufgeführt im Anhang, sollen Sie bar in einer Lohntüte auszahlen. Welche Geldsorten benötigen Sie unter der Voraussetzung, daß Sie den genauen Betrag im möglichst wenigen Geldstücken bzw. Scheinen ausbezahlen?

Zeit: 1 Min.

DM 2555,55
DM 1420,00
DM 685,00
DM 310,30
(Denken Sie sich doch einfach ein paar weitere Beträge aus!)

9. Gleichmäßiges Verteilen und Ordnen

Auf 10 Karteikästen soll eine große Menge von Karteikarten gleichmäßig verteilt werden. Dabei sind die Karteikarten nach den Anfangsbuchstaben der Kundennamen geordnet in die Karteikästen abzulegen. Bei einer Vorabdurchsicht haben Sie feststellen können, daß einzelne Buchstaben des Alphabets (die Anfangsbuchstaben der Kunden) prozentual unterschiedlich oft vertreten sind (siehe Aufstellung). Der Buchstabe Q zum Beispiel ist überhaupt nicht vertreten. Wie müssen die restlichen 25 Buchstaben des Alphabets auf 10 Karteikästen verteilt werden, wenn man die Bedingung wahren will, daß jeder Karteikasten die gleiche Menge von Karteikarten aufnimmt?

Von den Kundennamen, die auf Karteikarten stehen und in die 10 Kästen zu sortieren sind, beginnen jeweils:

2,5 %	mit dem Anfangsbuchstaben	D,F,H,I,J,K,N,P,R,T,V,W
3,33 %	mit dem Anfangsbuchstaben	Z,X,Y
5 %	mit dem Anfangsbuchstaben	M,B,E,C,L,O,S,U
10 %	mit dem Anfangsbuchstaben	A,G

Achten Sie auf die Bedingung, daß jeder der Karteikästen die gleiche Menge an Karteikarten enthalten muß (Zeit: 5–10 Min.).

Bitte die Lösung hier eintragen:

Buchstaben

1. Karteikasten
2.
3.

usw.

10. Wegeplan

Sie haben von der Zentrale Ihrer Firma aus Ihre 6 Filialen (A,B,C,D,E,F) über ein aktuelles Sonderangebot zu informieren. Leider ist Ihr Telefon- und Telexanschluß in der Firmenzentrale kaputt. Einige der Filialen sind telefonisch nicht erreichbar, andere haben ein Telefon (alle mit T gekennzeichneten Filialbetriebe). Sie müssen mit einem Auto die Filialen ohne Telefon abfahren. Die Wegezeiten stehen fest (siehe Zeichnung, Telegramm geht nicht!). Die Zeiten für das Überbringen der Nachricht – ob persönlich oder am Telefon – ebenso (3 Minuten). In welcher Reihenfolge gehen Sie vor und wieviel Zeit brauchen Sie, bis Sie wieder in Ihr Büro zurückgekehrt sind?

Bearbeitungszeit für diese Aufgabe: 5-10 Min.

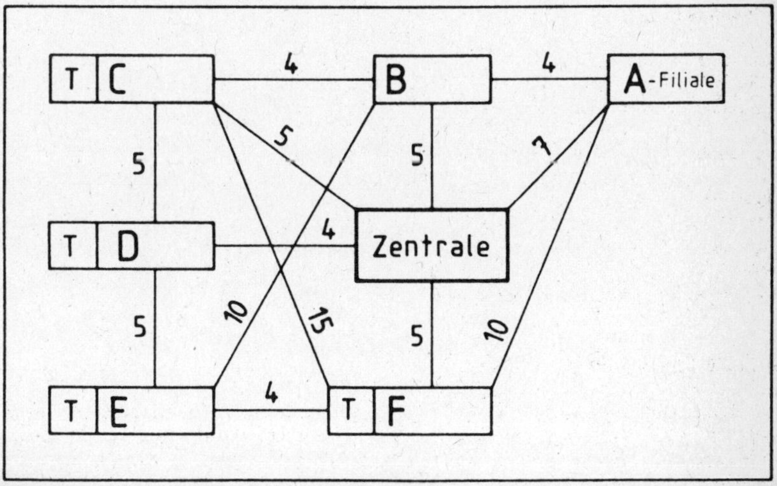

11. Post-Aufgabe

Vom Mittelpunkt der Welt, also von Hannover aus, sind verschiedene Postsachen (Briefe, Telegramme, Pakete) zu verschicken. Die Aufgabe besteht darin, die Post- bzw. Frachtgebühr anhand von Tabellen zu ermitteln. Durch unterschiedliche Beförderungsarten (z.B. Eilzustellung) wird alles etwas komplizierter. Hinzu kommt noch, daß just in dem Augenblick, in dem Sie an die Arbeit gehen, eine Tarifänderung ins Haus steht. Aber sehen Sie selbst:

Beförderungsgegenstände	Tarifwert
Drucksache	1
Postkarte	2
Brief	3
Telegramm	4
Päckchen (bis 2000g)	5
Paket (bis 5000g)	6
(über 5kg – 10kg)	7
(über 10kg – 15kg)	8

Bestimmungsorte	
A	10 km von Hannover aus
B	20 km
C	50 km
D	100 km
E	150 km
F	180 km
G	200 km
H	400 km
I	900 km
J	1000 km

Kilometer-Tarife

Entfernung	Tarifwert
0 – 10 km	1
über 10 – 50 km	2
über 50 – 100 km	3
über 100 – 500 km	4
über 500 – 1000 km	5
über 1000	6

Beförderungsart	Tarifwert
Luftpost	3
Eilzustellung	5
Auslandszuschlag	4

Tarife

Tarifwerte	bis 31.12.	ab 1.1.
1	0,50 GE	0,70 GE (=Gebühreneinheit)
2	0,90	1,0
3	1,20	1,50
4	2,20	2,50
5	2,50	2,80
6	3,00	3,40
7	3,50	3,90
8	4,00	4,50
9	4,70	5,00
10	5,10	5,60
11	5,90	6,10
12	6,80	7,10
13	7,50	7,90
14	8,10	8,50
15	8,90	9,70
16	10,00	10,40
17	10,50	10,80

18	12,50	13,00
19	15,00	18,00
20	18,50	18,90
21	19,20	19,60
22	20,40	20,90
23	21,70	22,00
24	22,20	22,60
25	22,90	23,10

1. Beispiel:
Ein Brief soll am 31. 12. von Hannover aus nach D. geschickt werden. Wie hoch ist die anfallende Gebühreneinheit?

Brief	Tarifwert 3	
nach D 100 km	+ 3	
	= 6	am 31. 12. = 3,00 GE

2. Beispiel:
Ein Telegramm soll am 1. 1. von Hannover nach I geschickt werden.

Telegramm	Tarifwert 4	
nach I 900 km	+ 5	
	= 9	am 1. 1. = 5,00 GE

Für 10 Aufgaben (wie hoch ist jeweils die GE?) haben Sie 3 Minuten Zeit.

1. Ein Brief soll am 30. 12. per Luftpost nach E geschickt werden.
2. Ein 1100 g schweres Päckchen soll ins Ausland nach H geschickt werden (vor dem 1. 1.).
3. Ein Paket muß per Eilzustellung am 30. 12. in C sein. Es wiegt 4,9 kg.
4. Eine Postkarte wird am 2. 1. ins Ausland nach J. geschickt.
5. Ein Telegramm soll nach H ins Ausland am 31. 12. geschickt werden.
6. Ein 5,5 kg schweres Eilzustellungs-Paket soll per Luftpost ins Ausland am 5. 1. nach J. versandt werden.
7. Eine Drucksache soll mit Auslandszuschlag am 2. 1. nach E. geschickt werden.
8. Ein Luftpost-Eilzustellungspäckchen von 800 g soll ins Ausland geschickt werden, am 3. 1. nach H.
9. Am 1. 1. soll eine Postkarte nach B per Eilzustellung den Empfänger erreichen.
10. Ein Eilzustellungs-Luftpostpaket (15 kg) soll am 30. 12. ins Ausland nach G versandt werden.

LESE- UND ARBEITSHINWEISE

▷ Kulturtechniken: Rechen- und Mathe-Test
▷ Rechtschreib-Test

EDV-Test

Sollten Sie sich bei einer Bewerbung im EDV-Bereich bzw. für eine Umschulung in diese Sparte einem Test unterziehen müssen, könnten Ihnen Aufgaben der folgenden Art begegnen:

1. Aufgabe

Überprüfen Sie, ob die Zahlen 78 und 87 in den folgenden Matrizen enthalten sind (Sinn: Zahlen heraussuchen). Markierungen im Text sind nicht erlaubt.

Lösungsmöglichkeiten: 1: nur 78 enthalten
2: nur 87 enthalten
3: 78 und 87 sind enthalten
4: weder 78 noch 87 sind enthalten

Beispiel:

66	24	56	14	67
22	47	76	89	29
11	45	56	10	78
99	88	85	86	89

Lösung: 1 (78 ist in der Matrize enthalten)

a)

99	51	50	14	33	16	96	76
67	22	81	06	73	72	22	70
29	91	12	86	14	18	38	86
28	19	18	87	75	85	60	55
84	35	14	50	03	75	46	35

b)

98	55	44	24	33	16	97	76	26
29	91	12	86	14	18	38	86	73
28	19	18	87	75	85	60	55	24
84	35	14	50	23	75	46	35	78
12	54	77	56	32	51	75	92	42

Diese Form von zu zweit stehenden Zahlengruppen war die einfachste Variante – berichtet ein Bewerber. Als Verschärfung sollte man z. B. die Zahlen 87 und 78 aus umfangreicheren, größeren Matrizen heraussuchen (die Schriftgröße blieb gleich).

Steigerung:

c) 4805284222316456
2610281386798849
6438874068151653
9838854321094814
7067852237166520

Die Zahlen stehen ohne Zwischenräume. Waren 87 und 78 vorher Zweiergruppen, so können sie bei dieser Variante auch *versetzt* untereinander stehen. Der Suchvorgang dauert also bei dieser Form der Aufgabe erheblich (im Vergleich) länger.

Als Verschärfung wurden die Matrizen von Aufgabe zu Aufgabe deutlich größer (= umfangreicher). Die Schrift blieb in ihrer Größe gleich. Ca. 22 Aufgaben in 6 Minuten.

2. Aufgabe

Ergänzen Sie die Kästchenreihe. Sinn: Reihen und Systeme erkennen. Etwa 45 Aufgaben in 30 Minuten (im Stil von Logik-Tests).

Beispiel:

x	y	z
y	z	x
x	y	

Lösungsmöglichkeiten:

a) x b) y c) xz d) xy e) z f) xyz

Lösung: e (x und y kommen je 3 mal vor, z nur zweimal)

Der Schwierigkeitsgrad steigt von Aufgabe zu Aufgabe. Bei obigem Beispiel kann man das fehlende Element ermitteln, indem man einfach abzählt, wie *oft* ein Zeichen jeweils vorkommt. Es reicht also *ein* Kriterium, nämlich die *Häufigkeit.*

Die Schwierigkeit wird nun gesteigert, indem *Art* und *Anzahl* der Systematisierungskriterien nach einigen Aufgaben jeweils zunehmen. Es muß also mit der Zeit auf immer mehr (und häufig andere) Kriterien geachtet werden, z.B. *Lage, Form, Anordnung, Schraffur, Größe, Dichte, Verschiedenartigkeit, Häufigkeit* (als Beispiel).

Das bezieht sich sowohl auf alle Kästchen (wie häufig kommt ein Element vor?) als auch auf einzelne Kästchen (wie viele Punkte oder Striche gibt es in den einzelnen Teilkästchen?)

LESE- UND ARBEITSHINWEISE

▷ Logik-Wissens-Test

Tips für das Ergänzen graphischer Reihen, in: *Testraining* S. 115ff.

3. Aufgabe

Ermitteln Sie den richtigen Wochentag.

Einfachste Version
Heute ist Montag. Welcher Tag ist drei Tage nach gestern?

Lösung: Mittwoch (gestern war Sonntag; 3 Tage dazu = Mittwoch)

Oder: Vorgestern war 5 Tage vor Sonntag. Welchen Tag haben wir heute?

Lösung: Donnerstag (wenn vorgestern 5 Tage vor Sonntag war, so muß heute 3 Tage vor Sonntag sein = Donnerstag)

Oder: Übermorgen ist der 4. Tag nach Samstag. Welcher Tag war vorgestern?

Lösung: Samstag (wenn übermorgen der 4. Tag nach Samstag ist, so ist heute der 2. Tag, nämlich Montag. 2 Tage zurück = Samstag)

Bei Aufgaben dieses Schwierigkeitsgrades muß man lediglich die Wochentage abzählen, d.h. man hat einen Wochentag als Anhaltspunkt und kann die Tage einfach (an den Fingern) abzählen, aber selbst dabei gibt es Klippen.

A.

a) Heute ist Mittwoch. Welcher Tag ist 4 Tage nach gestern?
b) Vorgestern waren es 3 Tage vor Freitag. Welchen Tag haben wir heute?
c) Übermorgen ist der 3. Tag nach Montag. Welcher Tag war vorgestern?
d) Morgen sind es noch 4 Tage bis Sonntag. Welcher Tag ist übermorgen?
e) Gestern waren bis Sonntag noch 5 Tage. Welcher Tag ist morgen?
f) Der Tag, der vor vorgestern lag, liegt 3 Tage nach Samstag, Heute ist also...?
g) Übermorgen in einer Woche ist zwei Tage vor Dienstag. Vorgestern war...?
h) Vorgestern waren es 3 Tage vor Dienstag. Welchen Tag haben wir nach übermorgen?
i) Der Tag nach übermorgen liegt 5 Tage vor Freitag. Heute ist...?
j) 2 Tage vor vorgestern war Dienstag. Welcher Tag wird übermorgen sein?
k) Wenn 3 Tage vor gestern Mittwoch war, welcher Tag wird morgen sein?
l) Übermorgen ist 5 Tage vor Freitag. Welcher Tag war gestern?
m) Welcher Tag war vorgestern, wenn der Tag nach übermorgen zwei Tage vor Samstag liegt?

1. Variante

Die Tage werden numeriert und mit einer Ordnungszahl (1,2,3...) versehen. In jeder Aufgabe wird ein Wochentag als Basistag bestimmt (immer verschieden).

Relativ leichtes Beispiel:
Der 3. Tag der Woche ist Mittwoch. Heute ist der 6. Tag der Woche. Welcher Tag ist morgen?

Lösung: Sonntag (wenn der 3. Tag der Mittwoch ist, so ist der 6. Tag ein Samstag. Morgen wäre also Sonntag. Basistag, also der 1. Tag, wäre Montag.)

Oder:
Der 7. Tag der Woche ist Freitag. Wenn übermorgen der 5. Tag ist, welcher Tag war der 2. Tag vor vorgestern?

Lösung: Donnerstag (wenn Freitag der 7. Tag ist, so ist der 5. Tag ein Mittwoch, dieser wäre übermorgen. Heute wäre also ein Montag. Vorgestern wäre ein Samstag, zwei Tage davor wäre Donnerstag. Alles logisch!)

Bei diesen Aufgaben muß man den 1. Tag der Woche, den Basistag, herausfinden. Man kann dann anhand der Ordnungszahlen abzählen und schließlich wieder den Wochentag zuordnen. Es ist also ein kleiner Umweg erforderlich.

Mo	1	5
Di	2	6
Mi	3	7
Do	4	1
Fr	5	2
Sa	6	3
So	7	4

Diese Variante muß natürlich im Kopf erfolgen, denn Notizen sind nicht erlaubt.

Dazu einige Aufgaben:

B.

a) Heute ist der 5. Tag. Welcher Tag ist übermorgen, wenn Samstag der zweite Tag ist?
b) Samstag ist der 4. Tag. Wenn vorgestern der 7. Tag war, welcher Tag wird in 4 Tagen sein?
c) Montag ist der 3. Tag. Wenn zwei Tage vor vorgestern der 5. Tag war, welcher Tag ist heute?

2. Variante (schwerer):

Die Reihenfolge der Wochentage wird umgedreht, sie zählen rückwärts.
Statt So-Mo-Di-Mi-Do-Fr-Sa gilt nun So-Sa-Fr-Do-Mi-Di-Mo!

Beispiel:
Die Wochentage zählen rückwärts. Wenn gestern Samstag war, welcher Tag wird morgen sein?

Lösung: Donnerstag (gestern war Samstag, also ist heute Freitag und morgen Donnerstag. Einfach rückwärts zählen!)

So	Sa	Fr	Do	Mi	Di	Mo
	gestern		morgen			
		heute				

Oder:
Die Wochentage zählen rückwärts. In drei Tagen haben wir Donnerstag. Welcher Tag ist zwei Tage vor morgen?

Lösung: Montag (in drei Tage ist Donnerstag, heute wäre demnach Sonntag, morgen wäre Samstag, zwei Tage zurück = Montag! – rückwärts gezählt!)

Mo	So	Sa	Fr	Do	Mi	Di	Mo	So
2 Tage vor morgen	heute	morgen	in 2 Tagen	in 3 Tagen				

C.

a) Ein Tag vor vorgestern war Montag. Welcher Tag wird übermorgen sein?
b) Wenn 3 Tage vor morgen Samstag war, welcher Tag wird übermorgen sein?
c) In 4 Tagen ist Sonntag. Welcher Tag ist 3 Tage vor übermorgen?

3. Variante (Verschärfung):

Die rückwärts zählenden Wochentage werden numeriert, d. h. wenn *Montag der 1. Tag* ist, so ist *Sonntag der 2. Tag* und *Dienstag der 7. Tag*! Die Numerierung erfolgt in jeder Aufgabe neu.

Beispiel:
Die Wochentage zählen umgekehrt. Wenn übermorgen der 5. Tag ist, welcher Tag ist dann gestern, wenn der 6. Tag ein Sonntag ist?

Lösung: Donnerstag (der 6. Tag ist Sonntag; der 5. Tag, also übermorgen, wäre ein Montag; wenn übermorgen Montag ist, so ist heute Mittwoch; gestern Donnerstag!)

So	Sa	Fr	Do	Mi	Di	Mo	So	Sa
				heute		über-		
			gestern			morgen	6. Tag	

D.

a) Der 5. Tag ist Freitag. Ein Tag vor vorgestern war der 3. Tag. Welcher Tag wird morgen sein?
b) Heute ist Dienstag. Wenn 3 Tage nach gestern der zweite Tag ist, welcher ist dann der 5. Tag?
c) Vorgestern war der 2. Tag der Woche. Welcher Tag wird in 3 Tagen sein, wenn vor 4 Tagen Donnerstag war?

Wer glaubt, damit wäre diese Aufgabenart ausgereizt, der irrt sich. Es gibt noch weitere Verschärfungen!

4. Variante (neue Schikane):

Die Reihenfolge der Wochentage wird verschoben.
Statt So-Mo-Di-Mi-Do-Fr-Sa heißt es nun:
erst die ungeraden, dann die geraden Tage: So-Di-Do-Sa-Mo-Mi-Fr.
Diese Reihenfolge ist zwingend für die weiteren Aufgaben!

Beispiel:
Wenn vorgestern ein Samstag war, welcher Tag wird übermorgen in drei Tagen sein?

Lösung: Samstag (vorgestern war Samstag; heute ist also ein Mittwoch, übermorgen ein Sonntag. Drei Tage dazu = Samstag)

Dieses Beispiel ist nicht gut. Deshalb noch einmal ein anderes:

Wenn heute Freitag ist, welcher Tag war 5 Tage vor übermorgen?

Lösung: Samstag (übermorgen ist Dienstag, 5 Tage zurück = Samstag)

E.

a) In 3 Tagen wird Freitag sein. Welcher Tag war 2 Tage vor vorgestern?
b) Wenn 4 Tage vor übermorgen Mittwoch war, welcher Tag ist heute?
c) Welcher Tag wird 2 Tage nach übermorgen sein, wenn 3 Tage vor gestern Montag war?

5. Variante (verschärfte Schikane):

Die Wochentage werden wieder numeriert, d.h. die neu definierte Reihenfolge So-Di-Do-Sa-Mo-Mi-Fr bleibt, und irgendein Tag wird jeweils wieder zum Basistag bestimmt.

Beispiel:
Gestern war der 3. Tag, Sonntag ist der 6. Tag. Welcher Tag ist morgen?

Lösung: Freitag (wenn Sonntag der 6. Tag ist, so ist, wenn gestern der 3. Tag war, heute der 4. Tag und morgen der 5. Tag = Freitag)

Oder:
Übermorgen ist der 6. Tag. Welcher Tag ist heute, wenn der 5. Tag 3 Tage vor Freitag liegt?

Lösung: Donnerstag (wenn übermorgen der 6. Tag ist, so ist heute der 4. Tag. Basistag ist Freitag; 4. Tag Donnerstag)

2. Tag	3. Tag	4. Tag	5. Tag	6. Tag	7. Tag	1. Tag	2. Tag	3. Tag
So	Di	Do	Sa	Mo	Mi	Fr	So	Di

F.

a) Übermorgen ist der 4. Tag. Dienstag ist der 7. Tag. Welcher Tag war gestern?
b) 2 Tage vor gestern war der 6. Tag. Donnerstag ist der 4. Tag. Welcher Tag ist 2 Tage vor morgen?
c) Heute ist der 3. Tag. Wenn Sonntag 2 Tage nach dem 5. Tag liegt, welcher Tag war dann vorgestern?

6. Variante (die Super-Schikane):

Beibehaltung der Reihenfolge ungerade – gerade; Beibehaltung der Numerierung, aber die Wochentage verlaufen in umgekehrter Richtung (rückwärts).
Es gilt also jetzt: Fr-Mi-Mo-Sa-Do-Di-So.

Der 1. Tag wird jeweils in der Aufgabe bestimmt. Ist also z.B. der 2. Tag ein Freitag, so ist der 1. Tag ein Sonntag und der 3. Tag ein Mittwoch.

Beispiel:
Die Reihenfolge der Wochentage zählt umgekehrt. Der 2. Tag ist Freitag. In 4 Tagen wird der 7. Tag sein. Welcher Tag ist heute?

Lösung: Mittwoch
Fr-Mi-Mo-Sa-Do-Di-So (2. Tag Freitag; in 4 Tagen ist der 7. Tag: Dienstag; 4 Tage zurück = Mittwoch)

G.

a) In 2 Tage ist der 6. Tag. Samstag ist der 4. Tag. Welcher Tag war vorgestern?
b) Vorgestern war der 4. Tag. Donnerstag liegt 2 Tage nach dem 5. Tag. Welcher Tag wird übermorgen sein?
c) Der 5. Tag ist Dienstag. Welcher Tag ist morgen, wenn vor 2 Tagen der 1. Tag war?

Wir hoffen, keine Variante vergessen zu haben. Ansonsten fällt uns zu diesem Aufgabentyp nur noch etwas aus der Bibel ein: *...da schied Gott das Licht von der Finsternis und nannte das Licht Tag und die Finsternis Nacht. Da ward aus Abend und Morgen der erste Tag* (1. Mose 4).

Weiterhin kann man bei EDV-Tests mit Zahlenreihen und Textaufgaben rechnen – im doppelten Wortsinn. Ausführliche Beschreibungen bitten wir in den entsprechenden Kapiteln dieses Buches nachzulesen. Hier nur zwei kurze Textaufgaben-Beispiele:

Ein Vater trinkt im Monat 120 l Bier. Er trinkt genauso viel wie Frau und Sohn zusammen. Seine Frau trinkt monatlich 60% des Bierkonsums ihres Mannes. Wieviel Liter trinkt der Sohn?

Eine Strecke A – B ist 720 km lang. Ein Zug fährt von A nach B in 3 Stunden. Ein zweiter Zug fährt von B nach A in 6 Stunden. Nach wievielen Kilometern (von A aus gerechnet) treffen sie sich?

LESE- UND ARBEITSHINWEIS

Zahlenreihen, in: *Testtraining...*, S. 140

Führungskräfte / Manager-Test (ACT)
Assessment-Center

Ein Bewerber berichtet:

Zu sechst waren wir in einer Höhle eingeschlossen. Das Wasser stieg unaufhaltsam, nur einer von uns konnte gerettet werden. Man gab uns 30 Minuten, um zu entscheiden, wer der Glückliche sein sollte. Als die Gruppe sich schließlich auf den Jüngsten geeinigt hatte, zog ich meine – natürlich nur in der Phantasie existierende – Pistole und erzwang mir den Weg in den Rettungskorb. Der Personalpsychologe beendete mit einer knappen Handbewegung das aus dem Stand von uns abverlangte Rollenspiel. Mißtrauisch blickten mich meine Mitspieler im Konferenzraum der *Colonia-Versicherung* an: Ob der im wirklichen Leben auch so brutal ist?

Wir waren Bewerber um eine Ausbildung im Außendienst der *Deutschen Ärzteversicherung*, die zur *Colonia*-Gruppe gehört. Schon beim ersten Auswahlgespräch hatte man uns aufgefordert, an einem neuartigen Eignungstest teilzunehmen: dem *Assessment-Center*. Das Wort war mir bisher noch nie untergekommen.

Begonnen hatte dieser Testtag mit dem *Gebrauchtwagen-Test*: Jeder mußte anonym aufschreiben, wem aus der Gruppe er am ehesten einen Gebrauchtwagen abkaufen würde. Damit sollte getestet werden, wer besonders vertrauenswürdig wirkt. Aus Taktik stimmte ich für jemanden, den ich eher unsympathisch fand.

Später saß ich einem Mitbewerber gegenüber. Ich sollte herausfinden, ob er schon einmal seine Frau betrogen hatte. Mein Mitbewerber durfte nicht merken, worum es in dem Gespräch ging. Ich plauderte mit ihm über Partys und Alkohol. Nach einer Viertelstunde hob ich den Arm: Ich war mir ganz sicher – er hatte seine Frau noch nie betrogen. Er war übrigens überzeugt, daß ich in unserem Gespräch feststellen wollte, ob er ab und zu mal einen über den Durst trinkt.

Mittags gingen wir zum Essen in ein gutes Restaurant. Da saßen wir nun um den Tisch: sechs Bewerber um die 30, ein Personalpsychologe, vier Versicherungsmanager. Drei Gerichte standen zur Auswahl: ein rustikales Steak, eine Geflügelkeule und ein kompliziertes Fischgericht. Ich grübelte: War dies Essen nun vielleicht auch ein Bestandteil des Tests?

In der Testauswertung am späten Nachmittag zeigten sich die Versicherungs-Manager sehr angetan von meinem Verhalten bei Tisch: Als einziger hatte ich Fisch gewählt, keine Gräte war mir im Halse stecken geblieben.

Die Prüfer waren beeindruckt von meiner Durchsetzungsfähigkeit und meinem *Biß*: Doch beide Eigenschaften machten sie mir auch zum Vorwurf: Ich hätte es darauf angelegt, mich um jeden Preis durchzusetzen – sie aber suchten jemand, der auch anpassungsfähig mit Geschäftspartnern umgehen konnte.

Trotzdem bekam ich ein Angebot – unter einer Bedingung: Die Manager wollten mich gerne mal zuhause besuchen, um mich in meinem *persönlichen Umfeld* zu erleben. Offensichtlich mochten sie sich auf die Ergebnisse ihres Assessment-Centers doch nicht ganz verlassen.

Abends griff ich zum Telefon und zog meine Bewerbung zurück. Ich wollte nicht ihr Wolf im Schafspelz sein.

Assessment-Center – unter diesem Namen firmiert eine Art *neue Wunderwaffe*, ein Testverfahren, das auf die Deutsche Wehrmachtspsychologie zurückgeht und in den 30er Jahren zur Auslese des Offiziernachwuchses eingesetzt wurde.

Ein Assessment-Center, so könnte man sagen, ist eine Kombination verschiedener Verhaltens- und Arbeitsproben und kann sich über etwa einen halben bis zu mehreren Tagen erstrecken. Ausgeheckt in einer unsäglichen Zeit, reifte und entwickelte es sich in den USA und wird dort sehr häufig bei der Personalauswahl eingesetzt. Daß dies für den deutschen Eignungsdiagnostik-Markt nicht ohne Auswirkungen bleiben konnte, war abzusehen. Nun müssen sich also auch hierzulande Bewerber und Karrieristen assessmentcentern lassen.

Nach einer Übersicht der Zeitschrift *Personalwirtschaft* (6/85) führt eine steigende Zahl von Unternehmen Assessment-Center durch, u. a.: *Agfa Gevaert, Allianz-Lebensversicherung, BASF, Bayer, Bayrische Hypo Bank, Beiersdorf, BP, Colonia Versicherung, Daimler Benz, Deutsche Bundespost, Dunlop, Ford, Henkel, IBM, Karstadt, Kaufhof, Nordstern Versicherung, Opel, Otto Versand, Pepsi Cola, STEAG, SEL, Unilever, Vereinigte Versicherungsgruppe, WDR* (um nur einige zu nennen).

Die Durchführungszeit beträgt in der Regel zwei Tage, an denen sechs bis zwölf Teilnehmer zwischen acht und zwölf Übungen bestreiten. Dabei werden die Teilnehmer von drei bis sechs Personen beobachtet. Da Zeit Geld ist, versuchen immer mehr Unternehmen, eine Art Mini-ACT innerhalb von wenigen Stunden mit Ausbildungsplatzbewerbern durchzuziehen.

Zu den am häufigsten eingesetzten Aufgabentypen gehören sogenannte Postkorb-Übungen (typische Aufgabenstellungen aus dem Berufsalltag, bzw. für junge Bewerber die schon fast klassische Verfrühte-Urlaubs-Rückkehr-Aufgabe mit überlaufendem Brief- und Müllkasten, s. Kapitel Aufsätze), Gruppendiskussionen mit und ohne Diskussionsleiter, Einzelpräsentationen (Kurzvorträge vor den Mitbewerbern) sowie Rollenspiele.

Ein weiteres ausführliches Beispiel:

Mit einer Gruppe von Freunden befinden Sie sich in Ihrem Kleinbus auf der Rückfahrt aus dem Süden in 2274 m Höhe, fast auf der Paßhöhe, in den Alpen. Plötzlich macht Ihr Kleinbus keinen Muckser mehr. Draußen herrscht ein fürchterliches Schneetreiben, und die Sicht ist gleich Null.

In bester Stimmung hatten Sie sich gemeinsam dazu entschieden, trotz der Warn- und Hinweisschilder die alte Paßstraße der bequemen, aber teuren Tunneldurchfahrt vorzuziehen. Sie können jetzt nicht mehr damit rechnen, daß noch ein anderes Fahrzeug diesen Weg nimmt. Eigentlich hätte die von Ihnen gewählte Paßstraße eine Winterausrüstung erfordert. Draußen wird es immer kälter.

Aufgabe: Diskutieren Sie gemeinsam die Handlungsmöglichkeiten, die Ihnen in dieser fast ausweglos erscheinenden Situation sinnvoll erscheinen.

Andere ACT-Aufgaben haben folgenden Inhalt:

Eine Gruppe von sechs ACT-Teilnehmern bei einer Bewerbung in der Versicherungsbranche bekam u. a. die Aufgabe, in 45 Minuten einen Stadtplan zu gestalten, bei dem wesentliche Elemente (Krankenhaus, Sportplatz u. a.) vorgegeben waren.

Bei der Bundeswehr (Köln) wurden Offiziersbewerber in einem Assessment-Center-Block zunächst mit der Aufgabe konfrontiert, zwei Aufsätze von jeweils 30 Minuten zu schreiben:

1. Ziel und Ende (Begriffe abgrenzen und Gemeinsamkeiten aufzeigen)
2. Sollte die Regierung in das freie Spiel der Wirtschaftskräfte eingreifen?

Danach wurde ein frei gehaltener Kurzvortrag verlangt: Das Verhältnis der Jugend zur Autorität.

Nun folgte eine Gruppendiskussion zum Thema *Todesstrafe – ja oder nein?*

Zu guter Letzt ein *Planspiel* mit der Aufgabe, ein Straßenfest mit Ausländern zu organisieren. (Anmerkung: Kommt bei Ihnen anläßlich dieser Themenkombination auch ein bitterer Geschmack auf?)

Bei einem eintägigen *Siemens*-Assessment-Center (Bewerbung als Industriekaufmann/frau (siehe auch unser Buch *Erlebnisse*...) mußte man zunächst einen fünfminütigen Kurzvortrag über das eigene Hobby halten und bekam dann einen Zeichentrickfilm über zwei Schiffbrüchige gezeigt, die sich nach dem Sinken ihres Schiffes an einen Baumstamm klammernd gerade noch über Wasser halten konnten. Als die Verunglückten gleichzeitig zwei verschiedene Inseln sahen, zersägten sie den Baumstamm, und jeder schwamm zu der Insel seiner Wahl.

Nach der anfänglichen Freude über die Rettung und die neugewonnene Heimat wollte jeder mehr Annehmlichkeiten und Luxus als sein Nachbar haben, und sie begannen mit einer Aufrüstung, die jeweils zur Zerstörung der Insel des anderen führte. Schließlich trieben sie wieder hilflos im Meer und mußten sich beide an einen Baumstamm klammern.

Am Anschluß an den Film mußten nun verschiedene Fragen diskutiert werden.

In einer weiteren Diskussionrunde sollten sich die Teilnehmer in die Situation hineindenken, zu einer Firma zu gehören, die sich einen guten Ruf durch die Herstellung von Mittelklassefahrrädern erworben hat. Um den Fortbestand der Firma zu sichern, mußte man sich entscheiden, entweder qualitativ wertvolle, aber teure Fahrräder zu produzieren oder sich auf eine Billig- und Massenproduktion umzustellen. Dazu gab es schriftliches Hintergrundinformationsmaterial, Marktforschungsanalysen etc.

Den Abschluß dieses *Siemens*-ACT-Tages bildete ein Einzelbewerbergespräch, bei dem es unter anderem auch um die Einschätzung der eigenen Leistung bei der Bewältigung der vorherigen Aufgaben ging.

Am Beispiel der oben beschriebenen Entscheidungsaufgabe bezüglich einer Fahrradproduktion wollen wir Ihnen einige wichtige Beurteilungskriterien mit beispielhaften Lösungsstrategien verdeutlichen:

- Werden alle verfügbaren Informationen bei der Entscheidungsfindung herangezogen?
  Sind z. B. die schriftlichen Unterlagen sorgfältig studiert worden?
- Wird ein systematisches Vorgehen deutlich?
  Werden Probleme, Ursachen systematisch untersucht?
- Werden Alternativen entwickelt?
  z. B. Statt Entweder-Oder-Entscheidungen sinnvolle Mischformen bei der Produktion.
- Werden die Folgewirkungen berücksichtigt?
  Z. B. diejenigen, die durch die Umstellung der Produktion von einer Sorte von Fahrrädern auf eine andere entstehen können.
- Werden verschiedene Lösungsstrategien durchgespielt?
  Also die eine oder andere Produktionsumstellung.
- Ist die getroffene Entscheidung und der Weg dahin nachvollziehbar?
  Insbesondere für die Mitspieler und die begutachtenden Beobachter.
- Werden die von der Entscheidung unmittelbar Betroffenen in den Entscheidungsprozeß miteinbezogen?
  Z. B. die Befragung der mit der Produktion und mit dem Verkauf befaßten Personen (Arbeiter, Vertreter, Fachhändler).

- Wird der Entscheidungsprozeß für alle Mitarbeiter transparent gemacht?
  Ist ein Bemühen zu erkennen, für alle mit der Produktion, dem Vertrieb und Verkauf Beschäftigte die getroffene Entscheidung nachvollziehbar zu machen?
- Ist über mögliche Negativfolgen der Entscheidung nachgedacht worden, und wird die Bereitschaft sichtbar, wenn diese eintreten sollten, die Gesamtsituation neu zu überdenken?
  Sind Schwierigkeiten bei der Produktionsumstellung bedacht worden, und ist über eine mögliche Korrektur der getroffenen Entscheidung im Vorab nachgedacht worden?
- Wird die Entscheidung nicht unnötig aufgeschoben oder auf andere delegiert?
  Herrscht eine ängstliche Abwartehaltung im Sinne von *bloß nichts falsch machen*, oder gibt es Versuche, die Entscheidung auf andere Mitspieler abzuwälzen?
- Werden Standpunkte und Meinungen den anderen Mitspielern gegenüber deutlich sichtbar gemacht?
  Wird Stellung bezogen, oder hält man sich nach allen Seiten hin offen oder sogar raus?
- Ist bei der Entscheidung das eingegangene Risiko kalkulier- und vertretbar?
  Wird alles auf eine Karte gesetzt, oder herrscht eine angemessene Risikobereitschaft?
- Werden gerechtfertigte und einmal bezogene Standpunkte auch gegen einen deutlichen Widerstand nicht leichtfertig aufgegeben?
  Wird eine gewisse Eigenständigkeit und Unerschrockenheit deutlich?

Grob zu unterscheiden sind hier Fragen bzw. Beobachtungskriterien wie:

Technisch-administrative Verhaltensweisen
defensiv reagierende und
offensiv gestaltende Verhaltensweisen.

In einem weiteren Anforderungskatalog wurden für ACTs folgende Merkmale bzw. Anforderungen zusammengestellt, die es mit diesem Verfahren zu ermitteln gilt:

- Führungsfähigkeiten
- Initiative
- Kreativität
- Planung
- Kontrolle
- Flexibilität
- Entscheidungsfähigkeit
- Verhalten in Streßsituationen
- mündliche und schriftliche Kommunikationsfähigkeit
- Abhängigkeit von anderen Personen
- Interpersonelles Verhaltensrepertoire

Und auch die folgende Auflistung soll dazu dienen, den Hintergund von ACT-Verfahren zu erhellen und das Ziel, auf das es ankommt, besser und schneller zu erkennen.

Es geht bei ACTs um

A. Soziale Prozesse wie

Kooperationsfähigkeit
z.B. Meinungen, Ideen, Vorschläge anderer aufgreifen und weiterführen
sich nicht auf Kosten anderer durchsetzen
anderen in Schwierigkeiten helfen
Erfolgserlebnisse mit anderen teilen
keine Druck- oder Machtmittel einsetzen

Kontaktfähigkeit
z.B. von sich aus auf andere zugehen, ansprechen, beginnen
Ziele, Absichten, Methoden offen für andere darlegen
Beratung, Unterstützung, Mithilfe anbieten
anderen Vertrauen entgegenbringen

Sensibilität
Integrationsvermögen
Selbstkontrolle
Informationsverhalten

B Systematisches Denken und Handeln wie

abstraktes und analytisches Denken
kombinatorisches Denken
Entscheidungsfähigkeit
Planungs- und Kontrollfähigkeiten
eine persönliche arbeitsorganisatorische Fähigkeit

C. Aktivität wie

Arbeitsmotivation und Arbeitsantrieb
Führungsmotivation und Führungsantrieb
Durchsetzungsvermögen
Selbständigkeit / Unabhängigkeit
Selbstvertrauen

D. Ausdrucksvermögen wie

schriftliche und mündliche Kommunikationsfähigkeit
Flexibilität
überzeugendes Engagement

Diese ausführliche Aufstellung ist nicht nur für ACTs hilfreich, sondern auch für Gruppendiskussionen und Vorstellungsgespräche. Trotzdem sollte man sich durch solche Listen nicht unter Druck setzen lassen (nobody is perfect).

LESE- UND ARBEITSHINWEISE

▷ Berufseignungs-Testverfahren
▷ Aufsätze
▷ Gruppendiskussion
▷ Versicherungs-Test
▷ Kurzvortrag

Im Deutsche Bank-Assessment-Center

„Unsere Trefferquote ist sehr hoch", versicherte der Psychologe beim abendlichen Glas Bier. „Wer hier besteht, hat auch später Erfolg in dieser Bank." Und er muß es ja wissen, denn schließlich wird das „Gruppenauswahlverfahren für akademische Nachwuchskräfte", wie es etwas holprig in meinem Einladungsschreiben heißt, schon zum 100. Mal hier durchgeführt. Mittlerweile allerdings auf 1 1/2 Tage (um die Hälfte) verkürzt. Denn nicht nur Reisespesen und zweitägige Hotelunterbringung der 12 Bewerber, sondern vor allem die Anwesenheit von sechs Beobachtern des Unternehmens sowie eines dreiköpfigen Psychologenteams reißen tiefe Löcher in das Budget der Personalabteilung. Schätzungsweise 18–20000 DM kostet der ganze Spaß, aber die Deutsche Bank kann es sich leisten.

Durch Assessment-Center, Auswahlseminare oder Sommerakademien läßt sich ja auch trefflich demonstrieren, wie teuer einem der Unternehmensnachwuchs ist; und ganz nebenbei kann der von Zweifeln geplagte Personalchef seine Entscheidung auf die psychologische Zunft delegieren. Die erstellt dann während einer Reihe gruppendynamischer und anderer Spielchen ein Psychogramm des Bewerbers. Nach zumeist zwei Tagen – die Billigversion kann auch schon mal an einem Nachmittag durchgezogen werden – liegt die Persönlichkeit des Kandidaten dann, sauber nach Belastbarkeit, Teamorientierung und Flexibilität gegliedert und bepunktet, zum Abruf bereit auf dem Vorstandsschreibtisch.

Am Morgen des ersten Seminartages finde ich mich pünktlich um 8.30 Uhr mit den anderen Teilnehmern zur Lagebesprechung ein. Mit freundlichen Worten werden wir begrüßt. Man solle alles nicht zu ernst nehmen und sich vor allen Dingen natürlich geben. Betont natürlich geben sich zumindest unsere Beobachter, die sich der Reihe nach vorstellen. In Gedanken lege auch ich mir ein paar Worte zurecht, denn vielleicht läßt sich durch eine witzig-spritzige Rede ein erster Pluspunkt verbuchen. Weit gefehlt – als die Reihe an die Kandidaten kommt, unterbricht der Leiter und schlägt vor, daß nun jeder seinen Nachbarn vorstellt. In den enttäuschten Gesichtern lese ich, daß nicht nur mir der Wind aus den Segeln genommen wurde.

Schon bald haben wir diese Aufwärmübung abgeschlossen und kommen zum eigentlichen Hauptteil. Jeder erhält einen Laufzettel für die unterschiedlichen Aufgaben. Zunächst verschlägt es mich und fünf weitere Kandidaten in den Nachbarraum, wo wir weitere Instruktionen ausgehändigt bekommen. Ein Fallbeispiel: Es sollen zunächst einzeln, dann in der Gruppe Vorschläge erarbeitet werden, mit deren Hilfe einer innovationsfeindlichen Belegschaft ein neues Computersystem schmackhaft gemacht werden kann. Ein abgedroschenes Thema; entsprechend einfallslos und gleichförmig sind die vorgetragenen Lösungen. Das wissen wohl auch die Beobachter, denn ihnen kommt es eher auf die Präsentation als auf den Inhalt an. So fällt es denn auch nicht schwer, sich hier „schön kooperativ" zu zeigen und schnell zu einem gemeinsamen Nenner zu kommen.

Interessanter wird es schon beim nächsten Spiel. Meine neu zusammengestellte Vierergruppe bekommt eine Aufgabe aus dem Personalbereich. Jedem von uns wird der fiktive Lebenslauf des 39jährigen Hochbauingenieurs Friedemann Fuchs vorgelegt. Dieser soll nun in einem Industrieunternehmen zum Einsatz kommen. Die Bereiche Grundlagenforschung, Personal, Fertigung und Verwaltung stehen zur Auswahl. Für die schriftliche Begründung seiner Entscheidung zieht sich jeder von uns in sein Zimmer zurück.

Eigentlich erfüllt das Ingenieur-Füchslein keines der Anforderungsprofile dieser Abteilungen. Da er sowohl als wenig origineller Forscher als auch als unkonziliant im Umgang mit Kollegen beschrieben wird, beschließe ich, daß eigentlich nur Fertigung oder Verwaltung in Frage kommen. In der Gruppe einigen wir uns dann auf Letzteres und geben dem zukünftigen Vorgesetzten von Fuchs den Rat, diesem bei betriebswirtschaftlichen Kalkulationen etwas auf die Finger zu sehen. Mit Recht, denn nun stürzen eine Fülle neuer Aktennotizen und Informationen über uns herein: Ede Fuchs ist zwar barsch im Umgang mit Kollegen, aber erfolgreich; allerdings hat er riskant kalkuliert und trägt sich mit Kündigungsabsichten. Zudem gibt es Probleme im Produktionsablauf, die gelöst werden müssen, und schließlich kann ein Auftrag nicht termingerecht erfüllt werden, so daß nachverhandelt werden muß. Was nun und was tun mit Friedemann Fuchs?

Wer viel Rauch macht, hat etwas zu verbergen, denke ich mir und schlage vor, weitere Informationen aus der Personalakte Fuchs anzufordern. Und tatsächlich, der Nebel lichtet sich mit einer Notiz, die Fuchs als guten Verhandlungspartner beschreibt. Ein Aufatmen geht durch die Gruppe. Alles weitere ist ein Kinderspiel: Der Fuchs wird mit einem Koffer voll Instruktionen zur Verhandlung geschickt, wo er sich endlich bewähren kann und sich hoffentlich auch seine Kündigungsabsichten verflüchtigen.

„So etwas macht doch richtig Spaß", kommt es im Ton tiefster Überzeugung vom Beobachtertisch. Überrascht ob dieser ersten, unerwarteten Reaktion blicke ich auf und stimme verwirrt zu. „Wenn man das Kaninchen im Zylinder findet!", denke ich und freue mich auf das Mittagessen.

Nach dem Essen sollst Du ruhn oder 1000 Schritte tun – auf keinen Fall empfiehlt es sich jedoch, sich mit wissenschaftlichen Abhandlungen zu befassen, wenn der Magen besser durchblutet ist als das Gehirn. Normalerweise gehört das Dekodieren von Professorentexten ja zum Studentenalltag; aber nachdem ich mich durch die 20seitige Abhandlung über „Strukturveränderungen in der Medienlandschaft als Folge innovativer Kommunikationstechniken" gekämpft habe, ist meine Vorbereitungszeit fast abgelaufen. Und nun soll ich dem interessierten Psychologenpublikum eine 10minütigen Vortrag über Satellitenfernsehen, Pay-TV und BTX halten. Dabei nenne ich nicht mal einen Fernseher mein eigen.

Self fulfilling prophecy heißt es wohl im Fachjargon, was mir nun widerfährt. Die Notizen der Zuhörer gelten denn auch kaum meinen dürftigen Aussagen zum Thema. „Verkrampft, spricht stockend, Ausführungen sind unstrukturiert", lautet das vernichtende Urteil, wie ich später erfahre. Aber ich will ja nicht in die Politik. Vielleicht reicht mein rhetorisches Talent noch zum Verhandeln?

Dieses kann ich jedenfalls in der letzten Tagesübung überprüfen lassen. 40 Minuten habe ich Zeit, mich in meinem Zimmer auf meine Rolle als Einkäufer von Wärmepumpen vorzubereiten. Die mitgegebenen Instruktionen definieren genau, bei welchem Abschluß ich mich als guter Mitarbeiter des Unternehmens rühmen kann.

Da kommt mir der Gedanke, diese Übung etwas realistischer zu gestalten: über Haustelefon (wir sind ja im Hotel) rufe ich meinen Verhandlungspartner an und mache den Vorschlag einer Preisabsprache. Dieser willigt prompt ein, und schon bald stoßen wir beim Vergleich unserer Anweisungen auf einige Fallstricke. Schließlich einigen wir uns auf Konditionen, die jeden von uns in günstigem Licht erscheinen lassen.

Die anschließende „Verhandlung“ ist nun nur noch reine Formsache. Das eigentliche Problem ist eher schauspielerischer Natur. Während ich den gradlinigen, kurzen Einakter bevorzuge, scheint mein Gegenüber eher mit dem Pathos des Dramas vertraut zu sein. Ich bin etwas verwirrt und ahne eine Katastrophe heraufziehen. Schließlich erzwinge ich die Katharsis. Und siehe da: mein Verhandlungspartner schwenkt ein, und mit Handschlag wird der vorgesehene Preis besiegelt. Das Publikum spendet zwar nicht den verdienten Beifall, aber dennoch ziehe ich mich halbwegs zufrieden auf mein Zimmer zurück.

Ist Intelligenz meßbar? Der Streit darüber dauert an, seitdem es IQ-Tests gibt. Zumindest ist sie erlernbar. Ich jedenfalls habe meine Hausarbeit gemacht und mir die einschlägige Literatur zu diesem Thema vorher angesehen. Und während ich vor einer Woche noch zum Intelligenzmittelstand gehörte, kreuze ich am Morgen des zweiten Seminartages unter den Augen des Prüfers mit geübter Sicherheit Zahlen- und Symbolreihen an, ergänze Wortpaare und eliminiere den sogenannten *odd-mann-out*. Wenn die Zeit auszugehen droht, löse ich den Rest der Aufgaben nach der Lotto-Methode. Immerhin besteht eine Chance von 1:3, so meinen Intelligenzquotienten zu erhöhen. Beim Kopfrechnen versage ich dann aber kläglich. Im Laufe der Jahre zum denkenden Anhängsel meines Taschenrechners degeneriert, kann ich von 10 Aufgaben nur ganze fünf lösen.

Als Abschluß des 90-Minuten-Intelligenz-TÜVs ist doch noch einmal Phantasie gefragt. Jeder Prüfling muß eine Anzahl schattenhafter Bilder deuten. Als im Laufe der Übung die Konturen immer schemenhafter werden, kommen mir Zweifel. Signalisiert die Pistole, die ich zu erkennen glaube, etwa Aggressivität? Zur Sicherheit votiere ich für den ausgestreckten Finger an einer geballten Faust (Kompromißbereitschaft?). Beim nächsten Bild kann ich mich nicht zwischen einem fettleibigen Dackel und einem Schwein entscheiden. Als Lösung gebe ich dann aber den Fuchs an. Dessen sprichwörtliche Schlauheit kann gerade im Geschäftsleben nie schaden. Beim letzten Bild, hinter welchem sich ein Flammenmeer, ein Gebüsch, eine Berglandschaft im Schnee oder ein Wohnzimmerteppich verbergen könnte, passe ich lieber. Womöglich werde ich noch als Traumtänzer abgestempelt.

Nach den Tests diskutiere ich dann mit meinen Mitstreitern, ob Väter a) nie, b) immer, c) gewöhnlich oder d) selten erfahrener sind als ihre Söhne oder ob sich ‚Sportler‘ zu ‚Erfolg‘ verhält wie ‚Manager‘ zu a) Geld, b) Macht, c) Gewinn oder d) Ansehen.

Die letzte Hürde, zwei abschließende Gespräche mit Vertretern der Bank, werden allgemein als Routine angesehen. Tatsächlich entpuppen sich Kassandrarufe vom bevorstehenden Streß-Interview, der Bewerber solle durch anfängliche Freundlichkeiten zunächst aus der Reserve gelockt und dann gnadenlos in die Enge getrieben werden, vorerst als haltlos.

Ein Gespräch läuft gar im Stil einer Vermögensanlageberatung mit dem netten Herrn aus der Werbung ab. Mit scherzhaften Bemerkungen werden Wunschgehalt, Wunscheinsatzort und Wunscharbeitsbeginn zu Protokoll genommen. Der Gedanke, daß das Gespräch überhaupt nicht mit einem Wunschkandidaten geführt wird, kommt dabei gar nicht erst auf. Und so treten die meisten Bewerber die Heimreise auch gutgelaunt und voller Zukunftspläne an.

Wunschdenken, wie es sich für 3/4 der Leute bald herausstellt. Telefonisch kann einige Tage später das Ergebnis abgerufen werden. „Leider nein“ heißt es auch für mich am anderen Ende. Der bedauernde Unterton klingt so überzeugend, daß sich beinahe Mitleid mit demjenigen, der diese Nachricht an die hoffnungsvollen Anrufer übermitteln muß, einschleicht. Die Begründung wird auf gleichem Wege mitgeteilt:

Der Gesamteindruck sei ja durchaus positiv. In Sachen Kontaktfreudigkeit, Kooperationsfähigkeit sowie Initiative und Selbständigkeit hätte ich durchweg hohe Werte erziehlt. Auch sei ich ausdauernd und belastbar. Aber ... Und jetzt bestätigen sich die Vorahnungen bezüglich meines Rednertalents: Den Ausschlag schließlich hätte der Eindruck im Abschlußinterview gegeben, daß ich für das Bankgewerbe nicht gerade stark motiviert sei. Zum Schluß wünscht mir mein Gesprächspartner noch „Alles gute für's nächste Mal..."

Noch ein Assessment-Center? Wahrscheinlich ist es unvermeidbar, denn mittlerweile vertrauen neben den meisten Banken auch viele Industrieunternehmen und selbst Vater Staat auf dieses Nachwuchsselektionsverfahren mit wissenschaftlichem Anstrich. Pseudowissenschaftlich deshalb, weil man, um von einer „hohen Trefferquote" sprechen zu können, ja eigentlich auch eine Kontrollgruppe von „Versagern" einstellen und deren Karriereweg beobachten müßte. Die bekommen jedoch beim nächsten oder übernächsten Mal in einem anderen Unternehmen den begehrten Arbeitsvertrag. „Denn", so tröstet mich ein Routinier im Bewerbertourismus später, „mit ein bißchen Übung ist da eine ganze Menge zu machen". Bei seiner Persönlichkeit hatte sich innerhalb kurzer Zeit eine wunderbare Wandlung vollzogen. Nach nur drei Tagen haben ihn die Experten der Konkurrenz als neuen Hoffnungsträger für ihr Unternehmen ausgemacht.

Für mich ein schwacher Trost. Und so frage ich vor dem nächsten Interview erst telefonisch an, ob in diesem Unternehmen auch Gruppenauswahlverfahren zur Anwendung kommen würden. „An jedem Arbeitstag", kommt es lakonisch zurück.

Schwächen bei der Westdeutschen Landesbank

Bericht über ein 1 1/2tägiges Assessment-Center für Hochschulabsolventen. Zu den Eckdaten: 8 Bewerber stehen (oder sitzen) 5 Beobachtern gegenüber.

Der erste Tag beginnt um 14 Uhr, Prüfungsende ist um 18.30 Uhr, das gemeinsame Abendessen ist jedoch nicht weniger Bestandteil des Auswahlverfahrens.

Zum Ablauf:

1. Selbstvor- und Darstellung (Lebenslauf auf Plakat mit Erläuterung).

2. Diskussion folgender Situation: Ein Wirtschaftsingenieur wird von der Fertigungs- in die Verkaufsabteilung versetzt und ist dort plötzlich Vorgesetzter von 20 Leuten. Er hat bisher gute Führungsqualitäten gezeigt, verfügt aber nicht über eine formelle Ausbildung und ist daher unsicher, ob er der Aufgabe gewachsen ist.

Aufgabe: 15 vorgegebene Empfehlungen, was der Mitarbeiter am besten machen sollte, um sich der neuen Aufgabe besser gewachsen zu fühlen, sind von jedem Bewerber in eine Rangfolge nach Wichtigkeit und Nützlichkeit zu bringen (z.B. Yoga, Vortrag über Führung von Mitarbeitern, Seminare besuchen, Bücher lesen etc.).

Danach müssen sich alle Bewerber gemeinsam in einer Diskussion darauf einigen, welche Rangfolge der Empfehlungen am sinnvollsten ist. Wichtig dabei ist nicht nur das überzeugte Vertreten der eigenen Meinung, sondern das Kooperieren mit den anderen Gruppenteilnehmern sowie die Fähigkeit, sich unter Zeitdruck zu einigen.

3. Organisations-Aufgabe: Anhand gewisser vorgegebener Termine soll ein Zeitplan erstellt werden:
- Ein eiliger Brief ist zur Post zu bringen.
- Wichtige Kunden sind zu besuchen.
- Bis 16 Uhr sind wichtige Papiere von der Bank abzuholen.
- Um 17.10 Uhr ist ein Treffen mit Freunden verabredet, die Dauer ist nicht festgelegt.
- Zwischen 16 Uhr und 16.30 Uhr muß einer neuen Sekretärin das Büro gezeigt werden.
- Das Motorrad ist kaputt und könnte zur Reparatur gebracht werden, Dauer: 1 1/2 Stunden; durch das Motorrad lassen sich alle Wegezeiten um 2/3 reduzieren, also statt 30 Min. nur 10 Min.
- Hinzu kommt ein Kaufhauseinkauf (10 Min.).
- Ein Friseurbesuch (hier ist die Zeit für den Haarschnitt selbst zu bestimmen).
- Am Bahnhof muß eine Fahrkarte gekauft werden.

Ausgangspunkt (um 14 Uhr) und Zielort ist das Büro, das spätestens um 18 Uhr wieder erreicht sein muß. Alle Stationen sind zu besuchen. Dauer von Treffen, Friseurbesuch und Bahnhof sind selbst zu bestimmen, müssen aber realistisch sein. Sonstige Aufenthaltszeiten sind vorgegeben.

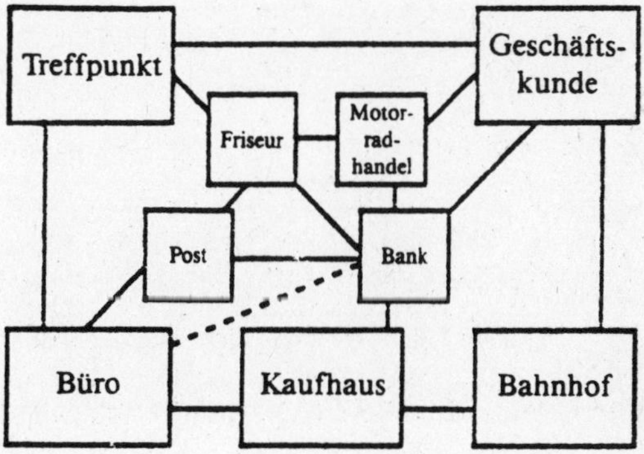

Mein Lösungsweg:

Büro	ab	14.00 Uhr
?	an	?
?	ab	?

usw.

Die Arbeit an dieser Aufgabe wird durch eine Präsentation (10 Min. Vorbereitung und 5 Min. Redezeit) unterbrochen: Ein Patent zum Rohstoffrecycling ist angemeldet, und man soll nun in diesem Zusammenhang eine Marketingstrategie vorstellen, mit der diese „Wundermaschine" verkauft wird.

4. 40minütige Gruppendiskussion eines Fallbeispiels: Es soll für den Vorstand eines deutschen Fotoapparateherstellers eine Entscheidungsvorlage erstellt werden, die sich mit der Frage beschäftigt, ob man eine japanische Firma, die im Massengeschäft für Superkameras tätig ist, übernehmen sollte. die eigene Firma ist im Profibereich mit hoher Qualität am Markt. Anhand verschiedener Stellungnahmen ist die Situation im Hinblick auf folgende Kriterien zu prüfen:
- Ist die Finanzierung gesichert?
- Einfluß auf das Image der bisherigen Firma
- Einfluß auf die Artikel des japanischen Massenanbieters bei Übernahme
- Marktchancen
- Umsatz
- Gewinn
- Kostensenkungspotential
- Wettbewerbsvorteile
- Erfahrung in den neuen Branchenbereichen

Wichtig bei der Lösung der Aufgabe ist, bei gut vertretener eigener Position, vor allem die Konsensfähigkeit der Gruppe und des Einzelnen in ihr (Teamwork).

Ende 18.30 Uhr, gemeinsames Abendessen 20 Uhr.

Der zweite Tag beginnt um 8.30 Uhr, um 13 Uhr gibt es Mittagessen und ab 14 Uhr wird das Feedback ausgeschenkt.

1. Postkorb-Aufgabe (30 Min.) und dazwischen: Aufsatz (45 Min.). Zur Postkorbaufgabe: Man kehrt abends von einem Kongreß nach Hause zurück und findet die Nachricht vor, daß am nächsten Morgen um 9 Uhr eine unaufschiebbare Geschäftsreise für mehrere Tage ansteht. Die Wohnung ist leer, das Au-pair-Mädchen ist für einige Tage verreist, Ehefrau und Tochter machen Urlaub und sind telefonisch zunächst nicht zu erreichen. Der Sohn kommt später abends heim. Auf dem Anrufbeantworter sind vier Telefonanrufe aufgezeichnet, und im Postkorb liegt ein Stapel von Briefen und Mitteilungen. Wichtig ist es nun, zu entscheiden, welche Informationen und Aufgaben Vorrang haben und welche Dinge man delegieren kann bzw. selbst machen muß.

Beispiel: Im Postkorb befindet sich eine Karte, auf der die Telefonummer von Ehefrau und Tochter notiert ist, d.h. man kann sie anrufen und bestimmte Dinge delegieren. Genauso kann man die Sekretärin benachrichtigen und dem später heimkehrenden Sohn Dinge auftragen, wie z.B. die Tante anzurufen, damit sie am vorgesehenen Tag nicht einen Kuchen backt, weil das Gas wegen Reparaturarbeiten am Gaszähler abgestellt wird. Aus dem gleichen Grund muß der Sohn zuhause bleiben. Nicht vergessen, ihm Geld hinzulegen, weil er Theaterkarten besorgt hat. Die Tochter informiert man über den Anruf eines Bekannten, der eigenen Frau trägt man auf, bei

Gericht anzurufen, um einen Termin zu verschieben. Sie könnte eventuell auch die Mieterversammlung besuchen, da man selbst eine falsche Heizkostenabrechnung erhalten hat, usw. usw.

Zwischendurch ist in 45 Minuten ein Aufsatz zu schreiben, der folgende Themen behandelt:
- Persönliche und fachliche Stärken
- Berufliche Ziele in den nächsten fünf bis sieben Jahren
- Welche persönlichen und fachlichen Schwächen müssen in dieser Zeit überwunden werden?

Damit ist diese Schachtelaufgabe beendet, und man kommt zur nächsten:

2. In dieser Aufgabe geht es um eine Disziplinarentscheidung aufgrund von Fehlzeiten und dazwischen um eine Selbsteinschätzung und ein Verhandlungsrollenspiel.

Jeder Bewerber bekommt einen Disziplinarfall aus der Personalabteilung vorgelegt, den er zu beurteilen hat. In einzelnen Situationen sind alternative Entscheidungen zu treffen, die dann wiederum den weiteren Verlauf der Entwicklung beeinflussen. Dazu werden Mappen ausgeteilt, auf deren Seiten jeweils Situationsbeschreibungen stehen und die je nach Entscheidung durch den Bewerber Verweise auf unterschiedliche weitere Seiten enthalten.

Man selbst soll sich in die Rolle eines Landesbausparkassen (LBS)-Zweigstellenleiters versetzen. Seit sechs Monaten hat man einen neuen Mitarbeiter, der bereits insgesamt drei Jahre für die LBS gearbeitet hat. Seit zwei Monaten fehlt dieser Mitarbeiter (nennen wir ihn Fritz Fleißig) regelmäßig jeden Montag.

Nun werden einem verschiedene Entscheidungsmöglichkeiten zur Auswahl gegeben. Am Anfang z.B.:
a) ein Gespräch unter vier Augen
b) ein Gespräch mit dem ehemaligen Vorgesetzten
c) ein Gespräch mit den Arbeitskollegen von Fritz Fleißig
d) eine schriftliche Abmahnung

Mein Lösungsvorschlag: Zunächst früheres Verhalten beim ehemaligen Chef erkunden, dann im persönlichen Gespräch solange fragen, bis Fritz Fleißig seine Probleme erzählt. Etwas später zur Not abmahnen. Wenn er frech wird, gegebenenfalls auch entlassen (es stellt sich nachher heraus, daß er Alkoholiker ist).

Während dieser Fallarbeit muß man eine Selbsteinschätzung zum besten geben. Dazu erhält man eine Liste von Eigenschaften und soll sich selbst auf einer Skala von 1–5 bei einzelnen Kriterien einstufen. Dabei geht es um Eigeninitiative, Kommunikations-, Delegations-, Kontakt- und Kooperationsfähigkeit, Risikobereitschaft, Fachwissen, Selbständigkeit, Führungsqualitäten, Belastbarkeit, Entscheidungsfreude, Auffassungsgabe, Toleranz, Interesse am Detail und Organisationstalent.

Parallel ist noch ein Verhandlungs-Rollenspiel zu absolvieren: Ein Bewerber ist Verkäufer, ein anderer Käufer. Situation: Der Verkäufer soll einen High-Tech-Kopierer mit exzellentem Service verkaufen. Der Kopierer ist aber vom Gewicht her sehr schwer. Der Verkäufer kann vom Listenpreis (8000 DM) maximal 500 DM runtergehen. Der Käufer soll auf jeden Fall einen Abschluß tätigen. Er will eigentlich nur 7000 Mark ausgeben, maximal kann er aber bis 7700 gehen. Wichtig ist hier der Vertragsabschluß sowie gegebenenfalls eine originelle Argumentation bei plötzlich auftretenden Problemen (wie z.B. hohes Gewicht: hier das Anbringen von Rollen anbieten).

3. Aufgabe: Gruppendiskussion. Alle Bewerber sind reisende Außendienstmitarbeiter eines Versicherungsunternehmens. Sie haben alle unterschiedliche Fahrzeuge (im Hinblick auf Modell, Fahrzeug und Kilometerleistung; einer fährt sogar einen Motorroller). Insgesamt steht für alle Außendienstmitarbeiter nur ein neuer BMW 320i zur Verfügung. Aufgabe jedes einzelnen ist es, seine Ansprüche auf den neuen Wagen zu begründen.

Es bieten sich in der Diskussion folgende Argumente und Kriterien an: Alter der Fahrzeuge, Kilometerstand, Umsatzhöhe, Dienstalter und Firmenzugehörigkeit. Versprechen „unter der Hand".

Wichtig ist auch hier der Konsens in der Gruppe. Meiner Meinung nach ist ein Ringtausch am geschicktesten. Das schlechteste Fahrzeug (Motorroller) wird ausrangiert und jeder bekommt ein besseres als vorher.

Besonders stressig fand ich die Doppelbelastung durch das Verknüpfen von zwei Testaufgaben zur gleichen Zeit.

Industriekaufmann-Test

„Wie kamen Ihre Eltern auf Ihren Vornamen, Gertrud?"

Ich bin Abiturientin und bewarb mich um einen Ausbildungsplatz als Industriekauffrau in einem großen Duisburger Unternehmen. Die Adresse bekam ich vom Arbeitsamt. Auf meine schriftliche Bewerbung hin bekam ich eine Einladung zum Vorstellungsgespräch. Erstaunlich fand ich, daß man vorab keinen Eignungstest veranstaltete. Als ich zum vereinbarten Zeitpunkt pünktlich bei der Firma erschien, erklärte mir eine freundliche Dame, daß es etwas länger dauern würde, und bat mich, einige Minuten zu warten. Eine halbe Stunde kämpfte ich mit meiner Nervosität, dann wurde ich abgeholt und von der Dame in einen Konferenzraum gebracht, in dem bereits ein Herr wartete. Vor ihm auf dem Tisch lagen alle meine Unterlagen. Die Dame blieb und setzte sich neben den Herrn; mir wurde ein Platz ihnen gegenüber angeboten.

Zu Beginn des Gesprächs fragte der Herr nach dem Beruf meines Vaters, wie ich auf ihre Firma gekommen wäre und wie ich mir den angestrebten Beruf vorstelle. Dabei erzählte er auch etwas von sich. Er gehöre zur Personalabteilung und sei psychologisch ausgebildet. Sein Steckenpferd sei die Analyse von Handschriften und Charakteraussagen über den Schreiber. Dann wollte er plötzlich wissen: *Wie kamen Ihre Eltern auf Ihren Vornamen? Wie würden Sie sich verhalten, wenn Sie hören, daß ein Mitarbeiter Sie hinter Ihrem Rücken ‚Stift' nennt? Warum sollten wir ausgerechnet Sie einstellen? Warum wollen Sie nicht studieren?*

Unter anderem unterhielten wir uns über gruppendynamische Prozesse. Am Ende erklärte er mir, daß dieses Unternehmen keine üblichen Tests durchführe, sondern in Frage kommende Bewerber zu Gruppengesprächen einlüde. Ich würde von ihnen hören. Dieses erste Gespräch dauerte etwa 30 Minuten.

Schon eine Woche darauf bekam ich eine Einladung zum Gruppengespräch. Außer mir waren noch fünf andere Bewerberinnen eingeladen. Alle waren Abiturientinnen. Zusätzlich zu dem mir schon bekannten Herrn mit Dame waren noch zwei weitere

Herren anwesend. Sie nahmen als Beobachter teil. Zunächst wurde von uns ein Rollenspiel verlangt.

Man zog einen Namen und bekam seine Regieanweisung in Form eines Lebenslaufes und eines besonderen Anliegens, dargestellt auf einem Blatt. Nun sollten wir uns vorstellen, wir wären eine Wohngemeinschaft. Jeder von uns hatte die Absicht zu verfolgen, einen Bekannten in ein gerade freigewordenes Zimmer einzuquartieren. Der Einigungsprozeß unter uns WG-Bewohnern mußte in 30 Minuten erfolgen. Jeder Bewerber hatte einen anderen Fall zu vertreten. Da war eine Frau mit Kind und ohne Arbeit, ein DDR-Übersiedler, eine Afrikanerin, ein reicher Jugendlicher, der das WG-Leben einmal kennenlernen wollte etc. Natürlich ging es um das Durchsetzungsvermögen innerhalb der Gruppe, die Ausdrucksfähigkeit und die Kompromißbereitschaft. Während der Diskussion wurden wir beobachtet, und man machte sich Notizen über uns ...

Etwas später galt es, einen Aufsatz zu schreiben über ein Ereignis, das uns sehr beschäftigt hat. Dann bekamen wir einen Test zum technischen Verständnis vorgelegt. Zunächst wurden wir schön weit auseinandergesetzt, aber dann gingen die Tester erstaunlicherweise aus dem Raum und ließen uns allein. Trotz des Konkurrenzdenkens haben wir einige Aufgaben gemeinsam gelöst. Ich frage mich heute noch, ob eine geheime Kamera uns eventuell beobachtet haben könnte.

Nach einiger Zeit kamen die Tester und Beobachter wieder. Nun gingen wir gemeinsam die Aufgaben und Lösungen durch, und jeder mußte seinen Gedankengang und Lösungsweg mitteilen. Diese wurden von allen diskutiert, und jeder einzelne mußte auf seinem Antwortblatt angeben, ob er die Lösung für falsch oder richtig hielt.

Die nächste Aufgabe bestand wieder aus einer Gruppendiskussion. Diesmal sollte eine Schulfeier organisiert werden.

Im nächsten Prüfungsteil sollten wir für diese Veranstaltung ein Plakat und einen entsprechenden Text entwerfen.

Insgesamt dauerte das Gruppengespräch ca. 4 Stunden und wurde lediglich von einer 15minütigen Pause unterbrochen. Da wir alle in der engeren Auswahl seien, bat man sich eine Woche Zeit aus für die Entscheidung, die man sich nicht leichtmachen würde.

Nun, es kann sein, daß ich nicht genug Durchsetzungsvermögen im Rollenspiel oder nicht genügend Organisationstalent an den Tag gelegt habe – jedenfalls bekam ich nach vier Wochen eine Absage. Es ist schwer, mit Absagen fertigzuwerden, gibt man doch wirklich sein Bestes in den Tests. Eigentlich sollte man sich noch einmal mit dem Betrieb in Verbindung setzen und ruhig nachfragen, was denn nicht so gut gelaufen wäre. Dazu aber hatte ich keine Traute mehr, keine Energie, so ein Gespräch noch einmal durchzustehen.

Inzwischen habe ich übrigens eine Ausbildungsstelle als Industriekauffrau bei einem anderen bekannten Unternehmen.

Journalisten-Test

Mutter Theresa oder Gloria von Thurn und Taxis?

Tausende bewerben sich jedes Jahr bei der Hamburger Journalistenschule (*Gruner & Jahr*). Als Hausaufgabe und erstes Auswahlkriterium wird der Auftrag vergeben, eine Reportage und einen Kommentar zu schreiben.

Die eigentliche Auswahlprüfung mit 100 Kandidaten (36 werden genommen) findet dann – mit kaltem Büfett und schweißtreibenden Aufgaben – im Hotel Interconti in Hamburg statt.

Sie umfaßt vier Teile: ein Bilder-, ein Allgemeinwissenstest, eine Reportage und ein Vorstellungs- und Bewerbungsgespräch mit führenden Chefredakteuren vom *Gruner & Jahr*-Verlag. Für das Gespräch gibt es maximal 12 Punkte, für die Reportage 9, für den Allgemeinwissenstest 4 und für den Bildertest maximal 2 Punkte. Das Gespräch mit den Redakteuren spielt die letztlich entscheidende Rolle.

Leiter der Journalistenschule, Vaterfigur und Obertester ist Wolf Schneider, der u. a. bei *Axel Cäsar Springer*, *Gruner & Jahr*-Produkten sowie der *NDR*-Talk-Show erfolgreich aktiv war. Als Moderator dieser Talkshow hatte er einmal vor dem TV-Millionenpublikum mit seinem Gast und Gesprächspartner André Heller ein besonderes Testerlebnis. Heller stibitzte ihm kurz vor der Sendung seinen sorgfältig präparierten Spickzettel. Schneider geriet beim Interview – seinen Zettel suchend – sichtlich ins Schwimmen.

Wie läuft der Test nun ab? Den Bildertest muß man sich so vorstellen: Etwa 25 Dias in ca. 20 Minuten: Von Steffi Graf über Deng Xiaoping, vom Roten Platz bis zum Centre Pompidou sind Personen, Plätze und Gebäude zu identifizieren. Es handelt sich um Schwarz-weiß-Dias, die aufgrund von *SPIEGEL*-Fotos aus dem letzten Jahr ausgewählt wurden.

Dann folgt ein 45minütiger Allgemeinwissenstest. Beispiele daraus: *Wovon ist AIDS die Abkürzung, und was bedeutet es in der Übersetzung? Was bedeutet Yuppie? Nennen Sie drei Dramen von Bertolt Brecht*, eine Dreisatzrechenaufgabe, einen kurzen Text, bei dem man die Interpunktion einzufügen hat, sowie eine Aufgabe wie diese: *Als Goethe 1770 mit Beethoven in Teplitz prominierte... – was ist daran falsch?*

Ein Teilnehmer berichtete: Nach diesen beiden Tests gab es einen kleinen Imbiß, und dann wurden die 100 Bewerber in Gruppen à 20 aufgeteilt, um in Bussen in verschiedene Stadtteile von Hamburg gebracht zu werden. Nun war eine Reportage zu machen. Das Thema – für alle Journalistenbewerber gleich – lautete: *Einkaufszentrum*. Zwei Stunden Zeit hatte man für diese Reportage, um dann anschließend wieder zurück ins Interconti gebracht zu werden.

Dann kamen alle Bewerber in einen Raum mit 100 Einzeltischen, auf denen 100 nagelneue mechanische Schreibmaschinen standen. Nach wenigen Minuten der Stille setzte das „Gehämmer“ ein, und jeder schrieb seine Reportage (90 Zeilen à 60 Anschläge = etwa 3 Seiten / etwa 3 Stunden Zeit).

Dieser Testtag war nach 8 Stunden beendet, und etwa zwei bis drei Tage später erfolgte die Einladung zum Vorstellungs- und Bewerbungsgespräch. Neun leitende *Gruner & Jahr*-Journalisten saßen drei Bewerber/innen gegenüber. Eine halbe Stunde war „Vorturnzeit“ für die drei, was bedeutete: jeder hatte etwa 10 Minuten Selbstdarstellungszeit.

Kaum hatte man Platz genommen, da schossen die neun Leute Fragen auf einen ab. Da gab es keine Einleitung, da wurde nicht gewartet, da ging es sofort zur Sache. Die Interviewer fingen zwar mit einem Kandidaten an, aber Fragen wurden auch einfach weitergegeben, so daß alle drei die halbe Stunde über voll gefordert waren.

Den Interviewern lag ein kurzer standardisierter Lebenslauf und Fragebogen vor, zur Schulausbildung, aber auch zu den Interessen und Hobbys der Bewerber, was natürlich einen Einfluß auf die Fragen hatte.

Aufgrund der Angabe eines Kandidaten, er bevorzuge die jugoslawische Küche, wurde dieser als erstes mit der Frage konfrontiert:

»Na, Herr X, was ist denn dran an der jugoslawischen Küche?«

»Ach wissen Sie, Ich esse immer wieder gerne Ćevapčići«, antwortete dieser, bescheiden lächelnd.

Lachen in der Interviewerrunde.

»Mögen Sie denn auch Slibowitz?«

Der Kandidat schelmisch:

»Sie wollen wissen, was ich über Sinowatz weiß?«

Gegröhle.

»Nein, nicht Fred Sinowatz, sondern Slibowitz!«

»Nein danke, nicht um 11 Uhr vormittags ...«

Diese kleine Szene erheiterte das Auswahlkomitee (wie die *essen & trinken*-Chefredakteurin reagierte, ist nicht überliefert) und brachte dem Kandidaten wegen bewiesener Schlagfertigkeit, einer guten Portion Humor und Sinn für Unterhaltung Pluspunkte ein.

Dann kamen Fragen wie: *Würden Sie ein Praktikum bei der BILD-Zeitung machen? Wen würden Sie lieber interviewen – Mutter Theresa oder Gloria von Thurn und Taxis?* Unser Informant hatte zu beiden vorgeschlagenen Interviewpartnerinnen so wenig Beziehung wie der Frosch zur Prinzessin, ahnte aber doch, daß die Entscheidung für eine von beiden sofort die „Warum-gerade-diese-Frage“ nach sich ziehen würde. Auch den Fluchtweg „beide gleich gern“ ließ man ihm nicht durchgehen, und so quälte er sich eine Begründung für Mutter Theresa heraus.

Auf die naheliegendste und einfachste Antwort, die Interviewpartnerin nicht zu kennen und deshalb durch das Interview besser kennenlernen zu wollen, kam – wen wundert es in einer solchen Streßsituation – unser Kandidat erst hinterher.

Eine denkbare Alternative und ein Versuch, das Gespräch in ein selbst bestimmtes Fahrwasser zu lenken, wäre vielleicht auch ein interessantes Alternativangebot gewesen, z.B. Hildchen Knef.

Entscheidend in solch einer Situation sind die Schlagfertigkeit, der Humor und die Souveränität, mit der man auftritt. Zögerlichkeit, Hemmungen und Ängstlichkeit kommen nicht gut an.

Von einem Bewerber wurde berichtet, daß er das ganze Auswahlverfahren, insbesondere die Interviewer in ihrer Kompetenz (angemessen) aggressiv in Frage stellte und mit Kritik nicht gerade sparsam war. Auch das schien gut angekommen zu sein.

Mittlerweile wurde das Auswahlverfahren etwas modifiziert. Jetzt wird auch ganz gezielt im Hinblick auf die hauseigenen Zeitschriftenprodukte (*stern, Brigitte, Geo, Capital, Impulse, Schöner wohnen, essen & trinken* usw.) ausgewählt. Hier spielt die schulische Aus-, die berufliche Vorbildung und Qualifikation neben den journalistischen Fähigkeiten eine wichtige Rolle.

Am Ende des Vorstellungsgesprächs gibt jeder der Interviewer eine Note (wie beim Eiskunstlaufen), wobei die beste und die schlechteste einfach weggelassen werden. Aus den vier Prüfungsteilen (s.o.) wird eine Gesamtzahl gebildet, und die 36 Bewerber mit den besten Punktzahlen werden zur Journalistenschule zugelassen.

Die 64 Abgelehnten erhalten einen sehr ausführlichen, freundlichen und sogar selbstkritischen Absagebrief (vorbildlich), mit dem Inhalt, daß man keinen Zweifel an den journalistischen Fähigkeiten des Kandidaten habe und daß es sich möglicherweise bei der Absage um eine Fehlentscheidung handle, aber...

Öffentlicher Dienst-Test

Hier legen wir Ihnen zwei ganz konkrete Beispiele vor, wie Tests bei einer Bewerbung für den gehobenen und mittleren Dienst in einer Stadtverwaltung in Nordrhein-Westfalen und in einer großen Hansestadt aussehen können:

1. Auffassen, Wortschatz (2 Aufgabenreihen mit je 40 Aufgaben vom Typ *Gegensätze*)
   Beispiel: kalt
   a) schwarz
   x b) heiß
   c) hart
   d) klein
   e) dünn

2. Logisch-kritisches Denken (2 Aufgabenreihen mit je 40 Aufgaben vom Typ *Analogien*)
   Beispiel: Vogel: fliegen = Fisch: ?
   a) braten
   b) füttern
   x c) schwimmen
   d) fressen
   e) sehen

3. Erkennen und Herausheben des Wesentlichen (2 Aufgabenreihen mit je 40 Aufgaben *Wortgruppen*)
   Beispiel: Was paßt nicht hinein?
   a) Januar
   b) März
   c) Mai
   x d) Dienstag
   e) Juli

4. Praktisches Rechnen (2 Aufgabenreihen mit je 22 Testaufgaben); inhaltlich verständlich und rechnerisch lösbar für Schüler ab 9. Schuljahr mit *befriedigend* und besser im Schulzeugnis.
   Beispiel: Vermindert man eine Zahl um ihren vierten Teil, so erhält man 15. Wie heißt die Zahl?
   a) 18
   b) 16
   c) 12
   x d) 20
   e) 15

5. Denken mit Zahlen (2 Aufgabenreihen mit je 30 Aufgaben vom Typ *Zahlenreihen fortsetzen*)
   Beispiel:
   8 9 10 11 12 13 ??
   Lösung: 14 15

6. Merkfähigkeit (Gedächtnis im sprachlichen Bereich; 4 Aufgabenreihen mit je 25 Wörtern werden auswendig gelernt und nach den Arbeitsproben reproduziert)

7. Arbeitsproben
   Tempo und Sorgfalt

   a) Namenvergleich – Zahlenvergleich (durch 2 Aufgabenreihen mit je 100 Namen- und Zahlenvergleichen wird Arbeitstempo und Sorgfalt der Arbeitsausführung überprüft)
   Beispiel:

Heinrich Müller	Heinrich Müller
Edmund Gause	Edmand Gause
Ludwig Wintering	Ludwig Wintering
Erich Schmitz	Erich Schmiz
Friedrich Abelen	Fridrich Abelen

829482	829482
28491837	28491237
4917236	4917236
618391	617391
20192837	20193837

   b) Zahlenschlüssel (durch 2 Aufgabenreihen mit je 120 Buchstaben/Zahlen und Zahlen/Buchstabenübersetzungen nach vorgegebenem Code wird das Arbeitstempo abermals festgestellt (Gegenkontrolle zum ersten Tempo-Test)

Beispiel: A D E I L N R S T U
1 2 3 4 5 6 7 8 9 0

E I N R A S T L I E D R U E
3 4 6 usw.

Die vorstehende Testreihe wird regelmäßig bei nahezu allen Bewerbergruppen eingesetzt. Die Auswertung erfolgt jeweils unter Berücksichtigung der Laufbahn-, Vorbildungs- und Altersgruppe.

Für die verschiedenen Laufbahngruppen stehen zusätzliche Tests zur weiteren Differenzierung zur Verfügung.

Nun folgen ein Aufsatz und eine Überprüfung von Textverständnis, Rechtschreibung und Interpunktion sowie Sauberkeit und Ordnung bei der Erledigung von schriftlichen Aufgaben. Für diesen Testblock sind zwei Stunden Zeit vorgesehen.

Dann folgt ein einstündiger Mathe-Test mit Aufgaben wie diesen:

1. Berechne:

$$\frac{0{,}4 \times 1/4 + 0{,}3 \times 2/3}{1\ 2/5 + 0{,}6} =$$

2. Drei Zahlen haben das Verhältnis 2 : 3 : 4.
   Ihre Summe hat den Wert 45.
   Wie heißen die drei Zahlen?

3. Subtrahiert man vom 6-fachen einer gesuchten Zahl die Zahl 12, so erhält man das 3-fache der gesuchten Zahl. Wie heißt die gesuchte Zahl?

4. Die *Differenz* aus dem 7-fachen einer gesuchten Zahl und der Zahl 4 ist gleich der *Summe* aus dem 5-fachen dieser gesuchten Zahl und der Zahl 2. Wie heißt die gesuchte Zahl?

5. *Nach* einer Preiserhöhung von 25% kostet ein Küchengerät DM 100,00: Berechne den Preis des Gerätes *vor* der Preiserhöhung!

6. Berechne die Lösungsmenge L folgender Gleichung in der Grundmenge Q:
   $(x + 3)^2 - 4 = 0$

7. Von einer Zahlenfolge mit einem bestimmten Bildungsgesetz sind die ersten vier Glieder gegeben. Wie lautet das 5. Glied der Folge?

   a) – 2; 3/4; –4/9; 5/16;
   b) 2; 4/3; 6/5; 8/7;

Nun ein weiteres Beispiel für Testpraxis und Testbatterien im Öffentlichen Dienst (Verwaltung) – diesmal in einer großen Hansestadt. Eine Bewerberin berichtet:

1. Chiffrieren

Man legte uns einen Zettel vor, auf dem etwa 7 Buchstaben mit jeweils einer dazugehörigen Zahl angegeben waren.

r	s	t	u	v	w	x
5	9	8	6	4	3	7

Nun wurden uns Buchstabenreihen ausgehändigt. In vorgegebener Zeit sollte man die oben stehenden Nummern unter die Buchstaben schreiben.

r u t s r w u x t w s x r v w u .....
5 6 8 9 5 3 6 7 8 ...

2. Sinnvolle Sätze bilden
   Aus Wortblöcken sollten (durch Unterstreichen) sinnvolle Sätze gebildet werden, wobei aus jedem Wortblock nur ein Wort ausgewählt werden durfte. Die Schwierigkeit dieser Aufgabe wurde dadurch erhöht, daß die Zahl der Wortblöcke von 4 auf 8 gesteigert wurde, so daß die Sätze immer komplizierter wurden und man leicht den Überblick verlor. (Umfang: 4 Seiten)

Eltern	<u>brauchen</u>	gelb	Fabriken.
<u>Fische</u>	bin	dunkel	Schule.
Ich	lieben	morgens	<u>Wasser</u>.
Die Welt	gibt	<u>sauberes</u>	Bleistift.

Dienstag	regnen	leider	wieder	oft	das	Test.	
Nachts	scheint	kaum	weil	gar	nicht	die	Arbeit.
Gestern	baute	lustig	dadurch	einmal	den	Blut.	
Heute	kochte	endlich	noch	ruhig	ein	Sonne.	

3. Lückendiktat
In einen Lückentext sollten wir die uns diktierten Worte eintragen (etwa 20 Worte)

z.B.	Appetit	aufs neue	Fischgräten
	parallel	interessieren	Paketbote
	Widerschein	Enthusiasmus	seit kurzem
	Clown	Niveau	Näheres folgt

4. Aufsatz
Uns wurden vier Themen zur Auswahl gestellt. Über eines dieser Themen durften wir eine Stunde lang schreiben, z.B.:

- Ist Konkurrenzdenken positiv oder negativ zu bewerten?
- Arbeiten in der Verwaltung

LESE- UND ARBEITSHINWEISE
▷ Berufseignungs-Testverfahren
ÖD-Kapitel, in: *Erlebnisse…*

Piloten-Test

Nur Fliegen ist schöner

Ich habe an einem zweitägigen Vortest der *Lufthansa* für potentielle Flugzeugführer in Hamburg teilgenommen. Wir waren etwa 40 Leute aus ganz Deutschland und Österreich, darunter auch drei junge Frauen. Um 10.30 Uhr war der offizielle Beginn. Es erfolgte zunächst die Abrechnung der Reisekosten; danach wurden der Personalfragebogen, der Datenfreigabebogen und die Antworten zu den acht berüchtigten Fragen eingesammelt.

Die Testerei hatte nämlich schon daheim angefangen. Bei der Einladung zur Eignungsüberprüfung befand sich ein Fragebogen, der zuhause handschriftlich (sind da Graphologen am Werk?) zu beantworten und zum ersten Testtag mitzubringen war:

- Schildern Sie die wesentlichen Aspekte Ihrer Jugendentwicklung (Erziehungsziele, Persönlichkeiten, Ergebnisse).
- Welche Rollen haben Sie in Gruppen, Vereinen und in der Schule (auch Schulklasse) übernommen?
- Wie denken Sie rückblickend über Ihre Schul- und Ausbildungszeit, über Mitschüler, Lehrer und andere Vorgesetzte?
- Schildern Sie besondere Ereignisse, Erfolge, Anerkennungen, aber auch Enttäuschungen, Probleme und Mißerfolge in Ihrer persönlichen Entwicklung.

- Beschreiben Sie uns Ihre Interessen und Hobbys und Ihre wichtigsten Freizeitaktivitäten.
- Wie sind Sie zum Berufswunsch Pilot gekommen, und für welche anderen Berufe interessieren Sie sich außerdem noch?
- Schreiben Sie etwas über Ihre persönliche Eigenschaften auf, die Ihnen Vor- bzw. Nachteile eingebracht haben.
- Schreiben Sie uns etwas über bisherige schwere Krankheiten und/oder Unfälle, die Sie gehabt haben.

Diese Fragen haben es in sich, hier geht es ohne Umweg ans „Eingemachte". Bei allem Verständnis für die Auswahl, die beim Pilotenberuf sinnvoll erscheint – so ein psychologischer Fragebogen als Eintrittskarte ist ganz schön happig, insbesondere zu diesem frühen Zeitpunkt.

Nach dieser Aktion erschien ein Flugkapitän der *LH*, der uns erklärte, daß man jetzt noch vom Test zurücktreten könne, wenn man sich nicht in Topform fühle.

Gegen 11.15 Uhr ging es endlich los. Am ersten Tag waren acht Tests unter Zeitdruck zu bewältigen. Die beiden Damen der *DFVLR* erklärten jedoch alle Tests sehr genau, und es gab genug Gelegenheit, nachzufragen.

1. Englischtest
Etwa 90 Fragen mit ausreichender Bearbeitungszeit, Teil A relativ schwierig, Teil B ungefähr Niveau der 9. Klasse.

Teil A: Choose that word, which fits best to the first one

aft	a) afore	b) backward	c) bevel	d) outward
ajar	a) closed	b) half open	c) open	d) forward
impervious	a) impenetrable	b) impermanent		
defiant	a) defery	b) defunct	c) defy	

Teil B: Fill in the missing word or phrase
Julie has gone to the airport, ... she?
a) hasn't b) was c) hadn't d) doesn't

Nach diesem Test wurde die Stimmung etwas besser, offensichtlich hatte man Schwierigeres erwartet.

2. Fliegerisches Verständnis
Fragen wie diese überprüfen das fliegerische Verständnis: Gleitzahl moderner Segelflugzeuge, Zahl der Düsen einer 727, Definition ILS / Alpha Jet, Transall und warum ein Flugzeug überhaupt fliegt, woran man die Abdrift eines Flugzeuges erkennt, wie ein spezieller Motorsegler heißt und warum das Fahrwerk während des Fluges eingezogen wird. (Empfehlung: Vorher ein Buch über Verkehrsflugzeuge lesen!)

Nun folgte eine einstündige Mittagspause. Zur Kantine, die sich auf dem *LH*-Werftgelände befindet, konnte man entweder den *LH*-Bus nehmen oder zu Fuß gehen (ca. 10 Minuten). Das Essen war sowohl qualitativ als auch quantitativ sehr gut, doch sollte man nicht zu sehr zulangen, um für den Nachmittag fit zu bleiben!

3. Konzentrations-Belastungs-Test

Suchfeld:

(+	*)	+)	)–	–(	∓)	(–	)+	:(	)*	)∓
6	1	5	3	5	2	3	4	7	8	9

Mehrfache Zahlen/Zeichendefinitionen sind möglich (siehe z.B. 3 und 5).

6 (+
____10___
4)+
____11___
7 :(
____9___
2 ∓)
____3___
1 *)
____?___
)*
____?___
–(
____?___

Es geht darum, die Symbole wieder in Zahlen zu verwandeln und kleine Additionsaufgaben auszuführen, wie das Beispiel zeigt. Auf der Linie wird die Summe aus dem ersten und dem zweiten Symbol notiert (6 + 4 = 10). Dann nimmt man sich wieder das zweite Symbol und addiert das dritte (4 + 7 = 11). Das Ergebnis wird in der zweiten Zeile notiert. Schwierig wird die Sache bloß dadurch, daß alles im Kopf zu geschehen hat (Notizen und Nebenrechnungen sind nicht erlaubt) und natürlich durch den Zeitdruck und die Fülle der Aufgaben. (Hier die Lösungen der nächsten beiden Zeilen: 9 und 13.)

Empfehlung: Man kann sich selber einen solchen KBT stricken und diesen Test trainieren.

4. Psychologischer Fragebogen / Persönlichkeitstest

Etwa 170 Fragen, die mit „stimmt“ / „stimmt nicht“ zu beantworten sind. Dahinter verbirgt sich natürlich der von der *LH* gern eingesetzte sog. 16 PF (16 Persönlichkeitsfaktoren), über den z.B. Susanne Paczensky in ihrem Buch *Der Testknacker*, aber auch dieses Buch ausführlich berichtet (s. S. 287). Durch ein Zeitlimit (30 Minuten) versuchte man, uns zu spontanen Aussagen zu verleiten – was aber nicht gelingt, wenn man weiß, wie der 16 PF zu „knacken“ ist. Bei der unsäglichen Frage, was man denn lieber wäre: Oberst, Bischof oder etwas dazwischen, darf man sich ruhig für den Oberst entscheiden.

Nach einer 10minütigen Pause folgte die nächste Hürde.

5. Links- und Rechtsknicke

Etwa 30 Aufgaben. in diesem Test mußte man in den L-Bildern die L- (= Links) Knicke und in den R-Bildern die R- (= Rechts-) Knicke notieren.

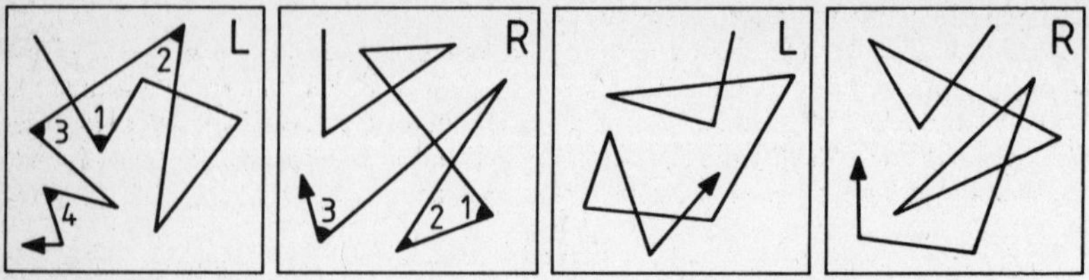

6. Figuren ergänzen
Hier galt es, Figuren bzw. graphische Abbildungen, die in verschiedene Richtungen gedreht oder gekippt worden waren, mit dem Bleistift entsprechend der Ausgangsfigur zu vervollständigen.
Dazu folgende Beispiele:

7. Buchstaben rausstreichen
In 100 Zeilen zu je 80–100 Buchstaben sind alle a, b und q mit einem waagerechten Strich zu kennzeichnen. Zwei Beispielzeilen:

a s d f g h j k l v b n m q r t h j j z z u t z t r t e q a c b p
h j u a b n q n j k w e q b a k l p o a j b q o p u l ö a v o p a

Nach einer weiteren Pause von 10 Minuten folgte als Abschluß des ersten Tages ein echter „Testhammer“:

8. Audio-Visuell-Simultan-Konzentrationstest
Bei diesem Test handelt es sich um einen Langzeitkonzentrationstest, bei dem wir unsere Fitness in genau diesem Punkt unter Beweis zu stellen hatten. Wir wurden in eine Art Sprachlabor geführt, wo jeder Teilnehmer an einem Tisch saß und jeder Blickkontakt zum Nachbarn durch eine Trennwand verhindert wurde. Die folgende Zeichnung beschreibt das Pult, das jeder vor sich hatte:

Der Test bestand aus zwei Teilen: Man bekam Kopfhörer auf, und eine unendlich monotone Stimme las Buchstaben vor. Wir sollten nun auf alle Buchstaben achten, die von der Aussprache her auf einen E-Laut endeten, z.B. b, c, d, e, g, p, t, w usw., aber nicht z.B. m, a oder l usw.

Wurden drei Buchstaben, die auf einen E-Laut endeten, unmittelbar hintereinander genannt, also z.B. d, p, t oder g, e, w, so mußte man den eckigen Knopf innerhalb von einer Sekunde drücken. Danach nahm der Computer den Knopfdruck nicht mehr an. Die Buchstaben wurden in ununterbrochener Folge genannt, so daß ein Finger ständig auf dem eckigen Knopf liegen mußte.

Die zweite Aufgabe bestand darin, gleichzeitig auf die Zeigerausschläge zu achten. Jeder Zeigerausschlag, der über die Mitte hinausging, sollte durch die Betätigung des runden Knopfes beantwortet werden. Dieses Spielchen ging dann volle 60 Minuten, in denen man beide Hände auf den Knöpfen, die Augen auf den Zeigern und die Ohren auf die Stimme konzentriert hatte. Durch den fehlendenden Blickkontakt zu den anderen kam man sich sehr isoliert vor.

Berücksichtigt man, daß in den 60 Minuten (pro Sekunde etwa zwei Buchstaben = 7200 Buchstaben und je ein Zeigerausschlag) und ungefähr 10–20mal die erwähnten drei Buchstaben hintereinander auftauchten und nur etwa 5–10mal die beschriebenen Zeigerausschläge über die Mitte, dann kann man sich in etwa eine vage Vorstellung davon machen, welche Konzentrationsleistung uns Testteilnehmern abverlangt wurde.

Kaum nötig zu sagen, daß dieser Test uns alle bis an den Rand der Erschöpfung und fast zum Wahnsinn trieb und wir sehr froh waren, wieder ins Hotel zu kommen, um uns erst mal zu erholen.

Wer Minuten nach diesem Test noch Buchstaben hört, wie etwa k, u, p, q usw. – den kann ich beruhigen, das ist völlig normal.

Gegen 17.15 Uhr erreichten wir erschöpft und reichlich frustriert das Hotel. Nach körperlichen und seelischen Regenerationsversuchen trafen wir uns, um Hamburg näher kennenzulernen. Während einige nach dem Abendessen immer noch Buchstaben hörten, wie etwa k, u, stürzten sich andere ins Hamburger Nachtleben, um erst in den späten Morgenstunden zurückzufinden. Ein Bus holte uns nach dem reichhaltigen Frühstück ab und brachte uns wieder in das Testgebäude.

Der zweite Tag begann dann erfreulicherweise etwas harmloser, als der erste aufgehört hatte.

9. Mathematischer Test
30 Textaufgaben, die aber gut zu schaffen waren (vgl. S. 83).

10. Physikalisch-technisches Verständnis
Etwa 35 Aufgaben mit schiefen Ebenen, Parallelogrammen, Druckverteilungen usw.

11. Merkfähigkeitstest
Etwa 50 Aufgaben, bei denen man jeweils vier Dias zu sehen bekam, die man sich merken sollte. Nach ca. 30 Sekunden folgten vier neue Dias, und man sollte bereits gezeigte Dias ergänzen und sich gleichzeitig neue einprägen. Beispiel:

1. Dia:

Boss	Paris	Magnet	4
07.42	‹›	Baum	++

2. Dia:

Boss	Haus	Axt	Abto
?	27	=	Polar

Auf dem Antwortbogen mußte man jetzt unter Boss in das freie Feld 07.42 schreiben und die anderen neuen Kombinationen lernen.

3. Dia:

Paris	Magnet	Anker	*
?	?	#	!!!

Hier ging es nun darum, die entsprechenden Fragezeichen unter „Paris" und „Magnet" aufzulösen und die beiden neuen Kombinationen (Anker, *) zu lernen. Es kam aber auch vor, daß manche Kombinationen nicht abgefragt wurden, wie z.B. 4/++.

Die Dias zeigten jeweils in schwarz-weiß Worte, Symbole, Zahlen und Phantasiezeichen und -worte. Die Zahlen der zu erinnernden Lösung variierte zwischen 1 und 3.

12. Buchstabenkombinationen
Man erhielt über Kopfhörer eine Buchstaben-Zahlen-Kombination, die zu merken war. Danach wurde die Kombination verändert, und man sollte auf dem Antwortbogen die richtigen Kombinationsbestandteile notieren. Beispiel:

Nur angesagt:

7A	2B	C3	Richtiger Kombinationsteil		
7A	CB	2C	(X)	( )	( )
A7	2B	C3	( )	(X)	(X)
7B	2C	3A	( )	( )	( )
7A	B2	C4	(X)	( )	( )
7A	2B	3C	(X)	(X)	( )

13. Überschlagsrechnen
Etwa 30 Aufgaben, die per Dia eingeblendet wurden. Man hatte 5 Sekunden Zeit, das Ergebnis im Kopf zu überschlagen, bevor die nächste Aufgabe kam, z. B.:

50176 : 32 × 179 – 240600

a) 36807 b) 39802 c) 40072 d) 43677
Lösung: c

14. Zeiger/Quadrate/Dreiecke-Test
30 Dias wurden für jeweils zwei Sekunden vorgeführt und sollten im Gedächtnis „gespeichert" werden. Auf jedem Dia wurden zwei Zeiger, Quadrate und Dreiecke gezeigt, und im Antwortschema sollte man nun unter A den gezeigten Wert des ersten Zeigers eintragen, unter B den Wert des zweiten und bei C entweder die Zahl der Quadrate oder der Dreiecke (das wurde genau angegeben) notieren. Die Antwortzeit dafür betrug 5 Sekunden. Dazu die nachstehende Zeichnung:

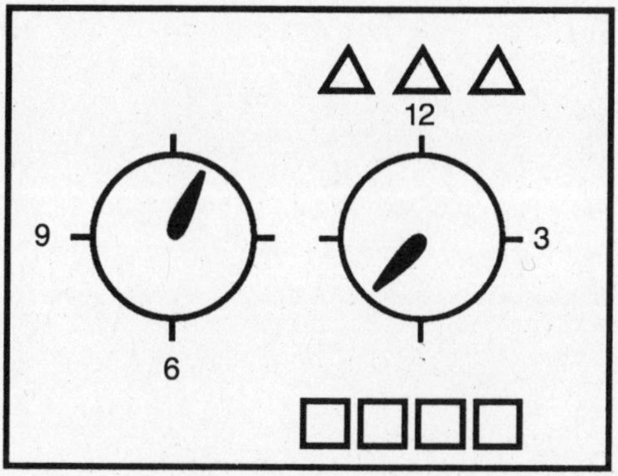

A: 1
B: 7
C: 3 bzw. 4

Übrigens: Die Zeiger weisen nicht immer auf eine eindeutige Zahlenposition, so daß man sich nur anhand der Einteilungen orientieren kann. Es wurde aber immer eine ganze Zahl gesucht, auch wenn der Zeiger scheinbar zwischen zwei Zahlen, z. B. 2 und 3 stand. (Zeigte er mehr zur 3 hin, sollte man 3 hinschreiben.) Das Zifferblatt blieb stets gleich, immer von 1–12.

15. Interessentest
Er beinhaltete etwa 130 Fragen und eine Skala von „sehr ungern" bis „sehr gern" (z. B. ich treibe Sport, ich würde eine Insektensammlung anlegen, ich würde in der Forschung arbeiten, ich würde in die Oper gehen).

Anscheinend ist es für die Auswahl eines Piloten wichtig, ob er lieber im Wald Pilze sucht, Theater oder Oper bevorzugt oder in einer Fußballmannschaft kicken möchte. Komischerweise tauchten auch Fragen aus dem 16 PF auf: Würden Sie eine Festrede vor vielen Leuten halten? Sollten Moralgesetze stärker befolgt werden? Etc. (Kontroll-Testfragen? Siehe Aufgabe 4).

16. SAT (Simultan-Arbeits-Test)
Er bestand aus drei Teilen:

a) Visueller Teil: Für etwa 20 Sekunden wurde ein Dia gezeigt. Pfeile stellten den Kurs von Flugzeugen in einem Luftraum auf einem Kompaß dar. Im Test geschah dies durch 5 rote und 5 grüne Pfeile, die hier in der Abb. 4 schwarz bzw. weiß erscheinen. Man sollte die Lage der Pfeile in diesem Luftraum in Gradangaben auf einem Kompaß umwandeln, wobei nach dem Kommando „Luftraum rot" nur die 5 roten Pfeile zu berücksichtigen waren und entsprechend umgekehrt.

Man darf aber nicht den Fehler begehen, wie in Abb. 1 gezeigt, den Pfeil einfach bis zum Rand hin zu verlängern, um so die Gradzahl abzulesen, sondern man muß entweder in Gedanken jeden Pfeil bis zum Mittelpunkt verschieben (Abb. 2) oder besser um jeden Pfeil einen kleinen Kompaß ziehen (Abb. 3) und schätzt dann die Gradzahl ein.

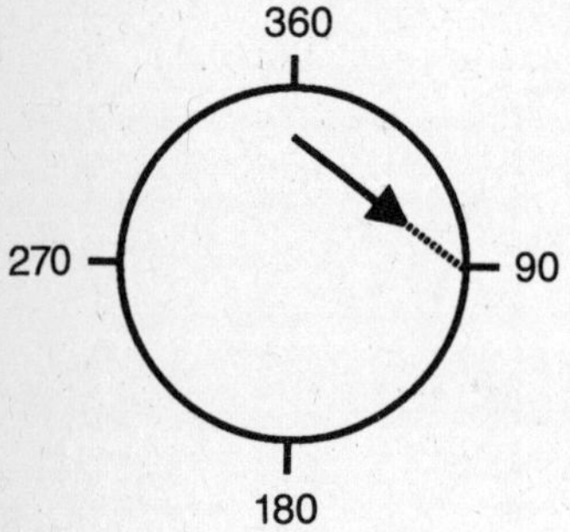

Abb. 1
ca. 90'
falsch!

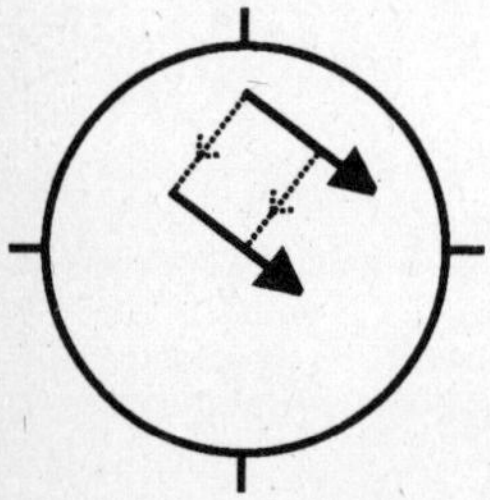

Abb. 2
ca. 140'
richtig!

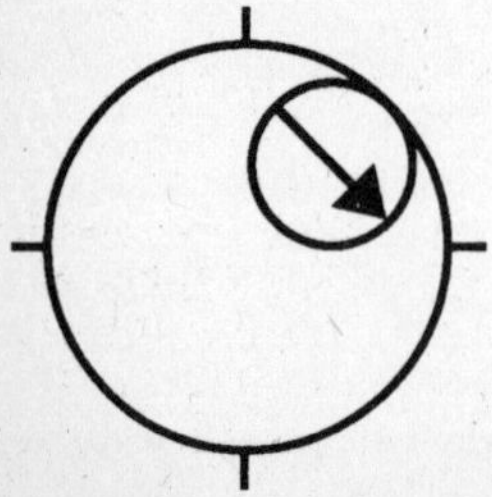

Abb. 3
ca. 140'
richtig!

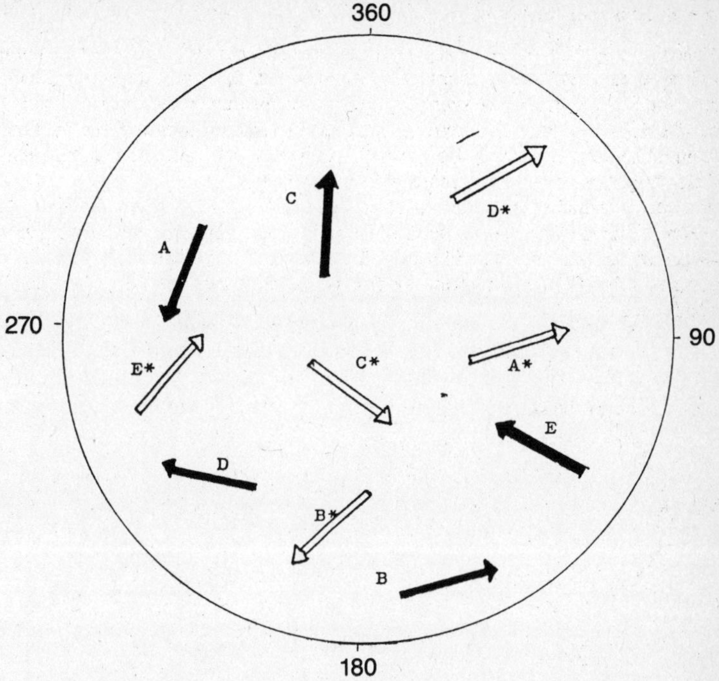

Luftraum schwarz
A: B: C: D: E:
Luftraum weiß:
A*: B*: C*: D*: E*:

b) Hörtest: eine Tonbandstimme rief eine bestimmte Flugnummer auf, z.B. LH 851. Danach wurden fünf weitere Nummern genannt und man sollte notieren, wie oft die Ausgangsflugnummer richtig wiedergegeben wurde, z.B.:
LH 861 – LH 893, LH 815, LH 989, LH 851, LH 861.
LH 852 – LH 851, LH 852, LH 879, LH 893, LH 861.

c) Simultane Bearbeitung von Aufgabenstellung a und b: Es versteht sich von selbst, daß man sowohl die Dias als auch die Nummern verändert hatte.

17. Technisches Verständnis

Etwa 30 Fragen zu Stichworten wie: Relaisschaltungen, Schaltkreise, Widerstände berechnen, schiefe Ebenen, Hebelkräfte, Interferenzen, Dopplereffekt, Polarisation etc. waren zu beantworten.

18. Würfel kippen

Hier hatte sich die *DFVLR* etwas ganz Besonderes einfallen lassen. Von einem Tonband wurde die Ausgangslage eines Kreuzes auf einem Würfel beschrieben. Danach wurde der Würfel in alle möglichen Richtungen gekippt (immer um 90 Grad in die Richtungen rechts, links, vorne, hinten, oben, unten), nicht aber gedreht. Am Ende dieser Ansageaktion – bei dem Kommando „Stop" – sollte man aufschreiben, in welcher Lage sich das Kreuz jetzt befindet. Da wir alle mit Bleistift und Radiergummi ausgestattet waren, kamen wir natürlich schnell auf die Idee, die Kippbewegung mit unserem Radiergummi nachzumachen, was man uns aber nach der Vorübung mit einem Lächeln untersagte.

Ausgangslagen:

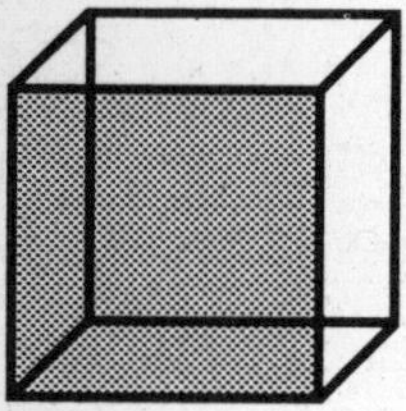

vorne

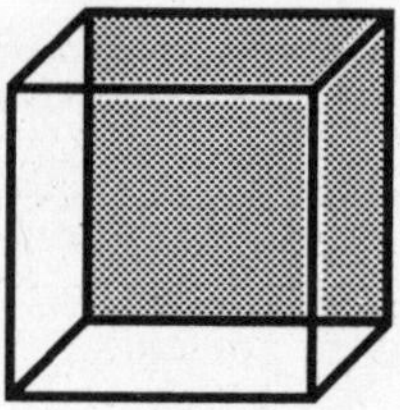

hinten

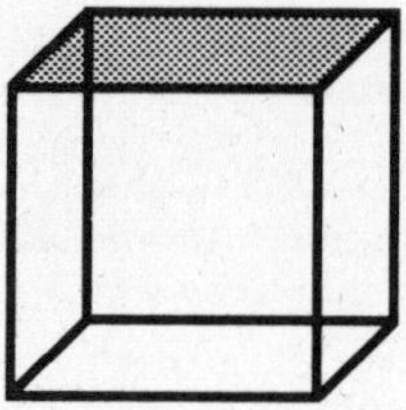

oben

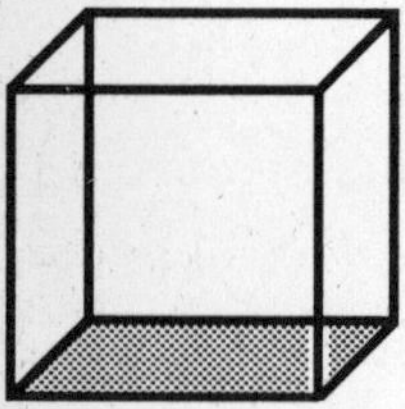

unten

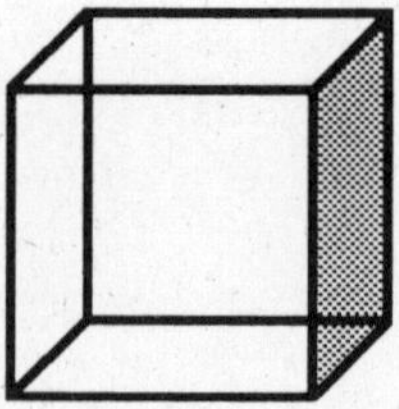

rechts

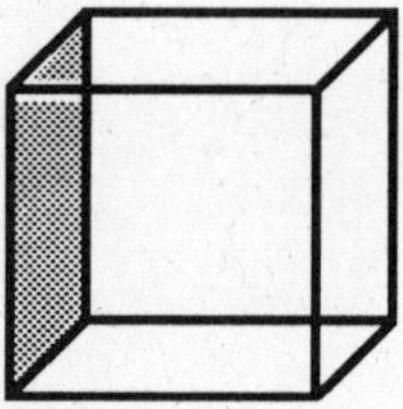

links

Am besten übt man die folgenden Beispielaufgaben mit einem Holz- oder Pappwürfel und veranschaulicht sich so, was in Worten kaum darstellbar ist.

1. Testreihe: Kreuz-Ausgangslage unten
Befehle: nach
oben, unten, rechts, links, vorne, hinten, oben - Stop
Lösung: vorne.

2. Testreihe: Kreuz-Ausgangslage rechts
Befehle: nach
rechts, links, unten, rechts, oben, links, links, unten, unten, oben, vorne - Stop
Wo ist jetzt das Kreuz?

3. Testreihe: Kreuz-Ausgangslage hinten
Befehle: nach
links, oben, rechts, vorne, hinten, unten, links, hinten, unten, vorne, hinten, oben, unten, links, rechts, vorne, rechts, unten - Stop
Wo ist jetzt das Kreuz?

Die Zeit zum Nachdenken war für alle Testreihen gleich lang, so daß die meisten von uns bei der ersten Ansage noch relativ wenig Schwierigkeiten hatten. Bei der zweiten Reihe hatte man schon größere Schwierigkeiten, und bei der dritten mußte ich persönlich kapitulieren.

Ich fühlte mich nach 17 Testmühlen einfach nicht mehr in der Lage, die von mir erwartete Konzentration zu erbringen. Tip: Nur die Ruhe bewahren, und wenn man nichts mehr geregelt bekommt, die Kreuzchen auf dem Antwortbogen möglichst gleichmäßig verteilen, um vielleicht ein paar Zufallstreffer zu landen.

Gegen 15 Uhr war nun auch der zweite Tag beendet. Das Ergebnis der Voruntersuchung, bei der angeblich nur die fachlichen Resultate berücksichtigt werden, wurde dann etwa nach vier Wochen bekanntgegeben. Die psychologischen Tests und Ausarbeitungen wurden erst für die Hauptuntersuchung benötigt. Wer Bescheid erhielt, daß er als geeignet befunden wurde, mußte sich auf eine achtmonatige Wartezeit einrichten, bevor die Hauptuntersuchung erfolgte.

Abschließend möchte ich jedem den Tip geben, sich frühzeitig bei der *LH* zu bewerben, auch wenn man erst eine Ausbildung oder ein Studium beenden möchte. Das Bewerbungsverfahren beansprucht viel Zeit – zum Beispiel:
August 1990: Abschicken der Bewerbungsunterlagen
März 1991: Terminbekanntgabe für Voruntersuchung
Mai 1991: Voruntersuchung
Juni 1991: Ergebnisbekanntgabe
Februar 1992: Hauptuntersuchung.

Erst wenn man Vor-, Haupt- und die fliegerische Untersuchung hinter sich gebracht hat, ist es an der Zeit, eine endgültige Entscheidung zu treffen.

Klappt es nicht, was bei ca. 90 bis 95% der Bewerber der Fall sein dürfte, nehme man diese zwei Tage Streß als Test für andere Einstellungsverfahren in Kauf, frei nach dem Motto: *Alles, was mich nicht umbringt, macht mich nur stärker!*

LESE- UND ARBEITSHINWEIS
▷ Lufthansa
▷ Piloten-Testaufgaben, in: *Testaufgaben*

Polizei-Test

Im Überblick: drei Polizei-Tests aus drei Bundesländern. Ein Polizeibewerber berichtet:

Zuerst hatte ich mich in Berlin bei der Schutzpolizei beworben. Der Eignungstest lief so ab:

1. Lückendiktat (3–4 Seiten, Worte wie *Technik, im Dunkeln tappen, materiell*)
   Wer nicht bestand, konnte sofort nach Hause fahren (K.o.-Verfahren nach dem Prinzip: *10 kleine Negerlein...*)!
2. Logisches Denken à la Mannheim (Sinnvoll ergänzen, Wortverhältnisse, Wortanalogien, Unmöglichkeiten, Zahlenreihen, Dominosteine, Verteilen/Ordnen)
3. Gestaltwahrnehmung (Mosaike kontrollieren)
4. Rechtschreibung (Schreibfehler, Zeichensetzung korrigieren)
5. Adressen und Summen überprüfen.

Wenn man die schriftliche Prüfung geschafft hatte, wurde eine Pause von 1 1/2 bis 2 Stunden mit Polizei-Zahnarztbesuch eingelegt. Dann kam die Sportprüfung (3000m-Lauf und Bewegungsfähigkeitstest). Somit war der erste Tag überstanden. Am zweiten Tag: ärztliche Untersuchung.

Ich bewarb mich auch in Nordrhein-Westfalen:

1. Diktat
2. Logischen Denken wie in Berlin (hinzu kam noch ein Merkfähigkeitstest: Bilder wurden kurz gezeigt, mit anschließenden Fragen – was stand wo usw. Steckbrief und eine kleine Nacherzählung eines einfachen Falles).

Alle konnten wenigstens bis zum Mittag bleiben. Wir waren 17 Mann. Nach der Ergebnismitteilung *durften* 10 Mann nach Hause gehen. Ich war mit dabei.

Die Prüfung in Niedersachsen und Hessen waren ziemlich gleich:

1. Lückendiktat
2. Gestaltwahrnehmung (Falsches rausstreichen, Original und Fälschung)
3. Sprachbeherrschung (Worteinfall, Buchstaben ordnen)
4. Räumliches Vorstellungsvermögen (Spiegelbilder, Körper zusammensetzen)
5. Ausdauer/Belastbarkeiten (Rechenkonzentration)

Alles Aufgaben aus dem *Testtraining*-Buch.

In Hessen scheiterte ich noch am Diktat. In Niedersachsen habe ich dann alles bestanden. Am ... fange ich dort an.

LESE- UND ARBEITSHINWEISE
Polizei, in: *Erlebnisse...*
▷ Intelligenz-, Büro-, Konzentrationstests, in diesem Buch und in: *Testtraining...*

Betrifft: Eignungstest bei der Police Academy

Sehr geehrte Testknacker,

ich bin 17 Jahre und Realschüler. Meine einzige Bewerbung, die ich je geschrieben habe, ging letzten Herbst an die Polizei. Ich war mir meiner Chancen durchaus bewußt (= 0). Vielleicht interessiert es Sie, wie dieser Test so bei mir ablief.

Nachdem mein „Leumund“ überprüft worden war, lud mich der „Polizeipräsident“ zum zweitägigen Eignungstest ein. Um mich dafür wenigstens etwas vorzubereiten, machte ich jeden Abend (wegen der Sportprüfung) Joggingläufe und kaufte mir die „Testknackerbibel“. Zwei Wochen vor dem eigentlichen Testtermin habe ich darin ein bißchen 'rumgeblättert. Als ich bei manchen Zahlenreihenaufgaben fast ausgeflippt wäre, war es schon zwei Tage vor der Prüfung.

Den „schwarzen Mittwoch“ werde ich wohl nie vergessen. Morgens, kurz vor sieben, wurden 15 „Leidensgefährten“ und ich (ganz zünftig im Police Bus) zum „Tatort“ (Testort) gefahren. Kurz darauf saß ich dann mit den anderen zusammen in einem Unterrichtsraum und es ging los.

10 kleine Negerlein…

1) Lückendiktat (do-it-yourself-Verfahren)
2) Pause
3) zum Glück nur einen Fehler
4) den Mannheimer Intelligenztest gemacht
5) Pause (etwas länger)
6) Wunder! Auch bestanden. Gute Punktzahl
7) Polizei-Zahnklempner (voll der Steinbruch)
8) Sportprüfung a) Rambo-Test in der Sporthalle
   b) 3000-m-Lauf im (sauren) Regen
9) = total k.o. und dennoch ging's weiter
10) All-gemeiner-Büro-Arbeitstest
11) Geschafft!! = Ende schon um 15.00 Uhr

Am nächsten Morgen – genauso früh – ab zum Amts-Quacksalber. Röntgen-Hörtest-Sehtest-Urintest-EKG-Wirbelsäulentest-Farbtest und ähnliches mehr. ▷ Mensch muß ich gesund sein! ▷ Ende wieder fast 15.00 Uhr.

Nachdem ich beim Zahnklempner den Steinbruch hab' rekonstruieren lassen ▷ voll polizeidiensttauglich.

Nach zwei bangen Wochen kam das Einstellungsschreiben!

Mit freundlichem Gruß,

Ihr / Euer „Freund und Helfer auf Probe“

Psychiater-Test

Ganz schön vergaloppiert...

Ich bin fertig ausgebildeter Arzt und habe den Wunsch, einmal als Facharzt für Psychiatrie zu arbeiten. Dazu muß man an einem Krankenhaus in einer psychiatrischen Abteilung als Assistenzarzt arbeiten und erhält damit parallel eine mehrjährige Facharztausbildung. Dieses Verfahren gilt ganz ähnlich für jeden Facharzt, also z.B. Kinder-, Haut-, Augenarzt usw.

In einer Zeit, in der es auch schon viele arbeitslose Ärzte gibt (vor allem junge), ist es gar nicht einfach, solch einen Weiterbildungsplatz (so könnte man das nennen) zu bekommen. Über 50mal habe ich mich an verschiedenen Krankenhäusern in der ganzen Bundesrepublik beworben. Beim siebten Vorstellungsgespräch hat es endlich geklappt.

In einem Bremer Krankenhaus saß ich einem etwa zehnköpfigen Auswahlgremium gegenüber (Chef-, Ober- und Assistenzärzte, Vertreter des Pflegepersonals, Psychologen, Sozialarbeiter). Bemerkenswert erschien mir die Plazierung: Mir wurde der schäbigste und kleinste Stuhl in der Zimmerecke zugewiesen, während vor mir und um mich herum die Interviewer thronten. Ich kam mir so richtig erdrückt vor, auch, weil ich mit Fragen aus allen Ecken und Richtungen – räumlich wie inhaltlich – bombardiert wurde.

Situation und Atmosphäre kamen mir eher vor wie in einem Gerichtssaal oder vor einem Tribunal, wo ich als Angeklagter rein- und vorgeführt wurde und Rede und Antwort zu stehen hatte.

Ich habe mich kleingemacht gefühlt, gerade auch deswegen, weil ich z.B. von der Hauptakteurin – einer Oberärztin – allen anderen vorgestellt wurde, aber sich mir keiner vorstellte. Nicht mal meine Begrüßung ist erwidert worden.

Die Oberärztin eröffnete die Befragung, in die die anderen aus der Runde sehr schnell voll einstiegen:

Warum wollen Sie in der Psychiatrie tätig werden? war hier wie auch bei allen anderen Bewerbungsgesprächen die erste Frage. Meine Beantwortung ließ zunächst vielleicht noch Wünsche offen, so daß sofort die Nachhakfrage kam: *Wie sind Sie eigentlich auf die Psychiatrie gekommen?*

In meinen Ausführungen schilderte ich naiv-ehrlich, daß ich über mein Interesse an Philosophie und Literatur auf das Arbeitsgebiet Psychiatrie aufmerksam geworden bin und daß sich dies im Laufe des Studiums und während erster praktischer Erfahrungen weiter vertieft hat.

Das brachte mir prompt die Frage ein: *Was meinen Sie denn, was Sie mit der Philosophie in der Psychiatrie anfangen können?* Auf diese Zwischenfrage war ich weiß Gott nicht gefaßt und geriet ein bißchen aus dem Konzept, was aber sicherlich auch mit der ganzen unangenehmen Atmosphäre zu tun hatte.

Ganz schön vergaloppiert habe ich mich dann mit dem weiteren Reizwort „Idealismus", das ich für mein Interesse und meine Haltung bemüht habe. Wie lange ich wohl glaube, damit durchzuhalten, wurde mir in höhnischem Tonfall entgegnet.

Zugegeben ist Idealismus alleine keine tragfähige Basis für die Tätigkeit eines Psychiaters. Das braucht man mir nicht zu erzählen. Ich habe bereits schwerste chronische und entmutigende Verlaufsformen psychiatrischer Erkrankungen an der Berliner Karl-Bonhoeffer-Nervenklinik kennengelernt und weiß um die Probleme. Im nachhinein denke ich, daß das Gespräch spätestens an dieser Stelle völlig aus dem Ruder lief.

Dann interessierte man sich genauer für meine Tätigkeit in der Karl-Bonhoeffer-Nervenklinik (im Berliner Jargon „Bonnys Ranch" genannt). Plötzlich schulmeisterten sie mich mit der Frage, ob ich denn wisse, *wer Karl Bonhoeffer war*.

Im Anschluß kamen die Befrager auf mein vor dem Medizinstudium angefangenes Architekturstudium zu sprechen und wollten das erklärt bekommen. Ich fühlte mich erneut in die unangenehme Position gedrängt, mich rechtfertigen zu müssen und wies darauf hin, vier Jahre auf meinen Medizinstudienplatz gewartet zu haben. In der Zwischenzeit fing ich Architektur als „Parkstudium" an. Hinzu kommt, daß Architektur meinem früheren Interesse entspricht. Ich sehe durchaus Verbindungen zwischen Architektur, dem Menschen und der Psychiatrie. Das schien sie zu beruhigen. Es war zwar etwas konstruiert, denn der reale Hintergrund ist wohl eher der, daß in meinem Freundeskreis und in meiner Familie viele Mediziner sind, was mich sicherlich sehr beeinflußt hat.

Zum Abschluß wurde ich gefragt, *wie ich mir meine Arbeit auf der psychiatrischen Station vorstelle*. So einfach eine solche Frage zunächst klingt, sie ist doch schwer zu beantworten, weil man die Patienten und die Krankheitsbilder nicht genau kennt.

Aber auch in anderen Vorstellungsgesprächen ging es nicht gerade zimperlich zu. *Ob ich denn zupacken könne, wenn es darauf ankäme*, wurde ich mehrdeutig gefragt (werden hier vielleicht noch Zwangsjacken angelegt, oder ging es allgemein um das Bewältigen von viel Arbeit?).

Manchmal wurde meine Einstellung zu Psychopharmaka abgefragt, ebenso wie meine Zugehörigkeit zu Parteien, Gewerkschaften oder wenigstens zu einer Studentenverbindung. *Sind Sie jetzt nervös? Warum?* war die einfühlsame Frage eines mich interviewenden Chefarztes, und bei einer Bewerbung in einer Suchtklinik wurde ich unverblümt gefragt, *ob ich mich als Alkoholiker bezeichnen würde oder Erfahrungen mit Drogen oder Medikamenten hätte*.

Reiseverkehrskaufmann-Test

Wenn es um die schönsten Wochen des Jahres geht und man auf *Nummer-Sicher-Mann* setzen will, präsentieren Reise-Arbeitgeber ihren Bewerbern eine unglaublich umfassende Fragen- und Aufgabensammlung. Vom Allgemeinwissen über die differenzierte Überprüfung von geographischen Kenntnissen bis hin zu umfangreichen Intelligenz- und Konzentrationsleistungs-Testbatterien wird das ganze *Arsenal* eingesetzt. Weiterhin geht es um Mathematik- und Rechtschreibkenntnisse, und sehr häufig wird ein Aufsatz verlangt. Kurzvortrag, Gruppendiskussion und ACT's sollen helfen, das Bild von der Persönlichkeit des Bewerbers abzurunden. Man sucht sich seine neuen Mitarbeiter sorgfältig aus. Es gibt ja genug.

Gut, daß sich die Tests bei den ganz großen Reiseveranstaltern gleichen, so daß Sie bei dem einen für den anderen lernen können. An der Basis dagegen herrschen oftmals die selbstgestrickten Reisequiztests, und verleiden einem die Bewerbungszeit.

Da werden ungeniert Fragen gestellt wie:

1. Der höchste Berg ...
2. Der längste Fluß ...
3. Der größte Kontinent ...
4. Die größte Insel ...
5. Die größte Wüste ...
6. Durch welche Länder fließt die Donau?
7. Durch welche Länder fließt der Rhein?
8. An welchem Fluß liegt London?
9. Stettin?
10. Dresden?
11. Rom?
12. Toulouse?

Die ACTs (unbedingt das entsprechende Kapitel in diesem Buch und die Reports in *Erlebnisse* ... studieren!) werden immer häufiger und umfangreicher eingesetzt.

Während ein Friseurmeister seine Azubi-Bewerberin schon mal gefragt hat, ob sie eine Kundin mit Kopfläusen bedienen würde (*Ach, Sie handeln auch mit Kopfläusen?*), geistert in der Reisebürobranche die Frage umher, wie man mit einer alten Dame umgehe, die eine Minute vor Ladenschluß ihre Wünsche nach Informationen über eine Sommer-Erholungsreise nach Bad Salzufflen anmeldet. Natürlich – wie es das Pech so will – sind Sie gerade an diesem Abend mit Ihrem Freund/Ihrer Freundin direkt nach Arbeitsschluß verabredet. Was tun?

Ähnliche Probleme treten auf, wenn zu Weihnachten die ganze Reisebüro-Crew selbst einmal Urlaub machen möchte. Jeder hat einen guten Grund, aber irgendwie muß man sich einigen, wer im Reisebüro bleibt und über Weihnachten Dienst macht. Sie bekommen Ihre Rolle zugeteilt und sollen das in der Gruppe von Mitbewerbern dann gemeinsam organisieren.

Nachdem Sie sich mit diesem Problem beschäftigt und zehn weitere Spezialaufgaben geknackt haben, taucht die Frage auf, ob Sie sich noch an die Kundin kurz vor Ladenschluß erinnern. Hatte sie einen Hut auf und wie lautete Urlaubsintention und -ziel?

Gute Nerven muß man schon haben und auch ein perfekt funktionierendes Gedächtnis. Aber damit kann man ja auch bei der Kripo was werden. Detektivisch sollten Sie in jedem Fall den obigen und den folgenden Hinweisen nachgehen:

LESE- UND ARBEITSHINWEISE

▷ Allgemeinwissen, Geographie
▷ Assessment-Center-Tests
▷ Intelligenz-Testverfahren
▷ Leistungs- und Konzentrations-Testverfahren
Reiseverkehrskauffrau/mann, in: *Erlebnisse*...

Die schönsten Wochen des Jahres ...

Der Test war sehr schwer (In welchem Meeresteil liegen die XY-Inseln? u.ä.), wenn auch die Aufgaben vom Typ her zum größten Teil Standard waren (Rechnen, Zuordnungsaufgaben, Würfel und natürlich vor allem Geographie) – berichtet eine Bewerberin.

Etwas hinterhältig fand ich die folgende, oben bereits kurz erwähnte Aufgabe:

Eine ältere Dame kommt kurz nach Ladenschluß zu Ihnen ins Reisebüro und wünscht eine ausführliche Beratung zur Planung ihres nächsten Sommerurlaubs. Sie sind aber für den Feierabend verabredet. Wie verhalten Sie sich? Bitte ankreuzen!

( ) Sie bitten die Dame, am nächsten Tag wiederzukommen.
( ) Sie geben der Dame verschiedene Prospekte mit und bitten sie, sich auf diesem Weg vorab zu informieren; alles weitere könne man in einem späteren Beratungsgespräch ausmachen.
( ) Sie schließen die Ladentür ab und widmen sich dann der Dame.

Was tun? Ich bin mir durchaus nicht sicher, ob die Damen und Herren Tester die dritte Antwortmöglichkeit am positivsten bewerten, wie man vielleicht zunächst annehmen könnte. Was ist, wenn sie mit dieser Frage vorwiegend die Ehrlichkeit testen wollen?

Noch viel gemeiner war allerdings, daß etwa eine Stunde später folgende Frage auftauchte:

Erinnern Sie sich noch an die ältere Dame, die kurz nach Ladenschluß zu Ihnen ins Reisebüro kam? Welchen Urlaub wollte die Dame planen?

( ) Winterurlaub
( ) Sommerurlaub
( ) Erholungs-Kurzurlaub

Die Frage war schon deshalb so gemein, weil man unter einem enormen Zeitdruck arbeiten mußte und wohl kaum jemand Fragen bis ins Detail genau lesen und sich gar merken konnte.

Dennoch: Wer den Test über- und bestanden hatte, gewann beim Vorstellungsgespräch einen recht positiven Eindruck von dem Unternehmen (*Hapag-Lloyd* in München). Dort wurde nämlich jeder Bewerber sehr nett und persönlich behandelt – man kam sich tatsächlich vor, als würde man für vollgenommen!

Das Vorstellungsgespräch bestand aus einer Gesprächsrunde der verbliebenen zehn Bewerber. Der Personalchef nahm jeden einzelnen ein wenig in die Mangel, anschließend war Gelegenheit, einige (auch jüngere) Angestellte über ihre Arbeit zu befragen. Die Personalchefs hatten sich bereits zurückgezogen.

Der freundliche Stil war übrigens auch in dem vorangegangenen Einladungsschreiben und in einem Telefongespräch, das ich mit dem Ausbildungsleiter führte, auffällig. In dem Telefonat erklärte er mir seine Philosophie: Jeder Bewerber sei für ihn ein potentieller Mitarbeiter, und er lege großen Wert auf ein intaktes Betriebsklima. Es gibt also doch Ausnahmen.

DER, NUR, TUI

Ich habe mich bei den großen Reiseveranstaltern und bei einigen lokalen Reisbeüros beworben. Von den drei Großen (*DER, NUR, TUI*) bekam ich Test-Einladungen, ansonsten nur Absagen, Zunächst einmal gab es die üblichen Testaufgaben, wobei ich bei *DER* und *TUI* denselben Test absolvieren mußte. Bei beiden kam es zum Vorstellungsgespräch:

Bei *DER* waren wir zu sechst. Wir wurden um einen Tisch gesetzt, und jeder erhielt einen Hefter, in dem folgende Situation beschrieben wurde: Wir sechs waren die Belegschaft eines Reisebüros und mußten den Dienstplan für die Weihnachtszeit erstellen. Jeder hatte in seinem Hefter eine ganz persönliche Ausgangs- und Argumentationsposition beschrieben bekommen.

Ich z.B. war nach der „Regieanweisung" ein 19 Jahre junger lediger Mann, der über Weihnachten seine Eltern besuchen wollte, die allerdings über 300 km weit weg wohnten. Eine andere Bewerberin mußte die Rolle einer Frau übernehmen, die schon einen festen Urlaub gebucht hatte; eine weitere Teilnehmerin spielte eine Frau, die ihrem Kind versprochen hatte, über Weihnachten zuhause zu sein, und eine andere sollte ihren Mann pflegen, der mit gebrochenem Bein im Bett lag. Eine Frau war schon vor der Weihnachtszeit oft für Kollegen eingesprungen und hatte so ein Anrecht auf ihren Weihnachtsurlaub. Der sechste im Bunde war ein Mann, der aufgrund körperlicher Erschöpfung ebenfalls dringend einen Erholungsurlaub brauchte – alles Rollen, die uns wie beschrieben vorgegeben waren.

Es war nun an uns sechs, aus dieser Situation einen Ausweg zu finden und einen Dienstplan zu erstellen. Während dieses Rollenspiels wurden wir von zwei Männern und einer Frau beobachtet. Das Ganze dauerte etwa eine halbe Stunde, und ich denke, man hat hier vor allem unser Verhalten und unsere Kooperation in der Gruppe testen wollen.

Bei *TUI* fand ein dreistündiges, sogenanntes „Round-table-Gespräch" statt. Diesmal war das Verhältnis der Bewerber gleich, vier männliche und vier weibliche. Wir kamen in einen Raum, in dem bereits zwei Frauen und ein Mann saßen. Die Tische waren in U-Form angeordnet, und es gab Getränke und Gebäck. Wir durften uns setzen und erhielten erst mal eine Lektion in Firmenpropaganda.

Im Anschluß daran durfte sich zunächst einmal jeder von uns vorstellen – Name, Alter, Hobbys usw. Danach bekamen wir vier Jungs die Aufgabe, eine 14tägige Busreise durch Europa auszuarbeiten. Die Mädchen mußten eine 14tägige Schiffsreise durchs Mittelmeer planen. Jede Gruppe hatte dazu 20 Minuten Zeit. Nun sollte jedes Team seine ausgearbeitete Reise mit Tagesplan, Station, Anlegehäfen bzw. Hotels und Tagesausflügen sowie dem Gesamtpreis der anderen Gruppe vorstellen.

Im Anschluß an dieses Planspiel wurde aus der Sicht des Dreier-Testergremiums kritisiert. Die Mädchen hatten dabei das Pech, daß einer der Prüfer Kreuzfahrt-Experte war.

Nach einer Pause von etwa einer Stunde mußte jeder von uns ein Thema nennen, von dem er glaubte, es sei diskutierenswert. Sodann hatten wir uns in der Gruppe auf ein Thema zu einigen, während sich die drei Beobachter auf ein weiteres Thema einigten. Jeder von uns bekam einmal die Aufgabe, Diskussionsleiter zu sein, mußte eine Einführung geben und am Ende der Diskussion eine Zusammenfassung bringen.

Nach diesem „Diskussionspiel“ wurde eine Schulstunde in Geographie abgehalten. Zuerst kamen die Mädchen an die Reihe. Jede mußte einzeln nach vorne an eine große Weltkarte und wurde abgefragt, wo z.B. Kap Horn, Panama-Kanal usw. seien. Den Jungs wurden Fragen über Deutschland, Österreich und die Schweiz gestellt.

Das Ganze hat fast drei Stunden gedauert. Danach war ich wirklich urlaubsreif.

Sozialarbeiter-Test

Wer schützt Sozialarbeiter vor dem Kinderschutzbund?

Wie Sie sicherlich wissen, ist es für Sozialarbeiter und Sozialpädagogen ähnlich wie für Lehrer seit Jahren schwer, einen Arbeitsplatz zu bekommen. So kann man natürlich auch als Sozialarbeiterin bei der Bewerbungstortur seine einschlägigen Erlebnisse haben.

Ich studierte an einer evangelischen Fachhochschule und machte mein Anerkennungsjahr beim Landratsamt. Im Anschluß daran fand ich natürlich keine Stelle, immer mit dem deutlichen Hinweis darauf, daß ich ja eigentlich keine Berufspraxis hätte. Nun frage ich mich, woher man die denn bitte nehmen soll, wenn man als Berufsanfänger dazu gar keine Chance bekommt. Abgesehen davon bin ich übrigens der Meinung, daß doch das Berufsanerkennungsjahr auch schon einen gewissen Praxiseinstieg bedeutet.

Nach knapp zwei Jahren, in denen ich mich mit Gelegenheitsjobs über Wasser gehalten hatte (überwiegend Fließbandarbeit in der Fabrik), wurden mir einige ABM-Stellen angeboten. Diese Stellen haben, wie jeder weiß, den Zweck, Leuten, die seit längerem „draußen“ sind, den Wiedereinstieg zu erleichtern. Übrigens erfuhr ich damals, daß es gängige Praxis des Arbeitsamtes ist, nicht den Langzeitarbeitslosen, sondern den frisch arbeitslos gewordenen diese ABM-Stellen zuzuschustern, um somit das Arbeitslosengeld zu sparen.

Etwas später bin ich dann mit der ABM-Berechtigung auch mal beim Diakonischen Werk vorstellig geworden. Als man mir dort aber die alles entscheidende Frage nach einer ehrenamtlichen Tätigkeit stellte, war es wieder mal aus für mich. Da ich nach acht Stunden Knochenmaloche am Fließband weiß Gott keine Kraft mehr hatte, mich irgendwo auch noch ehrenamtlich zu betätigen, antwortete ich mit einem klaren „Nein“. Hierauf meinte mein Gesprächspartner, ein ebenfalls arbeitsloser Sozialarbeiter, daß sich bei meiner Einstellung gegenüber ehrenamtlicher Tätigkeit wohl alles andere erübrigen würde. Womit ich wieder einmal eine Stelle abhaken konnte...

Nun kann man dieses Bild des Sozialarbeiters als altruistische, alles entsagende Figur mit Heiligenschein bei der Kirche ja gerade noch nachempfinden, aber eine ehrenamtliche Tätigkeit einfach zu verlangen, finde ich schon ein ziemliches Ding!

Noch dicker kam es beim Deutschen Kinderschutzbund in Darmstadt. Hier arbeiten mehr als die Hälfte der Leute ehrenamtlich. Verständlich, daß z.B. arbeitslose Pädagogen auf diese Weise hoffen, eine bezahlte Stelle zu erhaschen. Eigentlich waren bei diesem Bewerbungsgespräch alle ganz nett zu mir, bis auf eine – rein äußerlich fortschrittlich wirkende – Sozialarbeiterin, natürlich hauptamtlich tätig und ungefähr in meinem Alter. Sie beäugte mich von Anfang an sehr kritisch, was mir gleich auffiel – im Gegensatz zu den anderen, die mir doch irgendwie wohlwollend begegneten.

Die erste Frage war, ob ich irgendwelche Fortbildungen oder Zusatzausbildungen absolviert hätte. (Zur Information: die Sozialarbeiter-Ausbildung beinhaltet ein dreijähriges Studium plus ein Jahr Praxis.) Diese Ausbildung allein scheint heutzutage nichts mehr wert zu sein. Fortbildungen sind übrigens sehr teuer (einige hundert bis 1000 DM) und werden auch nicht bezuschußt geschweige denn vom Arbeitsamt übernommen. Wie soll man sich das also als Arbeitsloser, von Gelegenheitsjobs lebend, leisten?

Als ich diese Frage verneinte, war die nächste die nach meinen ehrenamtlichen Tätigkeiten, die ich aus den eben genannten Gründen ebenfalls nur mit „Nein" beantworten konnte. Nun fragte mich diese Dame doch tatsächlich: *Warum haben Sie denn dann überhaupt Sozialarbeit studiert?* Das war die größe Frechheit, die mir je begegnet ist. Da ich zu dieser Zeit sowieso schon psychisch ziemlich fertig war, hat mir das noch den Rest gegeben. Was nehmen sich diese Leute eigentlich heraus, die ja ihr eigenes Schäfchen schon im Trockenen haben?! Wenn man dermaßen fertiggemacht wird, ist man überhaupt nicht mehr dazu in der Lage, zu Vorstellungsgesprächen zu gehen. Und so ein Alptraum-Bewerbungsgespräch lediglich für eine vom Arbeitsamt finanzierte ABM-Stelle, nicht für eine Festanstellung!

Ich sollte dann noch am nächsten Tag beim Kinderschutzbund (wer schützt Sozialarbeiter vor dem Kinderschutzbund?) anrufen und nach dem Ergebnis des Bewerbungsgesprächs fragen, was ich mir aber nach diesem Horrorerlebnis erspart habe. Daß Leute mit solcher „Sensibilität" in sozialen Berufen tätig sind, macht mich nahezu verrückt! Ich könnte noch heute „kochen", wenn ich daran denke. Nach diesen Erfahrungen finde ich es nicht verwunderlich, wenn Leute mit der Zeit dieser Gesellschaft gegenüber gleichgültig werden und vielleicht dem Alkohol oder anderen Drogen verfallen.

Am besten arbeitet man als Sozialarbeiter wohl nur noch umsonst, lebt von milden Gaben oder verschwindet hinter Klostermauern.

Kurz darauf habe ich übrigens eine Umschulung zur Fremdsprachensekretärin gemacht, ein dreiviertel Jahr als Schreibkraft (!) gearbeitet, was mich stark unterfordert und gelangweilt hat. Da mir Büroarbeit sowieso zu trocken und öde ist, um sie ein ganzes Leben lang zu betreiben, war ich heut mal wieder beim Frankfurter Fachvermittlungsdienst für besonders qualifizierte Fachkräfte.

Ich traf dort einen ehemaligen Studienkollegen, der sich aufspielte mit seiner heutigen Position beim Arbeitsamt. Er habe, so erklärte er mir großspurig, sofort nach dem Studium die Umschulung zum Berufsberater gemacht. (Wollte er jemals wirklich Sozialarbeiter werden?!) Ich erkundigte mich bei ihm, da ich gern immer noch als Sozialarbeiterin tätig sein wollte, welche Zusatzausbildung für Sozialarbeiter, die ja überall verlangt werden, vom Arbeitsamt vielleicht übernommen werden könnten. Er antwortete mir, dies könnte das Arbeitsamt auf keinen Fall tun, da die Sozialarbeiter doch nicht zu vermitteln seien! Und außerdem sei das ja alles meine eigene Schuld, er habe sich ja auch beruflich umorientiert. Leider müsse er mich noch im Computer führen, dies sei ja Vorschrift, aber fördern werde er mich nicht, da das seiner Meinung nach unsinnig sei.

Stewardessen-Test

Die Damen bitten wir, nicht in langen Hosen oder Stiefeln zu erscheinen.

Ich habe mich bei der *Lufthansa* um eine Ausbildung als Flugbegleiterin beworben. Die Kleidervorschrift stand im Einladungsschreiben. Mit dieser Einladung erhielt ich auch einen Zettel mit der Überschrift „Betr.: Neueinstellung fliegendes Personal" und folgendem Hinweis: *Hiermit möchten wir Sie davon in Kenntnis setzen, daß im Rahmen der Laboruntersuchung beim Ärztlichen Dienst auch ein HIV-Test (Nachweis von Antikörpern des AIDS-Erregers) durchgeführt wird.* Die Untersuchung erfolge im Hinblick auf den Einsatz in tropischen Ländern. Eine nachgewiesene HIV-Infektion schließt diesen aus.

Berufsanfängerinnen werden wohl nicht so schnell auf solchen Linien eingesetzt – ich habe gehört, daß man auf einen interessanten Einsatz lange Jahre warten muß, und ich vermute eher, daß eine festgestellte HIV-Infektion zu einer rapiden Abkürzung des Bewerbungsverfahrens führt, im wörtlichen Sinn der Überschrift *fliegendes* Personal, aber das sei nur am Rande bemerkt.

Um 9 Uhr kam ich in den Raum des *Lufthansa*-Verwaltungsgebäudes im Frankfurter Flughafen, der auf der Einladung als Treffpunkt angegeben war. Dort saßen bereits mehrere junge Frauen und auch zwei Männer. Ich leierte ein Gespräch an, und es entstand eine lockere Atmosphäre. Dann wurden die Anfahrtskosten etc. abgerechnet und wir in einen anderen Raum geführt.

Dort saßen wir dann einer Auswahlkommission gegenüber – zwei Damen und einem Herrn. Die ältere Dame übernahm die Gesprächsleitung. Die testenden Damen seien selbst fliegerisch tätig, wie sie immer wieder betonten. Die Wortführerin hatte graues Haar, trug ein klassisches Glencheckkostüm und hatte vermutlich Schuhgröße 45. Ich mutmaßte: geschieden, kinderlos und extrem karriereorientiert.

Nun sollten wir uns persönlich vorstellen. Danach wurden wir in zwei Gruppen eingeteilt, um eine Pro-und-Kontra-Diskussion zu führen. Unsere eigene Meinung spiele dabei keine Rolle, wir könnten uns das Thema selber suchen, man wolle nur sehen, wie wir miteinander diskutieren. Als uns kein Thema einfiel, schlug die Prüferin vor, *Das Für und Wider des Lebens auf dem Lande* zu diskutieren.

Wir wurden übrigens auch in demselben Raum vermessen und gewogen und mußten später noch einen Englisch- und Französisch-Test absolvieren.

Zwischendurch wurde jeder zu einem Einzelgespräch herausgerufen. Erst sollte ich ein bißchen über meine Arbeit erzählen und ob mir schon mal was schiefgegangen sei. Dann haben sie mich in die Zange genommen, wie ich ein bestimmtes Problem gelöst habe. Also aufpassen – mit den Testantworten bestimmt man selbst (zumindest teilweise) die Fragen, die einem später gestellt werden!

Nun kamen die berühmten *Was-würden-Sie-machen-wenn-Fragen*, z.B.:

Auf einem Langstreckenflug schreit ein Baby, und ein anderer Fluggast möchte schlafen. Er beschwert sich...

Ich redete alles mögliche, kam nur nicht auf Idee, das Balg auf den Arm zu nehmen. Die Situation wurde als Rollenspiel gespielt; Ich mußte also die Prüferin als den sich beschwerenden Fluggast, die Prüfungsbeisitzende als die Mutter des Kindes ansprechen. Während des Gesprächs wurde mehrfach die Sprache gewechselt, um meine Fremdsprachenkenntnisse zu überprüfen.

Ausgetestet: Sprache, Verhalten, Intelligenz, Persönlichkeit, AIDS

Was erwartet eine angehende Stewardess beim *Lufthansa*-Einstellungstest? Bei mir lief das Verfahren so ab:

Frankfurt / Flughafenbereich
- Reisekostenabrechnung für Teilnehmer
- messen und wiegen (ohne Schuhe!)
- sich vorstellen
- warum gerade Stewardess werden wollen?
- was denken Sie, was man für Fähigkeiten haben sollte, um Stewardess zu werden?
- Sprachtest / multiple choice (viel Grammatik, z.B. *to be interested*)
- gekoppelter Wortschatz- und Verhaltenstest (in 1. Fremdsprache: Sie gießen einem Fluggast Kaffee übers Kleid / wie entschuldigen Sie sich?)
- Kurzgespräch in 2. Fremdsprache (frz. oder ital.)
- engl. Aufsatz: Wie würden Sie eine dreiwöchige Reise vorbereiten?

- Einzelgespräch (ca. 1/2 Stunde)
  - Warum wollen Sie Stewardess werden?
  - Was haben Sie für Fähigkeiten dafür?
  - Wie haben Freund/Familie auf Berufswunsch reagiert?
  - Achtung: plötzlich Sprachwechsel! (Frage + Antwort in engl.)
  - Situation: Fluggast sitzt aus Versehen verkehrt in 1. Klasse, wie lösen Sie das Problem, was sagen Sie ihm?

ACHTUNG: evtl. provozierend wirkende Zwischenfrage oder Gegenrede auf das, was man sagt, ist Test, ob man weiter freundlich-gelassen bleiben kann (keep smiling...)
- Thema richtiges Schminken als Stewardess (nicht übertrieben, dezent...)
- richtige Frisur (nicht zu wild + nicht zu lang...)

ACHTUNG: möglicherweise gibt's nix zu essen/trinken (Tip: dezente Kleinigkeiten wie Traubenzucker/Schokolade oder so was dabei haben – natürlich nicht Käsebrot in 'ner ALDI-Tüte...)

Zweiter Tag (im Anschluß oder einige Zeit später): sogenannte psychologische Eignungsuntersuchung.

9 Uhr: Beginn und Begrüßung der etwa 20 Bewerber (davon vier Männer) durch einen Betriebspsychologen und seine Assistentin.

Die Tests, die auf uns zukommen sollen, werden kurz erläutert. Die Atmosphäre ist gut. Die Assistentin wird mit uns alleingelassen und beginnt mit dem Testen.

1. Soweit ich mich erinnern kann: zunächst Aufgaben zum Gebiet Sprachbeherrschung/verbale Intelligenz (Wortbedeutungen, Begriffs- und Wortähnlichkeiten).
2. Aufgaben zum Bereich Gedächtnis/Merkfähigkeit.
3. Graphische Aufgaben (Reihen sinnvoll fortsetzen).
4. Rechenaufgaben (Grundrechenarten, Dezimalzahlen, Brüche, Prozentaufgaben).

Nach diesem Test: Etwa zwei Stunden Mittagspause mit Kantinenessen. Nun muß man nur noch den medizinischen Test überstehen.

Technischer Test

Die nächsten Aufgaben sollen Ihr technisches Verständnis *überprüfen*. Hart am Testalltag orientiert, helfen Ihnen diese Aufgaben bei der Vorbereitung. Im Gegensatz zur sonst üblichen Praxis können falsche Lösungen hier mit Minuspunkten bestraft werden. Also Vorsicht beim Raten.

Beispiel: Was glauben Sie, mit welcher Schere kann man dicke Pappe besser schneiden?

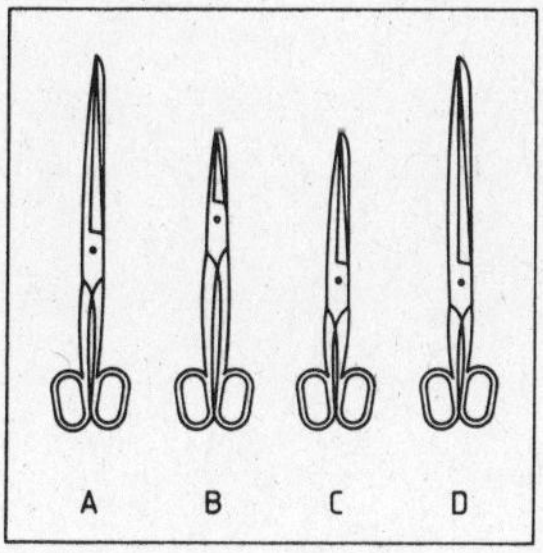

Lösung: B (die Hebelwirkung und damit die Kraft dieser Schere ist am besten für Pappe geeignet).

Für die folgenden Aufgaben haben Sie 20 Minuten Zeit.

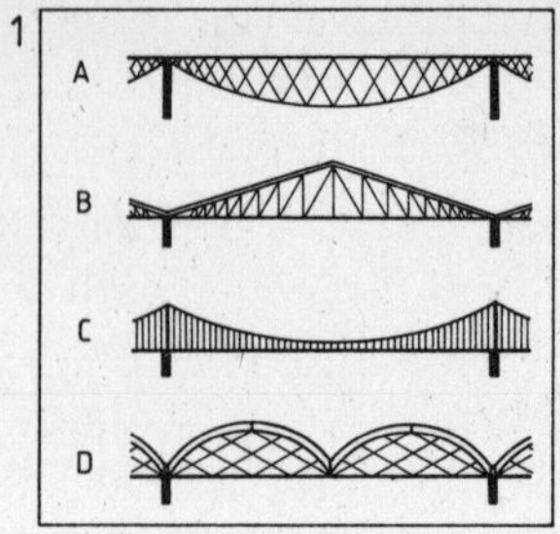

1. Vier Brückenkonstruktionen stehen zur Auswahl. Mit welcher läßt sich eine größtmögliche Entfernung ohne Zwischenpfeiler überbrücken?
   A B C D

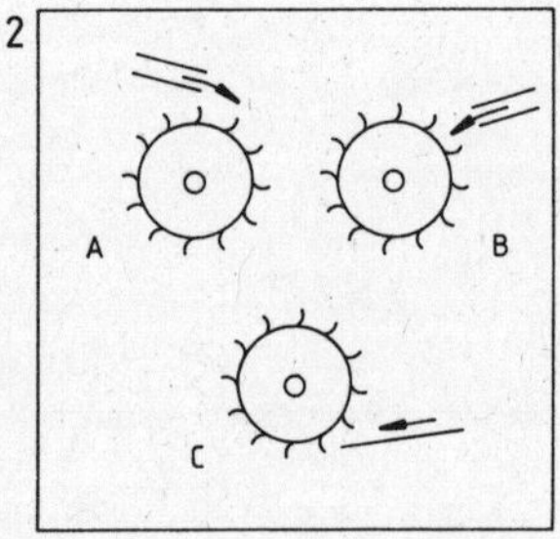

2. Drei baugleiche Wassermühlräder bekommen die gleiche Zufuhr von Wasser. Welches Wasserrad liefert die größere Kraft? Oder besteht kein Unterschied? (dann Lösung D ankreuzen)
   A B C D

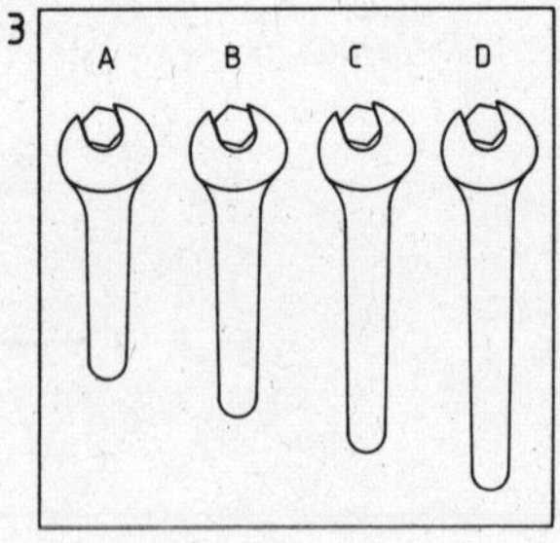

3. Vier Schraubenschlüssel stehen zur Auswahl. Mit welchem kann man die Schraubenmutter am festesten anziehen?
   A B C D

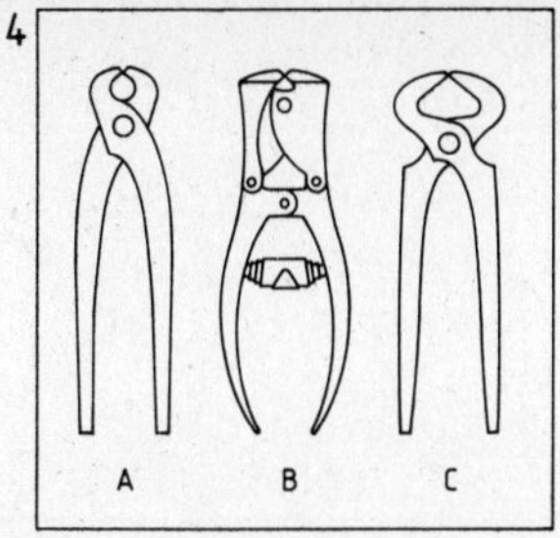

4. Drei Drahtschneidezangen stehen zur Auswahl. Mit welcher läßt sich ein Draht am leichtesten durchschneiden? Oder besteht kein Unterschied? (= D)
A B C D

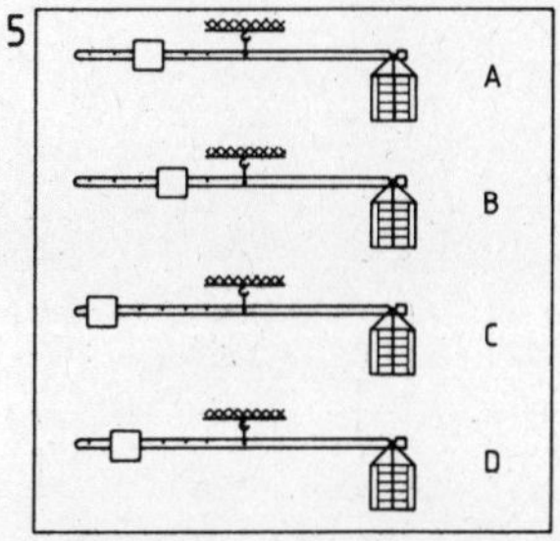

5. Vier Waagen, vier Kisten. Welche Kiste ist die schwerste?
A B C D

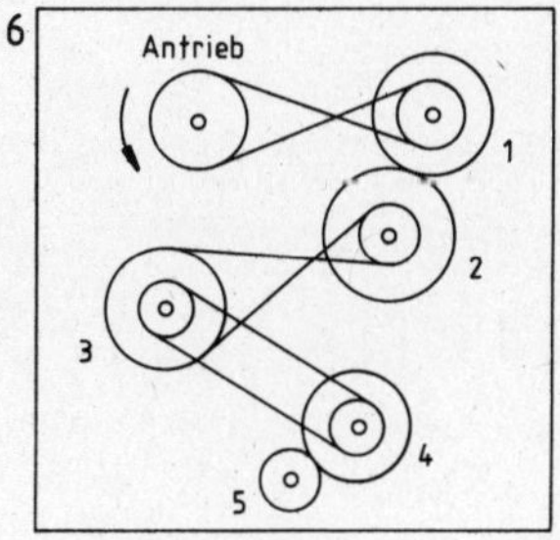

6. Zwei Räder drehen sich in die selbe Richtung wie das Antriebsrad. Welche zwei Räder sind es?
A: 1 und 4 B: 1 und 3 C: 4 und 2 E: 2 und 5

7

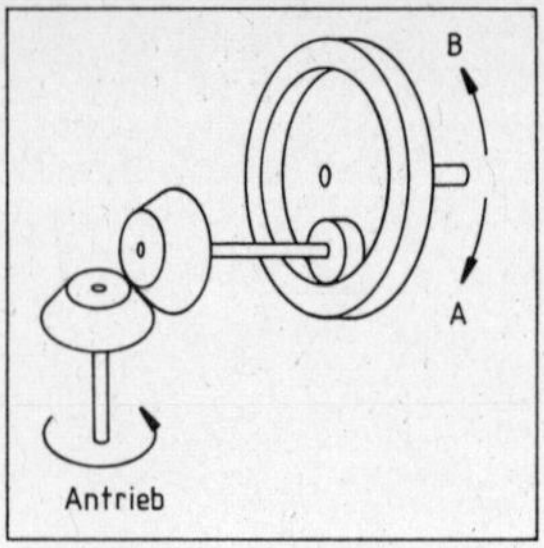

7. Dreht sich das große Rad in Richtung A oder B? Sollte es sich überhaupt nicht bewegen können, kreuzen Sie bitte Lösung C an.
   A B C

8

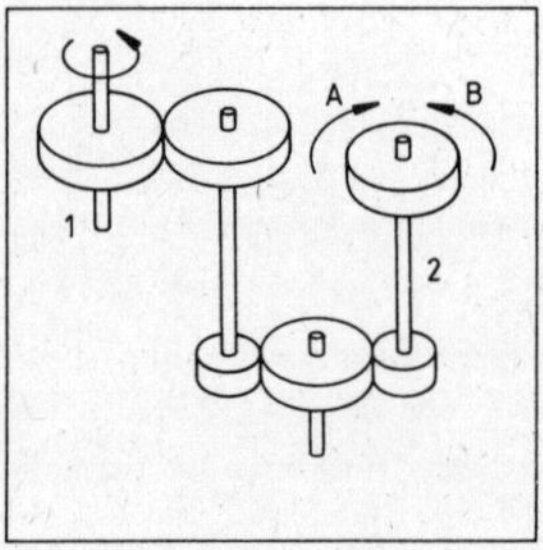

8. In welcher Richtung dreht sich die Achse 2, wenn sich die Achse 1 in der angegebenen Richtung dreht? Und wie verhält es sich mit der Geschwindigkeit?
   A: In Richtung B und langsamer
   B: In Richtung A und schneller
   C: In Richtung A und gleichschnell
   D: In Richtung B und langsamer
   E: In Richtung B und gleichschnell

9

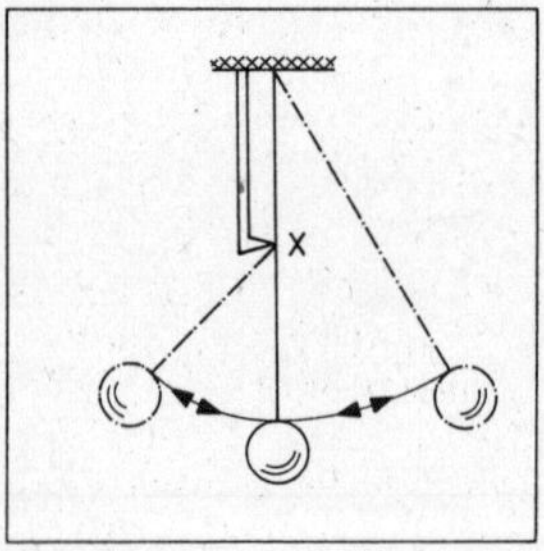

9. Am Punkt X wird die Pendellänge des Seils mit der Kugel verkürzt. Was passiert mit der Schwingungsdauer?
   A: Sie verlängert sich
   B: Sie bleibt unverändert
   C: Sie wird verkürzt
   D: Die Kugel wird sofort gestoppt

10

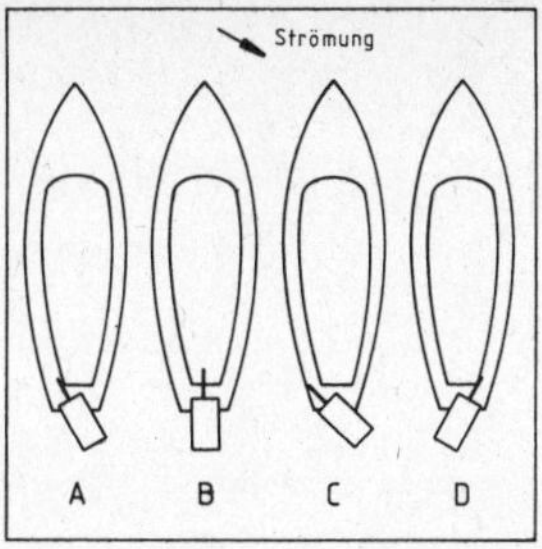

10. Wie muß gesteuert werden, wenn das Boot geradeaus fahren soll und sich die Strömung wie angegeben verhält?
A B C D

Mehr Technikaufgaben finden Sie im Buch *Testaufgaben*.

Versicherungs-Test (ACT)

Wer sicher gehen will, versichert sich, und Versicherungen gehen gern auf Nummer Sicher. Deshalb testen sie ihre Bewerber – seien sie nun Auszubildende oder Praktiker, die z.B. im Außendienst vorhandene Kunden pflegen und neue Kunden jagen sollen. Natürlich greifen auch hier Versicherungs-Personalchefs aufs Altbewährte (Intelligenz-, Konzentrations- und Persönlichkeitstestverfahren) zurück, zeigen aber auch ein Faible für alles Neue. Deshalb sind gerade bei den großen Versicherungen die ACTs ganz besonders stark im Kommen (▷ Assessment-Center).

Da kann es mit einem Vorstellungsspiel scheinbar leicht und locker angehen, indem man aufgefordert wird, sich innerhalb der Gruppe der Bewerber einmal anders vorzustellen – nämlich als *Tier*. Man hat eine Karte mit einem Tiernamen zu ziehen und den anderen zu erklären, inwieweit das Tier zutreffend bzw. nicht zutreffend für einen ist, oder welches andere Tier möglicherweise eher zur eigenen Person paßt. Jeder kommt dran und muß sich in Bezug setzen zu Hund, Katze, Fisch, Pferd, Biene, Hahn, Vogel oder Schmetterling.

Aber nicht der Inhalt ist es, auf den es hier ankommt, sondern die Art und Weise, wie man kooperiert, mitspielt, sich beteiligt, Humor zeigt und natürlich in der Lage ist, sich sprachlich auszudrücken.

So einmal *angewärmt* geht's schnell über zur Gruppendiskussion, vielleicht mit dem Thema *Sinn des Lebens – keine Gestaltungsmöglichkeiten – Sinnsuche – Lebensangst* oder vielleicht *Herrschaft im Staat – Demokratie – Politik – Machtverhältnisse* oder: *Frieden – wirklich das Wichtigste?*.

Wer dann auf die vom Personalchef locker gestellte Frage: *Wer weiß noch mehr Problemthemen?* zu viel Phantasie entwickelt, wird schnell als pessimistisch und negativ eingestellter Bewerber identifiziert werden können.

Nachdem die angeblich zu pessimistisch eingestellten Bewerber enttarnt wurden, haben nun die Optimisten ihre Chance. Wer auf die Aufforderung *Wer hat Ideen, was die Zukunft alles Positives bringen könnte?* genügend überzeugende Themen runterschnurren kann, verdient sich Pluspunkte. Bemerkungen wie *Es gibt nichts Neues, alles ist schon mal dagewesen* und ähnliches können bereits an dieser Stelle zu einer wesentlichen Verkürzung der Bewerbungsprozedur führen.

Wer auf dem Ankreuzbogen des Personalchefs Beurteilungen bekommt wie...

- er/sie macht insgesamt beim Thema nicht richtig mit, scheint uninteressiert, unengagiert, schwunglos,
- die Beiträge sind wenig intellektuell, oberflächlich, klischeehaft,
- er/sie zeigt in den inhaltlichen Beiträgen fatalistische Tendenzen oder neigt zu idealistischen Lösungen (nicht praktikabel)
- oder schlimmer noch zu Radikalität, Aggressivität, läßt eine Wut gegen alles erkennen

hat beim Einstellungsverfahren null Chance.

Ein weiteres Testverfahren sieht folgendermaßen aus: In einer Gruppe von Bewerbern werden jedem zwei rote Sympathiebekundungs-Karten gegeben. Der Personalchef erklärt, daß jeder Gruppenteilnehmer jedem in der Gruppe, den er sympathisch findet, eine Karte geben kann. Allerdings müssen keine Karten vergeben werden, wenn man für niemanden besondere Sympathien verspürt, und die Entscheidungen brauchen auch nicht begründet zu werden. Dennoch ist jeder herzlich gerne dazu aufgefordert, seine Entscheidung zu erklären.

Nun wird natürlich sehr genau beobachtet, wer wieviele Karten von den Gruppenmitgliedern am Ende dieses *Spiels* auf sich vereinigen kann, wer spontan mit der Verteilung seiner Karten beginnt, wer sich zurückhält, keine Karten verteilt, abblockt, nicht mitspielen will, wer begründungsfreudig ist und wer nicht.

Und natürlich werden die Reaktionen der Teilnehmer beobachtet, die viele Sympathiekarten erhalten, um sie dann letztendlich zu fragen: *Haben Sie eigentlich damit gerechnet, daß Sie so viele Karten erhalten würden?* und *Wie fühlen Sie sich denn jetzt?*

LESE- UND ARBEITSHINWEISE

▷ Assessment-Center (Führungskräfte/Manager-Test)
▷ Aufsätze
▷ Intelligenz-Testverfahren
▷ Leistungs-Konzentrations-Testverfahren
▷ Persönlichkeits-Testverfahren
▷ Personalfragebögen

Volles Netz, leerer Schreibtisch

Ich habe bei der *Signal-Versicherung* ein sogenanntes Testat gemacht, das von der *Intellligenz-System-Transfer-GmbH* entwickelt wurde. Dieser Test bestand aus etwa fünf Teilen, die herausfinden sollten, ob ein Bewerber für den Beruf des Versicherungskaufmanns im Außendienst geeignet ist. Die Teile nannten sich Intelligenz-Anpassung, Intelligenz-Organisation, Umstellungsbereitschaft, Leistungsmotivation und Streßbereitschaft.

Ich möchte hier besonders auf den Teil Leistungsmotivation eingehen. Uns (die Testgruppe bestand aus etwa 10 Personen) wurden Dias gezeigt, die aus 2 Teilbildern bestanden. Das rechte zeigte eine Person (Strichzeichnung), die gerade mit etwas beschäftigt war (z.B. Angeln, Arbeiten hinter einem vollen Schreibtisch etc.) und das linke dieselbe Person, welche diese Arbeit gerade beendet hatte (z.B. Angler mit vollem Netz, Schreibtisch leer etc.). Vor diesem Testteil wurde gesagt, daß wir uns zwischen den beiden parallel dargebotenen Bildern zu entscheiden hätten (vgl. S. 218)

Die einzelnen Bezeichnungen, was dieser Testteil für den Arbeitgeber herausfinden sollte (Leistungsmotivation usw.), erfuhren wir erst später. Die meisten Teilnehmer hatten sich dabei auf ein Extrem versteift, was dazu führte, daß diese die Lehrstelle nicht bekamen. Was mich beschäftigte war die Frage, wie man aus solchen Bildern Rückschlüsse auf die Leistungsmotivation herleiten könnte. Die Frage wurde mir von der Testleiterin nicht beantwortet! Auf die fragende Feststellung, ob man denn lediglich durchschnittliche Bewerber einstelle, kam für alle die überraschende Antwort „ja". In der Realität dort hatte dies zur Folge, daß bis auf zwei alle nach Hause gehen konnten, weil sie z.B. alle mathematischen Aufgaben lösen konnten oder besonders leistungsmotiviert bzw. streßstabil erschienen. Das fand ich irgendwie recht eigenartig (vorsichtig ausgedrückt).

Der Mülleimer quillt über

Ich hatte mich bei einer Bewerbung als Versicherungskaufmann unter anderem auch mit einem sogenannten ▷ Assessment-Center (ACT) in der Eignungstestsituation auseinanderzusetzen. Ein etwa acht Seiten langer Text wurde mir vorgelegt. Der zentrale Kern dieser Geschichte ist kurz berichtet:

Ein vorzeitig aus dem Urlaub zurückgekehrter Junge muß feststellen, daß seine Eltern verreist sind. Der Postkasten ist überfüllt, die Katze begrüßt ihn freudig, im Kühlschrank ist nicht genügend Essen da, dafür quillt der Mülleimer über, außerdem findet er einige wichtigere und unwichtigere offene Rechnungen, die allesamt angeblich bezahlt werden sollen usw... Natürlich ist – wie so häufig im Leben – kein Geld vorhanden.

Ich sollte stichwortartig aufschreiben, was ich an Stelle des Jungen alles gemacht hätte, z.B. Katze füttern, Eltern anrufen, Postkasten entleeren, einkaufen etc. Wichtig war es bei dieser Aufgabe, eine logische Reihenfolge zu entwickeln.

Ich schätze diesen Test so ein, daß es hier um mein Verhalten, um meine Flexibilität, meine „Kreativität", mein methodisches Vorgehen und meinen Ordnungssinn ging. Sicherlich sollte auch überprüft werden, ob ich die Fähigkeit habe, zwischen wichtigen und unwichtigen Dingen abzuwägen bzw. die zur Verfügung stehende Zeit geschickt einzuteilen.

Präsentationsübung

Unter dieser Überschrift bekamen wir Versicherungskaufmann-Bewerber bei den *Nordstern-Versicherungen* in Frankfurt ein Blatt, auf dem stand: „Zum unten stehenden Thema sollen Sie einen kurzen Vortrag halten – dieser soll nicht länger als drei Minuten dauern. Tragen Sie Ihren Standpunkt zu dem Thema vor und machen Sie mit Argumenten/Begründungen Ihren Standpunkt deutlich. (Für die Präsentation können Sie stichwortartige Notizen benutzen)"

Thema: Jugendliche / junge Menschen sollten selbst bestimmen, wie man es mit Kirche und Religion halten will.

Zweites Thema: Produzieren die deutschen Universitäten Arbeitslose?

Weitere Aufgaben aus diesem Test – er erstreckte sich von 8.30 Uhr bis ca. 15.00 Uhr – kamen aus den Gebieten Mathematik, Rechtschreibung, logisches Denken.

Bemerkenswert erscheint mir noch die folgende Gruppenaufgabe: Die sechs Testteilnehmer sollten unter Aufsicht des Testers innerhalb von 45 Minuten einen Stadtplan gestalten, wobei wesentliche Elemente vorgegeben waren (Krankenhaus, Sportplatz u.a.). An diesen Test schloß sich ein Aufsatz mit dem Thema: „Mein wichtigstes Erlebnis 1990" an. Das anschließende Gespräch diente der sehr genauen Befragung der Testteilnehmer. Aus Freizeitgewohnheiten (kontaktfreudig oder nicht?!) zog der Interviewer seine Schlüsse, wobei ich denke, daß hierbei ganz wesentlich über die Einstellung oder Nichteinstellung entschieden wurde.

FIRMEN- UND INSTITUTIONS-TESTVERFAHREN

Vom *Auswärtigen Amt* bis zu *VW*: Testen tut oft weh. Wie namhafte Unternehmen mit ihren Bewerbern umspringen, ist allzu häufig eine fatale Mischung aus Stumpfsinn (*... haben wir immer so gemacht*), Wissenschaftsgläubigkeit (*... wir glauben an die Testvorhersage*), Arroganz (*... wollen wir mal zeigen, wer hier Herr und wer Knecht ist*) und Quälerei.

Was hinter den verschlossenen Türen uns allen bekannter Arbeitgeber bei Bewerbungs- und Auswahlverfahren abläuft, geben die folgenden authentischen Berichte drastisch wieder.

Auswärtiges Amt

Wo steht das Männeken Piß und warum hat das Ausland Angst vor Hans-Dietrich Genscher?

Ich bin Diplom-Politologe und habe mich, gerade fertig mit der Abschlußprüfung, im *Auswärtigen Amt* (AA) für den höheren Dienst (Attaché-Laufbahn) beworben. Bei Vorliegen der formellen Voraussetzungen lädt man alle Bewerber zum schriftlichen Vorauswahl-Test ein. In meinem Fall waren das über 800 Mitbewerber.

Der schriftliche Test, bei dem angeblich ein persönlicher Eindruck über den Bewerber nicht entscheidend ist, besteht aus einem englischen und einem französischen Sprachtest, einem Aufsatz und vier Fragebögen zu den Gebieten Allgemeinwissen, Wirtschaft, Recht und Geschichte.

Nach erfolgreicher Absolvierung dieser ersten schriftlichen Testhürde (Dauer ca. 6 Stunden) wurden etwa 150 Bewerber zu einem zweieinhalb Tage dauernden Bewerbungstest und Vorstellungsgespräch nach Bonn eingeladen. In Gruppen zu je 30 Personen aufgeteilt, haben die Bewerber nun eine „persönliche Vorstellung" von sich zu geben. Es beginnt mit dem Ausfüllen eines Fragebogens und beinhaltet ferner das Absolvieren einer Testbatterie und eines Gespräches mit einem Psychologen der *Deutschen Gesellschaft für Personalwesen* sowie ein Vorstellungs- und Abschlußgespräch mit der AA-Auswahlkommission. Mündliche Sprachtests in Englisch und Französisch, eine Gruppendiskussion und ein Kurzvortrag gehören ebenfalls dazu.

Zum Inhalt des schriftlichen ersten Testteils: Bei den Sprachprüfungen handelt es sich um Verständnisfragen, Übersetzungen, Texte mit Präpositionen oder es geht darum, Verben in richtiger Konjugation und Zeitform aufzufüllen etc.

Bei der französischen Übersetzung wurde etwa folgendes gefordert: „Die französische Regierung hat sich bereit erklärt, dem mexikanischen Staat einen erheblichen Teil seiner Schulden zu erlassen. Die philippinische Staatspräsidentin hat der Bundesrepublik einen Besuch abgestattet."

Bei den Verben (die in verschiedenen Zeitformen zu konjungieren waren) und den Präpositionen handelt es sich um jeweils 20 Sätze. Die Verben waren im Infinitiv vorgegeben und mußten lokalisiert und eingesetzt werden. Der Text, der als Grundlage diente, war ein Zeitungsbericht über eine Rede des EG-Kommissars Bangemann. Inhalt: Die mangelnde Umsetzung der Transportrichtlinien für den Schwerlastverkehr in die nationalen Rechtsordnungen. In einen zweiten Text waren die Präpositionen einzusetzen.

Im englischen Sprachtest mußte ein Artikel aus dem *Time*-Magazin über das Ende der Reagan-Ära gelesen werden. Im Anschluß waren 20 Fragen jeweils auf ihre Aussage mit „richtig" oder „falsch" zu prüfen. Auch hier gab es einen Text, in den Verben eingefügt werden mußten. Erster Satz der Übersetzung: „Er ist mir sehr sympathisch". Ferner lautete eine Aufgabe, daß die nachstehenden Sätze Antworten zu Fragen seien, die der Bewerber sich selbst ausdenken sollte.

Dann folgte ein etwa einstündiger Aufsatz. Drei Themen standen zur Auswahl:

1. Sind Wirtschaftssanktionen ein anwendbares Mittel für die Außenpolitik der Bundesrepublik?
2. Pro und contra EG-Beitritt Österreichs
3. 40 Jahre Bundesrepublik Deutschland: Können wir stolz auf uns sein?

Nach der Mittagspause folgten die berühmt-berüchtigten Fragebögen. Jeweis 30 Fragen waren in 30 Minuten zu beantworten (insgesamt zwei Stunden!). Daraus einige Beispiele:

Allgemeinwissen:
- Wie heißen die Parlamente in Bremen, DDR, Polen und Dänemark?
- Was sagt Ihnen der Name Altamira? (Insgesamt waren hier drei Orte genannt, die aufgrund geographischer Besonderheiten lokalisiert und beschrieben werden sollten. Die beiden anderen Namen waren mir so unbekannt, daß ich nicht versucht habe, sie mir zu merken.)
- Wo hätten die Olympischen Winterspiele 1940 stattfinden sollen?
- Wann und wo fanden sie nach dem 2. Weltkrieg wieder statt?
- Ab wann und wo hat die Bundesrepublik wieder an ihnen teilgenommen?

Dann folgten die Anfänge von einigen Texten, zu denen man den Autor und den Namen des Werkes nennen sollte. Es handelte sich um Goethes „Faust", Döblins „Alexanderplatz", Homers „Ilias" und einen weiteren, mir unbekannten Text. Weitere Fragen:

- Wie heißt der diesjährige Beitrag der Bundesrepublik im offiziellen Festspielprogramm der Filmfestspiele in Cannes?
- Wer ist der Regisseur, der Hauptdarsteller, der Vorsitzende der Jury?
- In welchem Baustil ist das Brandenburger Tor, der Hamburger Michel erbaut?
- Skizzieren Sie die Funktion der Villa Massimo in Rom, des Schlosses Gymnich, der Villa Hammerschmidt und der Villa Bormisza in Turin?
- Wo steht das Männeken Piß, wo die Meerjungfrau, wo das Reiterstandbild Friedrichs des Großen? Und wo stehen sich die Standbilder Goethes und Schillers gegenüber?

- Wie heißt die deutsche Vorsitzende von Amnesty International?
- Welches Buch hat sie kürzlich veröffentlicht, und weshalb war die öffentliche Reaktion so heftig?

Geschichte:
- Wie heißen der französische, österreichische und englische Vertreter beim Wiener Kongreß?
- Über welches deutsche Territorium brachte ein Streit den Wiener Kongreß fast zum Scheitern?
- Welche Institution, die eine Keimzelle des späteren Deutschen Reiches bildete, wurde 1834 gegründet?
- Welche deutschen Länder waren daran beteiligt?
- Welchen Vertrag schloß Bismark 1879, der nicht in sein übriges Vertragssystem paßte, und mit wem?
- Weshalb wurde dieser Vertrag insbesondere nach dem verlorenen 1. Weltkrieg stark kritisiert?
- Zum Ende des 1. Weltkrieges war deutsches Territorium nicht besetzt; welche Legende entstand aus den Umständen des Kriegsendes?
- Was war der Ruhrkampf?
- Wann und zwischen welchen Staaten wurden die Verträge von Rapallo und Locarno geschlossen?
- Was war der Hitler-Stalin-Pakt? Beschreiben Sie seine Inhalte.
- Auf welchen Konferenzen wurde das Nachkriegsschicksal des Deutschen Reiches festgelegt? Nennen Sie die Jahreszahlen, Tagungsorte und Themen der Konferenzen.
- Wann wurde in der Bundesrepublik die Währungsreform durchgeführt?
- Wie hießen der erste Außen- und der erste Entwicklungshilfeminister der Bundesrepublik Deutschland?
- Was beinhalten die Ostverträge, und wann und mit welchen Staaten wurden sie geschlossen?
- Warum gehört der Vier-Mächte-Vertrag nicht in diesen Rahmen?

Das AA empfiehlt zur Testvorbereitung u.a.: B.Gebhardt, *Handbuch der Deutschen Geschichte*, Bd. 3 (§§ 37 – 66, 16 und 18 – 22). Meines Erachtens ist das eine gute Empfehlung, der problemlos gefolgt werden kann, zumal man sich bei der Lektüre auf die politischen Zusammenhänge und die genannten Personen bzw. Verträge beschränken kann. Die statistischen Daten zur Bevölkerungsentwicklung, die Strukturen der Parteien etc. sind nicht von gleicher Wichtigkeit.

Wirtschaft:
- Nennen Sie je zwei Aktiv- und Passiv-Posten einer Handelsbilanz.
- Was sind „Terms of trade“?
- Wie setzen sich die Geldmengen M1, M2 und M3 zusammen?
- Was besagt Ricardos Theorie der komparativen Kosten?
- Mit welchen Mitteln läßt sich ein Außenhandelsbilanzüberschuß reduzieren?
- Welche Probleme können sich bei Versuchen ergeben, Außenhandelsdefizite oder -überschüsse zu beeinflussen?
- Wie groß ist der Anteil der Sozialausgaben am Haushalt der Bundesrepublik?

- Welche Möglichkeiten der Einteilung von Steuerarten gibt es?
- Was ist das magische Viereck? Nennen Sie seine Bestandteile.
- Schildern Sie kurz den Mechanismus und die Folgen einer Aufwertung der eigenen Währung.

Recht:
- Was versteht man unter der Drittwirkung der Grundrechte?
- Welche Theorien kennen Sie dazu?
- Zu welchen Verträgen mit anderen Staaten muß der Bundestag zustimmen?
- Was bedeuten völkerrechtlich die Unterzeichnung, die Paragraphierung, die Ratifikation und die Hinterlegung eines Vertrages?
- Welche Möglichkeiten der Inkorporation internationalen Rechts in nationales Recht gibt es?
- Für welche Verfahrensweise hat sich das Grundgesetz entschieden?
- Was bezeichnet man als Regierungsabkommen?
- Welche ungeschriebenen Gesetzgebungskompetenzen des Bundestages kennen Sie?
- Was besagte die UNO-Resolution „Uniting for Peace", und wann wurde sie verabschiedet?
- Welche sind die Freiheiten der Lüfte?
- Welche Aufgaben haben die folgenden Programme oder Unterorganisationen der Vereinten Nationen, und wo haben sie ihren Sitz: UNESCO, UNEP, FAO, ILO?

Diverse Fragen kann ich hier nicht wiedergeben, weil ich sie bei völliger Unkenntnis des Themas gar nicht erst registriert, sondern mich sofort der nächsten Frage zugewandt habe. Nach den uns gegebenen Auskünften muß einen Antwortschnitt von etwa 30% erreichen; u. U. können Schwächen auf einem Sektor durch Stärken auf einem anderen Gebiet sowohl innerhalb der Fragebögen wie auch bei den Sprachtests ausgeglichen werden. Besser ist es natürlich, wenn man erst gar keine Schwächen hat.

Nun zum Testablauf beim AA in Bonn (wenn man sich in der engeren Auswahl wiederfindet):

Überblick:
- Vorgespräch mit der AA-Auswahlkommission (ca. 15 Min.)
- *DGP*-Eignungstest (ca. 5 Std.)
- Einzelgespräch mit *DGP*-Psychologen (ca. 30 Min.)
- Sprachtests (engl. und frz. je 15 Min.)
- Gruppendiskussion vor der AA-Auswahlkommission (ca. 30 Min.)
- Kurzvortrag vor der AA-Auswahlkommission (5 Min., bei 30 Min. Vorbereitungszeit)
- Abschlußgespräch mit der AA-Auswahlkommission (ca. 15 Min.)

Das Auswahlverfahren durch die AA-Auswahlkommission findet entweder von Montagfrüh bis Mittwochmittag oder von Mittwochfrüh bis Freitagmittag statt.

Zunächst zum **Test der *Deutschen Gesellschaft für Personalwesen*** (Dauer ca. 5 Stunden): Nach den Angaben der bei uns Aufsicht führenden *DGP*-Psychologin werden keine Persönlichkeits-Testfragen gestellt, um charakterliche Mängel der Bewerber aufzudecken. Insgesamt wurde in drei Testheften der *DGP* gearbeitet. Wobei jedesmal eine große Anzahl von Tests ausgelassen wurden. Die jeweils nebeneinander sitzenden Bewerber erhielten unterschiedliche Testaufgaben, wobei allerdings innerhalb der Hefte nur die Reihenfolge der Testfragen verändert ist.

Themen waren: Logisches Denken, Textverständnis, technisches Verständnis, systematisches Arbeiten, Geschwindigkeitstests sprachlicher und mathematischer Natur. Bei der Vorbereitung hat mir das Buch *Das neue Test-Programm* ganz wesentlich geholfen. Dort fand ich alle eben schon kurz beschriebenen Aufgabentypen vertreten. Allein die Kenntnis und das Hineinfinden in die Denkweise von solchen Testaufgabentypen haben mir erheblich geholfen und den psychischen Druck dieser Tests merklich reduziert.

Hinzuzufügen ist nach Aussage von AA-Mitarbeitern, daß das *DGP*-Urteil hausintern nicht für so wichtig genommen wird, wie sich diese Testgesellschaft selbst nimmt. Nach meinem Eindruck würde ich dem zustimmen. Im Zweifel siegt offenbar der gesunde AA-Menschenverstand.

Gespräch mit dem *DGP*-Psychologen (Dauer: 30 Minuten): Bei diesem Gespräch liegen dem Psychologen bereits die ausgewerteten Tests vor. Die Gesprächsführung orientierte sich überwiegend am eingereichten Lebenslauf. Zum Teil wurde stärker auf die Schulzeit eingegangen, ferner die Motivation für besondere Aktivitäten (z.B. Besuch von Seminaren, Teilnahme an Schüleraustauschprogrammen, Hobbys u.ä.) hinterfragt.

Auf meine Fragen nach den Ergebnissen im schriftlichen Test kam immer wieder die Retourkutsche: *Wie schätzen Sie sich denn selbst ein?* Selten gab es konkrete Antworten.

Der *DGP*-Psychologe hat leider alle meine Vorurteile über diesen Berufsstand bestätigt. Er lauerte nur auf seine „Schlüsselwörter“: durchsetzungsfähig, selbstbewußt etc. sollte man sein – aber auch wiederum nicht zu selbstbewußt, sondern sich auch in eine Hierarchie einfügen können.

Für mich war das Gespräch mit dem Psychologen eigentlich der unangenehmste Teil der Prüfung.

Um sich auf diese „Sorte Mensch“ und ihre Art des Denkens und Fragens einzustellen, lohnt es sich m.E. noch immer, den *Testknacker* von Susanne von Paczensky zu lesen. (Siehe auch Persönlichkeits-Testverfahren in diesem Buch.)

Vorstellungsgespräch bei der AA-Auswahlkommission (Dauer: 15 Minuten): Man saß einzeln einer Gruppe von ca. 9 Personen gegenüber. Es wurde selten (höchstens 5 Minuten) überzogen. Auch hier orientierte man sich am eingereichten Lebenslauf, der laut denkend hinterfragt und interpretiert wurde. (Im allgemeinen wurde jeder von drei Mitgliedern der Auswahlkommission hinterfragt, wobei offensichtlich immer einem die Rolle des „Buhmanns“ zugeteilt wurde.) Dieser oder diese – es gehörten zwei Frauen zur Gruppe – unterschied sich von den anderen Fragern durch den schärferen Tonfall und die bissige Art der Fragestellung. Die für mich von der AA-Auswahlkommission zum damaligen (vor Okt. 1990!) Zeitpunkt ausgedachte Provokation drehte sich um die Tatsache, daß ich im Alter von zwei Jahren mit meinen Eltern aus Dresden in die Bundesrepublik übersiedelte (O-Ton: *Meinen Sie nicht, daß Sie ein Sicherheitsrisiko sind? Wir müssen doch schließlich an die Interessen der Bundesrepublik Deutschland denken und nicht nur an Ihre!).*

Im übrigen bemühte man sich insgesamt um eine gelockerte Stimmung. Es wurden sogar Scherze gemacht. Ich denke, man sollte nicht hinter jeder Frage eine Falle vermuten. Teilweise handelte es sich um echte Neugier, vielleicht auch echtes Interesse. Immer wiederkehrende Fragen betrafen die Motivation, weshalb man zum AA wolle, ob man Alternativen habe, falls es nicht klappe und wie der Partner bzw. die Partnerin zu einem solchen Berufsweg stünde.

Eine weitere Frage bezog sich auf die Bewältigung von so unterschiedlichen Arbeitsvoraussetzungen wie die in hochentwickelten Staaten und Dritte-Welt-Ländern. Ich meine: Es kommt bei dieser Sorte Fragen weniger auf fertige Lösungen oder perfekte Antworten an. Jedenfalls habe ich durchaus Zweifel hinsichtlich einiger Fragestellungen anklingen lassen bzw. auch versucht, schlagfertig zu reagieren, wenn mir eine Frage allzu dumm vorkam.

Sprachtests (Dauer 30 Minuten): Der Ablauf der beiden mündlichen Sprachprüfungen war identisch. Es wurde den Bewerbern jeweils ein Zeitungsausschnitt in englischer bzw. französischer Sprache überreicht (Länge: eine DIN-A4-Seite, wobei nicht der gesamte Text bearbeitet wurde). Der Text mußte laut vorgelesen und dann sofort ins Deutsche übersetzt werden. Dabei gaben die AA-Sprachlehrer durchaus Hilfen. In einigen Fällen wurde Bewerbern auch eine Karikatur aus der englischen bzw. französischen Presse vorgelegt, die dann interpretiert werden mußte. Im allgemeinen schloß sich noch ein kurzes Gespräch an, das sich sowohl auf den Artikel als auch auf den Lebenslauf beziehen konnte, aber auch auf völlig beliebige Themen. Am erstaunlichsten fand ich folgendes Thema: *Wie erklären Sie es sich, daß man Genscher im Ausland nicht traut?*

Andere Themen in der Französisch-Prüfung u. a.: Fragen der Rohstoff-Abhängigkeit, der Verschuldungskrise, des Schutzes der tropischen Regenwälder, Bedrohung der BRD durch französische Kurzstreckenraketen, Abrüstungsprobleme und aktuelle Verhandlungen dazu, Probleme der Arbeitslosigkeit, der Libanon-Konflikt, die französische Rolle als alte Kolonial-/Mandatsmacht, Abzug der französischen Mittelmeerflotte vor Beirut.

Themen in der Englisch-Prüfung u. a.: Konferenz über das Verbot des Elfenbeinhandels, Transitionsprozeß in Namibia, Auswirkung des Börsencrashs von 1987 im Vergleich mit 1989, Fragen zu Themen wie: können Zeitungen die Öffentlichkeit beeinflussen, der Zustand der New Yorker U-Bahn, neue politische Perspektiven durch Gorbatschows Politik.

Gruppendiskussion (Dauer ca. 30 Minuten): Die Ausschußmitglieder sagen ganz offen, daß sie etwas „geboten" bekommen wollen, also bitte keine „Friede-Freude-Eierkuchen-Runde". Jeweils eine 6-Personen-Gruppe hat sich diesem Wunsch zu stellen. Es gab vorher gute Gelegenheit, probezudiskutieren, Absprachen zu treffen und unfeine Verhaltensweisen einiger Mitbewerber abzubiegen.

Es gibt grundsätzlich zwei unterschiedliche Diskussionsrunden. Vor jeder Runde werden den Bewerbern sechs Themenvorschläge verdeckt präsentiert, und man zieht ein Thema (also Lotterie, kein Auswählen), das pro und kontra oder auf eine Gruppenarbeit ausgerichtet diskutiert wird.

Themenbeispiele:
- Sollte das AA ein Quotenregelung zugunsten von Frauen einführen?
- Sollten Aussiedler in den bestehenden Wohnungsmarkt integriert werden oder sollten kurzfristig „Trabantenstädte" für diese Personengruppe errichtet werden?
- Sollten Rauchverbote in öffentlichen Gebäuden ausgedehnt werden?

- Im Gemeinderat einer 100 000 Einwohner-Stadt ist der Antrag zu bearbeiten, ein Denkmal für den unbekannten Deserteur aufzustellen.
- Wie sollte bundesdeutsche Entwicklungshilfepolitik aussehen?
- In Warschau wird ein Goethe-Institut neu eröffnet; es soll eine Ausstellung zur deutschen Geschichte stattfinden – entwerfen Sie das Gesamtkonzept.
- Bei der Lokalredaktion eines Provinzblattes hat sich der Außenminister zu einem Besuch angesagt – entwerfen Sie einen Interview-Fragenkatalog.

Mein Tip: Vorher versuchen, eine vertrauensvolle Atmosphäre in der Gruppe zu schaffen.

Kurzvortrag (30 Min. Vorbereitungszeit. 5 Min. Sprechen): Man bekommt sechs Themen zur Auswahl. Die Redezeit wird mittels einer „Ampelanlage" in Form von drei Glühbirnen (grün, gelb = letzte Minute, dann rot) angezeigt. Eine Themenauswahl:
- COMECON – ein Relikt des Kalten Krieges?
- Sollten Sozialhilfeempfänger zu gemeinnützigen Arbeiten herangezogen werden?
- Erst die Musiker – dann die Sportler: Können Spitzenleistungen überhaupt nur noch unter Drogeneinfluß zustandekommen?
- Die europäische Fernsehrichtlinie – eine Gängelung des Konsumenten?
- Kann der Datenschutz mit der elektronischen Entwicklung mithalten?
- Ursachen und Probleme der Vernichtung des tropischen Regenwalds.
- Ist Sicherheit ohne Abschreckung in Europa möglich?
- Soll sich der Staat von seinen Beteiligungen in Industrieunternehmen trennen?
- Kann die EG Vorbild für andere regionale Zusammenarbeit sein?
- Sollten Industrieländer Verbesserungen des sozialen Status der Frau in den Entwicklungsländern anstreben?
- Freie Fahrt für freie Bürger – ein sinnvolles Argument in der Diskussion um Geschwindigkeitsbegrenzungen?
- Ist der gelegentlich aufkommende Antisemitismus eine Reaktion auf die Politik Israels, oder hat er andere Gründe?
- Kann man nach den Veränderungen in Polen, Ungarn usw. noch von einem einheitlichen Ostblock sprechen?
- Hat die deutsche Küche ihren schlechten Ruf im Ausland zu Recht?
- Was sind die Gründe für ein Wiedererstarken des Islams?
- Was ist der Wert der humanistischen Bildung heute?
- Was darf man sich von Wirtschafts- und Kooperationsabkommen mit dem Osten versprechen?

Meine Empfehlung: Sich unbedingt durch vorheriges Üben auf eine Zeitkombination 30 Minuten Vorbereitungszeit – 5 Minuten Reden einstellen.

Abschlußgespräch (ca. 15 Min.) Ich habe hier eine freundliche Atmosphäre erlebt, andere Bewerber berichten allerdings Gegenteiliges. Es scheint, als gäbe der Ausschuß besonders denen eine Chance, die er interessant findet und über deren Persönlichkeit er noch kein genaues Bild hat.

Die Fragen waren unterschiedlich und teilweise sehr überraschend: So wurde z.B. ein Historiker gefragt: *Früher sind die Leute jung gestorben, so in Ihrem Alter. Was würden Sie auf Ihren Grabstein eingravieren lassen?* Ein Theologe wurde gefragt: *Welche Bedeutung hat der Begriff „Das Wort" im 1. Kapitel Johannes?* (oder so ähnlich ...). Weitere Fragen:

- Sind Sie Einzelkämpfer?
- Sind Sie Egozentriker?
- Sind Sie zu praktischer Arbeit in der Lage?
- Können Sie sich im Ausland durchsetzen?
- (Immer wiederkehrend:) Wie hat es Ihnen gefallen? Haben Sie noch Fragen, Wünsche, Anregungen, Probleme? Was könnten wir anders machen? Haben wir Sie überfordert? Haben Sie sich (insbesondere im Gruppengespräch) an die Grenzen Ihrer Toleranzbereitschaft geführt gesehen? Wie reagieren Sie darauf, wenn Sie in einem Raum mit jemandem zusammenarbeiten müssen, den Sie eigentlich entsetzlich finden? Wo haben Sie Ihre Schwächen gesehen? Schätzen Sie Ihre Schwächen objektiv ein.

Mein Fazit zu diesem Bewerbungsmarathon: Im ersten, nur schriftlichen Teil notgedrungen unpersönlich und ein reines Glücksspiel, dessen Erfolgschancen man außer im Bereich Allgemeinwissen durch entsprechende Vorbereitungen beeinflussen, aber nie endgültig bestimmen kann. Der zweite Teil war eine interessante Erfahrung. Ich kann das gut mit Bewerbungserfahrungen bei Banken und anderen Industrieunternehmen vergleichen. Man bemerkt sofort, daß es nicht der privatwirtschaftliche Kommerzdruck, sondern eher beamtenähnlicher Schlendrian ist, der beim AA die Atmosphäre bestimmt.

Erstaunt hat mich im nachhinein allerdings bei einigen erfolglosen Bewerbern, welch herbe Kommentare sich diese gefallen lassen mußten. Wenn sie in Bonn anriefen, um den Grund ihrer Erfolglosigkeit zu erfahren, wurden sie mit Äußerungen über ihre Person konfrontiert, die m.E. Kenntnisse über ihre Persönlichkeitsstruktur voraussetzen, die mit dem Auswahlverfahren in einer solchen Tiefe eigentlich nicht gewonnen werden können. Ein Beispiel: *Es tut mir leid für Sie, aber wenn ich Ihnen einen guten Rat geben darf: Sicheres Auftreten allein beeindruckt uns gar nicht. Entscheidend ist, was unter der Oberfläche steckt, und es ist eben nicht alles Gold, was glänzt.*

Erklärung: Der Bewerber hatte mehrere Selbstbehauptungs- und Selbstsicherheitstrainings absolviert und spielte in seiner Freizeit recht erfolgreich in einer Laiengruppe Theater. Sein Pech, daß er diese Informationen nicht für sich behalten hat.

Bayerische Vereinsbank
Achtung: Persönlichkeitstest!

Der komischste Test, den ich je gemacht habe, wurde mir von der *Bayerischen Vereinsbank* abverlangt. Nach ein paar allgemeinen Fragen und leichten Rechenaufgaben verdunkelte man den Raum und zeigte uns mehrere Dias (etwa 25 Stück), auf denen jeweils zwei Figuren zu sehen waren. Die Dias hatten einen grünen Hintergrund, die Figuren waren schwarz herausgehoben. Wir sollten entscheiden, welche Figur uns auf dem Dia am besten gefällt! Das muß man sich etwa so vorstellen:

Anschließend mußten wir bei einer neuen Diaserie entscheiden, welches von zwei Bildern uns sympathischer ist. Zu sehen war ein Strichmännchen bei verschiedenen Tätigkeiten, ungefähr so:

A1

A2

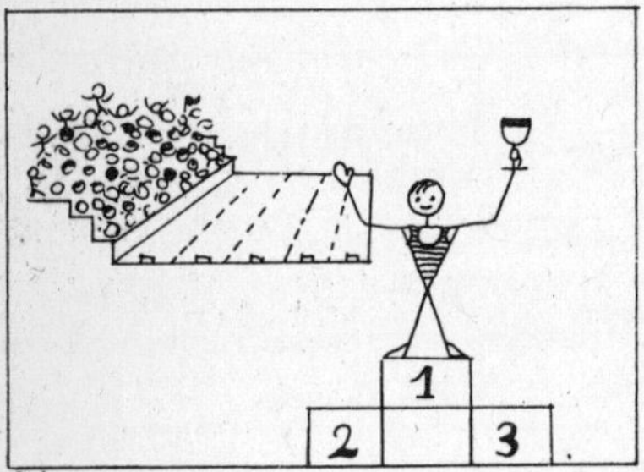

B1

B2

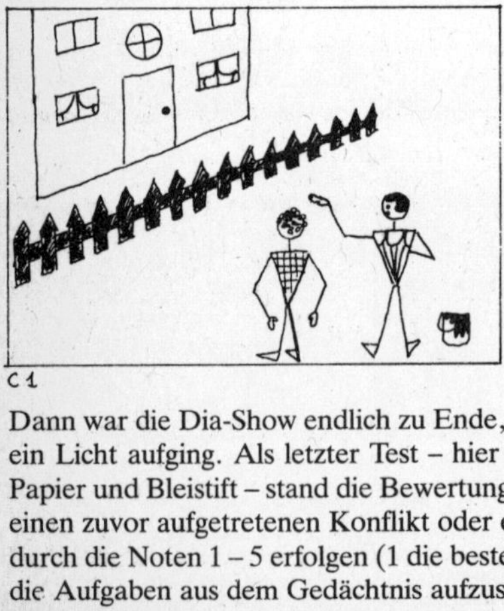
C1

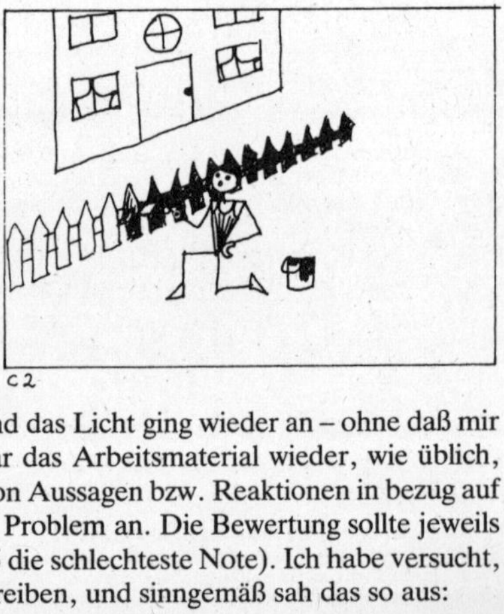
C2

Dann war die Dia-Show endlich zu Ende, und das Licht ging wieder an – ohne daß mir ein Licht aufging. Als letzter Test – hier war das Arbeitsmaterial wieder, wie üblich, Papier und Bleistift – stand die Bewertung von Aussagen bzw. Reaktionen in bezug auf einen zuvor aufgetretenen Konflikt oder ein Problem an. Die Bewertung sollte jeweils durch die Noten 1 – 5 erfolgen (1 die beste, 5 die schlechteste Note). Ich habe versucht, die Aufgaben aus dem Gedächtnis aufzuschreiben, und sinngemäß sah das so aus:

Situation
Ihr Nachbar bringt Ihnen Ihre zuvor ausgeliehene Zeitung zerfetzt zurück. Er sagt: „Das war meine Kleine!“

Antworten(die wir mit 1 – 5 zu bewerten hatten)
- Aber das macht doch gar nichts ( )
- Hätten Sie nicht besser aufpassen können? ( )
- Ihnen leihe ich keine Zeitung mehr! ( )
- Ich hatte die Zeitung eh’ schon gelesen ( )

Situation
Ein Busfahrer klemmt einen Fahrgast zufällig in die Tür ein. Dieser schimpft: „Sie Idiot!“

Antworten
- Sie sind doch selber schuld. ( )
- Wären Sie doch schneller eingestiegen! ( )
- Das tut mir wirklich leid, entschuldigen Sie bitte. ( )
- Ist Ihnen was passiert? ( )

Situation
An einer Bushaltestelle ziehen zwei Frauen über eine dritte her. Eine andere Frau hört das und weiß, daß diese Frau im Krankenhaus liegt. Sie sagt: „Diese Frau, über die Sie sich gerade unterhalten, ist schwer krank und liegt im Krankenhaus.“

Antworten
- Da sehen Sie es mal wieder! ( )
- Das wußten wir noch gar nicht. ( )
- Oh, das tut uns aber leid! ( )
- Wie geht es ihr denn? ( )

Situation
Vor Ihnen im Kino sitzt eine Frau mit einem großen Hut. Ihre Sicht auf die Leinwand ist stark eingeschränkt. Was machen Sie?

Antworten
- Ich neige den Kopf so, daß ich was sehe. ( )
- Ich bitte die Frau, ihren Hut abzunehmen. ( )
- Ich schimpfe auf sie, mache aber nichts. ( )
- Ich setze mich woanders hin. ( )

Ungefähr 20 Aufgaben in diesem Stil waren zu bewältigen. Es war kein Zeitdruck, aber es wurde auch nicht vorher gesagt, wieviel Zeit wir insgesamt zur Verfügung hätten.

Die Verabschiedung durch den Testleiter war übrigens mit der Bitte verbunden, doch nichts weiter über diesen Test verlauten zu lassen, da ja sonst die nächsten Bewerber ihre Kreativität gar nicht mehr herausstellen könnten! Da lachen ja die Hühner. Ach ja: Informationen über die Bank gab er uns auch noch.

Bundesnachrichtendienst (BND)

007 in Pullach

Vielleicht kommen Ihnen zu dem Wort Pullach ganz andere Assoziationen – Tatsache aber ist, daß es sich hierbei um ein kleines Nest bei München und den Sitz des großen *Bundesnachrichtendienstes* (BND) handelt. Was der CIA für die USA und der KGB für die UdSSR ist und die Stasi für die ehemalige DDR war, ist der *BND* für die BRD.

Warum nicht einer der etwa 7000 festangestellten Mitarbeiter des *BND* werden, dachte sich Peter K. aus Hamburg. Er bewarb sich nach seiner Reifeprüfung bei dieser dem Bundeskanzleramt direkt unterstellten Behörde um einen Ausbildungsplatz im gehobenen nichttechnischen Dienst und erhielt prompt eine Einladung zu einem Vorab-Informationsgespräch von etwa 2 1/2 Stunden Dauer.

Weil er bald darauf eine Einladung zum Test beim *BND* im Briefkasten fand, wandte sich unser junger angehender Agent vertrauensvoll und hilfesuchend an uns.

Aber auch wir wußten über die dortigen Testverfahren nichts Konkretes und waren genauso gespannt wie er – und Sie jetzt als Leser –, was ihn wohl in Pullach erwarten würde.

Unser „Doppelagent" reiste per Zug nach München (die Fahrtkosten wurden voll, die Hotelkosten teilweise übernommen). Am ersten Tag standen schriftliche Tests auf dem Programm, unter anderem auch der sogenannte *Amthauersche Intelligenz-Struktur Test* (IST), der von einer Diplom-Psychologin ausgegeben, kommentiert und kontrolliert wurde. Dieser Test ist nach einhelliger Expertenmeinung hoffnungslos veraltet und wissenschaftlich gesehen unhaltbar.

Trotzdem wird er besonders häufig eingesetzt und ist offenbar nicht nur in der Lage, die richtigen Mitarbeiter für AEG, BMW, BfA (Bundesversicherungsanstalt für Angestellte) und für viele andere namhafte und weniger namhafte Firmen und Institutionen auszusieben, sondern auch geeignet, beim *BND* die Spreu vom Weizen zu trennen.

Nun endlich verstanden wir, warum der Testkonstrukteur Fragen wie diese in seinen Test aufgenommen hat:

- Wie sollte man im Umgang mit Menschen sein?
  a) vergnügt b) zurückhaltend c) gewandt d) vorsichtig
- Wie wirkt Gift in der Regel?
  a) gefährlich b) tödlich c) heimtückisch d) schädlich
- Wie handelt man unter Druck gesetzt nie?
  a) unsicher b) verwirrt c) ängstlich d) spontan

Nach einer Pause ging es mit dem kniffligeren Teil weiter. Nun wurde ein Aufsatz gefordert, für den etwa drei Stunden Zeit veranschlagt waren. Die Themenvorschläge rekrutierten sich aus den Wissensgebieten allgemeines Zeitgeschehen, Staatsbürgerkunde und deutsche Geschichte des 19. und 20. Jahrhunderts und lauteten sinngemäß:

- Nehmen Sie Stellung zur Frühpensionierung von Offizieren aus der Bundeswehr, und diskutieren Sie die Übertragbarkeit dieser Praxis auf den gesamten öffentlichen Bereich.

- Vergleichen Sie Plan- und Marktwirtschaft sowie deren historischen Hintergrund und Entstehung.
- Stellen Sie trotz wechselnder Regierungen außenpolitische Konstanten der Bundesrepublik Deutschland unter besonderer Berücksichtigung aktueller Abrüstungsfragen dar.

Unser Informant wertete alle drei Aufsatzthemen mit Recht als mehr oder weniger verdeckten Zugriffsversuch auf seine politische Anschauung, hatte aber dafür sogar Verständnis. Damit waren der schriftliche Teil der Tests und die Arbeit für diesen Tag beendet.

Am nächsten Tag kam der mündliche Test dran, der aus drei Teilen bestand. Er wurde von einem Beamten freundlich vorbereitet, der, wie er selbst bemerkte, bereits 20 Dienstjahre hinter sich hatte.

> Vor einem Gremium leitender Beamter (vier Herren und eine Dame) wurde zuerst jeder einzeln nach seinem persönlichen Lebenslauf gefragt. Die restlichen Bewerber warteten derweil in einem Nebenraum. Nachdem man seinen Lebenslauf mehr oder weniger „abgespult" hatte, wurden gezielte Fragen bezüglich der Vorstellungen gestellt, die man von der Tätigkeit bei dieser Behörde habe.
>
> An eine Frage kann ich mich ganz besonders gut erinnern: *Stellen Sie sich vor, Sie sind dienstlich im deutschsprachigen Ausland, na sagen wir zum Beispiel in der Schweiz, und werden zufällig abends dabei Zeuge, wie ein Mann eine Frau aus einer Gaststätte zerrt und sie zu verprügeln beginnt. Was tun Sie?*

Unser BND-Bewerber berichtet dazu:

> Wer hier zögert oder bedenkenlos seine selbstverständliche Hilfsbereitschaft gegenüber der fremden Frau signalisiert, hat schon so gut wie verloren. Auch ich bin in diese Falle getappt und wurde im Anschluß an meine unglücklicherweise wohl zu philanthropische Antwort darüber aufgeklärt, daß meine verdeckte Tätigkeit im Ausland wohl wichtiger sei und man sich so schnell wie möglich aus dem Staub machen solle, um nicht eventuell von potentiell eintreffender Polizei als Zeuge der Tat angesehen und somit zur Offenlegung seiner Identität veranlaßt zu werden.
>
> Nach dieser Tortur ging es weiter zum zweiten Teil, einem Kurzreferat von etwa zehnminütiger Dauer. Wieder konnte man aus den schon oben genannten drei Themenbereichen wählen. Zu diesem Zweck durfte jeder Teilnehmer aus drei Zigarrenkisten ein „Los" ziehen, von denen er sich eins als Kurzvortragsthema auswählen konnte. Den Abschluß bildete eine Gruppendiskussion.

Aus verständlichen Gründen müssen wir hier die Themen im Interesse des Anonymitätsschutzes unseres jungen Freundes ungenannt lassen. Sie sind nicht spektakulärer als die von anderen Behörden, Banken und Betrieben.

Und nun zu unserer Preisfrage: Ist unser Doppelagent untergekommen oder untergetaucht?

Kommentar: Wer jetzt die Pullacher Agentengeschichte kennt, braucht sich nicht zu wundern, wenn ihm z.B in der Berliner, Münchener, Hamburger oder Frankfurter U-Bahn niemand zur Seite steht und hilft, falls er grundlos angepöbelt oder sogar tätlich angegriffen wird.

Da staunen die Leute, daß die generelle Bereitschaft zu helfen oder selbst bei einem kleinen Verkehrsunfall eine Zeugenaussage zu machen, so zurückgegangen ist. Sollte die Erklärung darin zu finden sein, daß man in solchen Situationen möglicherweise von lauter Agenten umgeben ist, die sich lediglich pullachmäßig verhalten?

Ciba-Geigy
Hatten Sie in der Pubertät Probleme?

Nach meinem Abitur habe ich mich beim bekannten Pharma- und Chemiekonzern *Ciba-Geigy* für die Ausbildung als Betriebswirtin (BA) beworben. Von über 150 Bewerbungen wurden 80 Bewerber zum Test eingeladen, 10 kamen bis zum persönlichen Vorstellungsgespräch durch und drei erhielten schließlich den begehrten Ausbildungsplatz.

Am ersten Testtag erklärte uns der Betriebspsychologe die Testabfolge, wobei er in seinen Erläuterungen großen Wert darauf legte, herauszustreichen, daß sein Unternehmen im Gegensatz zu anderen *keine* Persönlichkeits-Tests abverlangen würde.

Die Testabfolge sah so aus:
- ein Intelligenz-Testverfahren (à la Wit – Wissens-Test, s. S. 53)
- Rechtschreibüberprüfung (ein Lückendiktat)
- und ein Fragebogen (100 Fragen).

Zu den ersten beiden Tests gibt es nicht viel zu berichten (alles Wichtige ist in diesem Buch nachzulesen). Unheimlich geärgert habe ich mich aber über den Fragebogen, der ganz klar ein versteckter Persönlichkeits-Test war. Da tauchten (sinngemäß) Fragen auf wie:
- Arbeiten Sie gerne im Freien?
- Arbeiten Sie gerne im Büro?
- Arbeiten Sie gerne mit anderen Menschen zusammen?
- Wenn Sie jemandem mit den besten Absichten etwas Gutes getan haben und es stellt sich später heraus, daß es gar keine „gute Tat" war – wie fühlen Sie sich dann?
- Wie viele gute Freunde haben Sie? (1 – 2/3 – 4/mehr als 4)

Die letzte Frage gipfelte darin: *Sind Sie der Ansicht, daß es auf eine Frage immer nur eine richtige Antwort gibt?* (ja oder nein). Für wie dumm halten die einen denn eigentlich? Als ob man nicht merken würde, daß es bei den 100 Fragen doch um einen Persönlichkeits-Test handelt, und noch dazu um einen selbstgestrickten!

Aber es kam noch doller. Nach dem erfolgreich bestandenen Test war ich eine Runde weiter. Der Betriebspsychologe und ein Personalmensch führten das 30minütige Vorstellungsgespräch.

Man wollte meine Hobbys genau kennenlernen, wissen, ob ich irgendein Amt bekleide und was meine Eltern zu meiner Berufswahl sagen würden. Dann kam die Frage: *Hatten Sie während Ihrer Pubertät irgendwelche Probleme?* Als das verhandelt war, wollten sie auch noch wissen: *Warum meinen Sie, sind gerade Sie besonders für diesen Ausbildungsplatz geeignet?*

Am Ende des Gesprächs übergab mir der Personalmensch einen Briefumschlag, der 20 DM für das Fahrgeld enthielt. Auf dem Umschlag standen mein Name und „20 DM Fahrgeld". Ich wollte den Umschlag gerade einstecken, als mich der Personalmensch aufforderte, zu überprüfen, ob das auch alles stimme. Ich guckte nochmal kurz auf den umschlag und bejahte. Daraufhin sagte er: „Sie müssen doch aber genau nachschauen, schließlich müssen Sie mir das ja quittieren!" Ich öffnete den Briefumschlag, schaute hinein und fand alles so vor, wie erwartet. Dann quittierte ich. Nun schaltete sich der Betriebspsychologe ein und fragte mich in vorwurfsvollem Ton: „Warum haben Sie eigentlich nachgesehen? Ich an Ihrer Stelle hätte das nicht getan."

Ich muß zugeben, daß ich wirklich total perplex und sehr unangenehm berührt war. Da mir einfach nichts einfiel, schwieg ich verlegen.

Später erfuhr ich, daß sie mit allen 10 Bewerbern dieses gleiche dumme Psycho-Spiel veranstaltet haben. Alle bis auf einen Bewerber haben so reagiert wie ich. Sie haben aufgrund der Aufforderung gegen ihre erste Intention im Umschlag nachgeschaut.

Eine Mitbewerberin, die ich sehr gut kenne, hat dem Personalmenschen auf seine Überprüfungs-Aufforderung hin zunächst geantwortet: „Es wird schon stimmen" und wollte den Empfang des Geldes (im Umschlag) quittieren. Daraufhin, so berichtete sie mir, habe der Personalmensch gesagt: „Ich arbete schon 20 Jahre hier in diesem Betrieb und kann Ihnen versichern, hier stimmt nichts!" Dann hat sie natürlich auch den Umschlag aufgemacht, und das Spielchen ging wie bei mir weiter.

Abschließend möchte ich sagen (pardon): Diese Art empfinde ich als einen gleichermaßen unverschämten wie blöden Psychotrick.

Ich habe meinen angestrebten Ausbildungsplatz in einem anderen namhaften Konzern bekommen. Da ging es bei der Bewerberauslese anders zu. In einer Firma wie *Ciba-Geigy*, die so mit den Bewerbern umgeht, muß ja ein tolles Betriebsklima herrschen. Da würde ich nicht gerne arbeiten wollen.

Daimler-Benz

Sterne gesehen

Ich habe an einem schriftlichen Einstellungstest für den Ausbildungsplatz zur Betriebswirtin (Fachrichtung Industrie) bei der Firma *Daimler-Benz* teilgenommen. Neben den üblichen und schon gut bekannten Testaufgaben erlebten wir noch folgendes: Man legte meinen 38 Mitstreitern und mir einen Lösungsbogen vor, auf dem mehrere Tiere abgebildet waren. Diese mußten wir dann auf einem extra Testblatt in zum Teil größenveränderter Form aus einem Wirwarr von übereinander abgebildeten Tieren heraussuchen. Zusätzlich wurde die Aufgabe dadurch erschwert, daß bei dem Ankreuzen auf dem Lösungsbogen angegeben werden mußte, ob es sich um seitengleiche oder spiegelverkehrte Abbildungen handelte.

Eine andere Testaufgabe lief unter dem Stichwort Kreativität. Hier hatte man viele vorgegebene Kreise oder Vierecke mit runden oder viereckigen Formen auszufüllen, wobei angeblich nicht die Qualität zählte, sondern die Anzahl der richtig ausgefüllten Kreise bzw. Vierecke.

Bei einer weiteren Aufgabe ging es um das Rückverwandeln eines Buchstabenkodes, ungefähr so:

Alphabet:	a	b	c	d	e	f	g	h	i
Kodierung:	z	x	i	m	h	c	l	n	k

Das kodierte Wort:	zxlzxh
Lösung:	Abgabe

Die Aufgabe unterteilte sich in drei Blöcke, wovon jeder drei Zeilen enthielt. Man hatte dreißig Sekunden Zeit, einen Block zu entschlüsseln. Heraus kamen Sätze, die einen Sinn ergeben sollten. Bei dem Streß habe ich fast Sterne gesehen.

Am Ende der Testdurchführung teilte man uns mit, daß von 2500 Bewerbern 600 anhand der eingereichten Bewerbungen und Zeugnisse ausgesucht worden waren. In drei Wochen wollte man diese durchgetestet haben, um ca. 200 zum Gespräch einzuladen. 50 Ausbildungsplätze waren zu besetzen.

Deutsche Bank

Was uns verbindet

Bankwissen würde – so sagte man mir als Bewerber bei der *Deutschen Bank* – absichtlich nicht getestet. Auch Allgemeinwissen war kaum gefragt (nicht mal Tennis). Dafür erhielten wir aber jede Menge Testaufgaben, z.B.

Logisches Denken/Abstraktionsfähigkeit
- Graphische Reihen sinnvoll ergänzen
- Herausfinden, welches Element in eine graphische Reihe nicht hineinpaßt
- Wortgleichungen (Nadeln : Tanne = Blätter : ?)
- Graphische Gemeinsamkeiten herausfinden
- Sprachliche Gemeinsamkeiten finden (Auto-Fahrrad = Fortbewegungsmittel)
- Zahlenreihen

Wort- und Sprachverständnis
- Wortbedeutungen (welches Wort paßt am besten zu Regen?
  a. Gorbatschow b. Schirm c. Niederschlag)
- Satzergänzungen (Vor dem Gewitter kommt immer der …
  a. Regenbogen b. Sturm. c. Steinschlag)

Mathematisches Denken
- Rechentextaufgaben (viel Dreisatz)

Konzentrationsvermögen/Ausdauer/Belastbarkeit
– Leisungs/Konzentrations-Rechenaufgaben
(▷ Leistungs-Konzentrations-Testverfahren)

In der letzten Zeitstunde (Testzeit insgesamt: ca. 3 Stunden) wurden nacheinander vier Kurzaufsätze (jeweils 10 – 15 Minuten) zu einem Bild, zwei Statistiken und einer Bilderfolge abverlangt.

1) Folgendes Bild war zu interpretieren (etwa so:)

2) Eine Statistik wurde vorgelegt. Inhalt: Preisentwicklung und Arbeitszeitaufwand eines Industriearbeiters für verschiedene Produkte und Dienstleistungen (z.B. Nahrungsmittel, Kleidung, Porto) in einem Zeitabschnitt von ca. 1960 bis jetzt. Aufgabe: Interpretation (was wird dargestellt, wie kommt das zustande).

3) Ebenfalls Statistik-Interpretation. Thema: Geburtenstatistik der Bundesrepublik von ca. 1950 – 1980 jahrweise. Mit angegeben ist die Sterblichkeitsrate der Säuglinge und der Anteil der ausländischen Säuglinge.

4) Eine Bildergeschichte ist in Worte zu fassen (Ziel des Zeichners? Was wird dargestellt? Bedeutung? – etwa so:)

Deutsche Gesellschaft für Personalwesen (DGP)

Vom Auswärtigen Amt bis zum Zoo

Eine beachtenswerte Testorganisation ist die *Deutsche Gesellschaft für Personalwesen (DGP)*, ein eingetragener Verein (ohne Gemeinnützigkeit) mit Hauptsitz in Hannover, Büros in Frankfurt, Düsseldorf und neuerdings auch in Leipzig. Nach Selbstauskunft ihres leitenden Psychologen testet sie etwa 20000 Menschen pro Jahr. Ist diese hohe Personenzahl auch schwer nachzuvollziehen, gibt sie doch Auskunft über das deutliche Geltungsbewußtsein dieser Gesellschaft.

Zu ihren Auftraggebern gehören nach einer *DGP*-Broschüre Bundesbehörden wie das Auswärtige Amt in Bonn, das Bundeskriminalamt in Wiesbaden, Einrichtungen des Öffentlichen Dienstes in Schleswig-Holstein, Niedersachsen, Bremen, Nordrhein-Westfalen, Hessen, Baden-Württemberg und demnächst sicherlich auch in Sachsen. Im einzelnen trifft man so prominente Arbeitgeber wie den Innenminister des Landes Schleswig-Holstein in Kiel (Allgemeine Verwaltung, Polizei – vor der Engholm-Wahl vom 8.5.88), aber auch die Evangelisch-Lutherische Landeskirche Hannover und die Bremer Straßenbahn AG.

Die *DGP* testet vom Altenpfleger über den Fluglotsen bis hin zum Zoo-Mitarbeiter einfach jeden und alles. Schwerpunkt ist der Öffentliche Dienst: Verwaltungsfachangestellte, Bewerber für mittlere, gehobene und höhere Laufbahnen im öffentlichen Dienst von Bund, Ländern und Kommunen der allgemeinen Verwaltung, der Justiz, Forst-, Finanz-, Versorgungs-, Vermessungs- und Kulturverwaltung und natürlich bei der Polizei. Aber auch Führungspositionen im mittleren, gehobenen und höheren Management aus Verwaltung und Wirtschaft können laut *DGP*-Selbstdarstellung ausgetestet werden.

Ein Beispiel: Der Test für den gehobenen Dienst (Verwaltung) geht über zwei Tage. Am ersten Tag (vormittags) fünf Stunden lang Begriffe erklären, Synonyme finden, logisch denken, Lückendiktat, Dreisatz, Tabellenanalyse und dann jeweils etwa 25 Fragen zu:

Politik
Wo herrscht eine parlamentarische Monarchie?

Gemeinschaftskunde
Bei welchem Amt wird ein Neugeborenes angemeldet?

Wirtschaft
Welches Land hat den größten Baumwollanbau?

Erdkunde
Welches ist der längste Kanal Deutschlands, oder wo liegt der Kilimandscharo?

Bedeutende Persönlichkeiten
Wer war bzw. ist August Bebel / Rosa Luxemburg / Ernest Mandel?
(Ob hier ein Nichtwissen Pluspunkte bringt, wissen wir nicht ... Dagegen kann es sicherlich nicht von Nachteil sein, Otto Hahn, Robert Koch, Alfred Nobel und Michael Faraday zu kennen.)

Literatur
Wer schrieb *Des Meeres und der Liebe Wellen*?

Am Nachmittag folgen weitere vier Stunden Tests, am zweiten Tag dann Gruppen- und Einzelgespräche. Zu ihrem Erleben und ihrer Befindlichkeit befragte *DGP*-Testteilnehmer berichteten unmittelbar nach dem ersten Testvormittag: *Mir verschwamm alles vor den Augen ..., Ich bin total leer und der Streß ist ziemlich groß.*

Auf einem beidseitig bedruckten *DGP*-Zettel werden die zukünftigen „Testopfer" (z.B. für den gehobenen Verwaltungsdienst) nicht unzynisch informiert:

> „Diese Eigungsuntersuchung soll feststellen, ob Sie den Anforderungen dieses Berufes gewachsen sein werden. Das liegt sicher auch in Ihrem Interesse, denn es wäre z.B. ein erheblicher Zeitverlust, wenn während oder sogar erst am Ende der Ausbildung festgestellt würde, daß die Qualifikation für diesen Beruf nicht gegeben ist. Über Ihre Eignung für andere Berufe läßt sich nach dieser Untersuchung nichts aussagen. Wenn Sie also eine Absage erhalten, so können Sie dennoch für andere Berufe gut geeignet sein."

Im weiteren Verlauf des Zettels wird vor der Lektüre von Testknackerbüchern gewarnt: *Solche Bücher kosten viel Geld, führen aber eher zur Verunsicherung, als daß sie eine echte Hilfe darstellen.*

Viel Geld kosten diese Bücher sicher nicht, *viel Geld* kosten aber den Steuerzahler die fragwürdigen Untersuchungs- und Auswahlmethoden: pro Bewerber etwa 150,– bis 180,– DM. Den Arbeitstag eines ihrer Psychologen berechnet die Gesellschaft mit 980,– DM.

Eine personenbezogene Nummer

Zwei Tage lang wurde ich von einer merkwürdigen Testgesellschaft mit deutscher Gründlichkeit geprüft. Bevor ich auf den Testablauf eingehe, möchte ich betonen, daß es sich bei meiner Bewerbung nicht um die eines Berufsanfängers gehandelt hat, sondern um die Zulassung für den gehobenen Polizeivollzugsdienst. Ich bin schon seit fast 10 Jahren Polizist.

Testablauf (erster Tag)

1. Begrüßung

Zwei Psychologen der *Deutschen Gesellschaft für Personalwesen (DGP)* stellten sich vor und gaben Hinweise über den Testablauf.

2. Personalbogen

Persönliche Daten, u.a. zu Eltern, Geschwisteranzahl, Freizeitbeschäftigungen, ob man sich am Testtag wohlfühlt (wie kann man sich am Testtag überhaupt wohlfühlen?), Vorbildung und Zensuren des letzten Schulzeugnisses (– ist es normal, die im Kopf zu haben? Zum Glück hat man uns das erlassen ...) waren auf einem Personalfragebogen einzutragen.

Danach erhielten die Testteilnehmer Aufgabenhefte (in A- und B-Gruppe unterschieden) mit einem speziell dafür vorbereiteten Antwortbogen. Die Aufgebenstellung wurde von dem Psychologen vor jedem neu zu bearbeitenden Test anhand eines oder zweier Beispiele ausführlich erläutert. Jeder Teilnehmer bekam eine personenbezogene

Nummer zugeteilt, die später auf jedem neu erhaltenen Antwortbogen einzutragen war. Die Testaufgaben im einzelnen:

3. Wortschatz/Wortbedeutungen
Ein Wort ist vorgegeben. Aus fünf Lösungsmöglichkeiten (a – e) ist das Wort herauszusuchen, das dem ersten Wort von der Bedeutung her entspricht, gleich oder am ähnlichsten ist. Der entsprechende Lösungsbuchstabe ist auf dem Antwortbogen anzukreuzen. (Vgl. S. 54)

4. Schlußfolgerungen
Vier, maximal fünf Sätze, die Verhältnisse zwischen Personen oder Sachen (bezeichnet mit Buchstaben) darstellen, werden vorgegeben,
z.B.: A ist größer als B
C ist kleiner als B
E ist genauso groß wie A
F ist größer als A
Wer ist der Größte? (Vgl. S.76)

Die Aufgaben werden zunehmend schwieriger, zumal nicht nur nach einer einfachen Beziehung, z.B.: *Wer ist der Größte oder welche Lampe ist am hellsten?* gefragt wir, sondern auch nach dem zweitgrößten, der zweithellsten usw. Die Aufgabenbewältigung wird nicht nur durch die Vielzahl der ins Spiel gebrachten Buchstaben erschwert, sondern auch dadurch, daß es zu einigen Aufgaben überhaupt keine eindeutige Aussage bzw. Lösung gibt (in diesem Fall muß der Lösungsbuchstabe F angekreuzt werden). Insgesamt fand ich die 20 Aufgaben schwierig und verwirrend. Sie erfordern eine starke Konzentration.

5. Zahlenmatrizen
Hier müssen etwa 20 Aufgaben, sog. Zahlenreihen im Quadrat, gelöst werden (nähere Erläuterungen und Beispiele zu diesem Aufgabentyp siehe S. 76). Es wird zwar die Lösungsrichtung (senkrecht oder waagerecht) durch einen Pfeil vorgegeben, jedoch kann sich die Gesetzmäßigkeit von einer Aufgabenreihe zur nächsten ändern. Erkennt man z.B. die Gesetzmäßigkeit von links nach rechts, kann dies in der nächsten Reihe oder Zeile umgekehrt weitergehen. Oder die beiden ersten Reihen sind gleich, und die dritte und vierte laufen genau entgegengesetzt. Oder die erste und vierte sowie die zweite und dritte gehören zusammen. Unter Zeitdruck ist so etwas sehr schwer zu erkennen und sollte unbedingt vorher geübt werden. Die Aufgaben werden übrigens zunehmend schwieriger, u.a. dadurch, daß sie teilweise sechszeilig sind.

2	6	14	30	62
3	12	39	120	363
4	20	84	?	1364
1	10	55	280	1405

Lösung (?): 340
(System: Ausgangszahl × 2 + 2
× 3 + 3)
usw.

6. Wortanalogien

Etwa 25 Aufgaben, bei denen zwei Wörter vorgegeben werden, die zueinander in einem Verhältnis stehen. Zu einem dritten vorgegebenen Wort muß ein dazugehöriges viertes aus fünf Lösungsvorschlägen herausgesucht werden. Variationen sind möglich. Beziehungen zwischen dem ersten und dritten Wort sowie dem zweiten und vierten Wort können zutreffen, z.B.:

Ärger : Wind wie Wut : ?
a) Gewitter b) Regen c) Sturm d) Blitz e) Enttäuschung
(Lösung: e, vgl. S. 31)

7. Absurde Schlußfolgerungen/Formallogische Schlüsse

Es werden pro Aufgabe drei Feststellungen, die absolut keinen Realitätsbezug haben, vorgegeben. Darunter befinden sich fünf Schlußfolgerungssätze, die jeweils dahingehend zu überprüfen sind, ob sie formal richtig sind. Die Schwierigkeit hierbei liegt darin, daß es eine, mehrere bzw. überhaupt keine Lösung gibt. Z.B.:

Alle Flöhe haben Hunde. Manche rote Hunde können fliegen. Alle Hunde fressen Kaviar.
Welche der folgenden Aussagen ist richtig?
a) Rote Flöhe fressen gerne Kaviar.
b) Alle Flöhe können fliegen.
c) Alle roten Hunde fressen Kaviar und können fliegen.
d) Rote Hunde fressen Kaviar und haben Flöhe.
e) Nicht alle Hunde können fliegen.
(Lösung: e, vgl. S. 77)

8. Figurenmatrizen

Es werden vier gleich große Kästchen vorgegeben (vgl. S. 39). In diesen sind Symbole, Figuren oder Zahlen (bis zu fünf oder sechs pro Kästchen) abgebildet, die einer bestimmten Gesetzmäßigkeit unterliegen. Von fünf Lösungsmöglichkeiten ist das herauszusuchen, welches die Gesetzmäßigkeit als fünftes Kästchen sinnvoll ergänzt. Die Anzahl der Symbole wie auch die während der Aufgabenbewältigung eintretende Erkenntnis, daß ja möglicherweise einige Symbole mit der Abfolge nicht in Verbindung zu bringen sind, erschweren die Problemlösung zusätzlich und schaffen Verwirrung. Weiterhin gibt es Aufgaben, die nach den ersten drei Kästchen zwar eine Gesetzmäßigkeit erkennen lassen, aber vom vierten an einer völlig neuen Ordnung folgen. Dies ist dann bei den Lösungsvorgaben zu berücksichtigen, was bedeutet: Lösungen, die als viertes Kästchen in Frage kommen, scheiden aus. Natürlich kann ich dies nur vermuten – ich hatte naturgemäß keine Möglichkeit, es zu verifizieren.

9. Beobachtungstest

Auf zwei DIN-A4-Seiten sind Gesichter in Dreierreihen dargestellt (vgl. S. 65). Auf den ersten Blick sehen die Gesichter einer Dreierreihe gleich aus. Tatsächlich sind aber nur zwei wirklich gleich, und ein Gesicht unterscheidet sich durch ein kleines Merkmal. Dieses ist herauszusuchen und unter dem gegebenen Buchstaben auf dem Antwortzettel anzukreuzen. Mit zunehmender Aufgabenbearbeitung werden die Gesichter komplexer und die Konzentration fällt schwerer.

10. Textanalyse
Es werden halbseitig beschriebene DIN-A4-Seiten vorgegeben, die schwer verständliche, teils widersprüchliche Texte enthalten. Hinter jedem Text werden fünf Sätze aufgeführt, von denen derjenige als richtige Lösung anzukreuzen ist, der den Sinn des Textes inhaltlich, nicht unbedingt aber wörtlich wiedergibt. Diese Aufgabe finde ich sehr schwer, da in den Antworten ebenfalls im Text enthaltene Schlüsselwörter erscheinen, die als Lösung (inhaltlich) nicht in Betracht kommen, aber dazu verleiten, vorschnell einen falschen Lösungsvorschlag anzukreuzen (Vorsicht Falle!)

11. Gedächtnistest
Man bekommt etwa fünf Minuten lang eine Geschichte (eine DIN-A4-Seite) vorgelegt, die man sich in der vorgegebenen Zeit durchlesen und einprägen soll (vgl. S. 59). Der Text enthält Geburtsdaten, Telefonnummern, Namen von Personen und Örtlichkeiten sowie von Institutionen, Hausnummern, Firmenbezeichnungen, textbezogene Zeichnungen und einen Stadtplanausschnitt. Nach etwa einer Stunde werden 30 gezielte Fragen zu dieser Geschichte gestellt. Entscheidend hierbei ist, daß man sich wirklich jede Einzelheit des Textes und der Zeichnungen (es werden später ähnliche zur Auswahl gestellt) ins Gedächtnis einprägt.

12. Dreisatzaufgaben
Etwa 20 Dreisatzaufgaben sind zu lösen, die m.E. nicht nur das mathematische Verständnis, sondern auch die Konzentration überprüfen. Empfehlung: Unbedingt alle möglichen Arten von Dreisatzaufgaben vorher noch einmal gründlich üben, denn die Schulzeit ist ja möglicherweise schon lange vorbei.

13. Schätzaufgaben
Ca. 25 Aufgaben dieses Typs werden vorgegeben (vgl. S. 80). Dabei soll durch Schätzen die richtige Lösung einer Rechenaufgabe gefunden werden. Anfänglich sind diese Aufgaben sehr leicht; sie werden jedoch zunehmend schwerer, bedingt dadurch, daß die angebotenen fünf Lösungsmöglichkeiten bis zu drei bzw. vier gleiche Endziffern besitzen, z.B.:

555 × 12345
a) 685400 b) 6851400 c) 6851475 d) 6851455
Lösung: c.

14. Computerausdruck
Man bekommt einen Zettel im DIN-A3-Format mit vielen aufgedruckten Zahlen. Dieser Bogen ist in etwa 16 senkrechte Spalten und 46 waagrechte Zeilen unterteilt. Jede Spalten/Zeilen-Kombination besteht aus einer Dezimalzahl sowie einer darunter befindlichen dreistelligen Zahl (in Klammern). Die Aufgabe besteht nun darin, alle Zahlen von 0,1000 bis 0,3600 herauszusuchen und in einem Raster (mit gleicher Einteilung) auf dem separaten Antwortbogen anzukreuzen.

Dies alleine aber wäre zu einfach. Unter der Dezimalzahl steht ja noch die dreistellige Zahl. Diese muß den Wert von „242“ übersteigen, d.h. daß sowohl auf die Dezimalzahl als auch auf die Hunderter darunter geachtet werden muß.

Nur wenn beide Voraussetzungen erfüllt sind, ist das Kreuz in das Lösungsraster zu machen. Diese Aufgabe erfordert kurz vor der Mittagspause noch einmal die volle Konzentration! Vorsicht: Beim Ankreuzen nicht in die falsche Spalte oder Zeile im Raster rutschen. Ein Beispiel:

	1	2	3	4	5	6	7
1	0,2310	0,3270	0,6712	0,5321	−0,3631	0,3251	usw.
	(242)	(381)	(173)	(411)	(321)	(240)	
2	0,0012	−0,4371	0,6591	0,2181	−0,1052	0,2389	usw.
	(231)	(244)	(276)	(243)	(244)	(211)	
3							
			Format DIN-A3				
4							
usw.							

Aufgabe: Suchen Sie alle Zahlen heraus von 0,1000 bis 0,3600. Die untere Zahl muß größer sein als 242. Tragen Sie die Lösungen in das folgende Antwortschema ein:

	1	2	3	4	5	6	7	8	usw.
1	x	x	o	o	o	o	o	o	
2	o	o	o	x	o	o	o	o	
3	o	o	o	o	o	o	o	o	
4	o	o	o	o	o	o	o	o	
usw.									

Nun folgt eine Stunde Mittagspause.

15. Karteikasten/Konzentrationstest
Bestimmte Einrichtungen, wie z.B. Krankenhäuser, Studentenheime, Asylunterkünfte usw. werden mit Ziffern gekennzeichnet (z.B. Krankenhaus Robert Koch = 0). Außerdem erfolgt eine Kennzeichnung von Personen, die in diesen Einrichtungen wohnen bzw. sich aufhalten. Diese Personen sind nun (nach einem Schema, s.u.) anhand ihrer Nachnamen (z.B. Aa–Am = 00) bestimmten Buchstabengruppen und damit einem Ziffernpaar zuzuordnen. Die auf diese Weise ermittelten Ziffern (Zahlencodes) sind in eine Lösungsrubrik einzutragen. Die Sache wird klarer, wenn man dies an einem Beispiel verdeutlicht:

Einrichtungen/Institutionen

0 = Krankenhaus Robert Koch
1 = Studentenheim Salvador Allende
2 = Asylunterkunft
3 = Sozialamt
4 = Postamt
5 = usw.
6 = usw.
7 = usw.
bis
25 = Gasanstalt

Alphabetisches Namen-Codierschema
00 = Aa – Am
01 = An – Az
02 = Ba – Bn
03 = Bo – Bz
04 = Ca – Cz
05 = usw. im Alphabet
bis
32 = X – Z

Namens- und Institutionsliste
1. Fritz Alt / Sozialamt
2. Werner Bumms / Krankenhaus
3. Peter Cito / Salvador Allende Studentenheim
4. usw.

Die Aufgabe besteht darin, nach den beiden ersten Listen (Einrichtungen, alphabet. Codierung) nun die Namens-und Institutionsliste in Form von Zahlencodes umzusetzen, z.B.:

1. Fritz Alt = 00 / Sozialamt = 3
   (Lösung für 1 somit: 0 0 3)
2. 0 3 0
3. 0 4 1

und so weiter und so fort... Dies ist keine 0815-Aufgabe, und nach 25 dieser Zahlencodes weiß man nicht mehr, wer 007 ist...

16. Statistiken interpretieren
Ein Aufgabenheft mit etwa 15 Statistikaufgaben wird vorgelegt. Diese Aufgaben werden in der Überschaubarkeit zunehmend komplexer und komplizierter. Zu jeder dieser Statistiken wird gezielt eine Frage gestellt, und es werden fünf Lösungsmöglichkeiten angeboten (Siehe unser Buch *Testaufgaben*).

Beispiele:
a) Tabelle mit Höchst- und Tiefsttemperaturen sowie Niederschlagsmengen in verschiedenen Orten und Jahren.
b) Kreis mit Unterteilungen in %-Angaben über die Beteiligung verschiedener Länder an der Gesamtbaumwollproduktion.
c) Koordinatensystem, in dem mehrere Kurven sich überlagern. Jede Kurve enthält eine bestimmte Information über Produktion, Ex- und Import usw. Auf der X-Koordinatenachse kann jeweils die Jahreszahl, auf der Y-Achse die Tonnenangabe abgelesen werden.

16. Postaufgabe
20 Aufgaben, die relativ genau der Postaufgabe auf S. 153 entsprechen. Als Ergänzung kommt hinzu, daß einige Orte zusätzlich mit Sternchen versehen sind, mit folgender Bedeutung:

* = gilt nicht für Telegramme und Drucksachen
** = bei diesen Orten wird jeweils ein Tarifwert hinzugezählt
*** = hier handelt es sich um Orte, in denen die Post durch Postverteiler zugestellt werden muß. Deshalb müssen bei Normalpost (per Fahrrad) 5 Tarifwerte, bei Eilpost (per Auto) sogar 10 Tarifwerte hinzugezählt werden.

Zur Arbeitserleichterung können die einzelnen Tarifwerte auf dem Antwortzettel notiert und zusammengezählt werden.

17. Allgemeinwissen
In etwa 45 Minuten sind 200 Fragen aus folgenden Bereichen zu beantworten: Geschichte, Kunst, Literatur, Wirtschaft, Technik. (Andere Bereiche wie: bedeutende Persönlichkeiten, Erdkunde, Malerei, Musik, Politik, Staatslehre, Sport, Biologie, Chemie und Physik mußten auf dem Antwortbogen gestrichen werden. Vgl. S. 21).

Zu dieser Aufgabe bekamen wir den Hinweis, auf keinen Fall die Lösung bei Nichtwissen zu raten. In diesem Fall sollte auf dem Antwortbogen der Buchstabe „f" angekreuzt werden. Diesen Ratschlag konnte ich kaum befolgen, da sich dieser Fragenkatalog für mich wie ein Buch mit sieben Siegeln darstellte. Statt dessen habe ich versucht, das Beste daraus zu machen, ohne Rücksicht darauf zu nehmen, ob eine falsch beantwortete Frage vielleicht negativ gewertet wird. Es erschien mir einfach unpassend, fast nur mit „f" zu antworten.

18. Lebenslauf
Die Aufforderung, einen handgeschriebenen Lebenslauf zu verfassen, bildete den Abschluß des ersten Tages. Dieser sollte jedoch keine persönlichen Daten enthalten, die schon im Personalfragebogen aufgeführt wurden, sondern vielmehr positive und negative Ereignisse schildern, die die eigene Entwicklung maßgeblich beeinflußt haben. Außerdem mußte darauf eingegangen werden, warum man den Beruf gewählt hat und warum man einen Aufstieg in den gehobenen Dienst anstrebt. (Achtung: Persönlichkeitstest!– s.S. 100).

Zum zweiten Tag:

1. Diskussion
Es wurden Gruppen gebildet von vier bis sechs Personen, die die Aufgabe hatten, verschiedene Themen zu diskutieren. Die Zusammensetzung der Gruppe wurde zum Ende des ersten Tages von den Psychologen bekanntgegeben. Die Diskussionsrunde dauerte ingesamt 60 Minuten. Die Gruppe setzte sich um einen Tisch, so daß man sich gegenseitig ansehen konnte. Die Psychologen (bei uns waren es zwei) saßen abseits und machten sich eifrig Notizen.

Nun wurde ein Thema vorgegeben, bei dem einer die Diskusssionsleitung, ein anderer am Ende des ca. 20 Minuten dauernden Gespräches eine Zusammenfassung geben sollte. Zur Übernahme einer solchen Funktion konnte man sich freiwillig bereit erklären, was sicherlich eine positiven Eindruck machte. Ansonsten wurden diese beiden Rollen von den Psychologen verteilt.

Themenbeispiele für die Gruppendiskussion: Wertewandel der Gesellschaft; Politische Meinungsbildung; freie Bahn dem Tüchtigen; Urlaub und Umwelt.

Ein Bogen mit der Überschrift „Psychologischer Untersuchungsbefund" der *DGP* sieht unter der Rubrik II (Verhaltensbeurteilung) folgende Kriterien vor, für die der Testpsychologe jeweils sieben Ausprägungsgrade zum Ankreuzen zur Verfügung hat (von hoch = 7 bis niedrig = 1) und die insbesondere bei der Gruppendiskussion (Rundgespräch) und im Einzelgespräch zum Zuge kommen:

Sprachlicher Ausdruck:	Sich präzise, verständlich, flüssig und treffend ausdrücken können.
Sachbezogenheit:	Bei Problemdiskussionen themenbezogen argumentieren können.
Einfallsreichtum:	Neue Betrachtungsweisen und Ideen zur Problemstellung beitragen können.
Kontaktfähigkeit:	Die Bereitschaft und Fähigkeit, Kontakte anzuknüpfen und auf den Gesprächspartner einzugehen.
Aktivität:	Ausmaß der Beteiligung und der Intensität des Einsatzes in der Diskussion und in anderen sozialen Situationen.
Emotionale Stabilität:	Die Fähigkeit, Gefühle und Affekte im sozialen Kontakt zu kontrollieren und zu beherrschen.
Berufsmotivation:	Das sachbezogene Interesse an der angestrebten Tätigkeit.

2. Persönliches Gespräch
Den Abschluß dieses zweiten Testtages bildete ein etwa 15minütiges persönliches Gespräch mit einem *DGP*-Psychologen. Dieser ging zunächst auf den am Vortag handgeschriebenen Lebenlauf ein (mein Eindruck: er las ihn zu diesem Zeitpunkt anscheinend das erste Mal). Dann fragte er u.a.:

- Warum haben Sie diesen Beruf gewählt?
- Wie sieht Ihr täglicher Dienst aus?
- In welchen Bereichen sind Sie genau tätig?
- Wie stellen Sie sich Ihre berufliche Zukunft vor?
- Ist Ihre Frau mit Ihrem Vorhaben einverstanden?
- Hat Ihre Frau zu dieser Entscheidung mit beigetragen?
- Sind Sie in bezug auf Versetzung und Tätigkeitsbereich flexibel?
- Aus welchen Gründen möchten Sie in den gehobenen Dienst?
- Welche Funktion möchten Sie dort ausüben?
- Wo haben Sie Ihrer Meinung nach Schwachstellen im Test gehabt?
- Was machen Sie, wenn Ihre Bewerbung abgelehnt wird?

Vor Beginn des Tests schätzte ich das Gespräch mit dem Psychologen auf der Schwierigkeitsskala ganz oben ein. Da ich schon nach dem schriftlichen Test am ersten Tag ein äußerst ungutes Gefühl hatte, wenn nicht sogar deprimiert war, ging ich mit einer etwas gelösten Stimmung in die Testrunde des zweiten Tages. Als die Diskussionsrunde wider Erwarten für mich sehr gut lief, war meine psychische Anspannung fast verschwunden, und ich fühlte mich irgendwie erleichtert.

Während des Gesprächs mit dem *DGP*-Psychologen versuchte ich, Initiative zu zeigen, indem ich die mir gestellten Fragen nicht nur kurz beantwortete. Ich wurde auch kaum unterbrochen, hatte jedoch zeitweise das Gefühl, vom Psycho aus der Reserve gelockt, zum Teil verunsichert zu werden. Dabei sprach er die durch die Ausbildungszeit verursachte Trennung von meiner Frau an, aber auch meine Flexibilität in bezug auf eine Versetzung. Mit der Bemerkung: „Es scheint so, daß Sie sehr an Ihrer jetzigen Tätigkeit hängen", versuchte er, meine Weiterbildungsmotivation „anzupieksen".

Meine Empfehlung: Nur nicht aus der Ruhe bringen lassen. Leichter gesagt als getan.

Mehr dazu:

Über das Aussortieren von Menschen

Über die Vorgehensweise der *DGP* schreiben *stern*-Rechercheure:

> „In den Laufbahnverordnungen einiger Bundesländer gehören Psycho-Tests zum Pflichtprogramm für Interessenten des mittleren Dienstes (Verwaltungsassistenten bis Amtsinspektor) und des gehobenen Dienstes (Regierungsinspektor bis Staatssekretär). Spezialisiert auf den Öffentlichen Dienst ist die ‚Deutsche Gesellschaft für Personalwesen' (DGP) in Hannover, die im vergangenen Jahr über rund 18000 Menschen ein Urteil fällte. Der leitende DGP-Psychologe Dr. Klaus Althoff zu den Kosten: ‚In einem Vortest trennen wir die Spreu vom Weizen und verlangen dafür ein Pro-Kopf-Honorar von 36 bis 50 Mark. Beim Haupttest kann man mit 150 Mark pro Kandidat für den mittleren und 180 Mark für den gehobenen Dienst rechnen.'
>
> Die Sparerlasse des Bundeslandes Bremen und die Proteste der Personalräte gegen die DGP-Methoden führten dazu, daß sich der Nachwuchs in den dortigen Behörden seit 1980 nicht mehr aus Psycho-Tests rekrutiert. In der Hansestadt wird wieder verstärkt auf althergebrachte Einstellungsgespräche gesetzt. Erwin Kloke von der Senatskommission für Personalwesen hatte sich gegen die Abschaffung der DGP-Tests gewehrt, heute zieht er eine positiver Bilanz: ‚Wir sparen eine Menge Geld und kommen dennoch zu den gleichen Ergebnissen wie die Psychologen. Der einzige Nachteil ist, daß wir uns nicht mehr hinter den Testergebnissen der Psychologen verstecken können...'"

Nach einer herben Kritik an den DGP-Testmethoden und -inhalten schreibt der *stern* in einem Artikel:

> „Im Einzelgespräch schrecken die Psychologen der ehrenwerten Gesellschaft dann vor fast nichts mehr zurück. Schon vor dem Gespräch muß der Bewerber einen ausführlichen Lebenslauf schreiben, in dem er die Höhe- und Tiefpunkte seines bisherigen Daseins, freudige Ereignisse und Enttäuschungen schildert. Mit Personalbogen werden dann die Beziehungen zu Eltern und Freunden, die Urlaubsgestaltung oder der Beruf des Vaters ausgeforscht. Daß solche Fragen auch die gesetzlich

geschützte Privatsphäre des Menschen verletzen können, scheint die Fachleute bei der DGP nicht zu scheren. DGP-Geschäftsführer und Psychologe Klaus Althoff...: ‚Mit Schnüffelei hat das nichts zu tun...'" (*stern* 8/1990)

Von seinen Auftraggebern immer häufiger auf die Kritik an der *DGP* angesprochen, reflektiert ihr Leiter in der *DGP*-Hausbroschüre (Nr. 49) nun die Frage, ob eignungsdiagnostisch tätige Psychologen Sadisten seien.

Als Motiv für die Kritik an der *DGP* unterstellt er insbesondere den Autoren von testkritischen Büchern Geldgier. Den Arbeitstag eines ihrer Psychologen berechnet die Gesellschaft mit 980 bis 1380 DM zuzüglich Reisekosten und Spesen.

Obwohl der *DGP*-Umsatz leicht rückläufig ist, weist das Unternehmen in einer Bilanz für 1988 knapp 3 Millionen DM aus. Den größten Teil davon bezahlt der Steuerzahler.

Die *DGP* versteht sich als absolut neutral und unabhängig und weist mit Stolz auf ihr psychologisches Personal hin.

Ich habe mich für die Verwaltungslaufbahn des gehobenen Dienstes beworben und bin von der Gesellschaft für Personalwesen getestet worden. Meine Einschätzung: Bei diesem Test haben nur diejenigen eine Chance, die ständig ihre Fähigkeiten herausstreichen und sich vor den Psychologen produzieren können.

Zusätzlich habe ich noch Kritik an den beteiligten Diplom-Psychologen, die ja eigentlich wissen sollten, wie man mit Menschen umgeht. Beim Einzelgespräch ging der Psychologe in keiner Weise auf mich als die befragte Person ein, sondern stellte stereotype Fragen vom Fragebogen, den er nach jeder Antwort ausfüllte.

Ich hatte das bereits von anderen Teilnehmern vorab geschildert bekommen und nun auch so selbst erleben müssen. Eine Bemühung um eine lockere und entspannte Atmosphäre, wie das sonst ja eigentlich durchaus üblich ist, war hier überhaupt nicht zu spüren.

Von diesen Psychologen selbst wurde eine kühle und unpersönliche Atmosphäre geschaffen und jede Gelegenheit genutzt, den Bewerber in die Ecke zu drängen und ihm durch eine unpersönliche Gesprächsführung deutlich klar zu machen, wer hier der Stärkere ist.

Nach meiner Ansicht haben Psychologen bei solchen Tests ein viel zu großes Mitspracherecht. Der beste Psychologe kann unter solchen Umständen nicht den Charakter eines Menschen erkennen. Die Arbeitgeber machen jedoch die Einstellung vom Testergebnis der Psychologen abhängig. Bleibt abschließend nur noch zu sagen, daß ich eindringlich vor Psychologen warne, die ihre Fähigkeiten zum Aussortieren von Menschen mißbrauchen .

Um dies einmal an einem konkreten Fall zu verdeutlichen, hier ein Stück Originalton aus einem *DGP*-Gutachten:

„Herr ... ist ein recht schwieriger und komplizierter Mensch, der sehr ichbezogen denkt und handelt und sein Verhalten darauf abstellt, seine Person in den Vordergrund zu stellen. Er reagiert dabei empfindlich und aggressiv, wenn er sich angegriffen fühlt, wobei er dazu neigt, Dinge auf sich zu beziehen, die ihm gar nicht gelten. Er hat eine autoritäre Persönlichkeitsstruktur und zeigt im Verhalten eine geringe Flexibilität. Bei Diskussionen über aktuelle Themen in der Gruppe beharrte er mitunter rechthaberisch auf seiner Meinung, er ist nur wenig in der Lage bzw. bereit, mit seinen Gesprächspartnern zu kooperieren.

Seine intellektuellen Leistungen entsprechen den Laufbahnanforderungen nicht. Es fehlt ihm an sprachlichem Differenzierungsvermögen und an Abstraktionsfähigkeit; außerdem denkt er unkonzentriert und urteilt er subjektiv; es gelingt ihm oft nicht, Wesentliches von Unwesentlichem zu unterscheiden.

Bei der Bearbeitung einfacher Büro- und Schreibtischaufgaben war er durchschnittlich schnell und bei der Ausführung recht oberflächlich und unsorgfältig. Seine Einsatzbereitschaft und Ausdauer lassen zu wünschen übrig ...“

Dazu der Kommentar eines *DGP*-Testbetroffenen:

Um in wenigen Stunden Test zu einem derart vernichtenden Urteil zu kommen, muß man auf dem Gebiet der Psychologie entweder eine Koryphäe oder ein Scharlatan sein.

Deutscher Ring Versicherungen

Was können, wollen, mögen Sie?

Aufgrund meiner Bewerbung auf eine Betriebswirt-Stellenanzeige in der Süddeutschen Zeitung (Führungsposten im Bereich Finanzdienstleistung) meldete sich eine Personalberatungsgesellschaft aus Hamburg und lud mich zum Vorgespräch in ein Münchner Nobelhotel ein. Dort empfing mich ein offenbar wenig interessierter Repräsentant dieser Personalberatungsgesellschaft, der mir außer einem recht langweiligen Gespräch noch einen Psycho-Fragebogen zumutete. So wollte man u.a. wissen:

- Wenn Sie in der Schule gute Noten erreicht haben, mit wem haben Sie zuerst darüber gesprochen? (Antwortmöglichkeiten: Mitschüler, Geschwister, Eltern, Freunde).
- Welche Tätigkeit würden Sie am ehesten ausführen wollen? (EDV-Programm schreiben; Kundengespräch führen; Motor instandsetzen).

Nach einigen Wochen bekam ich wieder eine Einladung, diesmal zu einem Assessment-Center in einem anderen Münchner Nobel-Hotel. In einem Seminarraum empfing uns (drei Teilnehmer) angeblich der Chef der Personalberatungsfirma. Die AC-Aufgaben wurden in folgender Reihenfolge gestellt:

1. Einzelvortrag (Vorbereitungszeit 15 Minuten)
   Themen:
   - Wer sind Sie? (Lebenslauf)
   - Was können Sie? (Fähigkeiten/Eignung)
   - Was wollen Sie? (Neigung/Wünsche)
   - Was mögen Sie? (Hobbys)
2. Diskussion zwischen allen Teilnehmern ohne Zeitlimit. Thema: Ist die Verkürzung der Wochenarbeitszeit ein Mittel zum Abbau der Arbeitslosigkeit? Zunächst hatte jeder Stellung zu beziehen, dann war ein Gruppenkonsens herzustellen.

3. Ein Teilnehmer spricht 10 Minuten mit den anderen über sein Hobby. Dabei sind dessen positiven Aspekte so herauszustellen, daß die anderen Gefallen daran finden (Überzeugungsübung).
4. Bevor eine Party steigen kann, sind diverse Organisationsaufgaben zu bewältigen. Je schneller und geschickter man organisiert, um so eher kann die Party anfangen. Dauer: 10 Minuten. Anschließend muß in der Gruppe ein Konsens über die Organisationsreihenfolge und die Anfangszeit gefunden werden.
5. Jeder Teilnehmer muß zu folgender Situationsschilderung eine Entscheidung treffen: Man führt bei einem potentiellen Kunden ein Gespräch über ein Angebot, wohlwissend, daß die Konkurrenz ihr Angebot dem Kunden bereits unterbreitet hat. Ein Telefonat veranlaßt den Kunden kurzfristig, aus seinem Zimmer zu gehen. Auf dem Schreibtisch liegt ein Aktenordner, der das konkurrierende Angebot enthalten könnte. Wie verhalten Sie sich?

Ich bin der einzige Bewerber, der es wagt, in die Akte zu schauen. Bombardiert mit Vorwürfen vom Leiter des Auswahlgremiums, bleibe ich bei meinem Standpunkt, alles zu tun, um den Auftrag zu bekommen, koste es, was es wolle. Dies bringt mir Bewunderung ein.

LESE- UND ARBEITSHINWEIS

▷ Führungskräfte/Manager-Test (ACT)

Eismann

Eiskalt abserviert

Steigen Sie mit uns empor. Eismann sucht Nachwuchsmanager! So oder ähnlich las ich die Anzeige eben dieser Firma, einer der großen Vertreiber von Heim-Tiefkühlkost.

Gegen 10 Uhr betrat ich den – voll klimatisierten – Testraum; Aschenbecher, Kekse und Getränke (ungekühlt) standen griffbereit. Zwei reizende Damen baten mich, Platz zu nehmen. Wir saßen mit sechs Leuten an einem runden Tisch, drei potentielle Nachwuchsmanager, zwei eventuelle Mitarbeiter für die Produktion und eine Sekretärin in spe. Mittels Film, Dias und Monolog informierte man uns über *Eismann.*

Danach sollte ein Intelligenztest durchgeführt werden. Es handelte sich um den Ist-Wissens-Test, der kein Problem darstellt, wenn man sich, wie ich, gründlich vorbereitet hat. Ob Satzergänzung, Wortanalogien, Gemeinsamkeiten oder Figuren erkennen – nichts war mir schwer und neu. Besonders bei der Einhaltung der Zeit half mir die gute Vorbereitung. Nach 90 Minuten Test folgte eine 60minütige Mittagspause (Tiefkühlkost).

Danach traf man sich auf einer Terrasse vor dem Konferenzsaal. Die Stimmung war locker bis fröhlich. Schließlich ging es aber doch zur Sache: ein Persönlichkeitstest sollte folgen. „Antworten Sso schnell wie möglich und ganz spontan", lautete die Instruktion zum 16PF mit seinen ca. 190 Fragen. Eine der angehenden Produktionskräfte wurde mit den Worten „Sie sind noch keine 18 und brauchen diesen Test nicht mitzumachen!" nach Hause geschickt.

An uns andere wurde die verführerische Bitte gerichtet: „Kreuzen Sie nach Möglichkeit nicht in der Mitte an, also z.B. ‚teils-teils' oder ‚weiß nicht'. Wir wollen die Auswertung vereinfachen." Für die etwa 190 Fragen bekamen wir knappe 30 Minuten. Tip: man verwandle sich ohne Hemmungen und Zögern in den idealen Bewerber, der gerne und viel arbeitet, bei wenig Geld, nie krank ist, keine Probleme kennt, dazu noch klug ist und grundsätzlich keine Fehler macht. Ich selbst habe natürlich auch so gehandelt, mußte aber trotzdem 10–15mal die Kategorie ‚weiß nicht' ankreuzen – z.B. konnte ich mich weder für einen Bischof noch für einen Oberst als Berufswunsch entscheiden.

Bisweilen mußte ich feststellen, daß ähnliche Fragen wiederholt auftauchten, sozusagen zur Kontrolle. Hier gilt es, hemmungslos zu blättern, um gleiche Antworten zu geben. Man kann aber auch ähnlich scheinende Fragen unterschiedlich beantworten: Heißt es z.B.: *Bei gesellschaftlichen Anlässen fällt es mir leicht, mich unter die Leute zu mischen*, was selbstverständlich mit „Ja" zu beantworten ist, so empfiehlt es sich, bei der Aussage *Ich bin immer im Mittelpunkt jeder Party* ein „Nein" zu wählen. Es gibt zahlreiche Bücher zu diesem Thema, aber das Wichtigste bleibt: Mut zur Lüge!

Wer meint, einen Menschen in einer Bewerbungssituation mit 190 Fragen beurteilen zu können, hat es verdient, Lügen aufgetischt zu bekommen, tiefgekühlt oder nicht!

Drei Tage später wurde ich zum Vorstellungsgespräch eingeladen. Zunächst mußte ich 45 Minuten warten. Nach freundlicher, aber etwas gezwungener Konversation mit einer etwas kühl wirkenden Sekretärin (das sollte wohl auch ein Test sein), wurde ich endlich hineingebeten. Es folgten die üblichen Fragen zu Werdegang, Hobbys, warum bei dieser Firma beworben, Zukunftspläne etc. und eine Einladung, die nächstgrößere Verkaufsniederlassung zu besuchen und eine Verkaufstour mitzufahren.

Gesagt, getan – danach sollte ich Frau X, die Personalchefin, anrufen. Die arme Frau erkrankte jedoch am nächsten Tag, und sieben Tage später (mittlerweile konnte ich die Telefonnummer auswendig) erklärte mir ihre Sekretärin mit großem Bedauern, daß Frau X nun gerade für eine Woche in Urlaub gefahren sei.

„Im Moment kann ich da nichts machen, können Sie sich bitte noch diese eine Woche gedulden", bat mich die nette Telefonstimme der Personalchefsekretärin. Natürlich konnte ich, besonders, da ich keine andere Wahl hatte, auch wenn es in die dritte Woche ging.

Dann endlich Frau X am Telefon: „Geben Sie mir noch ein bißchen Zeit, Ich rufe Sie in zwei bis drei Tagen zurück..." Nach sechs Tagen rief ich erneut an, schon ahnend, daß etwas nicht stimmen konnte. Kurzum, in knappen zwei Minuten sagte man mir ab. Meine Persönlichkeit sei doch nicht das Optimale für *Eismann*, habe man nach längerer Überlegung herausgefunden.

Nach vier Wochen eiskalt abserviert.

LESE- UND ARBEITSHINWEISE

▷ Ist-Wissens-Test

▷ 16 PF

Hamburg-Mannheimer Versicherungen
Außer Spesen nix gewesen – Verunsicherung

Im Frühjahr 1990 wurde ich von der *Hamburg-Mannheimer-Versicherungs-AG* (Hauptverwaltung) wegen eines Trainee-Programms für Nachwuchs-Führungskräfte des Außendienstes angeschrieben. Meine Adresse hatte diese Versicherungsgesellschaft von dem Fachvermittlungsdienst des Arbeitsamtes, bei dem ich seit einiger Zeit arbeitslos gemeldet bin. Ich bin 30 Jahre alt und Diplom-Soziologe.

Das Auswahlverfahren sollte erst im August beginnen, da der Anfang des Trainee-Programms auf den 1. November festgesetzt worden war. Kurz vorher wurde ich dann auch noch einmal schriftlich eingeladen und begab mich auf Kosten der HM-Versicherung (Fahrtkosten 1. Klasse Bundesbahn) in das Hotel Maritim in Königswinter.

Die erste Überraschung war, daß von 15 eingeladenen Jungakademikern nur fünf (einschließlich meiner Person) erschienen. Dies wurde mit der langen Anreise, einer Grippewelle und anderen Ausreden erklärt. Ich glaube eher, daß der schlechte Ruf der „Humbug-Mülleimer" hier u.a. eine wichtige Rolle spielte.

Zunächst einmal referierte zweieinhalb Stunden lang ein Herr aus dem Hause *HM* darüber, wer die *HM* ist, wie groß, wie bedeutend, wie wachstumsorientiert und stark, und wie das Trainee-Programm für uns aussehen würde. Im Hintergrund saßen zwei Beobachter, die sich während dieses Vortrages Notizen machten und sich dabei auch noch die Bewerbungsunterlagen der fünf Kandidaten ansahen. Leise tuschelnd tauschten sie dabei Informationen aus und kicherten eindeutig über das, was sie von uns in unseren Bewerbungsunterlagen gerade lasen. Das war natürlich weniger ermutigend für uns als Bewerber, deren Vorstellungen, Lebenslauf bzw. Fähigkeiten im übrigen sowieso nicht gefragt waren.

25 Minuten vor der Mittagspause kündigte man uns plötzlich einen aus ca. 160 Feststellungen bestehenden Persönlichkeitstest an. Jede Behauptung mußte mit ++, +, –, –– bewertet werden. Etwa so: *Manchmal gehört auch Glück zum beruflichen Erfolg*. Diese ca. 160 Aussagen sollten wir rasch ankreuzen, denn anschließend erwartete uns ein Mittagessen, zu dem wir eingeladen seien. Mit dieser Ankündigung und dem Zeitdruck, sich in 20 Minuten entscheiden zu müssen, versuchte man natürlich, uns „über den Tisch zu ziehen", in der Hoffnung, wir würden nun unsere wahre Persönlichkeit decouvrieren.

Nach dem Mittagessen war plötzlich Schluß. In einem Einzelgespräch teilte man jedem sein Testergebnis mit. Für das Testprofil, das angeblich 15 Persönlichkeitseigenschaften mißt, habe ich – so der Referent – leider in einigen, für die *HM* wichtigen Eigenschaftsbereichen wie Eigenverantwortlichkeit, Offenheit, Gelassenheit und emotionale Stabilität, nicht genug Pluspunkte gesammelt. Damit war dann auch mein potentieller Einsatz für den Außendienst „vom Tisch", und ich durfte mich verabschieden.

Nach meinen sonstigen Fähigkeiten hat keiner gefragt, und das eigentliche Vorstellungsgespräch fand gar nicht erst statt.

Dieser Test sei die eigentliche Hürde, die es zu nehmen galt, wurde zum Schluß noch gesagt; aus dem Ergebnis ziehe man für die *HM* wichtige Schlüsse. Wer hier „versage", komme nicht weiter. Selbst bewußt falsche Antworten würden nichts nützen, denn dieser „hervorragende Test" bekäme auch so etwas heraus.

Nun habe ich genug Selbstbewußtsein, um mir aus dem Ergebnis dieses Tests nicht allzuviel zu machen. Trotzdem bleibt das Gefühl, Zeit vergeudet zu haben und in meiner Persönlichkeit nicht ernstgenommen worden zu sein. Wegen eines läppischen und fragwürdigen 20-Minuten-Tests hätte ich nicht nach Königswinter kommen und fast einen ganzen Tag Zeit opfern müssen.

Also: voll ein Griff ins Klo!

Die Geschichte ging aber weiter: Aufgrund einer Anzeige des Arbeitsamts wurde ich knapp vier Monate später von einer anderen Filialdirektion derselben *Hamburg-Mannheimer Versicherung* zu einem persönlichen Vorstellungsgespräch eingeladen. Hier sprach der Chef selbst mit mir und bot mir eine Position im Außendienst an (offenbar wußte er nichts von Königswinter).

Dann zog er den Persönlichkeits-Test aus der Tasche, den ich bereits kannte. Ich kreuzte also wieder die 160 Statements an und versuchte, mich einfach in eine positive Stimmung zu vesetzen. Teilweise deckte ich Behauptungen einfach zu und machte blind meine Kreuzchen.

Das Ergebnis verblüffte: Die Testergebnisse hatten sich scheinbar deutlich verbessert. Ich bekam ein zweites Vorstellungsgespräch angeboten. Erstaunlich, was eine positive Stimmung alles bewirkt, denn ich glaube kaum, daß ich mich in vier Monaten grundlegen verändert hatte. Dieses Mal händigte man mir das Testergebnis sogar schriftlich aus.

Die 15 Faktoren des sog. Erfolgsprofils sind:

Eigenverantwortlichkeit, Leistungsangst, Selbstvertrauen, Leistungsmotivation, Selbstbewußtsein, Kontaktfähigkeit, Unterlegenheitsgefühl, Einsatzfreude, Anspruchsniveau, Geltungsdrang, Gelassenheit, Kritikstabilität, Mißerfolgstoleranz, Labilität, Unsicherheit.

Die Interpretation der Vergleichswerte reichen von Übersteigerung (+3) bis Defizit (−3).

Ein ganz hoffnungsloser akademischer Sozialfall bin ich also nicht: Man bot mir doch tatsächlich einen Arbeitsplatz an. Dieses mal habe *ich* es mir überlegt und etwas später abgesagt.

Henkel

Der betrogene Ehemann schüttet seiner Frau Säure ins Gesicht…

Henkel schickte die Testeinladung sehr früh. 12 Wochen lagen zwischen Benachrichtigung und dem angesetzten Testtermin. Ich mußte an einem Montag um 7.45 Uhr antreten, war für mich bedeutete, um 5 Uhr aufzustehen. Andere Bewerber waren aber noch schlechter dran, sie mußten z.B. um 4 Uhr auf die Autobahn oder bereits am Vortag anreisen.

In einer Art Klassenraum trafen wir uns zum ersten Test. Anfangs waren wir 13 Testteilnehmer, aber einem ging es nicht gut, so daß er nach einer Stunde heimfuhr (da waren's nur noch 12 ...). Wir anderen absolvierten für den Anfang die üblichen sprachlichen und mathematischen Aufgaben (das ewige *Baum verhält sich zu Wald wie*

Gras zu Wiese und die gängigen Dreisatzaufgaben und Zahlenreihen). Da waren die Kurvendiskussion und der Analyseteil (Gott sei Dank gab es Lösungsvorschläge) schon etwas anderes.

Nach diesem Testblock sollten wir uns folgendes vorstellen: An unserem Arbeitsplatz nehmen wir ein Telefongespräch für einen verreisten Kollegen entgegen, den wir in einer schriftlichen Notiz über den Inhalt dieses Gesprächs informieren müssen. Das Telefongespräch – wie sollte es anders ein – wurde uns einmal schnell vorgelesen und runtergenuschelt. Es war gespickt mit Daten, Zahlen und Fachausdrücken. Ich hatte meine liebe Mühe, mit den Notizen nachzukommen.

Nach einer Pause (Getränke wurden bereitgestellt) ging die Testerei weiter. Jetzt war man ein gewisser XY, der aus dem Urlaub zurückkam und jede Menge Post vorfand. Diese mußte teilweise beantwortet werden, was wiederum Einkäufe und Besuche nach sich zog. Da dieser XY aber am selben frühen Nachmittag schon wieder auf die nächste Reise ging, mußten Zeit und Wege sehr wirtschaftlich organisiert werden. Ein Brief war übrigens in Englisch, ein anderer in Französisch geschrieben.

Als letzte Testaufgabe kam das „Tapetenreinigungsproblem" auf uns zu. Man sollte dem Einkäufer einer Warenhauskette möglichst viele Gründe nennen, warum dieser einen neuen Tapetenreiniger mit ins Sortiment aufnehmen sollte. Damit war der schriftliche Prüfungsteil beendet.

Es folgten Fahrkostenabrechnung, Mittagessen und Warten. Der Ausbildungsleiter erklärte uns um 13.30 Uhr den weiteren Ablauf des Tages und wollte von uns Fragen zur Ausbildung gestellt bekommen. Danach wurden wir in zwei Gruppen zu sechs Personen aufgeteilt und in verschiedene Räume gebracht. Die insgesamt neun Prüfer – das waren Ausbilder, Betriebsräte, Psychologen, aber auch ein Wirtschaftsassistent in Ausbildung – gesellten sich zu allen Gruppen. In meiner Gruppe mußten wir uns erst einmal ausführlich vorstellen, unseren Lebenslauf erklären und begründen, warum wir Wirtschaftsassistent werden wollten, statt zu studieren.

Die Prüfer hakten ziemlich genau nach, und man mußte sich schon eine überzeugende Berufswahlbegründung einfallen lassen.

Für eine 20minütige Gruppendiskussion bekamen wir eine Liste mit 10 Strafdelikten, die wir dann in eine Rangfolge nach Verbrechensschweregrad bringen sollten. Natürlich war es nicht einfach, in der Gruppe einen Konsens darüber zu bekommen, da es sich um relativ delikate Fälle handelte: Der betrogene Ehemann schüttet seiner Frau Säure ins Gesicht; ein schuldlos verschuldeter Mann überfällt eine Rentnerin etc.

Nach 20 Minuten sollten wir die Diskussion und den von uns dazu geleisteten Beitrag beurteilen. Nun wechselten die Prüfer die Gruppe, und wir mußten uns erneut vorstellen. Diese Prüfer schienen besonders interessiert daran, ob man sich auch bei *BAYER* beworben habe, wo man die Unterschiede zu *Henkel* sehe und warum *Henkel* besser sei (was man natürlich behaupten mußte!).

Die Gruppendiskussion war diesmal noch pikanter: Nun waren wir ein Betriebsrat, der aus 10 Bewerbern für eine Ausbildung drei aussuchen sollte. Die Bewerber waren aber alle nicht so problemlos. Die, die gute Noten hatten, waren entweder behindert, vorbestraft oder wenig sozial im Umgang mit anderen. Die Kandidaten mit schlechten Noten hatten Väter in hohen Positionen bei der Firma; der Vater eines Bewerbers war in dieser Firma bei einem unverschuldeten Betriebsunfall ums Leben gekommen. Wir waren noch mitten in der Diskussion, als nach 20 Minuten das *Stop*-Zeichen kam und wir uns wieder entscheiden mußten.

Bei der anschließenden Beurteilung vertrat ich den Standpunkt, daß es traurig sei, wenn Bewerber wirklich auf diese Art und Weise ausgesucht würden, wie wir das unter Zeitdruck gespielt hätten. Dabei kritisierte ich auch die Tests, die „unsere Bewerber" hatten machen müssen und die angeblich ein wichtiges Entscheidungskriterium darstellen sollten. Plötzlich reagierte der Betriebsrat deutlich verärgert und motzte mich an, ich solle zur Sache kommen. Das hätte ich gerade vom Betriebsrat nicht erwartet.

Kienbaum Personalberatung
Wissenschaftlich wie klinisch getestete Zahnpasta

Führend auf dem Gebiet der professionellen Personalauslese ist u. a. auch die Firma *Kienbaum Personalberatung GmbH* in Gummersbach (wo liegt denn das?). Dieser mögliche Standortnachteil wird auf Firmenbriefpapier und Anzeigen großzügig durch wohlklingende Städtenamen kompensiert, die auch Klein Fritzchen das Wasser im Munde zusammenlaufen lassen („Gummersbach, Düsseldorf, Berlin, Frankfurt a. M., Hamburg, Karlsruhe, München, Zürich, Wien, Los Angeles, San Francisco, São Paulo, Johannesburg").

Gerne werden Personalauswahlprozesse bei Führungspositionen (mittleres Management, etwa ab 100 000 DM Jahresgehalt) an solche *Professionals* delegiert. Hintergrund könnten vielleicht die in letzter Zeit gehäuft auftretenden Mißgeschicke des firmeneigenen Personalchefs sein. Möglicherweise steckt aber auch eine Disziplinierungstaktik dahinter, die dem allzu mächtig werdenden Personalchef Grenzen aufzeigen soll. In jedem Fall bedeutet die Einschaltung einer Personalberatungsfirma die Verschiebung von Verantwortung.

Ein neuer Mitarbeiter mit einem Jahressalär von 100 000 DM und deutlich darüber kostet das Unternehmen tatsächlich einen Batzen Geld, wenn sich in ein, zwei Jahren herausstellen sollte, daß man sich bei der Auswahl dieses Kandidaten „vergriffen" hat.

Auch zu schnell zu einem anderen Arbeitgeber wechselnde Führungskräfte hinterlassen bei ihrer alten Firma Narben und Irritationen. Einarbeitungszeit, mangelnde Motivation und Leistung bis hin zu Fehlern und Ausgebranntsein oder der „inneren Kündigung" gelten als gravierende Störfälle im Personalgetriebe. Der personelle „Super-Gau" tritt ein, wenn teure Mitarbeiter, die „Mitwisser" sind, verschwinden oder „entfernt" werden müssen (in der Fachsprache *Outplacement* genannt).

Wer übernimmt, wenn das Kind in den Brunnen gefallen ist und Kosten von mehreren 100 Tausend DM entstanden sind, die Verantwortung? Der Personalchef jedenfalls nicht gerne, und somit besteht ein weiterer Grund, diese spezielle Verantwortung weitestgehend nach „außen" zu verlagern.

Externe Personalberatung kostet die beauftragende Firma zwischen 30 und 50% des Jahreseinkommens eines neu auszuwählenden Stelleninhabers. Bewahrheitet sich eine positive Prognose des Personalberatungsunternehmens, bezogen auf einen Kandidaten, wird man auch weiterhin durch diese Firma sein kostbares, teures Personal aussuchen lassen.

In dem hier nun geschilderten Fall geht es um einen Manager (nennen wir ihn Herrn

Z., Praktiker, ohne Studium, 43 Jahre alt), der sich von einer etwa 100000 DM Jahresgehalt-Position auf etwa 130000 DM verbessern wollte. Die angestrebte Aufgabe beinhaltete Leitung und Verantwortlichkeit für etwa 50 Außendienstmitarbeiter, die ein wichtiges Umsatzpotential für den Auftraggeber (die Firma X) darstellte. Sieben Jahre war Herr Z. bereits bei „seiner" Firma X ganz erfolgreich tätig, so daß er sich bei seiner Bewerbung um die auch firmenintern angebotene Position gute Chancen ausrechnete.

Die Leitung der Firma X war aufgrund einiger „personeller Störfälle" (s.o.) stark verunsichert, ging auf Distanz zu ihrem eigenen Personalchef und beauftragte die Personalberatungsgesellschaft *Kienbaum* (übrigens ein Unternehmen mit beschränkter Haftung), das Führungspotential von Herrn Z. zu untersuchen. (Hätte man nicht nach sieben Jahren Betriebszugehörigkeit zur Firma X ein gutes Bild des Bewerbers haben können?)

Herr Z. wurde aufgrund des Auftrags seiner Firma an *Kienbaum* zu einem eintägigen, sogenannten „Einzel-Assessment" eingeladen (nette Umschreibung für eine Zwangsvorladung). Dabei handelt es sich nach Aussage von *Kienbaum* um ein selbst entwickeltes Beurteilungsprogramm für Führungskräfte, die auf unterschiedliche Zieldimensionen und betriebliche Aufgabenfelder hin zu untersuchen sind.

Neben dem Einsatz von psychologischen Testverfahren und Gesprächen mit dem Kandidaten liegt der Schwerpunkt der Überprüfung in der Vorgabe von Management-Simulationen (ein anderer Ausdruck für ACTs). Diese sollen Führungs- und Organisationsaufgaben darstellen, die charakteristisch für das kurz- oder mittelfristig angestrebte Aufgabenfeld des Kandidaten sind und Verhaltensbereiche messen, über die im auftraggebenden Unternehmen noch Informationsdefizite herrschen.

Das Ganze wird angeblich in Relation gesetzt zu Ergebnissen, die andere Manager erzielt haben, die eine ähnliche Position bereits erfolgreich ausfüllen.

Der Auftraggeber erhält nach Abschluß der Prozedur ein Gutachten, das folgende Gliederungsschwerpunkte hat:

- Überblick über das Gesamtverfahren
- Eingesetzte Testverfahren
  - Biographischer Fragebogen
  - Postkorb-Übung
  - Computer-Simulation
  - Mitarbeiter-Gespräch
  - Präsentations-Übung
  - Verkaufsgespräch
  - Unternehmens-Analyse-Übung
  - Führungs-Rollenspiel
  - Abschließendes vertiefendes Interview
- Vorstellung der Manager-Simulations-Übungen (ACT)
- Ergebnisprofil
  - Intellektuelle Fähigkeiten
    - Interessenbreite
    - Weiterbildungsmotivation
    - Logisches Denken
    - Analysefähigkeit

Leistungsverhalten
Energie und Tatkraft
Leistungsmotivation
Streß-Widerstandsfähigkeit
Ausdauer und Beharrlichkeit
Interpersonelles Potential
Rhetorik
Einfühlungsfähigkeit
Kooperationsbereitschaft
Durchsetzungsfähigkeit
Überzeugungspotential
Gesprächsführung
Administratives Potential
Entscheidungskraft
Planung und Organisation

- Differenzierte Darstellung der Ergebnisse
- Führungspersönlichkeit

Psychologisches Verhaltensprofil

Sicherheitsdenken	–	Handlungsorientiertheit
Individualismus	–	Selbstdisziplin
Kooperationsfähigkeit	–	Autonomie
Konventionalität	–	Flexibilität
Gradlinigkeit	–	Cleverness
Sorgfalt	–	Kreativität
Skepsis	–	Vertrauensbereitschaft
Robustheit	–	Einfühlungsvermögen
Besonnenheit	–	Risikobereitschaft
Zurückhaltung	–	Initiative
Diplomatie	–	Dominanz
Empfindsamkeit	–	Ausgeglichenheit
Praktische Orientierung	–	Theorieverständnis
Reserviertheit	–	Kontaktbedürfnis

Manager-Profil

Praktische Lösungen suchen und verstehen	Planen und methodisch Probleme lösen
Tradition pflegen und bewahren	Innovationen erkennen, fördern
Entscheidungen absichern, Kompromisse machen	Entscheidungen vorbereiten, treffen, durchsetzen
Eigenständiges Abwickeln von Aufgaben	Informationen austauschen, Aufgaben delegieren
Signalisieren von Verständnisbereitschaft und Toleranz	Kontrolle ausüben, Ergebnisse überwachen

Belastbarkeit bei wenig Sensibilität	Motivieren, Mitarbeiter positiv beeinflussen
Sachorientierung, im Kontakt vorsichtig	Repräsentieren, Kontakte aufbauen
Rücksichtnahme, gewähren lassen	Konflikte erkennen und regeln

- Verhaltensinterpretation
- Zusammenfassende Bewertung

Herr Z. wurde unter anderem mit folgenden Aufgaben konfrontiert:

Die *Präsentations-Simulation* (lateinisch: Rollenspiel) stellte Herrn Z. vor die Aufgabe, sich anhand vorgegebener Materialien über verschiedene neue Wirkstoffe aus der Waschmittelforschung zu informieren. In einer Präsentations-Übung waren die wichtigsten Wirkstoffe vorzustellen und die vorher erarbeitete Information kurz und prägnant zu vermitteln.

Für die nächste Übung (Verkaufsgespräch) mußte sich Herr Z. in die Verkaufsargumentation für ein von ihm zu vertretendes teures ausländisches Waschmaschinenprogramm einarbeiten.

Im *Verkaufsgespräch* mit dem Inhaber eines Waschmaschinen-Fachhandels ging es darum, eine Vorentscheidung beim Geschäftsinhaber zu erwirken, die Angebotspalette zugunsten des von Herrn Z. vertretenen ausländischen, teuren Herstellers zu verändern. Die von seinem Gesprächspartner erhobenen Einwände – insbesondere wegen eines Nutzenvorteils der zur Zeit angebotenen Waschmaschinen – mußte Herr Z. durch eine systematische Gesprächsführung herausfinden, um zielgerichtet argumentieren zu können.

Das *Planspiel zur Unternehmensführung* versetzte Herrn Z. in die Rolle eines Unternehmensberaters, der ein mittelständisches Unternehmen auf Schwachstellen und Stärken hin zu analysieren hat. Neben der Ist-Analyse mußte Herr Z. ein Konzept für die zukünftige Firmenpolitik erarbeiten.

In einem weiteren *Planspiel* war Herr Z. technischer Leiter einer Fertigungsabteilung von Waschmaschinen. Unter starkem Zeitdruck hatte er sich mit einem Gesprächspartner auseinanderzusetzen, den er kurze Zeit mit gezielten Fragen konfrontieren konnte. Eine präzise Analyse der Situation und eine daraus entwickelte Fragetechnik ermöglichen dem Prüfling erst, die vielschichtigen Fertigungs- und Personalprobleme zu bewältigen.

Weitere ACT-Aufgaben und Rollenspiele seien hier nur kurz skizziert: am *Computer-Bildschirm* war anhand von vielfältigen, sich verändernden Daten ein Herstellungsbetrieb zu managen; in einem *Postkorb-ACT* mußte Herr Z. Organisationstalent beweisen, wichtige von weniger wichtigen Informationen und Aufgaben unterscheiden und Delegationsfähigkeit unter Beweis stellen; in einem weiteren *Rollenspiel* ging es um ein Mitarbeiter-Führungsgespräch: Herr Z. sollte als verantwortlicher Leiter einen unter seinem Leistungsoptimum arbeitenden Mitarbeiter interviewen und motivieren.

Auf etwa 40 Seiten des *Kienbaumschen* Gutachtens wird dem psychologisch wenig vorgebildeten Leser (und Auftraggeber) vermittelt, man habe den Kandidaten, Herrn Z., nach allen modernen Regeln der Kunst wissenschaftlich durchleuchtet.

Durch u.E. pseudowissenschaftliche Diagramme (eher erinnernd an die ebenfalls wissenschaftliche Absicherung suggerierende Fernsehwerbung für klinisch getestete Zahnpasta) wird das Gefühl vermittelt, der wahre Charakter und die wirklichen Fähigkeiten von Herrn Z. lägen offen auf dem Tisch.

Bei der Summe von Einwänden, die einem auch nur etwas kritischen Betrachter bei der Lektüre auffallen, sei hier aus Platzgründen lediglich folgendes angeführt: Die auf einer Skala bipolar angelegten Persönlichkeits- und Verhaltensdimensionen (siehe oben: psychologisches Verhaltensprofil) erinnern zwar an ähnliche wissenschaftliche Verfahren, es fehlt aber die Bildung logisch sinnvoller Gegensätze.

Daß z.B. die alternative Verhaltensdimension zu Kreativität Sorgfalt sein soll, ist genau so wenig nachvollziehbar wie die Bildung des Gegensatzpaars Autonomie–Kooperationsfähigkeit. Gerade beim letzten Beispiel, welches suggeriert, es könne sich hier vielleicht doch um zwei Gegensatzbegriffe auf einer Achse handeln, offenbart sich deutlich der ganze Mangel dieses fragwürdigen, sogenannten psychologischen Verhaltensprofils. Autonomie bedeutet nach allgemeinem Verständnis Selbständigkeit und Unabhängigkeit. Kooperation ist nun wirklich nicht das Gegenteil davon. Der Gegensatzbegriff zu Autonomie wäre wohl eher Unselbständigkeit und Abhängigkeitsbedürfnis.

Ist vielleicht Herr Z., der auf dieser 7 Punkte umfassenden Skala den höchsten Kooperationswert hat, nicht autonom? Hier werden Krokodil und Tasche verglichen und zu Gegensätzen erkoren (da hilft auch nicht die Assoziation „Krokodillederhandtasche“).

Beim Managerprofil geht es bei der Aufstellung von angeblich bipolaren Verhaltensmerkmalen ebenso merkwürdig zu, wie aus der obigen Liste leicht zu erkennen ist.

„Weder das Forschen im Privatleben noch das Bloßstellen der Persönlichkeit erlauben Rückschlüsse auf die Berufsleistung“, sagt der Psychologie-Professor Funke von der Universität Hohenheim, einem der wichtigsten Forschungszentren zum Thema Berufseignungsdiagnostik.

Genau das aber wird immer wieder versucht.

> „So mußte ein Manager, der sich bei einem Test der Personalberatung Kienbaum forsch und zupackend gab, hernach allerlei Verquastes über sich lesen: ‚In den Selbstaussagen des psychologischen Fragebogens beschreibt sich Herr... im Kontaktverhalten unvoreingenommen und tolerant, als jemand mit einer optimistischen Grundeinstellung. Das sich selbst zugeschriebene extreme Kontaktbedürfnis weist im Zusammenhang mit einer hohen Cleverness-Ausprägung auf die Betonung guter informeller Kontakte hin, birgt aber bei aller Kontaktfreude die Gefahr einer gewissen Oberflächlichkeit... Die sich hier selbst attestierte extrem hohe Praktikerhaltung birgt zudem die Gefahr eines eingeschränkten Interessenspektrums und einer kurzfristigen Denkweise in sich.‘ Die Schlußbemerkung in dem 35-seitigen Gutachten: ‚Kritisch anzumerken im Hinblick auf eine erfolgreiche Ausübung der Zielposition ist die unkonventionelle, auf sich bezogene Lebenseinstellung, die dazu führen kann, daß Herr... trotz seines hohen Einfühlungsvermögens sich nicht adäquat auf unterschiedliche Situationen und Personen einstellen wird.‘“ (*stern* 8/1990)

Der so abgeurteilte Manager hatte es gewagt, im Cordanzug statt im dunkelblauen oder grauen Nadelstreifen zum Testtermin zu erscheinen.

LESE- UND ARBEITSHINWEISE
▷ Persönlichkeits-Testverfahren
▷ Führungskräfte/Manager-Test (ACT)

Kirche

Mit mancherlei Fragen auszuhorchen... (Lukas 11,53)

Nicht immer geht es bei einer Bewerbung um einen Ausbildungsplatz. Hat man schon einmal seine Ausbildung und möchte den Arbeitgeber/Arbeitsplatz wechseln, bleibt einem zumindest die Erfahrung eines Vorstellungsgesprächs nicht erspart.

Eine junge Frau ist Sekretärin und Sachbearbeiterin in der Dienststelle eines Wohlfahrtsverbandes und möchte aus persönlichen Gründen den Arbeitsplatz wechseln.

Eine evangelische Kirchengemeinde in Berlin sucht per Anzeige eine Gemeinde-Sekretärin. Die junge Frau bewirbt sich, kommt in die Vorauswahl und wird zum Vorstellungsgespräch eingeladen.

Die ganze Befragung dauert etwa 45 Minuten. Die Bewerberin ist mit sieben Fragern konfrontiert: Pfarrer, Gemeindemitarbeiter und Gemeindekirchenräte. Hätten Sie sich vorstellen können, daß ein christlicher Arbeitgeber mit einer derartigen Latte von Fragen auf einen einschlägt:

1. Wie sehen Sie den Stellenwert der Kirche für sich in der heutigen Zeit? Sollte sie sich im alten Fahrwasser weiterbewegen, oder befindet sie sich im Umbruch? Könnten Sie dies bitte einmal für sich formulieren.
2. Warum möchten Sie in der Kirche arbeiten und ausgerechnet bei uns?
3. Welche Vorstellungen haben Sie, wenn Sie in der Gemeinde mitarbeiten würden? Was würden Sie gerne tun oder was gerade nicht?
4. Wie fühlen Sie sich in Ihrer jetzigen Lebenssituation?
5. Wie gehen Sie mit Konflikten um?
6. Können Sie sich vorstellen, in einem solchen weitgefächerten Geflecht von Mitarbeitern zu arbeiten, wo es nicht so zugeht wie im typischen Verhältnis zwischen Chef und Sekretärin?
7. Können Sie sich auch vorstellen, Arbeiten zu übernehmen, die nicht unmittelbar in Ihren Arbeitsbereich fallen, z.B. Hauswurfsendungen des Gemeindeblattes, auch mal bei Wind und Wetter?
8. Sind Sie bisher kirchlich irgendwie engagiert?
9. Warum würden Sie lieber in unserer Gemeinde arbeiten als in einer anderen?
10. Wie stehen Sie zu Ausländern? Wo haben Sie da Probleme und Blockaden, oder sind für Sie alle Menschen gleich?

11. Würden Sie auch einmal von einem Asylbewerber einen Lebensmittel-Wertgutschein abkaufen, um diesem das Geld unmittelbar zukommen zu lassen?
12. Wenn Ihnen beides wichtig ist, Büroarbeit und Umgang mit Menschen, was macht Ihnen der Tendenz nach mehr Spaß?
13. Können Sie uns erklären, warum Sie beim Arbeitgeber X so kurz waren?
14. Würden Sie jetzt bitte einmal etwas von sich erzählen?

Diese Fragen hat die Bewerberin direkt im Anschluß an das Vorstellungsgespräch für uns protokolliert. Schwer nachzuvollziehen, aber gar nicht untypisch: Heute – etwa zwei Jahre später – noch einmal nach ihrem Erleben befragt, schildert die junge Frau die Atmosphäre aus dem zeitlichen Abstand heraus als durchaus „locker und entspannt".

Lufthansa
Was ist ein Erpel?

Gegen 9 Uhr morgens begann der schriftliche Test, der von dem zuständigen *Lufthansa*-Psychologen als eine Überprüfung des Allgemeinwissens, der sprachlichen Ausdrucksfähigkeit und des logisch-mathematischen Denkens angekündigt wurde. Es folgte sogleich der Hinweis, daß sich die *LH* nicht mehr auf die Aussagekraft der Zeugnisse ihrer Bewerber verlassen wolle, da diese zu subjektiv seien und man statt dessen auf das Instrumentarium des folgenden Tests vertraue.

Auf dem Umschlag des uns vorgelegten Aufgabenbuches prangte in großen Lettern: INTELLIGENZTEST, DR. HOGREFE – GÖTTINGEN. Er ist, wie ich später von befreundeten Psychologen erfuhr, der Dr. Oetker des Test(un)wesens.

Der Test bestand aus Multiple-Choice-Aufgaben, die mit Fragen zum Allgemeinwissen begannen. Hier tauchten Fragen mit biologischer, physikalischer, naturwissenschaftlich-technischer Thematik auf. Zum Beispiel: Was ist ein Erpel? Warum wird Gold als Arbeitsmaterial so selten benutzt?

Dann folgten Aufgaben, die als Lösung eine sinnvolle Satzergänzung erforderten (Eis ist ... als Wasser). Es schlossen sich Fragen zu den richtigen „Verhältnissen" an (Dach verhält sich zu Keller wie Zimmerdecke zu ...).

Die nächste Aufgabenbatterie bezog sich auf das Sprachgefühl. Es ging darum, Synonymbegriffe zu vorgegebenen Wörtern zu finden und sprachliche Zuordnungen vorzunehmen (reden – plaudern ist wie gehen – ...). Es folgten Zahlenreihen, die fortzusetzen waren, Schätzaufgaben, die man lösen und Buchstabenreihen, die man ergänzen sollte. Insgesamt rund 200 dieser Aufgaben waren unter Zeitdruck zu bearbeiten, ohne daß einem mitgeteilt wurde, wie viel Zeit zur Verfügung stand.

Zum Abschluß gab es noch einen sogenannten Konzentrations-Belastungs-Test. In ca. 20 Minuten sollten so viele Aufgaben des nachfolgenden Typs wie möglich gelöst werden:

$3 + 7 - 5 + 1$
$2 - 8 + 6 + 4$ ( )

Ist das Ergebnis der oberen Zeile größer als das der unteren, so wird die kleinere Zahl von der größeren abgezogen, ansonsten werden beide Ergebnisse addiert (siehe auch S. 94).

Nun folgten 15 Minuten Pause und anschließend ein kurzer Vortrag über den zukünftigen Arbeitsplatz (Verdienst, Aufstiegsmöglichkeiten, Ausbildungsmodalitäten etc.).

Danach wurde der Englischtest durchgeführt: Zunächst *Listening Comprehension* in Form von 15 Multiple-Choice-Aufgaben. Dann folgten 65 recht anspruchsvolle Satzergänzungsaufgaben (MC), bei denen Zeitenfolgen, if-clauses, indirekte Rede, idiomatische Wendungen und Präpositionskenntnisse abgefragt wurden.

Nach fast fünf Stunden ging es schließlich zur Mittagspause. Anschließend fast zwei Stunden zermürbende Warterei. In dieser Zeit fand wohl früher der schriftliche Persönlichkeitstest statt, der nun laut Auskunft des *LH*-Psychologen als veraltet eingestuft wurde und erst nach einer eingehenden Überarbeitung wieder zum Einsatz kommen sollte. Mürbe von der Ackerei am Vor- und der Warterei am Nachmittag ging ich in das gut 30 Minuten dauernde psychologische Gespräch:

- Sind Sie jetzt nervös?
- Waren Sie heute vormittag nervös?
- Haben Sie Erfahrungen mit solchen Tests?
- Welche Testaufgaben empfanden Sie als besonders schwer und warum?
- In welchen Bereichen haben Sie wohl eher gut, in welchen eher schlecht abgeschnitten?
- Welche Eigenschaften verbinden Sie mit der Fluglinie *LH*?
- Welche Eigenschaften braucht man für die von Ihnen angestrebte Tätigkeit?
- Welche besitzen Sie davon, und wie erklären Sie sich das?
- Wie verhalten Sie sich, wenn Sie bei der Arbeit einen Fehler begangen haben?
- Wieso wollen Sie gerade bei der *LH* arbeiten?
- Wieso glauben Sie, sind Sie für die zukünftige Tätigkeit geeignet?
- Es folgten Fragen zu meinem Lebensweg und zu meinem Studium.

Die Hälfte der Bewerber für die Fluggastbetreuung waren übrigens Akademiker, die diesen Job als *LH*-Einstieg und Sprungbrett ansahen. Interessante Jobs werden nach meinen Informationen bei der *LH* nur im Rahmen von internen Stellenausschreibungen besetzt.

Nach diesem Psycho-Gespräch mußte ich wieder eine Stunde warten. Ich glaube, die Warterei gehört zur *LH*-Einstellungstest-Taktik, um Nervenstärke und Geduld der Bewerber zu überprüfen.

Nun kam noch ein Gespräch mit der Personalchefin. Es beinhaltete Fragen nach der Berufsmotivation, den Vor- und Nachteilen des Jobs und meinem persönlichen und beruflichen Werdegang. Gegen Ende wurde ich aufgefordert, eigene Fragen vorzubringen, was ich gut vorbereitet hatte. Ich empfand dieses Gespräch, bei dem die Personalchefin mehr über sich selbst redete, als daß sie Fragen stellte, als recht locker. Bei vielen Bewerbern wurde die Hälfte dieses fast 40 Minuten dauernden Gesprächs auf Englisch geführt; da ich den schriftlichen Englischtest aber gut absolviert hatte, sah man bei mir davon ab. Um 18.30 Uhr war dann der Testtag für mich beendet.

Abfertigung

Gestern kam ich von einem Vorstellungsgespräch bei der *Lufthansa* zurück, das mich wahnsinnig geärgert hat.

Beworben hatte ich mich bei der Fluggastabfertigung. Morgens um 9 Uhr fing es mit einem Intelligenztest an. Der dauerte zwei Stunden, und nach einer kurzen Pause kam ein Englischtest. Danach ein Konzentrations-Leistungs-Test. Nun wurden wir in die Kantine geschickt, damit die Herren Zeit hatten, die Tests auszuwerten. Im Anschluß daran sollten die psychologischen Gespräche beginnen, einmal mit einem *LH*-Psychologen und einmal mit einer Personalmitarbeiterin. Wir wurden alphabetisch aufgerufen, und ich kam als erste dran.

Der *LH*-Psychologe erzählte mir ganz unverblümt, brutal und direkt: Es hätte keinen Wert, mit mir ein Gespräch zu führen, meine Tests seien zu schlecht ausgefallen. Ich gab nicht gleich auf, und plötzlich stellte sich heraus: den Englisch-Test und die Testaufgaben, in denen es um Sprache und logisches Denken ging, hatte ich sehr gut bewältigt. Das Ergebnis des Konzentrations-Leistungs-Tests war allerdings sehr schlecht. Ich fing an, mit dem Herrn Psychologen darüber zu diskutieren, daß die Beherrschung von drei Fremdsprachen doch wohl für die Arbeit wesentlich wichtiger sei, als kopfrechnen zu können.

Meine Argumentation ließ ihn aber völlig unbeeindruckt. Da ich nicht locker ließ, flüchtete er sich in die Erklärung, er müsse bestimmte Richtlinien einhalten.

Beim LH-Psychiater

Nach dem Abitur fing ich an zu studieren, entschloß mich aber sehr bald, eine Ausbildung zum Krankenpfleger zu machen. Der Umgang mit Menschen war mir besonders wichtig, und ich schloß die Krankenpflegeausbildung mit der Note „Sehr gut“ ab.

Aufgrund der besonders stressigen Arbeitsplatzsituation und weil ich meinen Horizont erweitern wollte, bewarb ich mich bei der *Lufthansa* als Flugbegleiter. Im schriflichen Bewerbungsbogen mußte ich Auskunft über meine Wehrtauglichkeit geben. Aus humanitären Gründen hatte ich den Militärdienst verweigert.

Während des laufenden Anerkennungsverfahrens geriet ich aufgrund einer problematischen Partnerbeziehung in eine Depression, was zur Folge hatte, daß ich als wehruntauglich eingestuft wurde. Meine seelische Krise überwand ich etwas später mit Hilfe einer psychoanalytisch orientierten Psychotherapie

Aufgrund dieser Informationen wurde meine Bewerbung bei der *Lufthansa* abgelehnt, mit Hinweis auf eine angeblich dauernde Flug- und Tropenuntauglichkeit. Diese Absage erfolgte, ohne daß man mich persönlich kennengelernt hatte und ungeachtet eines Attests meines Psychotherapeuten, in dem er den über ein Jahr zurückliegenden erfolgreichen Abschluß der Psychotherapie bestätigt hatte.

Da ich diese Ablehnung nicht einfach so hinnehmen wollte, schrieb ich an den

Vorstandsvorsitzenden der *LH* und bat um ein persönliches Vorstellungsgespräch. Daraufhin wurde ich zu einem Gespräch mit Herrn Dr. F., der als *Psychiater* für die *LH* arbeitet, eingeladen.

Mit der Aufforderung: *Nehmen Sie doch Ihren Stuhl aus der Ecke, damit Sie sich nicht so eingeengt fühlen*, leitete Dr. F. das Gespräch ein. Diese Äußerung charakterisiert den Gesprächsverlauf. Nach einer weiteren verbalen Ouvertüre, in der sich Herr Dr. F. vorstellte und mir das Gefühl vermitteln wollte, er sei „mein Freund" und habe nur beratende Funktion, ging es hart „ans Eingemachte".

Zunächst mokierte er sich über meine Vorgehensweise, direkt dem Vorstandsvorsitzenden zu schreiben, und wollte wissen, ob das immer meine Art sei, wenn ich etwas nicht erreiche. Meine Motivation, den Beruf des Flugbegleiters ergreifen zu wollen, wertete er als unrealistischen, kindlichen Wunschtraum. Mein Einwand gegen die Absage wurde als eine Abwehrreaktion interpretiert, bei der es weniger um den Beruf als vielmehr um eine persönliche Kränkung ginge. Mit dem Hinweis auf die vor fünf Jahren durchgemachte Krise wurde mir die für einen Flugbegleiter erforderliche psychische Belastbarkeit abgesprochen.

Dr. F. war offensichtlich nicht bereit, eine in der Zwischenzeit durchgemachte positiver Entwicklung meiner Persönlichkeit bei seiner Beurteilung zu berücksichtigen. Er unterstellte mir, nicht so „stabil" zu sein, wie ich mich darstelle. Als negativ wurde mir ebenfalls das Fehlen einer Partnerbeziehung ausgelegt. Seiner Meinung nach seien die Belastungen des Berufs als Flugbegleiter nur mit einer guten Beziehung zu kompensieren. Meinen Einwand, dieser Lebenswandel sei eher beziehungshindernd als fördernd, ließ er nicht gelten.

Als ziemlich starken Tobak empfand ich seine Äußerung, daß ein schwieriger Fluggast eine größere emotionale Herausforderung bedeute als ein Patient (wie steht es mit todkranken, leidenden Menschen, Herr Dr. F.?).

Ich darf – ohne überheblich sein zu wollen – von mir behaupten, daß ich sprachlich gewandt bin, selbstbewußt auftreten und sachlich argumentieren kann – sofern ich eine Chance dazu erhalte. Dies war hier wohl nicht der Fall.

Das Gespräch hatte lediglich eine Alibi-Funktion; mir sollte meine fehlende Qualifikation praktisch bewiesen werden.

LESE- UND ARBEITSHINWEISE

▷ Intelligenz-Testverfahren
▷ Kulturtechniken
▷ Leistungs-Konzentrations-Testverfahren
▷ Persönlichkeits-Testverfahren

Siemens

Das Schweigen – ein 10-Minuten-Kurzaufsatz

Wissen Sie, wie die *Siemens*-Aktie steht? Ohne diese Information im Kopf sollten Sie bei dieser Firma nicht um einen Ausbildungs- oder Arbeitsplatz nachsuchen. Dabei handelt es sich um eine Bewerbungs-Standardfrage, die häufig mit der Frage nach dem aktuellen Dollarkurs verbunden wird.

Bei der Bewerbung um einen Ausbildungsplatz als Industriekauffrau/-mann bekommen die Kandidaten (in Berlin) zunächst ein Hausaufsatzthema (Themenbeispiele: Die wirtschaftliche Bedeutung Ihrer Heimatstadt; Was ist bei der Planung einer zweiwöchigen Klassenreise zu bedenken?).

Der Test im kaufmännischen Bereich dauert etwa drei Stunden und besteht aus etwa 12 Bausteinen. Berühmt-berüchtigt sind seit Jahren eingesetzte Kurzaufsatzthemen, für die man 10 Minuten Zeit hat („Legen Sie in Form eines Aufsatzes Ihre Gedanken nieder zum Thema… “). Beispiele:

– Das Fenster	– Das Schweigen	– Das Wort	– Der Verkehr
– Die Straße	– Das Telefon	– Das Bild	

Sogenanntes Allgemeinwissen wird überprüft, indem ein Lückentext auszufüllen ist, z.B.: „Die ... ist die Hüterin der deutschen Währung” (Deutsche Bundesbank). Weitere Inhalte (Schwerpunkt Wirtschaft): Neben Dollarstand und *Siemens*-Aktie (s.o.): Wer führt Tarifverhandlungen? usw.

Zum Thema Fremdwörter gibt es zwei Aufgaben:

1. Etwa 20 Definitionen sollen etwa 25 Fremdwörtern zugeordnet werden, wobei logischerweise Fremdwörter übrigbleiben und
2. zu einer Reihe von Fremdwörtern soll man das Gegenteil finden und dies ebenfalls als Fremdwort aufschreiben.

Beispiele: *aktiv* .... (passiv)
objektiv .... (subjektiv)
Egoismus .... (Altruismus)

In einem Zeichensetzungstest müssen Satzzeichen, die in einem Text fehlen, an den richtigen Stellen eingefügt werden. Auf einem Lösungsblatt sind hinter den entsprechenden Positionsnummern die Satzzeichen einzutragen, z.B. also Komma an Position 3, Doppelpunkt an Position 13 usw.:

```
Und noch etwas möglicherweise das Wichtigste müssen
   1   2    3                 4  5          6      7
wir schon in jungen Jahren lernen die Bedeutung des
   8    9 10     11     12     13 14          15 16
Geldes und wie man damit umgeht.
      17  18  19  20    21
```

Wortanalogien sind zu knacken, d.h. „Gleichungen” von Wörtern, die in einer bestimmten ähnlichen Beziehung zueinander stehen, z.b.:

Kugel : Kreis = Würfel : ?
a) Viereck b) Pyramide c) Quadrat d) Körper e) Rechteck

Außerdem folgt ein Test zum logischen Denken. Aussagen sind jeweils mit richtig oder falsch zu bewerten. Dabei muß man aufgrund von Vorinformationen Schlußfolgerungen unabhängig von ihrem Realitätsgehalt beurteilen, z.B.

Tiere haben Füße. Ein Elefant ist ein Tier. Also

– hat ein Elefant Füße	r ( )	f ( )
– ist er ein Säugetier	r ( )	f ( )
– sind Füße Elefanten	r ( )	f ( )

Als schwierig wird die folgende Aufgabe geschildert: Etwa 25 typische Exportgüter sollen ihren entsprechenden Exportländern (etwa 20) zugeordnet werden. Beispiel:

EXPORTGÜTER	EXPORTLÄNDER
1. Kaffee	A. Holland
2. Champagner	B. Kuba
3. Blumen	C. Frankreich
4. Rohrzucker	D. Brasilien

Auch Mathematik ist gefragt. Zahlenreihen, Rechen- und Textaufgaben müssen bearbeitet werden.

Eine etwas ausgefallene, in den Bereich der Informatik übergreifende Aufgabe ist ein Ablaufdiagramm, in dem die Ankuft eines Postboten dargestellt wird, der einen Brief oder ein Päckchen bringt. Man soll die Fehler in diesem Ablaufdiagramm markieren, wobei entweder ein falsches Symbol verwendet wird, der Inhalt falsch formuliert ist oder die Ja/Nein-Pfeile vertauscht sind.

Zum Abschluß kommt ein Aufgabenteil mit Physikaufgaben, der angeblich (wie auch der Kurzaufsatz) nur bewertet wird, wenn man in die engere Wahl kommt (wie mißt man Spannung, Stromstärke und Widerstand; was ist ein Schwingkreis; Magnetismus etc.).

Warum glüht der Draht?

Bei meiner Bewerbung als Industriekauffrau bei *Siemens* wurde ich nach überstandenen Tests zu einem Vorstellungsgespräch eingeladen, das ausdrücklich als „mündliche Eignungsprüfung" tituliert wurde. In der Vorankündigung hieß es zwar, es solle sich ein lockeres Gespräch entwickeln, die Realität aber war ein reines Abfragen ohne Übergänge:

- Wie funktioniert eine Glühbirne?
- Warum glüht der Draht? Die Drähte in der Wand glühen doch auch nicht.
- Wie funktioniert eine Schleuse?
- Kann der Wasserstand in einer Schleuse höher sein als in dem höherliegenden See?

Von anderen Bewerbungsgesprächen hörte ich, daß diese „Wie funktioniert…"-Fragen zum Standardrepertoire gehören. So wurde u.a. danach gefragt, wie Plattenspieler und Staubsauger funktionieren.

- Warum wollen Sie diesen Beruf ergreifen?
- Was produziert *Siemens*?
- Wo gibt es überall *Siemens*-Niederlassungen?
- Wieviel Mitarbeiter hat *Siemens*?
- Wie stehen die *Siemens*-Aktien? (immer wieder...)
- Welche Zeitung lesen Sie?
- Welche Bücher lesen Sie gerade?
- Stellen Sie sich vor, Sie wollen Ihre alte Stereoanlage auf dem Flohmarkt verkaufen. Wie müssen Sie sie auspreisen, wenn Sie 450,– DM haben wollen, aber einkalkulieren müssen, daß 20% runtergehandelt werden? (Kopfrechnen!)

Mit zwei umfangreicheren Fragen (sog. Assessment-Center) wurde ich mündlich getestet:

- Wie gehen Sie vor, wenn Sie 100000,– DM haben und eine Boutique aufmachen wollen?
- Stellen Sie sich vor, Sie sind im Sommer mit Ihrem Fahrrad zu einer Wiese gefahren, um sich auf dieser auszuruhen und ein Buch zu lesen. Als Sie mit Ihrem Fahrrad wieder nach Hause fahren wollen, stellen Sie fest, daß Sie den Schlüssel zum Fahrradschloß auf der Wiese verloren haben. Sie müssen aber das Fahrrad unbedingt benützen, um wieder nach Hause zu kommen. Was machen Sie jetzt?

Schiffbruch bei Siemens

Meinen zweiten Eignungstest habe ich bei *Siemens* mitgemacht. „Stammhauslehrling" bei *Siemens* ist mein eigentlicher Ausbildungswunsch. Mein Vater arbeitet bei dieser Firma.

Einen Sommer zuvor hatte ich meine schriftliche Bewerbung übrigens bereits schon abgeschickt. In der Einladung zum Vorstellungsgespräch stand nur, daß wir um 8 Uhr dasein sollten.

Nähere Informationen über den Test oder die Dauer des Tests gab es nicht. Dafür wurden wir dann ungefähr mit folgenden Worten begrüßt: „Sie haben ja bestimmt schon erfahren, daß der Test bis etwa 11.30 Uhr dauert. Ich hoffe, Sie haben sich etwas zu Essen mitgebracht!"

Der Test war nicht leicht und schien speziell auf Abiturienten zugeschnitten zu sein (Ablauf siehe oben). So weit, so gut.

Inzwischen hatte mein Vater von der Sekretärin der Personalabteilung gehört, daß ich von ca. 20 Leuten das zweitbeste Ergebnis erzielt hatte. Insgesamt sollten vier Lehrlinge eingestellt werden. Vorher wird man allerdings noch zu einem sogenannten Assessment-Center eingeladen. Was dort genau passiert, hat man uns nicht gesagt. Sicherlich soll überprüft werden, wie man in einem Team arbeitet, wenn man vor unbekannte Aufgaben gestellt wird. Dieses Assessment-Center dauert einen Tag. Danach muß man noch das Vorstellungsgespräch bestehen. Dann kann man mit einem der vier Ausbildungsplätze rechnen (wobei Beziehungen auch nicht so besonders weiterhelfen, aber immerhin). Allein bei dem ersten Testtermin waren vier „Mikis" (= Mitarbeiterkinder) dabei.

Der Tag bei *Siemens* mit dem Assessment-Center-Test verlief so: Mehrere Herren der Personalabteilung aus XY und München sowie Betriebs-Psychologen (sechs Personen, von denen sich aber fünf im Hintergrund hielten) waren anwesend. Zuerst sollte jeder der Bewerber einen fünfminütigen Vortrag über sein Hobby halten (auf ein Hobby beschränkt).

Danach sahen wir uns einen Zeichentrickfilm an („Die Schiffbrüchigen"), in dem zwei Personen nach dem Sinken ihres Schiffs sich gerade noch an einen Baumstamm klammern können. Doch als sie beide gleichzeitig zwei verschiedene Inseln sehen, zersägen sie den Baumstamm und schwimmen jeder zu seiner Insel. Zuerst freuen sich beide, doch jeder will nach und nach mehr Annehmlichkeiten und Luxus haben als der andere, und sie beginnen mit der Aufrüstung bzw. der Zerstörung der Insel des anderen. Schließlich klammern sie sich wieder beide an einen Baumstamm und treiben im Meer.

Zu diesem Film sollten wir folgende Fragen diskutieren:

- Was führte zu dem Verhalten der beiden schiffbrüchigen Männer?
- Kann man den Film auf die gesamte Menschheit übertragen?
- Wie kann man das Verhalten der Menschen allgemein ändern?

Anschließend gab es Mittagessen in der Kantine. Danach kam die letzte Diskussionsrunde. Hierzu wurden wir in zwei Gruppen aufgeteilt. Wir sollten uns vorstellen, daß wir zu einer Firma gehören, die sich einen guten Ruf durch die Herstellung von Mittelklasse-Fahrrädern erworben hat. Um den Fortbestand der Firma zu sichern, gab es zwei Möglichkeiten. Entweder sollten Spitzenfahrräder oder Massenfahrräder produziert werden. Jede Gruppe bekam 30 Minuten Zeit zur Vorbereitung sowie Informationen, die ihre Meinung unterstützten (Marktforschungsergebnisse, Berichte aus Fachzeitschriften usw.).

Als letztes erfolgte ein Einzelgespräch mit einem der anwesenden Herren. Hierbei wurde ich gefragt, wie ich diesen Tag einschätzen würde (vor allem das letzte Drittel), was ich leicht bzw. schwierig fand, und welche Vorstellung ich von meinem Beruf hätte, aber auch, welche Schwerpunkte, Interessen und Abneigungen in der Schule usw.

Die Ausbildungsplatz-Absage hat mein Vater einige Tage später persönlich bekommen, und in der mündlichen Begründung erklärte man ihm, *Siemens* suche Führungskräfte! Da muß ich wohl den *Siemens*-Herren zu wenig Führungsqualitäten gezeigt haben ...

Einfach zu blöde für uns

Mir wurde nach dem *Siemens*-Test eine Absage zugeschickt, aus der ich auszugsweise zitieren möchte:

> Mit der Teilnahme an unserem Auswahltest haben Sie Ihr Interesse an einer kaufmännischen Ausbildung bei uns bekundet.

Ihre Ergebnisse sind aber nicht so ausgefallen, wie Sie sich dies – und auch wir – gewünscht hatten. Wir können Sie deshalb leider nicht in unsere betriebliche Ausbildung übernehmen.

Diese zwei Abschnitte der Absage gaben mir einen richtigen Stoß. Ich empfand dieses Schreiben als ein Werturteil mit der Note „Einfach zu blöde für uns". Ich habe schon andere Absageschreiben bekommen, die die Nicht-Einstellung sachlicher vermittelt haben.

Wie Firmen in dieser speziellen Bewerbungssituation mit einem umgehen, vergißt man nicht so schnell. Mich z.B. überkommen immer böse Gedanken, wenn ich an so einer Firma vorbeikomme bzw. deren Produkte sehe.

Übrigens: Ich habe einen Ausbildungsplatz bei *IBM* bekommen. Ganz blöd kann ich also wohl doch nicht sein.

In diesem Zusammenhang eine Bitte:
Sollten Sie über Bewerbungserfahrungen speziell bei diesem Unternehmen verfügen, die es wert sind, nicht länger zurückgehalten zu werden, würden wir uns über diesbezügliche Zuschriften freuen (Adresse vorne im Buch).

LESE- UND ARBEITSHINWEIS:
▷ Führungskräfte/Manager-Test (ACT)

Sparkasse
Wenn's ums Wissen geht ...

Nach Aussagen von *Sparkassen*-Ausbildern ist man stolz darauf, zusammen mit der Universität Köln einen wissenschaftlich besonders wertvollen Auswahl- und Eignungstest entwickelt zu haben. Azubis aufgepaßt:

Dieser Super-*Sparkassen*-Test umfaßt u.a.:

- Allgemeinwissen
- Rechenfähigkeit
- Ordnung und Sorgfalt (Karteikarten sortieren, Adressen prüfen)
- Zeichensetzung
- Rechtschreibung
- Grammatik
- Konzentrationsvermögen

Allgemeiner Kenntnistest
Fünf Beispiele von 40 Aufgaben:

1. Wer wählt den Bundeskanzler der Bundesrepublik?
   a) das Volk b) die Politiker c) der Bundesrat e) die Bundesversammlung

2. Wann endete der 2. Weltkrieg in Europa?
   a) im März 45 b) im Februar 45 c) im April 45 d) im Mai 45 e) im Juli 45
3. Welcher Reichspräsident ernannte Hitler zum Reichskanzler?
   a) Brüning b) Bismarck c) von Papen d) Ebert
4. In welchen Zeitraum fand der erste Weltkrieg statt?
   a) 1912–1918 b) 1914–1917 c) 1914–1918 d) 1913–1918 e) 1910–1919
5. Welches Recht hat der Eigentümer einer Aktie?
   a) Verzinsung b) Tantiemen c) Provision d) Gebühr e) Dividende

Rechenfähigkeit (Vor allem Dreisatz- und Prozentrechnung)
Eine Beispielaufgabe: Ein Auto wird für 80% des Neuwertes verkauft. Der Käufer bezahlt 16800 DM. Wie war der Neupreis des Autos?
a) 18000 DM b) 20000 c) 21000 d) 22000 e) 23000

Grammatik
Die Grammatik ist zu korrigieren:
Herr und Frau Müller verbringen ihr Ferien an der Ostsee.
Die seltene begabte Saxophonistin bindete gestern eine Kranz aus Chrysanthemen.
Der heutige Wetterbericht des Metereologs ließ kaum Zweifel auf ein Wetterumschwung aufkommen.

LESE- UND ARBEITSHINWEISE:
▷ Intelligenz-Testverfahren
▷ Kulturtechniken
▷ Leistungs-Konzentrations-Testverfahren

VW
Und läuft und läuft und läuft ...

Ich habe mich bei *VW* – man kann ja hier wirklich von einer Weltfirma sprechen – als Werkschutzmann gemeldet. Aufgrund dieser Bewerbung wurde ich zu einem Eignungstest eingeladen.

Hier legte man mir den IST (Intelligenz-Struktur-Test) vor. Über diesen Test hatte ich schon viel gehört, denn Freunde von mir, sie sind etwas jünger, bewarben sich nach der Schule um einen ganz normalen Ausbildungsplatz im *VW*-Verwaltungsbereich. Auch ihnen wurde dieser Test vorgelegt. Aus Gesprächen wußte ich schon, daß dieser Test irgendwie irre war.

Es kamen Fragen wie die folgende vor:

Zum Erzeugen von tiefen Tönen braucht man viel
a) Stimme b) Kraft c) Schwung d) Gewicht

Ich kann mir den Bezug zum Arbeitsplatz nur so erklären, daß der Werkschutzmann ja vielleicht gelegentlich mal um Hilfe rufen muß, wenn z.B. sein Walkie-talkie versagt.

Außerdem wollte man von mir wissen, was das Gemeinsame von Aktentasche und Gasometer ist. Ich hätte das nicht gewußt, wenn man mir nicht vorher schon von diesen verrückten Fragen erzählt hätte. Wüßten Sie, daß man hier Behältnis aufschreiben muß?

Bei der Frage nach dem Gemeinsamen von Veilchen und Elefant mußte ich an Benjamin Blümchen denken und an einen alten *VW*-Witz (Frage: Wie kriegt man vier Elefanten in einen Volkswagen? Antwort: Zwei vorne – zwei hinten). Humor war aber hier leider nicht gefragt, sondern als Antwort „Lebewesen".

Dieser Test – so habe ich gehört – soll in unterschiedlichen Berufsbranchen zur Anwendung kommen. Die Palette reicht wohl von auszubildenden Kriminalkommissaren über Chemiefacharbeiter bis offensichtlich hin zu *VW*-Mitarbeitern, sei es nun wie bei mir, beim Werkschutz oder in der Verwaltungs- bzw. Verkaufsetage. Mir kommt das sehr spanisch vor.

LESE- UND ARBEITSHINWEIS:

▷ Der Ist-Wissens-Test

EIN BLICK HINTER DIE KULISSEN
Testanwender im Test – audiatur et altera pars

Welche Auswahl- und Eignungstestverfahren wenden Sie bei der Bewerberauswahl aktuell an, und wie sind Ihre Erfahrungen damit? – mit dieser brieflichen Anfrage und einem fünfseitigen Antwortbogen traten wir im Juli 1990 an die Personalabteilungen von 49 großen bundesdeutschen Unternehmen und Institutionen heran.

Unsere Intention war es, neben den Testbetroffenen auch die Testanwender zu Wort kommen zu lassen. Neben Informationen über die aktuell eingesetzten Auswahlverfahren ging es uns hauptsächlich um die Frage, ob eine Sensibilität für die Problematik der testgesteuerten Personalauslesepraxis besteht. Darüber hinaus war es interessant, zu sehen, wie Personalabteilungen reagieren, wenn sie von ausgewiesenen Testkritikern zu dieser heiklen Problematik befragt werden.

Unserer Bitte haben 42,9% der angeschriebenen Firmen und Institutionen entsprochen. Zu danken ist: *Allianz, Bayerische Hypothekenbank, Berliner Bank, BMW, Commerzbank, Dresdner Bank, Hapag-Lloyd, Lufthansa, MTU, Nixdorf, Otto Versand, Sparkasse Berlin* und *VW* als Wirtschafts- und Firmenvertreter und *Bremen* (Stadtverwaltung), *Bundeskriminalamt, Caritas Berlin, Düsseldorf* (Stadtverwaltung), *Evangelisches Konsistorium Berlin, Oberfinanzdirektion Berlin, Polizei Berlin* und *Polizeischule Niedersachsen* als Institutionsrepräsentanten.

Schriftlich abgesagt haben 26,5% der Angeschriebenen: *Bayer, Deutsche Bank, Hamburg-Mannheimer Versicherung, Pan Am; Berlin* (Stadtverwaltung), *Bundesanstalt für Arbeit, Bundesnachrichtendienst, Bundesversicherungsanstalt für Angestellte, Bundeswehr, Deutsche Bundesbahn, Frankfurt* (Stadtverwaltung), *Oberfinanzdirektion Nürnberg, Stuttgart* (Stadtverwaltung).

Hier waren die häufigsten Argumente Hinweise auf Überarbeitung und Zeitmangel. Interessante und zitierenswerte Absagen erhielten wir vom *Bundesbahn-Sozialamt*, von *Bayer*, der *Deutschen Bank* und dem *Bundesnachrichtendienst*.

Deutsche Bundesbahn:

„Ihre Einschätzungen der Eignungsdiagnostik sind uns vor allem durch einige Ihrer Publikationen bekannt. Die kritische Durchleuchtung der Testpraxis in der Bundesrepublik Deutschland, Ihre Tips für eine verbesserte Bewältigung von Testsituationen und – vor allem – Ihre gezielten Hinweise für systematische, transferfähige Problemlösungsstrategien haben wir durchaus gutgeheißen...

Auch wenn wir eine kritische Auseinandersetzung mit Tests begrüßen, halten wir Leistungstests zur Feststellung von arbeitsplatzbezogenen Eignungsvoraussetzungen für die fairste und aussagekräftigste Methode." Zu guter Letzt heißt es: „...bezweifeln wir, daß eine differenzierte Verwertung einer Beantwortung Ihres Fragebogens gewährleistet ist. Wir sehen daher von einer Beantwortung dieses Fragebogens ab."

Bayer:

„Wir bedauern, daß uns ... keiner Ihrer Briefe erreicht hat. heute müssen wir Ihnen leider mitteilen, daß wir von einer Beteiligung an Ihrer Fragebogenaktion absehen wollen. Aufgrund unserer sehr individuellen und bedarfs- wie prozeßorientiert modifizierbaren Personalauswahlverfahren möchten wir im Interesse der Komplexität unseres Ansatzes mögliche Mißverständnisse und Fehlinterpretationen vermeiden."

(Das muß man mehrmals laut lesen und sich auf der Zunge zergehen lassen. Übrigens: Firmenslogan auf dem Freistempler: „*Bayer* heute – das Wissen für morgen"...

Deutsche Bank:
Leider müssen wir Ihre Erwartungen enttäuschen und sehen uns nicht in der Lage, den Fragebogen zu beantworten. Hintergrund ist, daß wir das Thema Auswahl- und Eignungstestverfahren nur mit großer Vertraulichkeit behandeln.

Wir hoffen, Sie haben Verständnis dafür..."

Ein kleines Kunstwerk an Gestaltung und Prägnanz in der Aussage erhielten wir aus Pullach (vgl. S. 220):

Bundesnachrichtendienst
V-1-C 1. August 1990
Tgb.Nr. 1093/90

Herren
Hesse/Schrader

Betr.: Fragebogenaktion

Bezug: Ihr Schreiben vom 06.07.1990

Sehr geehrte Herren,

hier besteht kein Interesse, an einer Fragebogenaktion teilzunehmen.

Mit freundlichen Grüßen
Im Auftrag
Lausitz
(LAUSITZ)

Folgende Firmen und Institutionen zogen es trotz mehrfacher Anschreiben vor, sich bei unserer Befragung in einen Mantel des Schweigens zu hüllen (30,6%):

AEG, Axel Springer Verlag, Bayerische Vereinsbank, Daimler Benz, DER, Bank für Gemeinwirtschaft, Hertie, Höchst, MBB, Siemens, TUI; Katholische Kirche Berlin, Diakonisches Werk Berlin, Hannover (Stadtverwaltung), *Landespostdirektion Berlin.*

Selbst mehrere Telefonate erhöhten die Rücklaufquote nicht (*Tun Sie uns doch bitte den Gefallen und lassen Sie uns da raus!*). Andere waren für uns telefonisch ständig unerreichbar, permanent in Konferenzen oder Besprechungen. Manche ließen sich dabei noch nette, plausibel klingende Ausreden einfallen (*Ich bin völlig überarbeitet, ich brauche erst mal Urlaub...*). Andere, wie beispielsweise *Siemens*, scheuten die Befragung wie der Teufel das Weihwasser (analog zu dem beliebten Siemens-Kurzaufsatzthema „Das Schweigen“).

Sicherlich ist dies keine Großuntersuchung, und über die Repräsentativität läßt sich trefflich streiten. Gelohnt hat sich unsere kleine Pilotstudie trotzdem: Sie sehen es an den interessanten Ergebnissen:

1. Welche Bedeutung hat die Abteilung Personalwesen innerhalb Ihres Unternehmens?

absolut sehr wichtig	23,8%
besonders wichtig	42,9%
relativ wichtig	33,3%

2. Wie schätzen Sie die Bedeutung zweier Teilbereiche des Personalwesens im Vergleich ein:
A. Mitarbeiter-Gewinnung und -Auswahl
B. Mitarbeiter-Aus- und -weiterbildung

(Neu-) Mitarbeiter-Gewinnung und -auswahl ist wichtiger	14,3%
(Interne) Mitarbeiter-Aus- und -weiterbildung ist wichtiger	9,5%
Beides ist gleichrangig wichtig	76,2%

3. Bei der Bewerberauswahl werden hauptsächlich die vier folgenden Auswahlverfahren und -methoden eingesetzt:
- **Bewerbungsschreiben/-unterlagen (auch: Zeugnisse, Referenzen)**
- **Personalfragebögen**
- **Vorstellungs-/Bewerbungsgespräch (auch Gruppengespräch/Vortrag/Interview)**
- **Eignungs-Testverfahren/Assessment-Center (Intelligenz-, Leistungs-, Persönlichkeitstests, grapholog. Gutachten)**

Neben der Angabe, bei welchen Bewerbergruppen die genannten Verfahren in Ihrem Unternehmen zum Einsatz kommen, interessiert uns besonders die generelle Gewichtung der einzelnen Auswahlmethoden, die letztendlich zur Pro- oder Kontra-Entscheidung führt (in der Summe 100%).

Berufsgruppe	Bewerbungunterlagen	Personalfragebögen	Bewerbungsgespräche	Eignungstestverfahren
gewerbl. Azubis	28,3	7,5	28,3	35,8
kaufm. Azubis	25,0	5,0	38,2	31,8
gewerbl. Mitarb.	35,7	10,3	54,0	0
Angestellte	34,9	8,4	54,1	2,5
hausint. Aufsteiger	26,4	1,8	53,9	17,9
Nachwuchsführungskr.	30,0	5,4	50,0	14,6
Führungskräfte	26,1	5,7	57,9	10,4

(Angaben in %)

4. Welche Auswahlverfahren setzen Sie bei Personalentscheidungen hauptsächlich ein?

	ja	manchmal	nein	o.A.
Bewerbungsgespräch	85,7	4,8	0	9,5
(Halb-) Strukturiertes Interview	52,4	14,3	19,0	14,3
Gruppendiskussion	28,6	47,6	14,3	9,5
Vortrag	19,0	28,6	33,3	19,0
Schriftliche Themenbearbeitung (Aufsatz)	14,3	23,8	42,9	19,0
Personalfragebögen	57,1	0	28,6	14,3
Intelligenz-Tests	14,3	33,3	42,9	9,5
Konzentrations/Leistungs-Tests	23,8	38,1	28,6	9,5
Apparative Testverfahren	0	9,5	71,4	19,0
Allgemeinwissens-Tests	23,5	23,8	52,4	0
Tests zum technischen Verständnis	4,8	4,7	66,7	9,5
Rechen- und Mathematik-Tests	38,1	28,6	28,6	4,8
Rechtschreib-Tests	47,6	38,1	14,3	0
Berufsspezifische Wissens-Tests	0	38,1	42,9	19,0
Persönlichkeits-Tests	0	19,0	61,9	19,0
Assessment-Center-Tests	23,8	28,6	38,1	9,5
Arbeitsproben	9,5	52,4	19,0	19,0
Referenzen	23,8	28,6	33,3	14,3
Zeugnisse/Beurteilungen	85,7	4,8	4,8	4,8
Lebenslaufanalyse	42,9	0	38,1	19,0
Graphologische Gutachten	0	0	81,0	19,0
Sicherheitsüberprüfung	28,6	4,8	42,9	23,8
Medizinische/Gesundheits-Untersuchung	71,4	4,8	9,5	14,3
Überprüfung sportl. Leistungsfähigkeit	4,8	9,5	66,7	19,0

(Angaben in Prozent/o. A. = ohne Angabe)

Sonstige Verfahren (jeweils einmal genannt):
Berufseignungs-, Datenverarbeitungs-Test, Losverfahren

5. Wie stehen Sie zu teilweise kritischen Einschätzungen, die bisweilen im Zusammenhang mit Eignungs-Testverfahren bei der Bewerberauslese geäußert werden? (Dazu vier Kritikpunkte a–d)

a) Bisweilen kritisieren Bewerber die als sehr unangenehm erlebte Atmosphäre in der Bewerbungssituation. Haben Sie dafür Verständnis?

ja	66,7%
teils-teils	23,8%
nein	9,5%

Wir sind über diese Ankreuzung hinaus sehr an Ihrer persönlichen Meinung dazu interessiert. Wie sehen Sie dieses Problem?

Eine Auswahl der Antworten:

Allianz
(ja)
Bewerbungssituationen sind Prüfungssituationen und daher ihrer Natur nach unangenehm. Durch gute Gesprächsführung und gutes Klima kann jedoch der Streß minimiert werden.

Bayerische Hypothekenbank
(ja)
Eine gewisse Anspannung ist normal, kann jedoch durch Offenheit und Transparenz erleichtert werden.

Berliner Bank
(ja)
Es ist in unserem eigenen Interesse, für eine gute Atmosphäre in der Bewerbungssituation zu sorgen. Wir geben Informationen zum Hintergrund der Auswahl- und/oder Testsituation. Die in der Regel beim Bewerber ohnehin vorhandene Anspannung soll nicht noch verstärkt werden. Insbesondere unter Marketinggesichtspunkten kommt der Gestaltung der Bewerbungssituation große Bedeutung zu.

BMW
(ja)
1. Eignungstests prüfen häufig nicht das, was sie vorgeben.
2. In der Regel kann die Laborsituation nicht die Realsituation zweifelsfrei abbilden.
3. Dennoch arbeiten wir mit Hochschulen daran, für bestimmte Zielgruppen (Ingenieure, Verkäufer, Trainees) Gruppenauswahlverfahren anzuwenden.

Commerzbank
(teils-teils)
Man muß stark nach eingesetzten Testverfahren differenzieren. Bei persönlichen Gesprächen und auch in unserem Assessment-Center für Führungsnachwuchskräfte haben wir diese Erfahrungen nicht gemacht. Auch im Ausbildungssektor, wo das Auswahlverfahren derzeit umgestellt werden soll, wurde beim Einsatz von BT, Aufsatz etc. darauf geachtet, daß keine strenge „Testatmosphäre" aufkommt.

Dresdner Bank
(ja)
Für Bewerber ist dies oft eine ungewohnte Situation. Sie wissen nicht genau, was auf sie zukommt, ob sie den Anforderungen genügen bzw. mit einer Ablehnung rechnen müssen (Mißerfolg droht). Im Assessment-Center bemühen wir uns als Bank, die einmal „mit dem grünen Band der Sympathie" geworben hat, um eine menschlich wertschätzende Atmosphäre. Wir erklären den Sinn der Übungen und das, was wir erfassen und beobachten wollen. Darüber hinaus erfährt jeder Teilnehmer auf Wunsch in einem ausführlichen Feedback-Gespräch, was im einzelnen zur jeweiligen Auswahlentscheidung geführt hat.

Lufthansa

(ja)

Eine Bewerbungssituation ist für viele mit Gefühlen des Angespanntseins verbunden. Daher wird versucht, die Umgebung so angenehm wie möglich zu gestalten. Dem Bewerber wird vorher das Wie, Was und Wozu transparent gemacht. Jedoch sind speziell bei sehr ängstlichen oder mißerfolgsmotivierten Personen diesen Bemühungen Grenzen gesetzt.

MTU

(ja)

Die Bewerbungssituation müßte besonders gut organisiert werden, da sie sonst sehr unangenehm ist. In der täglichen Praxis ist das aber nur sehr schwer durchzuführen.

Nixdorf

(ja)

Die als unangenehm erlebte Atmosphäre vermeidet Nixdorf, indem ein partnerschaftlicher Ansatz beispielsweise im „Nixdorf-Bewerbungstag" angestrebt wird. Wir sind der Auffassung, daß auf der einen Seite dem Unternehmen eine möglichst adäquate Besetzung der Funktionen zusteht, daß auf der anderen Seite aber der Bewerber ein faires und unvoreingenommenes Feedback erwarten darf. Diesem suchen wir in einem kooperativen Ansatz gerecht zu werden, der zur Voraussetzung hat, daß sich Bewerber und Unternehmen über die Unzulänglichkeit aller Auswahlverfahren im klaren sind, jedoch auch akzeptieren, daß Entscheidungen ohne hinreichende Absicherung die schlechtere Alternative sind.

Otto Versand

(teils-teils)

Eignungstestverfahren werden bei Otto nur für die Auswahl von Auszubildenden angewendet. Bei Gruppentests wird sicherlich die subjektiv als unangenehm erlebte Prüfungssituation durch das Konkurrenzverhältnis der Bewerber verstärkt.

Anzunehmen ist, daß die formalen Voraussetzungen und Testbedingungen zu entsprechender Kritik führen.

Sparkasse Berlin

(teils-teils)

1. Die Situation eines Bewerbers wird aus seiner Sicht – trotz vielfältiger Maßnahmen – im Regelfall kaum als angenehm im Vergleich zu anderen Lebens- und Arbeitssituationen betrachtet werden.
2. Wir bemühen uns generell, bei den Bewerbungsgesprächen eine etwas „gelokkerte" Atmosphäre zu schaffen und die äußeren Rahmenbedingungen entsprechend zu gestalten.
3. Insbesondere bei der Einstellung von Auszubildenden informieren wir ausführlich sowohl über den Beruf als auch über das Einstellungsverfahren.

Volkswagen
(ja)
Künstlich erzeugter Streß gibt keine Aussage zur realen Bewältigung von Arbeits- und Alltagssituationen.

Bundeskriminalamt
(teils-teils)
Auswahlentscheidungen müssen generell nachvollziebar sein. Daher ist Transparenz und eine hohe Face-validity bei Auswahlverfahren wichtig.

Stadtverwaltung Düsseldorf
(ja)
Die Bewerber befinden sich in einer sehr angespannten Situation, daher sollte das Auswahlverfahren gut organisiert und die Atmosphäre möglichst positiv gestaltet sein.

Oberfinanzdirektion Berlin
(ja)
Die Situation ist sowohl bei der schriftlichen Eignungsprüfung als auch bei dem Bewerbungsgespräch für den Bewerber ungewöhnlich. In dieser Situation wird er mit Fragen konfrontiert, die er zuvor zum Teil nicht voraussehen konnte. Durch die ständige Ungewißheit hinsichtlich der nächsten Frage entsteht in vielen Fällen eine z.T. sehr deutlich festzustellende Streßsituation. Im schriftlichen Teil der Eignungsprüfung wird deshalb zuvor auch ein Überblick über den gesamten Ablauf der Prüfung gegeben.

Polizei Berlin
(ja)
Es werden Voraussetzungen geschaffen, um die Situation zu mildern, z.B. mit Kaffee und Erfrischungsgetränken. Es finden *nur* Gruppengespräche statt.

Polizeischule Niedersachsen
(nein)
Nach jeder Testauswahl findet ein Gespräch über Stärken und Schwächen statt (Rückkopplung).

b) In der wissenschaftlichen Diskussion über eignungsdiagnostische Testverfahren wird deren Aus- und Vorhersagekraft bei der Personalauswahl von einigen durchaus ernstzunehmenden Wissenschaftlern bezweifelt. Teilen Sie diese Auffassung?

ja	23,8%
teils-teils	66,7%
nein	9,5%

Wie sehen Sie diese Problematik für die von Ihnen eingesetzten Personalauswahlverfahren?

Allianz
(teils-teils)
Wenn die Wissenschaftler etwas Adäquates entwickeln, bin ich bereit, es zu übernehmen. Die sagen immer nur, wie es nicht geht.

Bayerische Hypothekenbank
(teils-teils)
Jedes diagnostische Instrument hat seinen Stellenwert und muß problem- und situationsspezifisch eingesetzt werden.

Berliner Bank
(teils-teils)
Generell setzen wir eignungsdiagnostische Testverfahren in begrenztem Umfang ein. Die unterschiedlichen Auswahlverfahren werden von uns als Hilfsmittel betrachtet, die in unterschiedlicher Gewichtung und in der Regel kombiniert eingesetzt werden.

Commerzbank
(teils-teils)
Die Problematik beim Einsetzen von Testverfahren liegt
a) in den Personen, die diese Verfahren einsetzen und
b) in den Erwartungen, die diesen Verfahren entgegengebracht werden. Wer eine 100prozentige Eignungsvorhersage erwartet, ein Verfahren dann entsprechend einsetzt, wird nicht nur enttäuscht von den Ergebnissen sein, sondern eventuell auf Dauer auch Probleme mit dem so „ausgewählten" Personenkreis bekommen.

Dresdner Bank
(teils-teils)
Systematisch erhobene Interviewdaten haben nach wie vor einen guten Aussagewert. In Assessment-Centern werden subjektive Einzelurteile intersubjektiv relativiert (was zweifellos gelegentlich auch Nachteile haben kann). Wir bemühen uns, durch Überarbeiten der Methoden unsere Auswahlverfahren zu verbessern. Objektives gibt es nun mal nicht in der Personenwahrnehmung und -beurteilung.

Hapag-Lloyd
(ja)
Die Gewichtung der Testverfahren sollte reduziert bzw. relativiert werden.

Lufthansa
(teils-teils)
Personenauswahlverfahren werden von Fachleuten eingesetzt. Sie überprüfen laufend ihre Methoden und deren Gültigkeit.

MTU
(ja)
Oftmals wird etwas getestet, was später am Arbeitsplatz nicht benötigt wird.

Otto Versand
(teils-teils)
Eignungstestverfahren können sicher eine gute Ergänzung zu den in unseren Unternehmen bevorzugten Interviews darstellen. Es besteht jedoch die Gefahr, daß solche Verfahren überproportional Einfluß auf Einstellungsentscheidungen gewinnen. Nicht zuletzt aus diesem Grund werden Eignungstestverfahren in unserem Unternehmen nur in geringem Umfang bei der Auswahl von Auszubildenden eingesetzt.

Sparkasse Berlin
(teils-teils)
Wir setzen nur Testverfahren ein,
a) bei denen eine auf wissenschaftlicher Basis gestellte hohe Validität vorhanden ist
b) an denen die Verantwortlichen des Personalbereichs teilgenommen haben und
c) von denen die Verantwortlichen des Personalbereichs – nach Abstimmung mit der Linie – überzeugt sind.

Volkswagen
(teils-teils)
Testverfahren können immer nur ein Baustein für die Entscheidungsfindung sein.

Stadtverwaltung Bremen
(teils-teils)
Da die Auswahlentscheidung aufgrund mehrerer unterschiedlicher Ausleseverfahren getroffen wird, dürfte ihre Vorhersagekraft größer sein.

Bundeskriminalamt
(nein)
Tests sind ungenügend – aber es gibt andererseits nichts Besseres (vgl. mangelhafte Validität des Interviews).

Stadtverwaltung Düsseldorf
(teils-teils: Eignungstests nur bei Führungskräften)
Testverfahren erbringen überwiegend Leistungsdaten und Eindrücke. Sie stellen nur eine Momentaufnahme dar. Wichtig ist eine Kombination von verschiedenen Teststationen mit unterschiedlichen Zielen bzw. Anforderungen.

Oberfinanzdirektion Berlin
(teils-teils)
Die Tatsache, daß von den eingestellten Bewerbern stets ein gewisser Prozentsatz den Vorbereitungsdienst nicht erfolgreich beendet, könnte Zweifel an der Aus- und Vorhersagekraft der Testverfahren aufkommen lassen. Andererseits spielen hierbei auch viele nicht vorhersehbare Faktoren, die im Laufe der Ausbildung erst erkannt werden können, eine Rolle. Da keine statistischen Aufzeichnungen hinsichtlich des Verhältnisses zwischen Testergebnis und der später erbrachten Leistung geführt werden, sind konkrete Aussagen hierzu auch nicht möglich. (Sehr ehrlich, alle Achtung. Anm. v. H/S.)

Polizei Berlin
(ja)
Die Entscheidungen werden in einem heterogen besetzten Kollegium getroffen. Unterschiedliche Auffassungen, Lebenserfahrungen und Erwartungen können einfließen, da Personalentscheidungen *auch* subjektive, intuitive Entscheidungen darstellen!

Polizeischule Niedersachsen
(nein)
Nach der Einführung unseres Eignungsauswahlverfahrens sank die Durchfallquote in den Lehrgängen erheblich.

c) Von einigen Experten werden juristische Bedenken gegenüber der gängigen Praxis bei der Bewerberauslese geäußert, z.B.:
– die Testverfahren werden in der Regel nicht von Fachpsychologen durchgeführt;
– dabei kommt es häufiger zum Einsatz wissenschaftlich nicht ausreichend abgesicherter Auswahlverfahren;
– durch spezielle Fragen in Personalfragebögen, Persönlichkeitstests und Vorstellungsgesprächen wird häufig in unzulässiger Weise in die juristisch besonders geschützte Privatsphäre des Bewerbers eingedrungen.
Ist dies ein Aspekt, den Sie in gewisser Weise nachvollziehen können?

ja	9,5%
teils-teils	85,7%
nein	4,8%

Ihre Meinung dazu:

Allianz
(teils-teils)
Wichtig ist nicht nur die Methodik, sondern die Art der Schlußfolgerung, die man daraus zieht. So werden aus wissenschaftlichen Untersuchungen oft völlig unbelegbare Folgerungen gezogen, aber auch aus sog. „unwissenschaftlichen" Beobachtungen die richtigen Schlüsse/Entscheidungen. (Sehr bemerkenswerte Aussage! Anm. v. H/S.)

Bayerische Hypothekenbank
(teils-teils)
Eine fundierte Anwendung ist notwendig, vergleichbar mit einer medizinischen Diagnose, die ebenfalls nur von Ärzten durchgeführt werden sollte.

Berliner Bank
(teils-teils)
Die bei uns benutzten Verfahren gelten in der Regel als gut überprüft und validiert. Juristisch unzulässige Fragen werden vermieden.

BMW
(teils-teils)
1. Wir achten auf die zu Recht geschützte Privatsphäre.
2. Unsere Personalreferenten werden regelmäßig in ihrer Interviewtechnik geschult.
3. Bei Anwendung von Gruppenauswahlverfahren werden Fachleute hinzugezogen.

Commerzbank
(teils-teils)
Da in unserem Unternehemen nur sehr wenige Testverfahren eingesetzt werden, nur für spezielle Zielgruppen und nur in Ergänzung zu einem ausführlichen Gespräch und so, daß das Testergebnis i. d. R. nicht allein ausschlaggebend für die Entscheidung ist, sehe ich für uns keine Probleme.

Dresdner Bank
(die Kritikpunkte sind unzutreffend für die Dresdner Bank)
Standardisierte, psychologische Testverfahren wenden wir bei der Auswahl unserer Auszubildenden an. Diese wurden von Diplom-Psychologen entwickelt. Schulung der Mitarbeiter durch Psychologen hat ebenfalls stattgefunden. Validierung der Tests wurde von Psychologen geleistet. Darüber hinaus bietet unser Bildungsbereich umfangreiche Seminare zu Interviewtraining, Gesprächsführungstechniken etc. an. Unser Personalbogen für neu ins Unternehmen eintretende Mitarbeiter enthält keine unzulässig in die Privatsphäre eindringende Fragen.

Hapag-Lloyd
(teils-teils)
Einige Kritikpunkte treffen zu, sind aber für uns nicht relevant.

Lufthansa
(teils-teils)
Hinsichtlich aller Punkte besteht bei den Fachleuten ein hohes Problembewußtsein. Es entspricht ihrem Selbstverständnis, nur abgesicherte Verfahren unter dem besten Schutz der Privatsphäre des Bewerbers durchzuführen. In Einzelfällen ist es jedoch denkbar, daß bei einem Bewerber aufgrund der Situation Mißverständnisse bzw. Mißwahrnehmungen auftreten.

MTU
(teils-teils)
Die ersten beiden Argumente sind für uns ohne Belang. Zum dritten Kritikpunkt: übertrieben.

Otto Versand
(teils-teils)
Die Frage nach der Seriosität von Testverfahren sollte sich aus unserer Sicht weniger an den Inhalten, sondern mehr an der Transparenz für Bewerber unter Berücksichtigung von Datenschutzgesichtspunkten orientieren.

Volkswagen
(teils-teils)
Die Bedenken greifen bei den von uns eingesetzten Verfahren nicht.

Bundeskriminalamt
(teils-teils)
Tests werden in der Regel durch Fachpsychologen durchgeführt (mit Ausnahmen). Bei standardisierten Verfahren (Fragebogen etc.) wird auf die Berücksichtigung der juristisch geschützten Privatsphäre geachtet; bei Einzelgesprächen in der Regel ebenfalls (Personalrat anwesend).

Stadtverwaltung Düsseldorf
(teils-teils)
Diese Kritikpunkte treffen für uns in dieser Form nicht zu.

Oberfinanzdirektion Berlin
(teils-teils)
Es trifft zu, daß bestimmte Testverfahren nicht von Fachpsychologen durchgeführt werden. Sie sind jedoch von Fachpsychologen entworfen bzw. ausgearbeitet worden. Die Anwendung dieser Verfahren durch Beamte, die nicht zugleich Fachpsychologen sind, führt in der Praxis nicht zu nennenswerten Schwierigkeiten. (Für die Beamten wohl nicht, aber für die Bewerber! Anm. v. H/S.)

Polizei Berlin
(teils-teils)
Welcher Psychologe kann mit hinreichender Wahrscheinlichkeit die Motivationsbereitschaft eines Bewerbers prognostizieren? Fragen zur Privatsphäre lehnen wir ab!

Polizeischule Niedersachsen
(teils-teils)
Wir verwenden nur wissenschaftliche Testverfahren unter Berücksichtigung empirisch ermittelter Auswahlkriterien. Es findet eine ständige Fachaufsicht durch einen Diplompsychologen statt.

d) Wie beurteilen Sie folgende pointierte Meinungsäußerung: Die Personalabteilung arbeitet bisweilen durch die Art des Umgangs mit Bewerbern – die ja immer auch potentielle Kunden/Konsumenten sind – ungewollt gegen die Werbe- und PR-Abteilung. Ist dies ein Aspekt, den Sie in gewisser Weise nachvollziehen können?

ja	19,0%
teils-teils	28,6%
nein	38,1%
Enthaltung	14,3%

Ihre Meinung dazu:

Allianz
(nein)
Nur dann, wenn es keine übergeordnete Marketingstrategie gibt. Bewerber sind für uns immer Kunden.

Bayerische Hypothekenbank
(teils-teils)
Eine positions- und bewerberspezifische Anwendung von Methoden ist notwendig.

Berliner Bank
(ja)
Wir bemühen uns – in Kenntnis dieses Zusammenhangs – auch in der Bewerbungssituation um gute PR-Arbeit, da wir uns als Service-Abteilung verstehen.

BMW
(teil-teils)
Insbesondere in Unternehmen wie BMW, für das jeder Bewerber auch ein potentieller Kunde ist, ist uns dieses Problem besonders bewußt, insbesondere bei Absagen von Bewerbern. Dennoch sind hierbei Konfliktsituationen nicht gänzlich zu vermeiden.

Commerzbank
(teils-teils)
Mißklänge in Bewerbungsgesprächen können überall dort auftreten, wo Menschen aufeinandertreffen und wo jeder eine schlechte „Tagesverfassung" oder Ärger mit sich herumtägt. Ansonsten sehe ich in unserer Situation eine gute Ausgangslage dafür, daß die von Ihnen geschilderte Meinung sich auf Einzelfälle bezieht. In unserer zentralen Personalabteilung gibt es einen eigenen – rein personalbezogenen – Marketing-Bereich (inklusive PR und Werbung), dessen Ziel es zum einen ist, intern ein umfassendes Verständnis für Personalmarketing und kundenbezogenes Verhalten zu erreichen, sowie die operativen Bereiche in ihren Aufgaben zu unterstützen.

Dresdner Bank
(nein)
Die Dresdner Bank betreibt intensive Personal-Marketing-Aktivitäten in enger Zusammenarbeit mit der Öffentlichkeits- und Werbeabteilung. So werden z.B. Image-Anzeigen gemeinsam diskutiert, Marktforschungsstrategien, etwa zur Rekrutierung von Hochschulabsolventen, regelmäßig miteinander abgestimmt. Unser Werbeleiter nimmt als Beobachter an Assessement-Centern für Trainees teil.

Hapag-Lloyd
(teils-teils)
Ich sehe keinen Gegensatz darin: Auch die PR- bzw. Werbeabteilung wirkt teilweise (ungewollt) so.

Lufthansa
(nein)
Bei uns gilt grundsätzlich die Gleichung: Bewerber = Kunde. In Einzelfällen ist aber nicht auszuschließen, daß in der zwischenmenschlichen Kommunikation Mißverständnisse auftreten können.

MTU
(nein)
Unsere Bewerber sind keine Kunden.

Otto Versand
(nein)
Ganz im Gegenteil. „Die Zufriedenheit unserer Kunden hängt davon ab, wie jeder einzelne von uns sich um sie kümmert." Dieser für unser Unternehmen programmatische Satz gilt sicherlich auch für unsere Bewerber.

Sparkasse Berlin
(nein)
Für ein Dienstleistungsunternehmen hängt der Erfolg im wesentlichen vom Umgang mit seinen Kunden ab. Wenn der Personalbereich seine Gesprächspartner (Führungskräfte, Mitarbeiter, Bewerber) als seine Kunden entsprechend behandelt, ist die Wahrscheinlichkeit der o. a. Meinungsäußerung gering.

Volkswagen
(ja)
Wir versuchen, es besser zu machen.

Bundeskriminalamt
(teils-teils)
„Kundenfreundliches Verhalten" ist keine Stärke des Öffentlichen Dienstes ... (!)

Stadtverwaltung Düsseldorf
(teils-teils)
Die mit Bewerbungs- bzw. Auswahlverfahren in Berührung kommenden Personen sollten sorgfältig ausgewählt werden und über die notwendige Sensibilität und Fachkompetenz verfügen. Also: Die Bewerber bleiben „Kunden" bzw. „Konsumenten" der Stadtverwaltung.

Polizei Berlin
(ja)
Unser Produkt ist Sicherheit und Ordnung. Durch die (selbstverständlich) höfliche Behandlung unserer Bewerber versuchen wir auch im Fall der Ablehnung um Vertrauen für unsere Institution zu werben. Korrektes Verhalten gegenüber Rechtsbrechern ist so selbstverständlich wie gegenüber Bewerbern.

Abschlußbemerkung:

Positiv festzuhalten ist, daß die an unserer Befragung teilnehmenden Personalabteilungen überwiegend eine hohe Sensibilität für die Problematik der testgesteuerten Auswahlpraxis zeigen. Für ein besonders hohes Engagement beim Umgang mit dem Fragebogen ist der Firma *Nixdorf* zu danken. Für positive Überraschungen haben aber auch einige Personalabteilungen durch ihre sorgfältig differenzierenden, z.T. einfühlsamen Antworten gesorgt.

Insgesamt ergibt sich der Eindruck, daß sich in den Köpfen verantwortlicher Personalabteilungsmitarbeiter eine Tendenz zum zunehmenden Zweifel an der Aus- und Vorhersagekraft von Testergebnissen breitmacht.

Diese eher optimistische Einschätzung darf nicht darüber hinwegtäuschen, daß nur knapp 43% der angeschriebenen großen Arbeitgeber bereit waren, sich den Fragen zu stellen. Immerhin bleiben 57% im dunkeln und geben damit leider genug Anlaß zu Zweifeln, ob hier bereits ein kritisches Problembewußtsein vorhanden ist.

Dennoch hoffen wir aufgrund der hier dokumentierten Ergebnisse, daß es nur eine Frage der Zeit ist, wann die Front der betonkopfartigen Testbefürworter zusammenbricht. Sie bröckelt schon.

Was uns auffiel:

* Das erstaunt: 33% der befragten Personalabteilungen schätzen die Bedeutung ihrer Abteilung innerhalb des Unternehmens nur als *relativ* wichtig ein.
* Eine sorgfältige Präparation der Bewerbungsunterlagen scheint sich sehr zu lohnen: Dies zeigt die durchschnittliche 30%-Gewichtung der schriftlichen Bewerbungsunterlagen im Rahmen des Bewerbungsverfahrens.
* Dem Vorstellungsgespräch mit jungen Bewerbern wird relativ wenig Bedeutung beigemessen. Zugespitzt formuliert: Mit Azubis zu sprechen ist den Personalchefs deutlich weniger wichtig als mit anderen Bewerbern.
* Generell liegt die Gewichtung des Bewerbergesprächs innerhalb des Bewerbungsverfahrens mit ca. 50% nicht sonderlich hoch.
* Am liebsten werden Azubis getestet (33%), am zweithäufigsten (mit 18%) hausinterne Aufsteiger. Insgesamt besteht jedoch eine deutliche Skepsis gegenüber der Aus- und Vorhersagekraft von Tests.
* Je höher die zu besetzende Position (je älter der Bewerber), desto vorsichtiger ist man mit Tests. Generationspsychologisch interpretiert zeigt sich hier, daß die Tests bei jungen Leuten die Funktion eines Initiationsritus haben (s.a. S. 285).
* Hier eine Rangfolge der wichtigsten Auswahlverfahren (nach Häufigkeit):

  1. Bewerbungsgespräch
     Zeugnisse/Beurteilungen
  2. Rechtschreib-Tests
  3. Gruppendiskussion
     Medizinische Untersuchung
  4. Rechen- und Mathematik-Tests
  5. Zeugnisse/Beurteilungen
  6. Konzentrations/Leistungs-Tests
     Arbeitsproben
  7. Personalfragebogen

8. Assessment-Center
   Referenzen
9. Intelligenz-Tests
   Allgemeinwissens-Tests
   Vortrag
10. Lebenslaufanalyse

* Angeblich werden Persönlichkeits-Tests nicht so häufig eingesetzt (zumindest nicht unter dieser Bezeichnung). Nur vier befragte Unternehmen/Institutionen geben zu, bisweilen Persönlichkeitstests gezielt einzusetzen. (Ist eigentlich nicht die gesamte Bewerbung ein Persönlichkeits-Test?)
* Für die unangenehme, prüfungsähnliche Atmosphäre der Bewerbungssituation haben 91% der befragten Personalleiter Verständnis und bemühen sich deshalb – wie die Statements zeigen – um „Entspannung". Das geht bis zu dem Zugeständnis, daß Eignungstests häufig überhaupt nicht prüfen, was sie vorgeben (*BMW*).
* Auf wissenschaftliche Kritik an eignungsdiagnostischen Verfahren angesprochen, wird diese (zumindest teilweise) von 91% geteilt. Hier fällt naturgemäß ein uneingeschränktes Ja deutlich schwerer als bei der Frage nach der Atmosphäre.
* Die Widersprüchlichkeit zwischen Erkenntnis und Handeln wird auf die Spitze getrieben in dem *BKA*-Statement: *Tests sind ungenügend – aber es gibt andererseits nichts Besseres.*
* Auch an einem Vergleich der Antworten von der *Oberfinanzdirektion Berlin* und der *Landespolizeischule Niedersachsen* wird dies deutlich.
* Auch die juristischen Einwände gegen die gängige Testpraxis scheinen 95% der Befragten (zumindest teilweise) nachvollziehbar. Hier herrscht offenbar die berühmte *Ja, aber nicht wir*-Einstellung.
* Die Frage nach dem potentiellen Gegeneinanderarbeiten von Personal- und PR/Werbeabteilung wegen des Umgangs mit Bewerbern bekommt zwar die geringste Zustimmung, aber immerhin bestätigen dies (wenigstens partiell) 48%. Es ist durchaus präsent, daß Bewerber auch potentielle Kunden sind (*VW*: *Wir versuchen, es besser zu machen* – bis hin zum *BKA*-Statement: *Kundenfreundliches Verhalten ist keine Stärke des Öffentlichen Dienstes*). Nur *MTU* kann sich naturgemäß die lakonische Feststellung leisten: *Unsere Bewerber sind keine Kunden*. Der „Kunden"-Begriff der *Berliner Polizei* ist bemerkenswert: *Korrektes Verhalten gegenüber Rechtsbrechern ist ebenso selbstverständlich wie gegenüber Bewerbern.*
* Ohne oberlehrerhaft erscheinen zu wollen: Zwei Banken und eine Versicherung machten bei der Beantwortung des Fragebogens gravierende Rechen- und Rechtschreibfehler, die – in einer realen Testsituation von Ausbildungsplatzbewerbern verursacht – mit Sicherheit zum Vorenthalten der Lehrstelle führen würden. (Wir hatten übrigens auch einen Rechtschreibfehler in unserem Fragebogen, der uns vom Öffentlichen Dienst prompt angestrichen wurde.)

BEKANNTE GESICHTER – GEMISCHTE GEFÜHLE

Prominente und Tests

Parallel zu Großunternehmen und anderen wichtigen Arbeitgebern schrieben wir 30 Prominente aus Politik, Wirtschaft und Kultur an, mit der Bitte, einmal den vorne im Buch abgedruckten Test (s. S. 12) auszufüllen. Darunter waren so unterschiedliche Leute wie Harald Juhnke, Oskar Lafontaine, Alice Schwarzer, Rita Süßmuth, Björn Engholm, Lea Rosh, Inge Meysel, Helmut Kohl, Boris Becker, Norbert Blüm und Loriot.

In einem ausgeklügelten Anschreiben erklären wir Ziel und Zweck unseres Anliegens (am Ende dieses Kapitels wiedergegeben):

Zwei Fragebögen wurden uns zurückgesandt, allerdings nur auf der ersten Seite beantwortet bzw. kommentiert:

ZDF-Chefredakteur *Klaus Bresser* kreuzte an: „Ich habe für Ihr Anliegen kein Interesse". Im Fernsehen tritt er selbst als „Tester" auf und bittet prominente Politiker („Was nun, Herr Lafontaine?") im Stile bester projektiver Satzergänzungstests, vorgegebene Satzanfänge spontan zu vervollständigen („Wenn ich Bundeskanzler bin, werde ich ..." / „Helmut Kohl ist ..." / „Mein größtes Unglück ..."). Das ist er eben, der kleine aber bedeutsame Unterschied, ob man selber testet oder getestet wird: „Was nun, Herr Bresser?"

Die *Grünen*-Fundamentalistin *Jutta Ditfurth* blickte offensichtlich nicht durch und schrieb in Großbuchstaben mit rotem Stift: „Nirgendwo steht, welchem Zweck das dient! Wofür? Für wen? Also mach ich es nicht."

Fazit: *Niemand* machte mit, keiner zeigte Mut, nur wenige hatten Verständnis und Mitgefühl.

Acht sehr freundliche Briefe – zum Teil auf wunderschönem Briefpapier, graphisch exzellent gestaltet – erklärten uns den Grund der Nichtteilnahme ihrer Absender.

Stern-Herausgeber und Chefredakteur *Rolf Schmidt-Holtz* war der erste, der reagierte (bereits nach vier Tagen) und auch der einzige, der die Beantwortung persönlich vornahm: „Im *Stern* sind wir in den letzten Jahren immer wieder kritisch auf den (Un)Sinn von diversen Eignungs- und Persönlichkeitstests eingegangen. Diesen bereits publizierten Erkenntnissen und Analysen habe ich eigentlich nichts mehr hinzuzufügen."

Spiegel-Herausgeber *Rudolf Augstein* beauftragte einen Mitarbeiter, uns „darüber zu informieren, daß er sich an Umfragen und Tests dieser Art noch nie beteiligt hat und auch in Ihrem Fall keine Ausnahme machen möchte. Er bittet Sie um Verständnis und läßt Sie vielmals grüßen".

Ex-Bundeskanzler *Helmut Schmidt*, jetzt Mitherausgeber der *ZEIT*, ließ in einem kurzen Dreisatzbrief aus zeitlichen Gründen abwinken und bat um Verständnis.

Noch kürzer war der (Zweisatz-) Brief des Pressesprechers des *Bundespräsidenten v. Weizsäcker*, Dr. Gernot Fritz: „Bitte haben Sie Verständnis dafür, daß sich der Bundespräsident aus Zeitgründen beim allerbesten Willen nicht an Ihrem Test beteiligen kann."

Willy Brandt ließ zwar auch aus Zeitgründen durch einen Referenten seines persönlichen Büros absagen, teilte aber mit: „Was die Ohnmacht der Bewerbenden angeht, so kann man Ihren Ausführungen nur zustimmen."

Der ehemalige Regierende Bürgermeister von Berlin, *Walter Momper*, läßt mitteilen, daß er die „Auffassung, daß es bei Bewerbungsverfahren hin und wieder zu bedenklichen Praktiken kommt", teilt. „Insbesondere Ihre Zweifel an der Aussagefähigkeit mancher Tests deckt sich mit seinen Auffassungen. Leider ist er aus Zeitgründen nicht in der Lage, den von Ihnen vorgeschlagenen Test selber zu absolvieren. Er bittet dafür um Ihr Verständnis."

ÖTV-Chefin *Monika Wulf-Mathies* sei in Urlaub, teilte uns ihre persönliche Referentin mit und erklärte, daß sie den Fragebogen an den *ÖTV*-Bundesjugendsekretär weitergegeben habe, mit der Bitte, darauf zu reagieren. Wir hörten nie wieder etwas.

Den ausführlichsten Brief – zwei Seiten – schrieb uns der Leiter des Büros des Ministerpräsidenten von Nordrhein-Westfalen. *Johannes Rau* bedanke sich für unser Schreiben: „Es ist zweifellos wichtig, sich immer wieder kritisch mit den Eignungs-, Intelligenz- und Persönlichkeitstests, die für die Bewerber oftmals von entscheidender Bedeutung sind, auseinanderzusetzen."

Wer die Wahl hat, macht bei einem Test nicht mit. Getestet werden in der Regel nur die Schwächeren. Wer prominent ist, gehört natürlich nicht in diese Gruppe und ist offenbar nicht zu motivieren, einen Test auch nur ansatzweise über sich ergehen zu lassen. Im Grunde genommen haben diese „Testverweigerer" recht: Dafür opfert man besser keine Zeit. Wenn die Testopfer es sich doch auch leisten könnten, so zu denken und zu handeln!

Unser Anschreiben an die Prominenten:

... es geht um das Thema Bewerbung,
um Eignungs- und Persönlichkeits-Tests.

Stellen Sie sich einmal vor, bei der Bewerbung um einen neuen Arbeitsplatz müßten Sie sich testen lassen.
...wären Sie in der Lage, auf Anhieb die folgenden drei Fragen aus heute üblichen Personalauswahl- und Intelligenz-Tests richtig zu beantworten?

– Was ist das Gemeinsame von Veilchen und Elefant?
  (Wenn Sie dazu keinen Einfall – also: Abstraktionsvermögen – haben – macht nichts, versuchen Sie es mit Common-sense-Fragen wie:)
– Was ist das Wichtigste am Fernsehapparat?
  a) Antenne b) Abstellknopf c) Transistoren d) Bildröhre
– Zum Erzeugen tiefer Töne benötigt man vor allem...
  a) Gefühl b) Kraft c) Übung d) Schwung

Sicherlich sind Sie jetzt an der Auflösung (am Briefende) interessiert, und natürlich fragen Sie sich, was das Ganze eigentlich soll.

Wir bitten Sie um Mithilfe. Das wird Sie ein paar Minuten Zeit kosten – was ja wohl mit das Wertvollste ist, was man hat.

Worum geht es?
Heutzutage kommen immer häufiger Eignungs-, Intelligenz- und Persönlichkeits-Tests zur Anwendung, wenn es um die Besetzung eines Arbeitsplatzes geht. Vom Auszubildenden bis hin zum leitenden Angestellten – fast überall gilt: keine Bewerbung ohne Psycho-Test.

Was den Bewerberinnen und Bewerbern in Kleinbetrieben, beim Öffentlichen Dienst und sogar bei renommierten Großunternehmen in fragwürdigen Eignungstests und Vorstellungsgesprächen zugemutet wird, ist haarstäubend:

> „Sind Sie Jungfrau?" fragt der Personalchef eines mittelgroßen Berliner Unternehmens die hübsche 16jährige Bewerberin um einen Ausbildungsplatz und lehnt sich genüßlich in seinen Sessel zurück. Das Mädchen glaubt, seinen Ohren nicht trauen zu können, und wird rot. Dann aber besinnt sich die junge Frau auf ihre Schlagfertigkeit und antwortet: „Nein, mein Sternzeichen ist Löwe."

Glauben Sie uns: Dies ist keine Stammtisch-Anekdote, sondern bittere Realität. An die Öffentlichkeit gebracht, beschäftigte dieser Vorfall die Frauenbeauftragte des Berliner Senats. Einbrüche in die Intimsphäre sind in Personalfragebögen, Tests und Vorstellungsgesprächen leider an der Tagesordnung. Die Privatsphäre wird vom Personalchefs ausgeleuchtet, als ob es um ein Eheversprechen ginge und nicht um einen Arbeitsvertrag.

Über den häufig unwürdigen Umgang mit Menschen in einer für sie oft existentiellen Bewerbungssituation sind besonders *wir als Psychologen* entsetzt. Als Fachbuchautoren sind wir darum bemüht, diese Problematik einer breiteren Öffenlichkeit bekannt zu machen.

Trotz unserer kritischen Bücher zu dieser Thematik (Auflage: über eine halbe Million) und einer nicht unerheblichen Medien-Resonanz (u.a. „Die Zeit", „FAZ", „Spiegel", „stern", div. Radio- und TV-Sendungen, z.B. „WISO") bedarf es leider immer wieder erneuter Anstrengungen, um auf die Test- und Bewerbungsproblematik aufmerksam zu machen. Ständig geht es hierbei um die Versuchung und Gefahr, daß ein Stärkerer seine Machtposition gegenüber einem Schwächeren übel mißbraucht.

Warum wenden wir uns gerade an Sie?
Bewerber haben keine Lobby. Dies gilt besonders für die ganz jungen Ausbildungsplatzsucher, die (Langzeit-)Arbeitslosen, die Umschüler, aber auch Zwangs-Wechsler sowie die Wiederein- und -aufsteiger. Bei ihren vielen Bewerbungsversuchen müssen sie sich allzu häufig unfairen Test- und Selektionsmethoden unterziehen. Außerdem: Wer älter als 40 Jahre ist oder gar krank und behindert, für den können Bewerbungen noch häufiger zum Trauma werden.

Wir wenden uns heute direkt an **Sie**, weil Sie zu den wichtigen Meinungsträgern und Meinungsmachern in unserer Gesellschaft gehören.

Bestimmt hatten auch Sie im Laufe Ihres erfolgreichen Berufslebens Bewerbungserlebnisse (sicher nicht nur angenehme), die berichtenswert sind – sowohl als Trost, wie auch als Beispiel.

Wir bitten Sie herzlich, einmal darüber nachzudenken, ob Sie uns und unserem Lesern etwas zu dem heiklen Bewerbungsthema berichten können.

Darüber hinaus sind wir sehr an Ihrer Meinung zu gängigen Testfragen aus heute üblichen Eignungs-, Intelligenz- und Persönlichkeits-Tests interessiert. Eine kleine Sammlung von Original-Testfragen, denen Bewerber aktuell ausgesetzt sind, wird Sie – vorsichtig ausgedrückt – erstaunen lassen.

Worum wir Sie also bitten:
1. **seien Sie mutig und machen Sie bitte den folgenden kleinen Test mit;**
2. **teilen Sie uns bitte Ihre Meinung und Ihre Gefühle dazu mit;**
3. **berichten Sie uns über ein für Sie wichtiges Bewerbungserlebnis.**

Zugegeben: Nicht gerade wenig, was wir hier von Ihnen erbitten. Aber: Der Test (s. Beiblatt) dauert weniger als zehn Minuten; Ihre Kommentierung dazu ist natürlich für uns zeitlich nicht so genau einzuschätzen.

Ihr Bewerbungserlebnis könnten Sie uns gerne schriftlich, der Einfachheit halber aber auch mündlich (telefonisch; Tonbandkassette) mitteilen. (Vorschläge dazu auf dem Fragebogen.)
In der Hoffnung, bald von Ihnen zu hören, vielen Dank im voraus
mit freundlichen Grüßen

Für die Lösungen der drei Beispielaufgaben oben ist der Testautor (nicht wir!!) verantwortlich.
Lösungen: 1. Oberbegriff: Lebewesen / 2. d) Bildröhre / 3. b) Kraft
Erstaunlich, was Testautoren für richtig erachten...

Antwortbogen:
Wir versichern Ihnen: Es geht uns wirklich nicht darum, Ihre Eignung, Intelligenz oder Persönlichkeit zu erkunden, geschweige denn in Frage zu stellen. Wir wollen Ihnen mit diesen Real-Beispielen aus der täglichen Testpraxis, der sich Bewerber stellen müssen, einen Einblick vermitteln.

Die „richtigen Lösungen" (nach Meinung der Testautoren – und das sind nicht wir, wir sind Testkritiker!) finden Sie auf der letzten Seite. Bei den Persönlichkeits-Testfragen gibt es keine richtige oder falsche Antwort. Hier kommt es lediglich auf Ihre persönliche Wertung und Vorliebe an.

(Nun folgte der Test, der in diesem Buch auf S. 12 zu finden ist.)

VERLEIHUNG DES EISERNEN TESTHAMMERS

Es ist an der Zeit, einen Negativ-Preis auszusetzen, der künftig jährlich verliehen werden soll. Dieser Preis ist für Firmen oder Institutionen bestimmt, die sich durch besonders groben Umgang mit Bewerbern – sei es in Einstellungstests oder bei Vorstellungsgesprächen – auszeichnen.

So wie Personalchefs Arbeitsplätze vergeben, haben jetzt Bewerber die Möglichkeit, bei der Vergabe des Eisernen Testhammers mitzumachen.

Erlebnisberichte aus Bewerbungs- und Testsituationen, die wegen der Art des Umgangs mit Bewerbern preisverdächtig und veröffentlichungswürdig sind, bitten wir, uns zuzuschicken.

Diese Preisverleihung ist Teil unseres Bemühens, eine breitere Öffentlichkeit auf teilweise höchst fragwürdige, manchmal wirklich inhumane Praktiken im Umgang mit Bewerbern aufmerksam zu machen.

Die positiven Ansätze von einigen Arbeitgebern, sich um einen sensibleren Umgang mit den Bewerbern zu bemühen – einer Personengruppe, die keine Lobby hat – sollen durch diese jährliche Preisverleihung weiter ermutigt und gefördert werden.

Denn: Wir haben mit Freude festgestellt, daß seit Beginn unserer Veröffentlichungen zu diesem Thema ein Prozeß des Umdenkens und der etwas kritischeren Reflektion bei Arbeitsplatzvergebern und Personalabteilungen spürbar geworden ist.

Ignoranten, unsensiblen Firmen sowie Institutionen auf dem Gebiet der Personalauswahl soll durch die Preisverleihung und die damit verbundene Resonanz in der Öffentlichkeit ein Nachdenken über den Umgang mit dem Mitmenschen in einer existentiellen Situation ermöglicht werden.

Liebe Leser: Es fällt uns an dieser Stelle natürlich schwer, zu sagen, daß wir uns über Ihre Zuschriften und Vorschläge zur Preisverleihung *freuen*, da Anlaß und Inhalt Ihrer Bewerbungsberichte ja höchst unerfreulich sind. Wir erwarten aber Ihre Briefe dennoch mit Spannung und freuen uns auch über jede Anregung in diesem Zusammenhang.

Unsere Anschrift:
Jürgen Hesse / Hans Christian Schrader
c/o Eichborn Verlag
Hanauer Landstraße 175
6000 Frankfurt a.M. 1

oder direkt an
Hesse / Schrader
Handjerystr. 17
1000 Berlin 41
Tel. 030/401 18 27

DIE BEWERBUNG ALS TORTUR (NACHWORT)

Gibt es in der Antarktis Eisbären?

Oder kann man in Afrika Jaguare antreffen? Fragen aus dem Mannheimer Intelligenztest, der Ausbildungsplatzbewerbern immer häufiger zur Beantwortung vorgelegt wird. Ausgefragt und abgeblitzt: Obskure und abstruse Testaufgaben- und Fragensammlungen entscheiden über Berufswünsche und Bewerberschicksale. Woran liegt das – eine typisch deutsche Art des Umgangs mit Bewerbern?

Die Deutschen lieben Quiz. Unvergessen sind Programme wie „Hätten Sie's gewußt", „Einer wird gewinnen", „Alles oder nichts", „Dalli dalli". Testen Personalchefs den Fernsehvorbildern getreu deshalb vielleicht so gerne den Nachwuchs? Die selbsternannten Quizmaster und Taschenpsychologen zeigen eher ein Herz für Tiere (Eisbären und Jaguare), scheinen aber keinen Platz für Ausbildungswillige zu haben. Nicht nur die ca. 600000 Ausbildungsplatzsucher pro Jahr werden getestet – das Testunwesen greift immer mehr um sich: Tests von Anfang bis Ende, vom Schwangerschaftstest bis Testament, möchte man meinen, vom Pepsi-Test bis zur klinisch getesteten Zahnpasta.

Hier nun sind es die Berichte über Bewerbungsverfahren, Tests und Vorstellungsgespräche, die umfassend dokumentieren, was Menschen in einer existentiellen Situation erlebt haben. „Entweder lernt man nach einer Reihe enttäuschender Mißerfolge, den elitären Erwartungen zu entsprechen, oder man zerbricht an seinen Selbstzweifeln" (ein Getesteter, Leserbrief im *stern* 39/86).

Schon hören wir den Vorwurf, den Bewerbern mit diesen Geschichten noch zusätzlich Angst zu machen. Nur sind das keine Geschichten, sondern die Realität. Nichts wurde erfunden, übertrieben oder hinzugefügt. Natürlich haben wir großes Verständnis dafür, daß man es angesichts dieser Berichte und Vorkommnisse mit der Angst zu tun kriegen kann. Noch größer aber sollten die Wut und der Wille sein, daran etwas zu ändern. Totschweigen vertreibt keine Angst und verändert herzlich wenig. Zu veröffentlichen und anzuprangern, was hier hinter verschlossenen Türen stattfindet, ist zwingend notwendig und scheint uns dringend geboten.

In der Regel reduzieren Informationen Ängste. Nicht wir machen den Bewerbern also Angst, sondern denen, die bisher den Bewerbern Angst gemacht haben. In diesem Sumpf einfach weiter schalten und walten zu können, als gäbe es keine Beobachter, ist seit „Testtraining", „Test-Programm" und „1001 Bewerbung" nicht mehr so einfach möglich. Die Getesteten haben begonnen, sich zu Wort zu melden.

Sie leiden an den Ungeheuerlichkeiten, die in einer juristischen Grauzone praktiziert werden und bei einer großen Zahl von Bewerbern ein unvorstellbares Ausmaß an psychischem Leiden bewirken.

Bewerbungsgeschädigte klagen über eine häufig erniedrigende und menschenunwürdige Behandlung bei Einstellungstestverfahren und Vorstellungsgesprächen. Da wird von „niederschmetternden Erlebnissen", vom „Schlag vor den Kopf", und von „höchst nervenaufreibenden, belastenden und geradezu ausweglosen Situationen" berichtet, die das Bewerbungsmarathon zur „Tortur" werden lassen. Mangelnde Information, völlige Undurchschaubarkeit der Testsituation und merkwürdige bis sinnlose Fragen und Aufgaben ohne Bezug zum angestrebten Arbeitsplatz werden geschildert. Einbrüche in die Intimsphäre sind an der Tagesordnung und müssen erduldet werden.

Ein Testgeschädigter faßt zusammen: „Ich war schon dreimal bei solchen Tests. Was man für Streß dabei durchstehen muß, kann ich gar nicht in Worte fassen. Mit dem Geld, was hier verpulvert wird, sollten die Unternehmen lieber ein paar Lehrstellen schaffen" (Leserbrief im *stern* 39/86).

Kritik

Aus psychologischer, pädagogischer und juristischer Sicht muß die durch Einstellungstests gesteuerte Auswahlpraxis bei der Vergabe von Ausbildungs- und Arbeitsplätzen entschieden kritisiert werden:

So ist aus *psychologischer* Sicht die Ableitung und Vorhersagbarkeit von Testerfolg auf Berufserfolg nicht möglich. Hinzu kommt, daß es sich bei den eingesetzten Tests in der Regel um völlig unzureichende, veraltete Verfahren mit höchst fragwürdiger theoretischer Grundlage handelt. „Sie sind, sieht man genau hin, ein zu mächtiger Größe aufgeblasener Schwindel", so der Psychologie-Professor Günter Rexilius von der Universität Wuppertal. Sogar der Berufsverband Deutscher Psychologen sah sich veranlaßt, warnend auf den Mißbrauch von Tests bei Einstellungen in Unternehmen und im Öffentlichen Dienst hinzuweisen.

Pädagogisch gesehen führt die hier aufgezeigte Einstellungstest-Praxis mit ihren häufigen Ablehnungsbescheiden oft zu einer erheblichen Beeinträchtigung des Selbstwertgefühls beim Bewerber. Gerade die Testverfahren mit ihrem scheinbar wissenschaftlichen Charakter erwecken schnell den Eindruck, ein Nichtbestehen bedeute, man sei für den Beruf zu dumm. Unter dem Eindruck des Leistungsprinzips und der herrschenden Autoritäts- und Wissenschaftsgläubigkeit wird der Mißerfolg allein an den Getesteten festgemacht, nicht aber an den fragwürdigen Methoden. Wie diese Methoden aussehen, haben uns die Bewerber eindrucksvoll berichtet.

Eine positive Weiterentwicklungsmöglichkeit des Jugendlichen aber auch der Lernfähigkeit eines Erwachsenen wird durch die Momentaufnahme Eignungstest, die Endgültigkeitscharakter bekommt, keine Chance gegeben.

Aus *juristischer* Sicht muß festgestellt werden, daß die heutige Einstellungstestpraxis überwiegend rechtswidrig gehandhabt wird. Die Hauptkritikpunkte: Die vorgeschriebene Beschränkung von Test- und Vorstellungsgesprächsfragen auf arbeitplatzbezogene Fähigkeiten und Leistungsmerkmale wird bei weitem überschritten. Häufig kommt es zum rechtswidrigen Einsatz selbstgestrickter und willkürlich zusammengestellter Tests und wissenschaftlich nicht ausreichend abgesicherter Testverfahren. Juristisch grundsätzlich unzulässig sind Persönlichkeitstests, wie z.B. der 16 PF (siehe S. 106), den die *Lufthansa* über Jahre bei jedem Bewerber (Bodenpersonal, Luftverkehrskaufmann, Flugbegleiter etc.) eingesetzt hatte und erst 1989 davon Abstand nahm.

In etwa 90% der Fälle gibt es keine fachlich kompetente Leitung, Auswertung und Beurteilung bei diesen Testverfahren, die – wenn überhaupt – nur von Fachpsychologen durchgeführt werden dürften. Man stelle sich einmal vor, eine betriebsärztliche Untersuchung („Bitte machen Sie sich frei!“) wird von einem Nichtmediziner, zum Beispiel von einem Personalsachbearbeiter durchgeführt!

Es ist dringend zu wünschen, daß endlich einer Empfehlung der Menschenrechtskommission der Vereinten Nationen aus dem Jahre 1973 entsprochen wird, in der diese alle Staaten aufgefordert hatte, den Einsatz psychologischer Testverfahren außerhalb von Beratung und Therapie gesetzlich zu regeln.

Sadistische Rituale

Aus psychoanalytischer Sicht manifestieren sich in der gängigen Praxis der Bewerberauslese *sadistische Rituale*. Sie erinnern an die Pubertäts- und Initiationsriten von Naturvölkern, bei denen die Aufnahme von Jugendlichen in den Erwachsenenstatus vom Überstehen quälender Prozeduren (zum Beispiel Spießrutenlaufen) abhängig gemacht wurde. Der Sadismus heutiger Ausbildungs- und Arbeitsplatzanbieter zeigt sich unter anderem im sogenannten K.O.-Verfahren (bei dem man nach einem nicht bestandenen Testteil sofort nach Hause gehen kann), in der völligen Undurchschaubarkeit der Testsituation, in den häufig irrationalen Prüfungsanforderungen sowie besonders auch in dem enormen Zeitdruck bei der Aufgabenbearbeitung, der systematisch Konfusion und Angst erzeugt. Tests messen deshalb vor allem die Fähigkeit, Angst zu ertragen, nicht aber – wie durch den Anschein wissenschaftlicher Objektivität vorgetäuscht wird – intellektuelle Leistungen oder gar Berufseignung.

Die Bewerber werden in die psychisch hilflose Lage von Kleinkindern zurückversetzt und in eine Situation der Ohnmacht gebracht, in der sie ohne jegliche Hilfsmittel, Vorbereitung und meist auch ohne Möglichkeiten der Kooperation mit anderen schwierige Aufgaben lösen müssen.

Die Rationalisierung „Der richtige Mann an den richtigen Platz“ wird zum Vorwand und Deckmantel für (teilweise auf unbewußten Motiven basierende) sadistische Rituale, die aus eigenen tiefen Ängsten herrühren, von der jüngeren Generation verdrängt zu werden. Ein weiterer Hintergrund: In einer Passiv-Aktiv-Umkehrung kann man den Jugendlichen und Bewerbern in der Rolle des sadistischen Prüfers jetzt das rächend und triumphierend antun, was einem selbst vielleicht einst in der Kindheit von Eltern und Lehrern traumatisch widerfuhr.

Prüfungen und Initiationsriten sind Ausdruck des „ewigen Kampfes der Generationen“ (E. Stengel) und der Auseinandersetzung zwischen den Mächtigen und den Machtlosen in der Gesellschaft (O. Fenichel). Wer solche Prozeduren „erfolgreich“ überstanden hat, bietet gute Gewähr, an die herrschenden Normen angepaßt zu sein und auch in Zukunft nicht aufzumucken (Lehrjahre sind keine Herrenjahre).

Moderner Aberglaube

Es ist seit Menschengedenken ein Wunsch, in die Zukunft schauen zu können. Was für Wissenschaftler die Prognose, für Astrologen die Schicksalsvorherbestimmung aus dem Sternbild, ist für selbsternannte (Taschen-) Psychologen die von ihnen praktizierte und von uns beschriebene Praxis der Eignungsdiagnostik. Gemeinsamer Hintergrund: Die Allmachtsphantasie, man könne andere Menschen immer richtig beurteilen und ihr Verhalten in der Zukunft vorhersagen. Was aus der gängigen Bewerbungspraxis berichtet wird, erinnert an Kartenlegen und Kaffeesatzlesen, kurzum an Wahrsagerei.

Verdeutlichen wir uns noch einmal, was Vorhersagen aufgrund von Einstellungstests eigentlich bedeutet und wie stark der Bezug zur Wahrsagerei ist, so scheint es, daß die heute allerorts praktizierte Eignungsvorhersage nichts anderes als eine zeitgenössische Form von Aberglauben ist, der Personalchefs und Ausbilder zuhauf aufsitzen.

Zur Verdeutlichung: Verständlicherweise möchte jeder wissen – insbesondere natürlich die Politiker – wie eine Wahl ausgeht. Wahlprognosen, die am Wahlsonntag durchgeführt werden, sind genauer als Vorhersagen, die drei Wochen oder gar drei Monate vor der Wahl gemacht werden. Das hängt natürlich auch damit zusammen, daß im Laufe von drei Wochen oder drei Monaten viel passieren kann, was das Wahlverhalten im Sinne einer Meinungs- und Entscheidungsänderung beeinflußt. Ganz abgesehen davon, daß eine Vorhersage über einen zukünftigen Berufserfolg viel komplexer ist, als eine Vorhersage darüber, welche von vier oder fünf Parteien jemand wählt.

Um wieviel unsicherer müssen dann also Eignungsprognosen sein, die vom jetzigen Zeitpunkt aus für den Bewerber den Ausbildungserfolg in drei Jahren vorhersagen wollen, wobei noch nicht mal berücksichtigt wird, daß ja für jeden Beruf eine Reihe von Jahren der praktischen Erfahrung dazugehören, um in einem neu erlernten Metier wirklich erfolgreich zu sein.

Hier maßen sich die überwiegend selbsternannten Eignungsprognostiker eine Vorhersagekraft an, die schon fast ans Astrologische grenzt. Nicht einmal die sogenannten exakten Naturwissenschaften sind in der Lage, sichere Vorhersagen abzugeben, wie uns z.B. der Wetterbericht tagtäglich beweist.

Warum sollte nun ausgerechnet die Betriebs- und Eignungspsychologie die einzige Wissenschaft sein, die genaue Vorhersagen machen kann?

Fragwürdige Momentaufnahmen gegen Wehrlose

Ein Test mit seinem Ergebnis ist eine Momentaufnahme, vergleichbar mit einem Foto. Natürlich kann jemand eine Reihe von Kopfrechenaufgaben schlechter bewältigen, wenn er gerade Kopfschmerzen hat, und er wird manche komplizierten Testaufgaben besser lösen, wenn er vorher genügend Zeit gehabt hat, sich mit dem Lösungssystem vertraut zu machen. Innere und äußere Faktoren können also diese Momentaufnahme verzerrend beeinflussen.

Denken wir uns ein Urlaubsfoto. Es ist – was ja vorkommen kann – verwackelt.

Könnte nun ein sogenannter objektiver Betrachter daraus Rückschlüsse ziehen, ob sich an unserem Urlaubsort ein Erdbeben ereignet hat? Oder wäre er halbwegs sicher in der Lage, aufgrund dieses oder sogar eines anderen, nicht verwackelten Fotos einzuschätzen, ob wir uns in diesem Urlaub besonders gut erholt haben oder im nächsten Jahr dort wieder hinfahren würden? Sicherlich nicht. Der Farbfilm kann überlagert gewesen sein und so die Farbblässe bewirkt haben. Eine falsche Handhabung des Fotoapparates – unkorrekte Belichtungszeit, Blende oder Entfernung – sind überzeugende Erklärungen für Fotos, die mit der von uns erlebten Realität nur noch sehr wenig zu tun haben. Das gleiche trifft auch auf die heute praktizierten Eignungstests zu.

Nun sind wir zugegebenermaßen Testkritiker. Aber schenken wir den Befürwortern solcher Verfahren einmal Glauben, daß ihre Tests so aus- und vorhersagekräftig sind, wie immer gern behauptet wird. Wundert es Sie dann nicht eigentlich auch, daß Spitzenkräfte in Politik und Wirtschaft nie getestet werden? Sollten nicht vielleicht der Bundeskanzler und seine Minister per Test ausgewählt oder die Führungspositionen in den Wirtschaftskonzernen, die Chefetagen per Testverfahren besetzt werden? Getestet werden immer nur die Jungen, Kleinen und Schwachen. Wer Macht und Einfluß hat, läßt sich nicht testen, er läßt höchstens testen.

Ein abschließendes Wort

In der Bewerbungs- und Testmisere gibt es keine Patentrezepte, weder für Bewerber noch für die Unternehmensseite. Daß auf den Einsatz von Testverfahren in naher Zukunft in größerem Umfang verzichtet wird, ist kaum zu erwarten. Trotzdem muß die Abschaffung der Tests weiter gefordert werden. Bei einigen Firmen laufen auch schon erfolgreiche Versuche, auf Tests ganz zu verzichten.

Im Augenblick muß man noch mit der „Testitis“ leben. Was kann man tun? Auf der Bewerberseite sich informieren und gezielt vorbereiten, nicht aufgeben und nicht alles schlucken. Und auf Arbeitgeberseite muß erwartet werden, daß der Umgang mit den Bewerbern und die praktischen Auswahlverfahren endlich kritisch reflektiert werden.

In diesem Zusammenhang ist „Schadensbegrenzung“ sehr wohl angezeigt und möglich. Wenn nur 10 Ausbildungs- oder Arbeitsplätze vorhanden sind, muß man nicht 1000 Bewerber vortanzen bzw. testen lassen, um dann 990 vor den Kopf zu stoßen. Durch eine Quotenregelung (gestaffelt nach festzulegenden Kriterien wie Zeugnisse, Bewerbungsschreiben, soziale Aspekte, Los usw.) und mehr Bescheidenheit auf Unternehmerseite könnte einiges erreicht werden. Eine Absage auf ein Bewerbungsschreiben ist für den Arbeitssuchenden leichter zu verkraften als ein Ablehnungsbescheid nach einem stundenlangen Test oder Vorstellungsgespräch.

Die Berichte in diesem Buch klagen an. Nochmals versichern wir, nichts erfunden oder übertrieben zu haben. Lediglich Merkmale, die die Berichterstatter identifizierbar machen könnten, sind chiffriert.

Es geht uns nicht darum, einzelne hier genannte Unternehmen generell zu verteufeln. Auch wir fliegen bisweilen mit *Lufthansa*, haben einen *Siemens*-Staubsauger oder würden gerne einen *Mercedes* fahren und sind trotzdem mit unserem sparsamen *VW*-Golf zufrieden.

Aber: Wenn so viele Großunternehmen, mittlere und Kleinstfirmen sowie große Teile des Öffentlichen Dienstes mit jenen, die sich um Ausbildung und Arbeit bewerben, umspringen wie mit Menschen zweiter Klasse, Knechten oder sogar Leibeigenen, dann muß das einer breiten Öffentlichkeit bekanntgemacht werden.

Es gab bei unseren Recherchen nur wenige positive Ausnahmen zu dokumentieren. Trotzdem geben gerade sie Anlaß zur Hoffnung, daß ein Prozeß des Umdenkens möglich ist.

Bei allem Verständnis für die nicht leichte Situation der auswählenden Unternehmen – jeder möchte für sich nur die besten Mitarbeiter, und es gibt sehr viele Bewerber auf wenig Stellen – das rechtfertigt keinesfalls einen dermaßen rüden Umgang mit den Mitmenschen.

Für ihre Imagepflege geben die Unternehmen Millionen von DM aus: Da ist der Kunde König und selbst wer reklamiert, wird besonders fair und kulant behandelt – das sind ja schließlich alles Verbraucher, mit denen man es sich nicht verscherzen will. Auch mit Mitarbeitern pflegt man sogar bei Meinungsverschiedenheiten einen kooperativen, kultivierten Umgangsstil – schlecht behandelte Mitarbeiter könnten sich ja rächen (z.B. „innere Kündigung", langsameres und fehlerhaftes Arbeiten, Krankfeiern).

„Nur mit dem Bewerber – mit dem kann man es ja machen" – scheint die gängige Arbeitgeberdevise zu sein. Denn plant jemand, von der Situation vor dem Verkaufstresen hinter den Verkaufstresen überzuwechseln, begegnet man ihm häufig arrogant-herrisch, mißtrauisch-verächtlich und traktiert ihn mit stunden-, wenn nicht sogar tagelangen dubiosen Bewerbungsverfahren.

„Wie Firmen in dieser speziellen Bewerbungssituation mit einem umgehen, vergißt man nicht so schnell", schreibt ein leidgeprüfter Bewerber, der nach längerer Suche einen hochqualifizierten Ausbildungsplatz gefunden hat: „Mich überkommen immer böse Gedanken, wenn ich an so einer Firma vorbeikomme, beziehungsweise deren Produkte sehe" (vgl. S. 257).

Wüßten die Abteilungen für Öffentlichkeitsarbeit und Presse sowie die Werbe- und Verkaufsabteilung, möglicherweise auch die oberste Chefetage der hier genannten Großunternehmen von den in ihrem Haus praktizierten Verfahren – es fällt schwer, sich vorzustellen, daß sie gleichgültig und gelassen bleiben könnten. Zu offensichtlich erscheint der Zusammenhang zwischen dem unmöglichen Umgang mit dem Bewerber und der daraus resultierenden langfristigen und nachhaltigen Imageschädigung für das Unternehmen.

Wir sind gespannt, was sich verändert.

Zum Schluß noch einmal ein Betroffener:

„Vielleicht sollten die Tests und Untersuchungen einmal bei denen durchgeführt werden, die sie veranlassen!"

LITERATURHINWEISE

Zu Thema Tests und Bewerbung ist mittlerweile viel geschrieben worden. Papier ist geduldig, und viele *Werke* sind ihr Geld nicht wert.

Wir empfehlen:

P. Bellgardt
Rechtsprobleme des Bewerbergesprächs.
Heidelberg 1984 (Sauer)

S. Grubitzsch/G. Rexilius:
Testtheorie – Testpraxis. Voraussetzungen, Verfahren, Formen und Anwendungsmöglichkeiten psychologischer Tests im kritischen Überblick.
Reinbek b. Hamburg 1978 (rororo Taschenbuch 7157)

J. Hesse/H. C. Schrader
Testtraining für Ausbildungsplatzsucher. Hilfe bei Bewerbung, Tests und Vorstellungsgespräch.
Frankfurt a. M. 1985 (Fischer Taschenbuch 3353)

J. Hesse/H. C. Schrader
Testaufgaben. Das Übungsprogramm.
Frankfurt a.M. 1991 (Eichborn)

J. Hesse/H. C. Schrader
Erlebnisse aus 1001 Bewerbung.
Frankfurt a. M. 1988 (Eichborn)
München 1991 (Goldmann Taschenbuch 13586)

M. Klein
Tests. Persönlichkeitstest für den Beruf.
Hamburg 1987 (CC)

S. v. Paczensky
Der Testknacker. Wie man Karrieretests erfolgreich besteht.
Reinbek b. Hamburg 1976 (rororo Taschenbuch 6949)

E. Stelzner
Professionell bewerben. Handbuch für Berufsanfänger und Stellenwechsler.
Münster 1983 (Stelzner)

Berichte über Bewerbungen und Auswahlverfahren, Anregungen und Hinweise sind uns herzlich willkommen.

Sollten Sie spezielle Fragen zur Test- und Bewerbungssituation haben, sind wir bemüht, Ihnen weiterzuhelfen. Wir bitten Sie, uns durch einen adressierten und frankierten Rückumschlag zu unterstützen.

Unsere Anschrift:
Jürgen Hesse/Hans Christian Schrader
c/o Eichborn Verlag
Hanauer Landstraße 175
6000 Frankfurt a.M. 1

oder direkt an
Hesse/Schrader
Handjerystr. 17
1000 Berlin 41

LÖSUNGSVERZEICHNIS

Intelligenz-Testverfahren

Allgemeinwissens-Test (ab S. 21)

Einstimmungs-Test
365 / 52 / Richard von Weizsäcker / Theodor Heuss / Mauerbau Berlin / Volksaufstand in der DDR / 1949 / Schleswig-Holstein, Niedersachsen, Nordrhein-Westf., Hessen, Rheinland-Pfalz, Baden-Württemberg, Bayern, Saarland, Hamburg, Bremen, Berlin, Brandenburg, Mecklenburg-Vorpommern, Sachsen-Anhalt, Sachsen / Bayern / Anteilschein am Grundkapital einer Aktiengesellschaft / Zinssatz, zu dem die Deutsche Bundesbank den Sparkassen und Banken Kredite gibt / Deutsche Bundesbank / Gegenteil von sog. natürlichen Personen, z.B. eine GmbH / z.B. Linz, Wien, Budapest, Passau, Bratislava / Bogota / Mozart / überlegen Sie mal (Achtung: Die Auswahl sagt etwas über Sie!) / z.B. Goethe, Schiller, Lessing, Shakespeare, Dante / 1. Jh. v. Chr.

1. Gemeinschaftskunde
1b/2b/3d

2. Bedeutende Persönlichkeiten
1c/2d/3b

3. Politik
1d/2d/3c

4. Geschichte
1b/2b/3b

5. Geographie
1c/2c/3b

6. Literatur
1b/2b/3a

7. Kunst
1c/2c/3c

8. Musik
1c/2c/3c

9. Sport
1b/2b/3c

10. Technik
1a/2b/3a

11. Wirtschaft
1d/2b/3c

12. Biologie
1d/2c/3b

13. Physik
1b/2b/3c

14. Chemie
1c/2a/3b

Der Ist-Wissens-Test (ab S. 28)

1. Satzergänzung
1e/2d/3d/4f/5c/6d/7d/8b/9c/10f/11e/12e/13a/14e/15f/16c/17d

2. Wortauswahl
1e/2e/3e/4e/5c/6d/7d/8b/9d/10b/11c/12d/13c/14d/15d/16c/17c/18a/19e

3. Analogien
1f/2f/3c/4a/5e/6c/7b/8a/9b/10b/11e

4. Gemeinsamkeiten
1ef/2bf/3de/4cf/5cg/6eg/7de/8ef/9ag/10af/11bd/12fg/13dg/14cg/15cf

5. Figuren erkennen
1c/2e/3d/4a/5b/6d/7b/8c/9e/10a/11e/12d/13c/14a/15b/16c/17e/18a/19b/20d

6. Würfel erkennen
1b/2d/3c/4a/5c/6a/7d/8b/9c/10b/11d/12a/13b/14a/15c/16d

7. Merkaufgaben
1b/2d/3b/4e/5a/6c/7e/8e/9a/10c/11d/12c/13e/14a/15b/16a/17b/18d/19c
20d/21a/22c/23d/24b/25e

Der Mit-Wissens-Test (ab S. 39)

1. Figurenreihen
1c/2b/3a/4d

2. Wortbedeutungen
1b/2b/3c/4f/5a/6b/7b/8f/9f/10f

3. Buchstabengruppen
1a/2e/3e/4c/5e/6e

4. Wortverhältnisse
1:2C/2:2C/3:2B/4:3A/5:2B/6:2A

5. Sprichwörter
1a/2c/3c/4d/5d

6. Unmöglichkeiten
1d Aussage richtig/2a r/3a r/4d r/ 5d r

7. Dominoaufgaben
1b/2c/3a/4b

8. Zahlensymbole
A9/B5/C1/D8/E5/F6/G1/H5/J9/K5/L3

9. Mosaiken
1A/2C/3D/4 ohne/5D/6B/7E/8B/9D/10C

Der-Wit-Wissens-Test (ab S. 53)

1. Satzergänzung
1d/2c/3c/4c/5b/6b/7c/8d

2. Gleiche Wortbedeutungen
1d/2c/3b/4b/5c/6e/7c/8f/9e/10d

3. Analogien
1e/2d/3f/4c/5f/6c/7f/8f/9d/10b/11c/12c/13b/14c

4. Sprichwörter
1be/2cd/3ad/4ce/5ae/6bd/7ad/8ce/9ad/10ac

5. Buchstabenreihen
1:4/2:1/3:4/4:3/5:2/6:4/7:2

6. Spiegelbilder
1E/2C/3B/4D/5F/6D/7A/8C/9E/10B

7. Abwickeln
1c/2b/3d/4a/5b/6d/7a/8c/9b/10c

8. Beobachten
1b/2c/3b/4a/5a/6c/7c/8b/9a/10c/11b/12c/13b/14a/15c/16c/17c/18b/19b/20a/21a/22b/23a/24c/25b/26a/27b/28c/29c/30a/31c/32b

11. Erinnern
1. Falsch: b,e,h,i,j,k,m/2:5/3:Kinderärztin/4:Modezeichner/5:19J./6:Wepp/7:Gaststätte/8:Lehrer/9:4J./10:4/11d/12a/13b/14a/15b/16a/17c/18d

Fotos: 1 = 11 / 2 unbekannt / 3 = 19 / 4 = unbekannt / 5 = unbekannt / 6 = unbekannt / 7 = 20 / 8 = unbekannt / 9 = 5 / 10 = nicht da

Der Logik-Wissens-Test (ab S. 71)

1. Sinnvoll ergänzen
1e/2b/3c/4keine/5a/6d/7f/8e

2. Zahlenmatrizen
a14/b10/c36/d81/e13/f99/g0/h9/i27

Systeme
(es sind neben den hier angegebenen auch andere Lösungssysteme denkbar, z.T. leichtere; das Ergebnis bleibt jedoch gleich)
a) waagerecht / + 2 + 4
b) waagerecht / + 2 − 8
c) senkrecht / obere Zahl × 3 = untere Zahl − 9 = mittlere Zahl
d) senkrecht / m. Zahl − o. Zahl = x mal x = u. Zahl
e) waagerecht / Summe der Zahlen außen ergibt mittlere Spalte
f) waagerecht / + 3 × 3 − 3
g) waagerecht / − 1 Ergebnis hoch 3/ mit jeder Zahl!
h) waagerecht / − 3 Ergebnis hoch 2/ mit jeder Zahl!
i) waagerecht / : 3 × 5 mit jeder Zahl! (alternativ: senkrecht / die Hälfte der ersten Zahl addiert zur ersten = zweite Zahl, zweite Zahl plus Hälfte der ersten = dritte Zahl)

3. Schlußfolgerungen
1B/2J/3 keine Lösung/4 keine Lösung/5A

4. Absurde Schlußfolgerungen
1b/2a/3b/4a/5a/6b/7 keine/8ce/9acd/10cd/11 keine/12 keine

5. Meinung oder Tatsache
1a/2b/3a/4b/5b/6b/7a/8a/9a/10a

Kulturtechniken

Rechen- und Mathe-Test (ab S. 80)

1. Grundrechnen
1d/2a/3d/4d/5c/6b

2. Schätzaufgaben
1c/2f/3c/4b/5a/6c/7d/8c/9c/10c/11a/12f/13d/14d

3. Dezimal- und Bruchrechnung
1b/2b/3a/4e/5d/6a/7c/8d/9a/10b/11a/12e

4. Maße und Gewichte
1e/2b/3b/4b/5a/6b

5. Textaufgaben
1:6/2:100/3:24/4:48/5:16/6:6/7:256/8:38/9:7/10:13/11:50/12:6/13:64/14:38/15:12/16:6

6. Zahlenreihen
a31/b29/c11/d12,5/e17/f34/g49/h17/i38/j68/k13/l 80/m7/n12/o15/p49/q15/r737/s2/t27/u10/v49/w64/x21 21/y2 12/z71 79

Systeme
a) + 1 + 2 + 3 ...
b) + 1 + 1 + 2 + 2 + 3 + 3 ...
c) + 1 − 2 + 3 − 4 + 5 − 6 ...
d) × 3 + 1 : 2 × 3 + 1 : 2 ...
e) + 0 + 7 − 2 + 0 + 6 − 3 + 0 + 5 − 4 ...
f) Die Summe der 1. und 2. Zahl ergibt die 3. usw.
g) + 3 + 4 + 4 + 5 + 5 + 6 ...
h) : 2 + 3 : 2 + 4 : 2 + 5 ...
i) + 1 + 3 + 5 + 7 + 9 + 11 ...
j) − 1 × 1 − 2 × 2 − 3 × 3 ...
k) + 4 + 3 : 2 + 4 + 3 : 2 ...
l) + 7 + 9 + 11 + 13 + 15 + 17 ...
m) + 1 + 2 − 3 + 4 + 5 − 6 ...
n) : 3 − 3 × 3 + 3 ...
o) : 3 − 7 × 5 : 3 − 7 × 5 ...
p) : 4 × 3 + 2 − 1 ...
q) : 2 + 5 : 3 + 5 : 4 + 5 ...
r) × 2 + 4 × 3 + 5 × 4 + 6 ...
s) + 5 : 2 + 5 : 3 + 5 : 4 ...
t) − 3 : 2 × 3 ...
u) − 49 − 42 − 35 − 28 − 21 − 14 ...
v) + 2 − 3 × 4 + 5 − 6 × 7 ...
w) − 1 × 2 : 3 − 4 × 5 : 6 ...
x) + 7 − 2 × 1 + 6 − 3 × 1 + 5 − 4 × 1 ...
y) + 2 − 15 + 4 − 12 + 6 − 9 + 8 − 6 ...
z) Quersumme addiert = Ergebnis nächste Zahl:
11 = 2, 11 + 2 = 13 / 13 = 4, 13 + 4 = 17 usw.

Rechtschreib-Test (ab S. 85)

1. Der Mannheimer Drehorgelmann
Der korrekt geschriebene Text lautet:

Der Mannheimer Drehorgelmann, von Hause aus mit der Rechtschreibung auf Kriegsfuß, machte seine Spülmaschine zu, schloß die Dezimalwaage ein und fühlte den unwiderstehlichen Drang, Karussell zu fahren oder auf die Galopprennbahn zu gehen. Wohlwissend nahm er ein Brotlaib als Leibspeise mit und mußte sich trübselig daran erinnern, wie sie im Krieg im Bunker saßen, die Grimmschen Märchen lesend und fortwährend die Geräusche der niederfallenden Bomben hörten. Sein Vater war Pazifist.

„Kruzifix", dachte er, bevor er endgültig losgehen wollte, aber schon klingelte Schlag zwölf Uhr sein Telefon. Die Sekretärin vom Arbeitsamt fragte ärgerlich nach, wie lange er noch arbeitslos zu sein denke. Sein Antrag auf Arbeitslosengeld sei null und nichtig. Sie habe an seinem Dilemma keine Schuld, er könne ja im Dunkel der Nacht in der Gemäldegalerie aufpassen und sich so ein paar Almosen zusammenverdienen. Er wollte nicht wieder aggressiv werden und antwortete: „Sie können gut maschineschreiben, aber verstehen nichts von meinem Arbeitsmilieu, und über kurz oder lang werde ich mich mit einer Petition an den Bundespräsidenten wenden. Ich muß jetzt meine Salzbrezel essen, und heute gibt es außerdem Schweizer Käse und bayrisches Bier. Es tut mir von Herzen leid, ich habe mir nichts zuschulden kommen lassen, aber heutzutage und hierzulande ist das wohl schon zuwenig."

Er legte auf, mußte seine ganze Vitalität zusammennehmen und ging schwerfällig und dickfellig aus seiner Wohnung, denn er hatte nur noch ein einzelnes Paar Schuhe. Sie ist keine zartbesaitete Maid, dachte er, und das Leben ist ein Labyrinth, kam ihm schaudernd in den Sinn.

2. Rechtschreib-Verunsicherung
1c/2d/3d/4a/5b/6b/7e/8c/9b/10a

Zeichensetzungs-Test (ab S. 87)

Die einmalige Kunst liegt in dem Vermögen, seine Wünsche zu begrenzen, was ja nun wirklich nicht jedem ganz leichtfällt, und es sich weitestgehend zu versagen, unnötige Dinge zu kaufen, sondern vielmehr das Geld für wirklich nötige und nützliche Sachen, wir denken da zum Beispiel an ein Testbuch, zu verwenden, woraus man einen übergroßen Nutzen ziehen kann und noch lange Freude hat. Nun kann man, das ist oftmals noch viel nützlicher, von vornherein eine gewisse Summe Geldes auf die Bank bringen und sparen, um sich damit später einmal einen besonders ausgefallenen großen Wunsch, zum Beispiel Ferien auf Kreta, einen Flug nach New York, ein eigenes schnelles Motorrad, vielleicht sogar ein kleines Häuschen mit Garten und dergleichen mehr, erfüllen zu können. Wer dieses kann, wer also in der Lage ist, Geld anzusparen und schon zwischen aktuellen und zukünftigen Vorhaben zu unterscheiden gelernt hat, der ist schon ein ganzes Stück auf dem nicht einfachen und enttäuschungsreichen Weg des richtigen Haushaltens und Wirtschaftens weiter.

Leistungs-Konzentrations-Testverfahren (ab S. 93)

De-Zwei-Test
1. Zeile: 9 d's/2:8/3:11/4:9/5:12/6:15/7:8/8:14

Konzentrations- und Leistungs-Test

	1.	2. Durchgang
A	0	22/0
B	5	5
C	6	6
D	3	9
E	7	13
F	1	1
G	12	12
H	2	24
I	2	16
J	6	30

Berufseignungs-Testverfahren

Bank-Test (ab S. 142)

Einer großen Geldmenge steht eine geringe Gütermenge gegenüber. Die Preise steigen, der Geldwert sinkt. / engl. Pfund; ital. Lira; US-Dollar; Rubel; jugoslaw. Dinar; holländ. Gulden; Peseta; dän. Krone; franz. Franc / Deutsche Bundesbank

Büro-Tests (ab S. 146)

1. Karteikarten

Dronsek 6	Schmidt, K. 22	Jahn 13	Ottwin 19
Hensing 11	Popelske 20	Gutjahr 10	Müller, R. 18
Großkopf 10	Semmle 22	Schmidt, T. 22	Tetzlaff 23
Durotin 6	Lietz 15	Zappa 28	Trist 24
Bork 3	Zungk 28	Aspan 1	Durst 6
Adam 1	Leber 15	Isidor 13	Kotzwinkle 14
Cichon 4	Sellner 22	Willand 26	Rumold 21
Franzke 8	Horn 12	Fischer 8	Franke 8
Ruthe 21	Lauer 15	Cross 4	Nordin 19
Müller, F. 18	Noelle 19	Wertmann, K. 26	Rast 21

2. Adressen prüfen
1–1/2–2/3–3/4–0/5–2/6–2/7–1/8–1/9–2/10–3

3. Summen prüfen

1.	67	13	=	80	a	ar–bf–cf–dr
	51	43	=	93	b	
	127	56				
	c	d				

2ar–bf–cr–df/3ar–bf–cf–dr/4af–br–cr–dr/5r/6af–br–cf–dr/7ar–bf–cf–dr/8af–br–cr–df/9af–br–cr–df/10ar–bf–cf–dr

4. Rechtschreibungskorrekturen
1r/2r/3 Filialleiter/4 Meßapparat/5 nachschlagen/6 tagelang/7 verpulvern/8 alles Liebe/9 Qual/10r/11 bösartig/12 des Abends/13 Theke/14 Telegrammbote/15r/16 Illustrierte/17 Notizblock/18r/19r/20r/21r/22r/23 Publikumserfolg/24 Luxus/25 Akkord/26 Fahrradwerkstatt/27r/28r/29r/30r

5. Zeichensetzung

1. Für eine baldige Zusage (0) wäre ich Ihnen sehr verbunden.
2. Aus diesem Grund sind grade deshalb Pinguine geeignete Testobjekte für das Studium von Ausmaß (,) Dauer und Bedingungen der Kältegewöhnung.
3. In der Bundesregierung hält sich leider niemand (,) nicht einmal der (0) Bundeskanzler (,) für kompetent (,) um eine derartige Prognose zu wagen.
4. Seine einzige Unterstützung bestand in dem Funkgerät (,) falls dieses überhaupt funktionieren würde.
5. Am Aktienmarkt überwogen die Gewinne (,) was namentlich für die Autopapiere und Chemiewerte galt.
6. Bei Vertragsabschluß ist es am besten (,) alle gewünschten Zusätze schriftlich sich bestätigen zu lassen.
7. Die unmittelbare Nähe des Meeres (0) garantierte immer eine frische Brise (0) und versprach bei starker Hitze Kühlung.
8. In Zusammenhang mit den steigenden Produktionszahlen (0) können auch die inländischen Unternehmen (,) allen voran unsere Firma (,) größere Aufträge verbuchen.
9. Wir hoffen (0) mit diesem Buch sehr (,) ein deutlicheres Bewußtsein für die Lage der Auszubildenden geschaffen zu haben.
10. Wir hoffen sehr (,) nun allseits (0) Unterstützung zu finden.

6. Textaufgaben (Rechnen)

1. 7,50 DM/2. 55%/3. 2360,- DM

7. Dienstplan

Lösungsvorschlag:

	Mo	Di	Mi	Do	Fr
Nachtdienst	Anna	Dagmar	Gabi	Ludwig	Renate
	Birgit	Erik	Heinz	Palja	Sonja
	Bernd	Else	Karin	Robert	Sabine
Tagesdienst	Andreas	Detlev	Fritz	Katrin	Nora
	Berta	Doris	Karl	Mailin	Susanne

8. Barauszahlung

Scheine		Münzen	
1000 DM	3	5 DM	2
500 DM	2	2 DM	–
100 DM	8	1 DM	–
50 DM	2	0,50 DM	1
20 DM	2	0,10 DM	3
10 DM	2	0,05 DM	1

9. Gleichmäßiges Verteilen und Ordnen

Verdeutlichen Sie sich, daß Sie von 100% auszugehen haben und somit in jedem Karteikasten 10% an Namen zu verteilen haben. In alphabetischer Reihenfolge bedeutet das:

1. Karteikasten	A
2.	B,C
3.	D,E,F
4.	G
5.	H,I,J,K
6.	L,M
7.	N,O,P

8.	R,S,T
9.	U,V,W
10.	X,Y,Z

10. Wegeplan
Beste Lösung:

von	nach	Wegezeit	Gesprächszeit
Zentrale	A	7 Min.	3 Min.
A	B	4	3
B	C	4	3
telefon.	D		3
	E		3
	F		3
C	Zentrale	5	
		20 Min.	18 Min.

Gesamtzeit: 38 Min.

11. Post-Aufgabe
1:5,10/2:7,50/3:7,50/4:6,10/5:6,80/6:22,60/7:5,00/8:19,60/9:5,00/10:22,20

EDV-Test (ab S. 153)

1. Aufgabe
a2/b3/c3

3. Aufgabe
A: a Sa/b Do/c So/d Do/e Do/f Fr/g Mi/h Do/i Do/j Mo/k Mo/l Do/m Sa
B: a Do/b Mo/c So
C: a Mi/b Di/c Fr
D: a Mi/b Do/c Do
E: a Fr/b So/c Mi
F: a Do/b Fr/c Di
G: a Mi/b Di/c Do
Textaufgabe 1: 48 l / 2: nach 480 km

Öffentlicher Dienst-Test (ab S. 176)

Mathe-Aufgaben
1:3/20; 2:10,15,20; 3:4; 4:3; 5:80; 6: x = −1; 7a:6/25; 7b:10/9

Piloten-Test

Würfel kippen:
2. Testreihe: vorne/3. Testreihe: oben

Reiseverkehrskaufmann-Test (ab S. 193)

1 Mount Everest/2 Nil/3 Asien/4 Grönland/5 Sahara/6 Deutschland, Österreich, Ungarn, Jugoslawien, Rumänien/7 Schweiz, Österreich, Deutschland, Niederlande/8 Themse/9 Oder/10 Elbe/11 Tiber/12 Garonne

Technischer Test (ab S. 201)

1C/2A/3D/4B/5C/6E/7A/8C/9C/10D

Firmen- und Institutions-Testverfahren

BND-Test (ab S. 220)

1c
2d
3d

DGP-Test (ab S. 226)

- Parlamentarisch-(demokratische)Monarchie: Großbritannien, Niederlande, Belgien, Schweden, Luxemburg; konstitutionelle Monarchie: Dänemark, Norwegen
- Standesamt
- USA
- Mittellandkanal
- Tansania, Ostafrika, höchster Berg Afrikas (5895 m)
- Bebel: Sozialdemokratischer Parteiführer (1840–1913)
- Luxemburg: Sozialistische Politikerin (1871–1919)
- Mandel: Linker Politikwissenschaftler und Schriftsteller
- Hahn: Chemiker (1879–1968)
- Koch: Bakteriologe, wäre heute sicher mit Aids beschäftigt (1843–1910)
- Nobel: schwed. Chemiker, Industrieller, Sprengstoffhersteller und Preisstifter (1833–1896)
- Faraday: engl. Physiker, Chemiker und Stromexperimentator (1791–1887)
- Grillparzer

Sparkassen-Test

Kenntnis-Test
1c/2d/3d/4c/5e

Rechen-Test:
c

Grammatik-Test:
1. Herr und Frau Müller verbringen ihre Ferien an der Ostsee.
2. Die selten begabte Saxophonistin band gestern einen Kranz aus Chrysanthemen.
3. Der heutige Wetterbericht des Meteorologen ließ kaum Zweifel an einem Wetterumschwung aufkommen.

Hinweis

Liebe Leserin, lieber Leser,

eine sinnvolle Ergänzung zum „Neuen Test-Trainings-Programm“ ist das Buch
TESTAUFGABEN – Das Übungsprogramm.
Es ist das didaktisch ausgerichtete Übungs- und Erweiterungsbuch zum „Neuen Test-Trainings-Programm“ mit jeder Menge Original-Testaufgaben für Vorbereitung und Einübung der effizienten Bearbeitungs- und Lösungstechniken:

* Allgemeinwissen
* Intelligenz
* Rechnen
* Rechtschreibung
* Konzentration
* Persönlichkeit
* Assessment-Center
* Technik

Drei Original-Testsimulationen runden den besonderen Trainingseffekt ab:

* Büro/Verwaltung/Öffentlicher Dienst-Test
* Bank/Wirtschaft-Test
* Piloten-Test

Das Übungsbuch für Testaufgaben:

* fast 400 Fragen zum Allgemeinwissen aus 13 Wissensgebieten
* die ausgefallenen Piloten-Testaufgaben zum Bereich Konzentration/Gedächtnis/Merkfähigkeit
* alle gängigen Persönlichkeits-Testfragen.

Wenn Sie Fragen oder Bemerkungen zu diesem Buch zu machen haben, können Sie sie gerne schriftlich an die Autoren richten:

Jürgen Hesse/Hans Christian Schrader
c/o Goldmann Verlag
Neumarkter Straße 18

81664 München